Mein Elternhaus
Ein deutsches Familienalbum

Herausgegeben von
Rudolf Pörtner
Mit 100 Fotos

Deutscher
Taschenbuch
Verlag

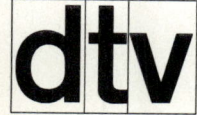

Die Fotos stammen aus dem Privatbesitz der Autoren
(S. 47 und S. 223: Bilderdienst Süddeutscher Verlag, München)

Vom Herausgeber dieses Bandes
ist im Deutschen Taschenbuch Verlag erschienen:
Kindheit im Kaiserreich (11084)

Im Text ungekürzte Ausgabe
1. Auflage November 1986
Deutscher Taschenbuch Verlag GmbH & Co. KG, München
© 1984 Econ Verlag GmbH, Düsseldorf und Wien
ISBN 3-430-17520-8
Umschlaggestaltung: Celestino Piatti unter Verwendung eines
Fotos der Familie Pörtner
Gesamtherstellung: C. H. Beck'sche Buchdruckerei, Nördlingen
Printed in Germany · ISBN 3-423-10673-5
   8 9 10 11 12 · 94 93 92 91 90 89

Das Buch

Wie haben Luise Rinser, Norbert Blüm, Kardinal Höffner oder Annemarie Renger ihre Kindheit verbracht? Wo sind sie aufgewachsen, wer waren ihre Eltern, wie die sozialen Umstände, was hat ihr späteres Leben beeinflußt? In diesem Buch erzählen zweiundvierzig namhafte Zeitgenossen über ihre Kindheit, und man erfährt viel darüber, wie sie wurden, was sie heute sind. Gleichzeitig bietet es einen äußerst aufschlußreichen Querschnitt durch das deutsche Familienleben in der ersten Hälfte dieses Jahrhunderts. Ob es sich um ein aristokratisches Elternhaus wie das des Grafen Bernadotte oder um den Hamburger Arbeiterhaushalt der Eltern Loki Schmidts handelt, ob von dem Beamtenkind Helmut Kohl oder von der Unternehmerfamilie Philip Rosenthal die Rede ist: In ihrer Gesamtheit ergeben die verschiedenen Familienbilder ein Stück privater Zeitgeschichte, das an Anschaulichkeit manches Geschichtsbuch übertrifft. Unterlegt mit alten Familienfotos, werden die Darstellungen bei manchem Leser die verblaßten Bilder der eigenen Kindheit wieder hervorrufen, einer Kindheit, die von Krieg und Nachkrieg, von Tod, Trauer und Hunger geprägt war – aber auch von Geborgenheit, von Hoffnung und von dem unerschütterlichen Gefühl, beschützt worden zu sein.

Der Herausgeber

Rudolf Pörtner wurde 1912 in Bad Oeynhausen geboren. Er studierte Geschichte, Germanistik und Soziologie und arbeitete ab 1938 als Journalist. 1974 wurde er mit dem Ceram-Preis ausgezeichnet. Er veröffentlichte u.a.: ›Mit dem Fahrstuhl in die Römerzeit‹ (1959), ›Das Römerreich der Deutschen‹ (1967), ›Alte Kulturen ans Licht gebracht‹ (1980) , ›Das Schatzhaus der deutschen Geschichte‹ (1982), ›Schatzinsel der Forscher und Erfinder‹ (1986), ›Oskar von Miller‹ (1987).

Inhalt

Es mag ungewöhnlich sein, ein Vorwort – das doch der Rechtfertigung eines Buches dienen soll – mit einem Negativum zu beginnen. In diesem Fall ist es notwendig.

Nicht alle Adressaten haben dem vom Econ Verlag geäußerten Wunsch entsprochen, ihr Elternhaus zu beschreiben – oder wenigstens einige der vielen Erinnerungen festzuhalten, die sich dem Gedächtnis eingeprägt haben. Sie haben die verschiedensten Gründe dafür angeführt.

Einige verwiesen auf Dauerkonflikte zwischen Vater und Mutter und bekannten ehrlich, daß die daraus entstandenen Wunden bis heute nicht vernarbt sind. Andere ließen wissen, daß sie nach der Scheidung ihrer Eltern bei Verwandten oder Adoptiveltern aufwuchsen und bei aller Sorge und Liebe, die sie dort erfuhren, nie das Gefühl hatten, »zu Hause« zu sein. Einige hatten, aus welchen Gründen auch immer, keinen Vater gehabt, bisweilen war auch die Erinnerung an die Mutter nicht mehr präsent.

Andere waren nach dem frühen Tod eines Elternteils (oder gar beider) gleichsam in freier Wildbahn aufgewachsen, ohne jene schützende, schirmende Nestwärme, die eine intakte Familie gewährt. Wieder andere sprachen von bitteren Erlebnissen, die preiszugeben ihnen unmöglich sei. »Es gibt Erfahrungen«, so hieß es in einem Absagebrief, »deren Schmerzhaftigkeit nur durch Einmauern gelindert werden kann.« Wieder andere weigerten sich kategorisch, sich öffentlich über einen so privaten Bereich wie das Elternhaus zu äußern. Ein kluger Musik- und Literaturprofessor zweifelte in einem drei Seiten langen Brief Sinn und Zweck des Unternehmens sogar grundsätzlich an.

Verlag und Herausgeber haben in allen diesen Fällen die Bedenken ihrer Wunschautoren respektiert und nicht versucht, deren Entschlüsse rückgängig zu machen. Der Leser wird also wahrscheinlich eine Reihe prominenter Namen vermissen. Auch er wird gebeten, die Motive der Neinsager zu verstehen.

Er wird aber vielleicht auch bemängeln, daß in den hier gebündelten Beiträgen keine eindeutige Marschrichtung festzustellen ist. Auch dafür gibt es eine stichhaltige Erklärung. Verlag und Herausgeber haben von vornherein darauf verzichtet, ihre Autoren auf vorgegebene Parolen und Stichworte zu vergattern. Hier ist keine Feder geführt worden. Jeder konnte schreiben, was er wollte und wie er wollte, ganz dem jeweiligen Temperament entsprechend: sachlich oder ironisch; dankbar oder ablehnend-distanziert; voller Liebe, voller Unverständnis, voller Zorn. So ist ein Sammelband entstanden, dem es an Subjektivität wahrlich nicht mangelt.

Trotzdem ist das Grundkonzept weitgehend aufgegangen. Den Initiatoren dieses Buches lag entscheidend daran, bekannte Zeitgenossen unterschiedlichster Herkunft und verschiedener Altersstufen (die dann die Reihenfolge der Beiträge bestimmten) über die Welt von gestern und vorgestern sinnieren und berichten zu lassen. Die sozialen und gesellschaftlichen Bedingungen, die den Vätern und Müttern der heute Achtzig- bis Vierzigjährigen auferlegt waren, sollten dabei das zentrale Thema abgeben, Momentaufnahmen des Alltags von ehedem (auch die mit dem Fotoapparat festgehaltenen) den atemberaubenden Wandel in den Daseinsformen und Lebensgewohnheiten dieses Jahrhunderts dokumentieren. Darin eingeschlossen war der Wunsch, die Wirkungen zweier Weltkriege und die interfamiliäre Auseinandersetzung mit dem Nazismus offen anzusprechen.

Das Ergebnis war überraschend positiv. Die Autoren, die in diesem Buch zu Worte kommen, haben sich offenbar gern an diese Markierungen gehalten – obwohl jeder sein Garn auf seine Weise gesponnen hat.

Die Schauplätze wechseln also ständig. Da tauchen Orte und Landschaften auf, deren Namen heute fast schon vergessen sind. Breslau und Danzig, Neustadt in Westpreußen, Kronstadt in Siebenbürgen. Alte Residenzen bringen sich in Erinnerung, armselige Industriesiedlungen, abseitige Dörfer. Großherzogliche Schlösser, ostelbische Rittergüter, bayrische Bauernhöfe. Herrschaftliche Villen und Kleine-Leute-Wohnungen, Mietskasernen mit Plumpslochklo und Hausmeisterwohnungen im Keller. Jüdische Großunternehmen, stockkatholische Schulen, protestantische Landpfarrern. Arztpraxen und Landratsämter, Beamten- und Arbeiterhaushalte, Gelehrten- und Dienstbotenstuben, Latifundien und Schrebergärten.

Das Buch ist also so bunt wie das Leben selbst, und der Vielfalt des Lebens entspricht die Vielfalt der Szenen, Bilder und Erinnerungen.

Doch dieses Leben von gestern und vorgestern hatte einen anderen Pulsschlag als das Leben heute, einen anderen Rhythmus. Es gehorchte anderen Gesetzen. Wer in Breslau oder Dresden lebte, konnte jederzeit nach Hamburg oder Düsseldorf übersiedeln. Und nicht nur die »Kaiserlichen«, sondern auch die »Republikaner« fühlten sich Traditionen, Bräuchen und Überlieferungen verpflichtet, die viele heute als Relikte autoritären Denkens abtun. Ein preußischer Landrat ging in Kniehosen und Frack zu »seinem Fürsten«, auch wenn dieser längst nicht mehr regierte. Kaisers Geburtstag wurde auch von denen feierlich begangen, die den forschen Herrn mit dem hochgezwirbelten Schnurrbart eigentlich nicht mochten. Die alten Frauen in den Dörfern hexten noch und fühlten sich im Besitz geheimnisvoller

Kräfte, dem preußisch-protestantisch-kargen Westpreußen schenkten die katholischen Kaschuben Fremdartigkeit und Farbe. Und wenn einer in Not geriet, halfen zuerst die Verwandten und Nachbarn, erst dann die Ämter.

Der Staat funktionierte trotzdem, keineswegs unsichtbar, aber lautlos und ohne Knirschen, sozusagen mit beschränkter Zuständigkeit, mit einem Minimum an öffentlicher Mannschaft. Wer verreiste, trug ein Säckchen mit Goldmünzen auf der Brust und konnte damit quer durch Europa fahren, ohne Paß und Stempel. In den höheren Schulen, die selbstverständlich noch die humanistischen Bildungsideale hegten (mit einigem Erfolg, wie die Berichte der Älteren beweisen), kassierte der Hausmeister alle Vierteljahr das Schulgeld, das die Eltern ihren Kindern im Briefumschlag mitgaben. Und selbst in reichen Familien gehörte es zum guten Ton, bescheiden und maßvoll zu leben und, wenn nicht den Pfennig, so wenigstens den Groschen zu ehren.

Natürlich gab es auch Armut. Viele Menschen, auch davon ist in diesem Buch ausgiebig die Rede, waren froh, wenn es zum Notwendigsten reichte: zum Dach über dem Kopf, zu Tisch und Herd, zu einem Bett oder gar zu einem eigenen Raum für die Kinder, zu gewendeten Kleidern und, dann und wann, zu einem Ausflug mit den Naturfreunden oder Wandervögeln, Parteifreunden dieser oder jener Couleur, schwarzrotgold oder schwarzweißrot. Nein, ein Idyll waren weder die wilhelminischen noch die Weimarer Jahre. Trotzdem nahm die Zahl der Autos ständig zu, die Ätherwellen drangen auch in die Wohnküchen der Minderbemittelten ein. Neue Techniken, neue Lebensweisen kündigten sich an – bis die große Arbeitslosigkeit zu Beginn der dreißiger Jahre jene bleierne Lethargie erzeugte, die der Nährboden des Nazismus wurde.

Auch das dann beginnende »Tausendjährige Reich« hat sich in den Erinnerungen unserer Autoren vielfältig niedergeschlagen. Das Ergebnis ist einigermaßen überraschend. Der Nazismus ist in der Mehrzahl der hier beschriebenen Elternhäuser nicht eingedrungen. Man leistete zwar keinen ausdrücklichen Widerstand, man erfüllte seine täglichen Pflichten wie zuvor, aber man hielt auf Distanz, man verweigerte sich den neuen Herren, zumindest geistig und moralisch. Man zog sich in seine vier Wände zurück, man blieb skeptisch, innerlich ablehnend, auch dann noch, als die halbe Welt vor den Erfolgen des braunen Diktators kapitulierte.

Das Fazit? Sicher schösse man über das Ziel hinaus, nähme man für dieses Buch den Rang einer Kulturgeschichte in Anspruch. Ein Kaleidoskop deutschen Lebens in diesem Jahrhundert ist es bestimmt. Diese (zum Teil sehr privaten) Erinnerungen arbeiten ein Stück Zeitgeschichte auf. Sie lassen keinen Zweifel daran, daß selbst glückliche und, wenn man so sagen darf, funktionstüchtige Elternhäuser ihre

Probleme und Konfliktstoffe bargen. Sie bestätigen aber auch, daß die deutsche Familie in diesem Jahrhundert nicht nur ein Hort der Ordnung, der Arbeit und des Fleißes war, sondern – als es darauf ankam – die letzte Zuflucht der Menschlichkeit. Auch das gibt dem Buch seinen zeitgeschichtlichen Rang.

Rudolf Pörtner, Bonn-Bad Godesberg

Ida Ehre wurde am 9. Juli 1900 in Prerau (Österreich) geboren. Von 1916 bis 1919 wurde sie an der k. u. k. Akademie für Musik und darstellende Kunst in Wien zur Schauspielerin ausgebildet, ab 1919 erhielt sie Engagements an den Bühnen Bielitz, Bonn, Königsberg, Stuttgart, Mannheim, Berlin und Hamburg. Wegen ihrer jüdischen Herkunft wurde sie von den Nationalsozialisten verfolgt (Frauenlager, Berufsverbot zwischen 1933 und 1945). 1945 gründete sie die Hamburger Kammerspiele, die sie bis zu ihrem Tode leitete. Sie erhielt den Professorentitel der Stadt Hamburg. Am 16. Februar 1989 starb sie in Hamburg.

IDA EHRE
Mein Elternhaus war ein Mutterhaus

Es ist gar nicht so einfach, über mein Elternhaus zu sprechen. Eigentlich hatte ich ein Mutterhaus. Ja, es klingt etwas merkwürdig – aber wenn ich es erkläre, wird man es verstehen. Ich bin in Prerau geboren, 1900, im damaligen Mähren, das zum Kaiserreich Österreich gehörte.

Ich stamme aus einem frommen Haus. Mein Vater war Oberkantor. Aber er ist sehr jung gestorben, achtunddreißig Jahre alt. Meine Mutter war zweiunddreißig, als mein Vater starb, und stand ohne einen Pfennig Geld da. Er war zwar Beamter gewesen, aber da er so jung gestorben war, hatte sie kein Anrecht auf Pension.

Wir zogen dann nach Wien. Ich war, als mein Vater starb, zwei Jahre alt, mein jüngster Bruder ein halbes Jahr. Sechs Geschwister waren wir. Das älteste zwölf. Und keine Unterstützung. Sozialversicherungen gab es ja noch nicht. Mutter mußte sich also Gedanken machen, wie sie ihre sechs Kinder durchbringen sollte.

Sie hat das auch getan. Sie hat ihre sechs Kinder mit unendlicher

Liebe erzogen, mit unendlicher Fürsorge, mit sehr viel Wärme, sehr viel Güte, sehr viel Verstand. Sie hat nachts Hemden genäht, auch kleine Schürzchen, und sie hat versucht, diese Hemden und Schürzchen bei Beamtenfrauen zu verkaufen. Sie war sehr beliebt. Sie war ein fröhlicher Mensch. Alle mochten sie gern. Eine Frau hat der anderen gesagt: »Wir wollen doch Frau Ehre, wenn sie heute kommt, etwas abkaufen.« Und wenn dann meine Mutter etwas verkauft hatte, kam sie abends zurück in ihrem Wetterkragen (Regencape würde man heute sagen), den sie Jahrzehnte lang trug und unsere Freunde deshalb »Jubiläumskragen« nannten. Er war aus London. Sie konnte sich nichts Besseres kaufen. Und wir Kinder trugen immer eines vom anderen.

Wir waren wie kleine Orgelpfeifen, das Jüngste, wie gesagt, eben ein halbes Jahr alt. Wenn meine Mutter unterwegs war, um Geld zu verdienen, dann hat die Zwölfjährige aufgepaßt auf diese Horde Kinder, und wenn meine Mutter abends nach Hause kam, dann hat sie unter ihrem Wettermantel einen Laib Brot hervorgeholt und ein Stück Butter, und dann haben wir uns um den runden Tisch gesetzt, und sie hat Brot geschnitten und Tee gekocht, und wir Kinder haben gegessen und getrunken und geplappert, und es war ein ungeheures Lärmen und Lachen und Fröhlichsein. Kurzum, wir waren ein glückliches Haus, weil wir eine Mutter hatten, die uns so viel Liebe gespendet hat.

Wenn wir abends ins Bett gelegt wurden, dann haben immer zwei in einem Bett geschlafen. Vier Betten hatten wir insgesamt, drei für die Kinder, eins für die Mutter. Und es war nicht immer ganz einfach, uns Kinder zum Schweigen zu bringen. Meine Mutter hat uns dann, trotz ihrer Müdigkeit, Heine vorgelesen, Chamisso und Lessing und alles erklärt und uns die großen Dichter sehr, sehr nahe gebracht. Mutter wäre sehr gerne Schauspielerin geworden. Aber sie war auch aus frommem Haus, und ihre Eltern haben ihr das nicht erlaubt. Meine Mutter ist Ungarin gewesen. Mein Vater war Pole. Und meine Mutter wollte ihren Kindern keinen zweiten Vater geben. So hat sie nie wieder geheiratet.

Wir Kinder haben viel Schabernack getrieben. Und Mutter hat mit uns gelacht und hat uns verstanden. Wenn wir ungezogen waren, hat sie uns nicht etwa geschlagen, wie das damals üblich war. Nein, sie ließ uns ungezogen sein, und wenn das allzu lange dauerte, sagte sie: »Na, wie lange will das Kind noch böse auf sich sein?« Auf sich, hat sie gesagt, nicht »auf mich«, und das haben wir gut verstanden. –

Da fällt mir noch eine Geschichte ein. Mir würden viele, sehr viele Geschichten einfallen – aber eine ist besonders hübsch und für die damalige Zeit und für unser Leben kennzeichnend:

Wir haben kaum etwas Wertvolles besessen und immer wieder alles, was wir entbehren konnten, ins Pfandhaus, ins Leihhaus gebracht. Sogar Muttis Ehering ist dahin gewandert. Wir waren in dem Haus, in dem wir wohnten, mit der Familie Weiler befreundet. Und Frau Weiler hatte einen Mann, der sein fünfundzwanzigstes Jubiläum in einem Geschäft feierte. Eines Tags ist sie zu uns gekommen. Mein Bruder Paul und ich – wir waren allein zu Hause. Sie kam herauf und zeigte uns voll Freude eine Medaille, die ihr Mann bekommen hatte: »Da, schaut, die ist aus Silber! Habt ihr auch so etwas?« Und mein kleiner Bruder, damals viereinhalb Jahre alt, sagte: »Ja, natürlich haben wir auch so etwas gehabt – aber wir haben alles ins Pfandhaus gebracht!« – »Soso?« – »Ja, ja«, sagte ich, »wir haben das ins Pfandhaus gebracht, aber nur, weil wir keinen Platz dafür hatten.« Sie hat minutenlang gelacht, und sie hat es mir noch nach vielen Jahren immer wieder erzählt, wenn ich aus den Engagements nach Hause kam.

Ich überspringe ein paar Jahre und komme zu der Zeit, da ich zur Schule ging. Das ist nicht immer ganz einfach gewesen, denn meine Mutter mußte für sechs Kinder Strümpfe stopfen, sie mußte für sechs Kinder die Wäsche waschen, sie mußte für sechs Kinder Schürzchen bügeln – sie mußte aber auch nähen, um diese Ware zu verkaufen. Und so kam es schon vor, daß sie mir Sechsjährigen die Strümpfe gab, die meiner achtjährigen Schwester gehörten. Die waren mir dann viel zu groß.

Ich habe auch die Schuhe meiner achtjährigen Schwester getragen, und auch die waren mir zu groß. Aber voll Stolz habe ich sie getragen, auch wenn die Füße immer wieder heraushopsten. Aber das hat mir nichts gemacht.

Meine Schule lag in der Zedlitzgasse im Ersten Bezirk. Und mein Weg führte über die Wollzeile. Dort war ein berühmtes Kabarett. Vor der Tür stand ein Schemel, und ein Dienstmann saß darauf, der sah genau wie Kaiser Franz Joseph aus, der volkstümliche Friedenskaiser. Und ich habe mir eingeredet: Er sitzt dort und mischt sich unters Volk, ehe er in die Burg geht zum Regieren. Und jeden Morgen, wenn ich zur Schule ging, hab' ich vor ihm einen Knicks gemacht.

Ich habe nie eine fertige Puppe besessen. Aber ich hab' mir aus Kochlöffeln Puppen gemacht und aus kleinen Kaffeelöffeln Puppenkinder. Ich hab' ihnen ein Taschentuch umgehängt, und das war ein kostbares Kleid, und der großen Puppe, der »Mutter«, hab' ich ein Geschirrtuch umgehängt, die hatte dann sogar ein Kleid mit einer Schleppe – mehr konnte sie nicht verlangen. Dann habe ich sie in einen Schuhkarton gelegt und die Kinder um sie herum, und ich habe mit ihnen allen so gespielt, als wäre ich die glücklichste Puppenbesitzerin der Welt!

Auch mit meinem Bruder Paul, dem ich ganz besonders verbunden war, hatte ich ein ganz bestimmtes Spiel eingeübt. Es war da eine Frau, die hieß Frau von Frohreich, und Mutter hatte sie irgendwann einmal kennengelernt. Diese Frau von Frohreich mochte meine Mutter gern und kam uns häufig besuchen. Und dann haben mein Bruder Paul und ich diese Frau von Frohreich gespielt. Ich bin gekommen. Und mein Bruder Paul, wenn er mich ärgern wollte, hat gesagt: »Ich bin jetzt nicht zu Hause, liebe Frau von Frohreich!« Und ich habe gesagt: »Lassen Sie mich hinein! Da Sie doch sprechen, sind Sie doch bestimmt zu Hause!« Da hat er mich weiter geärgert und gesagt: »Ich habe aber im Moment keine Zeit für Sie!« Und wir haben uns gekugelt und so gelacht über unser Spiel, und wir waren froh und vergnügt. Auch wenn es mittags Kümmelsuppe gegeben hat oder Sauerkraut mit Kartoffeln. Meine Mutter hat herrlich gekocht, ganz wunderbar! Oh, der Mohnstrudel und die Vanillekipferln!

Ich erinnere mich an eine Geschichte, die besonders bezeichnend für uns war und für das Raffinement, das wir Kinder entwickelten. Der Versöhnungstag, der ist bei uns immer sehr gefeiert worden, Mutter hatte ja einen Geistlichen geheiratet und war, wie ich schon sagte, aus einem frommen Haus. Am Versöhnungstag also ging sie in den Tempel. Sie sagte dann: »Bis zwölf Uhr mittag fastet ihr. Nach zwölf könnt ihr essen. Ihr seid noch klein. Die Erwachsenen müssen bis abends, bis der Abendstern am Himmel steht, fasten.«

Wir haben auf der Straße gespielt und gar nicht gespürt, daß wir Hunger hatten. Plötzlich – es war noch lange nicht zwölf – hat mein Bruder Paul gesagt: »Oh, ich bin so hungrig! Was machen wir denn? Ich möcht' jetzt essen!« Da hab' ich gesagt: »Also komm, wir gehn hinauf, ich werde was kochen.« Ich ging hinauf und hab' mich dann daran erinnert, daß meine Mutter gesagt hat, vor zwölf dürften wir nicht essen. Also, was hab' ich gemacht? Ich bin zum Fenster gegangen, hab' das Fensterrollo heruntergelassen – und da war's dunkel in der Küche. Und ich hab' zu meinem Bruder Paul gesagt: »Weißt du, jetzt ist es eigentlich Abend, und jetzt können wir bestimmt schon essen!«

Ich ging zum Ofen in der Küche. Mutti hatte Späne und Papier darin vorbereitet und darauf ein Brikett getan; das zündete ich alles an und stellte das Essen auf das Ofenloch und hab's heiß gemacht. Und mein Bruder Paul und ich haben gegessen; und so haben wir den lieben Gott zum Narren gehalten! Aber der hat's uns abgenommen, daß es schon finster ist – wir waren ja Kinder, und der liebe Gott nimmt Kindern vieles ab.

Als meine Mutter dann am Abend kam und uns gefragt hat, ob wir gefastet haben, da wußte ich nicht genau, ob ich meiner Mutter sagen sollte, daß ich den lieben Gott angeschwindelt habe. Aber ich hab's ihr dann doch gesagt, und meine Mutter hat unendlich gelacht!

Nun mache ich einen Sprung über Jahre hinweg und bin fünfzehn, und wir sind mitten im Ersten Weltkrieg. Was wußte ich damals schon, was das Wort Krieg bedeutet? Ich hatte nur gehört, daß in Sarajevo Schüsse gefallen waren; aber daß danach Hunderttausende ihr Leben lassen mußten und Ströme von Blut geflossen sind, davon hatte ich keine Ahnung.

Wir wohnten damals in der Nähe eines Bahnviadukts. Ich habe gesehen, wie viele, viele, viele Züge mit Militär bei uns vorüberfuhren – und alle Soldaten haben gewunken, und alle haben gejubelt, und es war ein Fest, als ginge es zum Jahrmarkt. Ich wußte nicht, für wie viele es den Tod bedeuten würde.

Einer meiner Brüder war damals zweiundzwanzig Jahre alt. Er verdiente zu dieser Zeit schon so viel, daß davon die Miete der Wohnung beinahe bezahlt werden konnte. Ich weiß noch, wie er sich von uns verabschiedete – er hatte seine Uniform an, das schien mir ganz großartig, und ein Käppi auf dem Kopf, und an dieses Käppi waren Blumen gesteckt. Ich habe ihm noch ein paar Gänseblümchen dazu gebracht. Meine Mutter hat ihn innig umarmt und geküßt und gesegnet und ihm gesagt: »Komm gesund zurück, mein Kind.« Ich hab' ihn abgebusselt und gesagt: »Also mach's gut. Sicher kommst du gesund wieder zurück!« Und damit ging er.

Aber das Leben ging weiter, und wir versuchten, uns weiter durchzuwursteln. Ein Bruder war Maler, ein guter Gebrauchsmaler. Sicher konnte man von ihm nicht sagen, seine Werke würden eines Tages in den Museen hängen. Aber die Leute mochten seine Bilder, und nun fing meine Mutter an, sie zu verkaufen. Sie fuhr in kleine Orte in der Nähe von Wien, ging zum Bürgermeister, zum Arzt, zum Rechtsanwalt, zum Apotheker, und immer wieder hat sie ein Bild verkauft. So haben wir uns viele Jahre lang über Wasser gehalten.

Was war nun mit mir? Mir hatten die Leute – das heißt: die Lehrer und meine Freundinnen in der Schule – immer wieder gesagt, ich müsse Schauspielerin werden. Ich hab' eigentlich gar nicht so recht gewußt, was das bedeutet: Schauspielerin. Man hat mir erzählt: Na ja, auf der Bühne – also am Deutschen Volkstheater, im Theater in der Josephstadt, in der »Burg« – würden Stücke aufgeführt werden, und begabte Leute spielten darin Rollen. Wir hatten ja kein Geld, so hab' ich niemals ins Theater gehen können.

Bei uns im Haus wohnte ein Frau, die ein großes Schneideratelier führte. Dort ließen viele Burgschauspieler immer ihre Roben arbeiten. Auch diese Frau war von meiner Begabung überzeugt. Meine Mutter übrigens auch. Nur wußte sie nicht, wie sie eine Akademie oder eine Schauspielschule bezahlen sollte. Die Schneidermeisterin brachte mich nun mit einer Burgschauspielerin zusammen, Auguste Wilbrandt-Baudius. Sie war damals, als ich vierzehn oder fünfzehn war, schon fünfzig. Mir schien sie wie eine Greisin. Aber sie war so schön, und sie hatte so unbeschreiblich blaue Augen, daß ich dachte: Sie ist wie ein Engel vom Himmel gestiegen.

Und sie fand Gefallen an mir, obwohl ich dünn wie ein Zündholz war und eine Nase hatte, die so lang war wie Zäpfelkerns Nase, und zwei große Augen in einem dünnen, schmalen Gesicht. Sie mochte mich trotzdem und lud mich ein: »Du kannst bei mir Gesellschafterin werden, du kannst mir vorlesen, du kannst alle meine Briefe beantworten, und ich werde dich mit Schauspielern bekannt machen, und wenn ich merke, daß du so begabt bist, wie mir alle Leute erzählen, dann werde ich versuchen, daß du einem von ihnen vorsprichst, und er wird dir vielleicht Unterricht geben.«

Diese Zeit bei Frau Wilbrandt-Baudius – ihr Mann war lange, lange Zeit Burgtheater-Direktor – war eine herrliche Zeit! Ich lernte viele interessante Menschen kennen, und da es damals noch keine Verdunkelung gab wie im letzten Krieg und kein Gebot der Mutter, um eine bestimmte Zeit zu Hause zu sein, hat mich die Wilbrandt-Baudius überallhin mitgenommen. Ich habe zum Beispiel beim Grafen Berchtold gegessen, dem Diplomaten und Außenminister, und ich hatte noch nie soviel Kristall und soviel Silber auf einem Tisch gesehen! Ich saß da und versuchte mich so zu benehmen, wie es unsere gute Mutter mir beigebracht hatte.

Ein Fauxpas ist mir aber in besonderer Erinnerung geblieben. Ich saß neben einem Fähnrich, etwas ganz Kolossales für ein sechzehnjähriges Mädchen damals. Wir unterhielten uns köstlich. Dann gab es als Nachtisch eine Speise, die ich nicht kannte. Sie lag vor mir auf dem Teller und hat schrecklich gezittert. Ich wußte nicht, daß das Pudding war. In Wien gab es das eigentlich nicht. Da haben die Hausfrauen Kuchen zum Nachtisch gebacken, und die Kuchen haben nicht gezittert. Es lagen noch Messer und Gabeln neben den Tellern, und ich – begeistert von der Unterhaltung mit dem Fähnrich – fing an, das zitternde Zeug mit Messer und Gabel zu essen. Man kann sich das Erstaunen rundum vorstellen!

Meine Wilbrandt-Baudius saß mir gegenüber. Ich merkte, daß es ein wenig still wurde. Sie sah mich mit ihren herrlichen blauen Augen fragend und ein wenig streng an. Ich sah, daß sie einen Löffel in der Hand hatte und mit diesem Löffel den Pudding aß. Mein Gott, dachte ich, da hast du jetzt wieder – verdammt! – einen Fehler gemacht. Hab' Messer und Gabel hingelegt und mit dem Löffel weitergegessen. Es war furchtbar!

Aber so schlimm war es eigentlich auch wieder nicht, und das wurde mir bei einem anderen Erlebnis klar. Wir waren bei der Ebner-Eschenbach eingeladen, die eine bedeutende Schriftstellerin war. Klein und verhutzelt, erschien sie mir weit über hundert Jahre alt.

Ida Ehres Mutter Bertha.

Aber eine illustre Gesellschaft war bei ihr versammelt, Grafen und Fürsten, Fürst Lobkowitz und Graf Berchtold und wie sie alle geheißen haben mögen. Berchtold war inzwischen Kriegsminister. Einem dieser Herren fiel beim Toast das Glas mit dem Rotwein aus der Hand, und das herrliche Damasttischtuch war schlimm bekleckst. Die Wilbrandt schaute herum, ich schaute herum, aber die Ebner-Eschenbach, das zauberhafte Filigranpersönchen, sagte: »Das macht doch nichts, das läßt sich wieder auswaschen.«

Ich wußte aber schon, was rote Weinflecken in einem Tischtuch bedeuten und daß man die nie wieder herausbringt (heute wahrscheinlich schon, damals nicht). Ich wartete, wie es weitergehen wird. Nun, es ging fröhlich weiter. Aber dann stand plötzlich die Ebner-Eschenbach auf, sagte etwas, machte eine absichtlich ungeschickte Bewegung und goß auch ihr Glas Rotwein über den Tisch. Ich werd's nie vergessen!

Sie rehabilitierte auf diese feine Weise den armen Unglücksraben. Das hat mir sehr gefallen. Auch ich habe oft in meinem Leben Ähnliches praktiziert, nicht immer mit Erfolg, aber meistens konnte ich damit dem einen oder anderen über eine Verlegenheit hinweghelfen.

Die Wilbrandt-Baudius bekam viele Briefe von vielen hohen Persönlichkeiten, und ich durfte viele dieser Briefe selbständig beantworten. Die Zeit bei ihr war eine wichtige Zeit für mich. Ich hatte dank ihrer Hilfe zum erstenmal auch die Möglichkeit, ins Theater zu gehen, und zwar ins Deutsche Volkstheater. Die Hofschauspieler erhielten früher in Wien Fiakergeld für ihre Fahrten zu den Vorstellungen und Proben und zurück. Sie erhielten das Geld in einem Umschlag und händigten es dem Kutscher bei der Fahrt aus. Als sie mir nun sagte, ich dürfte mir im Theater das Stück ›Die Grille‹, ein Märchen, ansehen, nahm sie aus der Schreibtischschublade ein Kuvert heraus: »Hier, mein Kind, da hast du das Geld, du fährst mit einem Fiaker ins Theater, und du fährst auch wieder nach Haus mit einem Fiaker.« Ich war in meinem Leben noch nie in einem Fiaker gefahren. Ich hab' sie ganz erstaunt angeschaut: »Aber ich kann doch auch mit der Elektrischen fahren.« Sie sagte: »Nein. Es ist dein erstes Theatererlebnis, und das sollst du für dich ganz allein genießen, ohne durch andere Menschen gestört zu werden.« Das war großartig von ihr, ich bin ihr noch heute dankbar dafür.

Durch sie habe ich auch Lessings Schauspiel ›Nathan, der Weise‹ richtig kennengelernt. Sie spielte die Daja, und ich mußte ihr beim Lernen die Stichworte geben. Wir saßen in Wien im Ersten Bezirk auf der Albrechtsrampe, und ich sprach die Stichworte des Nathan. Sie war bös, wenn ich den Nathan nicht so betont hab', wie er hätte betont werden müssen! Das war eine gute Lehrzeit für mich.

Nach einer Weile – es war noch immer Krieg – hat sie mich zum

Vorsprechen zu einem Burgschauspieler geschickt. Ich glaube, ich sprach ›Des Sängers Fluch‹ vor und ein wildes Gedicht von Egon Erwin Kisch. Er meinte: »Komm in der nächsten Woche mit deiner Mutter zu mir nach Hause.« Er wohnte in Döbling, einer Gegend, die ich kaum kannte. Ich war fasziniert von dem schönen Haus und wie es darin gerochen hat. Ich sprach noch einmal vor, und er brachte mich dann zu seiner Frau in den Wintergarten. Sie war eine berühmte Komikerin – Schmidtlein hat sie geheißen. Ich machte einen Knicks vor ihr, und er hat mit ihr Französisch gesprochen, was mir gar nicht gefallen hat, denn ich verstand Französisch nicht und dachte: Das ist nicht fein; man spricht nicht eine fremde Sprache, wenn der Betreffende, um den es geht, danebensteht. Aber dann mußte ich auch der Schmidtlein vorsprechen, wieder die gleichen Sachen, und sie war sehr angetan davon und sagte: »Mein Mann wird dich unterrichten.«

Ich bekam also von meinem sechzehnten Lebensjahr an Unterricht bei Herrn Prechtler, einem Burgschauspieler. Meine Mutter war sehr, sehr glücklich darüber. Dreiviertel Jahre danach starb die Schmidtlein urplötzlich an Herzschlag. Herr Prechtler unterbrach den Unterricht. Etwa drei Wochen nach dem Tod seiner Frau sah ich ihn mit einem jungen Mädchen auf der Kärntner Straße, der Prachtstraße Wiens, und dachte: »Mein Gott, die Frau ist kaum gestorben – schon geht er mit einem jungen Mädchen spazieren.« Einige Wochen später hat er sich am Grab seiner Frau erschossen. Da hab' ich mir gesagt: »Paß auf. Lern beizeiten. Sag nie etwas über Menschen, bevor du nicht genau über sie urteilen kannst und darfst!«

Nun war ich ohne Lehrer. Die Wilbrandt riet mir: »Geh, versuch, ob du in einer Privatschule unterkommst.« Ich hab' das getan, ging zum Stubenring in eine Schauspielschule zum Vorsprechen. »Ausgezeichnet, ausgezeichnet«, sagte der Lehrer, »ich unterrichte Sie.« Der sagte schon Sie zu mir, obwohl ich noch immer ein dünnes Garnichts war. Ich sagte mein Sprüchlein: »Bezahlen kann ich aber nicht.« Das war so ein stereotyper Satz wie in der Nazizeit später: »Ich lebe in einer privilegierten Mischehe«, den ich bestimmt ebensooft gesagt habe. »Das tut mir leid, mein Kind. Aber ich muß alle meine Lehrer bezahlen. Meine Schüler müssen also auch ihren Unterricht bezahlen.«

Ich bin sehr traurig weggegangen. Am Tag darauf traf ich eine Schauspielerin, die ich in dieser Schule gesehen hatte. Sie sagte: »Weißt du, der Pauli« – das war der Lehrer –, »der hat gesagt, du bist eine hochbegabte Person, aber so häßlich – wer weiß, ob du jemals ein Engagement bekommst.« Ich bin schluchzend davongegangen, am Donaukanal entlang, und hab' mir gedacht: Mir bleibt gar nichts, als mich in die »schöne, blaue« Donau – die sehr schmutzig und alles andere als blau war – zu stürzen. Aber ich dachte auch an meine

Mutter: Geh erst mal nach Haus, wein dich aus, dann wirst du sehen, wie's weitergeht.

Die Mutti sah mein verschluchztes und verschmerztes Gesicht: »Was ist los mit dir, mein Kind?« Nach langem, langem Zögern hab' ich ihr erzählt, was der Pauli gesagt hat. Da fing meine Mutter an zu lachen: »Wie dumm muß der sein! Du bist doch ein junges Wesen. Wir haben Krieg, wir haben kaum etwas zu essen. Du mußt doch so dünn sein, so unausgegoren. Wer weiß, wie du aussehen wirst, wenn dein Gesicht erst die Proportionen hat, die es haben muß, um ein wirkliches Gesicht zu sein!«

Nachdem sie mich so getröstet hatte, meinte sie: »Sei froh, daß du bei dem nicht Unterricht hast, bei dem hättest du doch nur das Falsche gelernt.« Das hat mich getröstet.

Nun kam ich wieder zu meiner Auguste Wilbrandt-Baudius, und die sagte mir: »Nachdem Ihnen das passiert ist, da gehen Sie jetzt« – sie sagte urplötzlich »Sie«, ich war sehr gekränkt und erstaunt – »in die k. und k. Akademie für Musik und darstellende Kunst und sehen zu, daß Sie aufgenommen werden.«

Ich habe dort eine Vorprüfung gemacht. Der Lehrer sagte, ich solle zur Hauptprüfung kommen. Ich sagte nur: »Ich kann nicht bezahlen.« Sagte er: »Hören Sie zu. Jetzt gehn Sie erst zur Hauptprüfung. Wir wollen sehen, ob Sie die bestehen. Dann werden wir sehen, was weiter kommt.« Ich habe die Hauptprüfung bestanden, bekam ein Stipendium und konnte davon mein Schulgeld bezahlen.

Nach dem ersten Jahr hatte ich schon einen Freiplatz. Ich war glücklich, denn ich erhielt das Stipendium weiter, nun als sogenanntes Taschengeld. Ich ging glückstrahlend nach Hause: »Mutti, hier hast du Geld. Ich brauch' ja nichts. Nimm dieses Geld, dann hast du vielleicht ein klein wenig ein leichteres Leben.« Sie gab mir zehn oder zwanzig Kronen zurück: »Die behältst du für dich.«

Nach zwei Jahren Akademie bekam ich ein Abschlußdiplom und wurde sofort nach der Prüfungsaufführung von einem Theaterdirektor engagiert; ich war gerade achtzehn geworden und hatte mein erstes Engagement – nach Bielitz-Biala in Oberschlesien.

Meine Mutter war überglücklich! Daß ihr Kind werden durfte, was sie sich für sich erträumt hatte! Ich war sozusagen ihre Fortsetzung.

Einmal kam mein Bruder aus dem Krieg auf Urlaub, verlaust, er hatte Flecktyphus gehabt und war sehr verzagt. Man sah damals viele Verwundete in Wien. Ich sah sie mit erschrockenen Augen und dachte: »Das ist Krieg? So sieht ein Krieg aus, der angeblich für den Frieden geführt wird? So viele Menschen müssen zu Krüppeln werden, damit die Welt weiter existieren kann?« Ich war sehr, sehr traurig. Als der Krieg 1918 endete, kam mein Bruder heim. Er war ein halbes Jahr nicht imstande, etwas zu tun.

Mein jüngerer Bruder war nun in der Lehre, meine ältere Schwester Tänzerin geworden, gegen den Protest der Geschwister meiner Mutter. Aber in unserer kleinen Wohnung wohnte jetzt auch mein Großvater, Mutters Vater, mit dem wir eine merkwürdige Zeit erlebt haben, weil er mit Gott haderte. Meist saß er in der Küche, saß und sprach mit Gott und zürnte mit ihm, und weil er mit ihm allein sein wollte, bedeckte er sein Gesicht mit einem Handtuch. Wir störten ihn mit unserem Hin und Her, aber manchmal haben wir seinen Gesprächen mit Gott still gelauscht.

Meine Mutter hat weiter verdient, für uns gesorgt und war weiter unsere Sonne. In meinem ersten Engagement, das sieben Monate dauerte, spielte ich zwölf Hauptrollen. Es war herrlich! Meine Mutter besuchte mich für drei Wochen, und ich glaube, es war mit die glücklichste Zeit ihres Lebens. Sie sah, wie ich gefeiert wurde – ich habe es selbst kaum begriffen.

Von Bielitz bin ich nach Bukarest und Cernowitz gegangen und von dort in die »große, weite Welt«, das war damals für mich Deutschland. Ich gelangte in die Zentren der Kunst, durfte mit bekannten Regisseuren arbeiten, heiratete den Oberarzt eines Stuttgarter Krankenhauses, mit dem ich die sogenannte privilegierte Mischehe führte, die ein Leben lang dauerte. In Mannheim wurde meine geliebte Tochter geboren – ich bin glücklich, daß ich sie habe. Sie ist meiner Mutter sehr ähnlich in ihrer ganzen Art, in ihrer köstlichen Art, zu sprechen, Witze zu machen, Worte zu verdrehen, musisch zu fühlen und zu formen. Ich bin Gott dankbar dafür!

Oft noch kam meine Mutter zu mir. Ich ließ sie kommen, sooft sie konnte und wollte – denn sie ließ meine verwitwete Schwester nicht gern allein. Dann begann die Nazi-Zeit. Ich fuhr oft nach Wien, wo die Nazis ja erst fünf Jahre später Einzug hielten. Aber schon 1933 – ich war in Berlin engagiert – wurde ich aus den Vereinigungen der Bühnenmitglieder ausgeschlossen, der Genossenschaft und der Versorgungsanstalt. Es hieß, ich sei nicht deutsch. Und dann durfte ich auch nicht mehr öffentlich auftreten. Mein Mann geriet in Schwierigkeiten, fuhr daraufhin als Schiffsarzt über die Meere, und ich ging mit meiner Tochter in mein »Mutterhaus« nach Wien zurück, wo ich eine Weile Ruhe hatte. Meinem Mann gelang es dann, in Böblingen bei Stuttgart eine Privatpraxis aufzumachen, die sehr gut ging. Er holte meine Tochter und mich zu sich, auch Mutter war häufig unser Gast, und ich war selig, daß sie dasein konnte. Ich wurde gut behandelt in dem kleinen Ort, »Frau Doktor« hinten und vorn, sie haben mich nicht fühlen lassen, daß ich eigentlich nicht zu ihnen gehören durfte.

Meine Mutter fuhr dann zurück nach Wien, das von den Nazis noch nicht besetzt war. Schwersten Herzens trennten wir uns voneinander. Damit erst verließ ich mein »Mutterhaus«, dem ich bis dahin angehört hatte, wo immer es auch gewesen sein mochte.

Nach dem Einzug der Nazis in Österreich, 1938, wurde meine älteste Schwester abgeführt. Dann eines Tages spürte ich plötzlich den inneren Zwang, sofort nach Wien zu fahren, unbedingt. Ich durfte es ja, ich hatte keinen Stern zu tragen. Ich fuhr nach Wien, kam nachts an und erfuhr von der Nachbarin, daß die Mutti abgeholt worden war von der Gestapo. Ich konnte es nicht fassen.

Ich bin zu der Schule hingegangen, in der man meine Mutter abgeliefert hatte, bin die ganze Nacht um die Schule herumgegangen. Am nächsten Morgen fragte mich ein Mann: »Was ist los? Ich hab' Sie beobachtet, Sie sind die ganze Nacht hier spazierengegangen.«

»Meine Mutter ist in dieser Schule. Wenn ich sie nur einmal noch sehen könnte.«

»Wie heißt Ihre Mutter?«

»Berta Ehre.«

»Ich werde es versuchen. Vielleicht kann ich sie finden.«

Er ging in das Schulgebäude hinein, kam nach zwei Stunden heraus, brachte mir eine Postkarte von meiner Mutter und sagte: »Ihre Mutter ist im ersten Stock. Zum Fenster darf sie nicht gehen, aber sie wird in der Mitte des Zimmers stehen. Das Fenster ist offen. Vielleicht können Sie sie noch sehen.«

Ich habe sie noch gesehen, oben in diesem Zimmer. Sie schickte mir eine Kußhand zu. Dann ist sie wieder zurückgegangen.

Ich habe den Mann gefragt: »Wann werden die Menschen verschickt?«

»Das fängt an diesem Vormittag an.« Ich stand und habe gewartet, ob ich auf den Lastwagen, die herausfuhren, meine Mutter noch sehen konnte. Es kamen mehrere Lastwagen an mir vorbei. Ich lief jedem entgegen.

Auf einem dieser Lastwagen stand meine Mutter, hoch aufgerichtet, und hat heruntergerufen: »Auf Wiedersehen, meine geliebten Kinder ...«

Hinter dem Tränenschleier meiner Augen verschwand mein Elternhaus ... mein Mutterhaus.

Auf der Karte meiner Mutter stand unter anderem: »Mein geliebtes Kind – die Welt kann nur miteinander leben, wenn das Wort Liebe groß geschrieben ist – Liebe und Toleranz – nicht hassen – nur lieben.«

Das sind Worte, die tief in mir eingegraben sind. An diese Worte will ich mich halten, solange ich lebe.

Joachim von Elbe wurde 1902 in Hamm in Westfalen geboren. Er studierte Rechtswissenschaft. Nach seiner Promotion war er von 1930 bis 1931 juristischer Berater des Völkerbundskommissars in Danzig, emigrierte 1934 in die USA, kehrte 1945 in das zerstörte Deutschland zurück und war bis zu seiner Pensionierung 1969 maßgeblich an der Ausarbeitung des Deutschland-Vertrages, des Londoner Schuldenabkommens und der Pariser Verträge beteiligt. Er veröffentlichte die Bücher ›Die Römer in Deutschland‹ und ›Unter Preußenadler und Sternenbanner‹.

Joachim von Elbe
Die »Landratur« in Neuwied am Rhein

Meine beiden jüngeren Brüder standen vor ihrer Versetzung in die nächsthöhere Gymnasialklasse, und ich steckte im Abiturientenexamen, als mein Vater 1920 als Folge des politischen Umsturzes von seinem Landratsposten in Neuwied am Rhein abberufen und an das Preußische Oberverwaltungsgericht nach Berlin versetzt wurde. Bis zum Abschluß dieser Schultermine, so wurde uns von der Kreisverwaltung bedeutet, könne die Familie im Kreishaus wohnen bleiben. Dann aber müsse die Wohnung für den Nachfolger meines Vaters geräumt werden.

Zwölf Jahre waren vergangen, seitdem wir aus dem Mietshaus Friedrichstraße 47 in Neuwied in die landrätliche Wohnung im neuerbauten Kreishaus umgezogen waren. Daß es sich bei »unserem Haus«, wie wir den, so glaubten wir, nur für uns geschaffenen neuen Lebensbereich bald nannten, um eine mit der amtlichen Stellung meines Vaters verbundene Dienstwohnung handelte, daß unsere Tage dort zwangsläufig gezählt sein würden, war eine kaum vollziehbare Vorstellung. So fest verwurzelt fühlten wir uns mit diesem Haus: Stätte einer überaus glücklichen Kindheit und Jugendzeit.

Jetzt würden fremde Menschen in die vertrauten Räume einziehen, sie mit ihrem Leben erfüllen. Eine Rückkehr dorthin würde es nicht geben. Der Wegzug von Neuwied bedeutete gleichzeitig Abschied vom »Elternhaus am Rhein«, das nun zu einem fest umrissenen, in sich geschlossenen Lebensabschnitt geworden war.

Mit dem von 1906 bis 1908 im neugotischen Stil erbauten »Kreisständehaus« – so die amtliche Bezeichnung – hatte der Kreis Neuwied zum erstenmal ein kreiseigenes Verwaltungsgebäude erhalten. Bis dahin war die »Landratur« im Haus Heddesdorf untergebracht, dem Sitz der alteingesessenen rheinischen Familie von Runkel, die seit 1851 den Neuwieder Landratsposten in fast dynastischer Folge innegehabt hatte. Mit dem Ausscheiden des letzten Runkel aus seinem Amt hatte auch die Kreisverwaltung ihre Heimstätte verloren. So kam es zum Neubau.

Die Dienstwohnung des Landrats war ein Teil des Bürogebäudes. Sie nahm, frontal betrachtet, die linke Seite oder etwa ein Drittel des dreigeschossigen Gesamtbaues ein. Und die Kreisväter hatten bei der Bauplanung auf die Wohnbedürfnisse der siebenköpfigen Landratsfamilie (Eltern und fünf Kinder – vier Jungen und ein Mädchen im Alter von acht bis zwei Jahren) und auf die Repräsentationspflichten des Landrats in großzügiger Weise Rücksicht genommen.

Es gab sehr viel Platz im Haus: im Souterrain die Küche mit einem Herd, in dem Holz und Kohle verfeuert wurde; eine Vorratskammer; einen Abwaschraum; die Waschküche; das Bügelzimmer und den Kohlenkeller. Im Erdgeschoß, durch den »Vordereingang« zugänglich, befanden sich um eine Halle mit einem runden, stets mit Blumen geschmückten Tisch in der Mitte das Bibliothekszimmer meines Vaters; ein Empfangssalon; das Zimmer meiner Mutter, von dem aus eine Doppeltür in das Büro meines Vaters führte; ein Musikzimmer, wo der große Flügel stand und ein Notenständer, der unserem Urgroßonkel, dem Komponisten Felix Mendelssohn-Bartholdy, gehört hatte; ein geräumiges Eßzimmer mit anschließender Veranda zum Garten und eine Anrichte, zu der die Speisen mit einem handbetriebenen Aufzug von der Küche heraufgeholt wurden.

Von der Halle aus führte eine breite, mit einem roten Läufer belegte Treppe zum ersten Stock. Zur Schonung des Läufers war die Vordertreppe für uns Kinder und für unsere Freunde tabu. Wir benutzten die Hintertreppe, die von einem Hintereingang aus alle drei Stockwerke miteinander verband. Im ersten Stock lagen vier Schlafzimmer, ein Wohnzimmer und das Badezimmer mit einem gasbeheizten Warmwasserofen. Um ihn für das Bad am Samstagabend – ansonsten wurde jeden Morgen kalt geduscht – in Betrieb zu setzen, mußte ein unter dem Kessel befindlicher, mit vielen Öffnungen für das Gas versehener Rost ausgeschwenkt und nach Entzünden des Gases wieder eingeschwenkt werden. Damit wurde der volle Gasdruck ausgelöst, der sich mit einem dumpfen »Wuff« explosionsartig entlud und helle Flammen erzeugte – ein von uns stets mit einiger Beklemmung beobachteter Vorgang.

Im zweiten Stock gab es zwei Gästezimmer, eins davon sogar mit fließendem kaltem Wasser, ein Lernzimmer für Schularbeiten, das Erkerzimmer von »Fräulein Lisbeth«, der Erzieherin, die meiner Mutter bei der Betreuung von uns Fünfen zur Hand ging und an der wir sehr hingen. Sie ist über viele Jahre wie ein Familienmitglied mit uns verbunden geblieben. Es folgten die Zimmer der Hausangestellten oder, wie man damals sagte, »der Mädchen«, und der Köchin Emma Kreft aus Westfalen, die seit der Versetzung meines Vaters an das Landratsamt in Hamm kurz nach seiner Heirat meinen Eltern und uns in guten und schlechten Zeiten fünfundvierzig Jahre lang in unwandelbarer Treue und Anhänglichkeit zur Seite gestanden hat. Wie überhaupt »die Mädchen«, stets frohgelaunt und hilfsbereit, durchaus zur Familie gehörten, so daß ein Wechsel immer Kummer bereitete, mit einer Ausnahme: als nämlich drei Schwestern aus der gleichen neunköpfigen Familie von der »Rottbitze« im Westerwald nacheinander die Stellung in der landrätlichen Familie bezogen.

Im zweiten Stock lag auch ein großer, »die Diele« genannter Raum, Tummelplatz für unsere Spiele und, nachdem dort ein Barren aufgestellt worden war, sportlicher Übungsraum. Ebenso eignete er sich zum Aufbau der Spieleisenbahn, ein, wie man heute sagen würde, meistens im »Frust« endendes Unterfangen. Im Gegensatz zu den modernen, maßstabgetreu konstruierten Modelleisenbahnen litten ihre damaligen Vorläufer an erheblichen Mängeln. Die federgetriebenen Lokomotiven und die Waggons waren für die schwachen, wenig stabilen Blechschienen viel zu schwer, so daß die Züge in den Kurven unweigerlich umkippten.

Erfolgreicher war das beliebte »Stadtspiel«, zu dem auch die Freunde kamen. Da gab es Kaufläden, einen Frisiersalon, eine Bank, die mit ihren Noten das Bargeld lieferte, und ein vom jüngsten Bruder mit seinem Dreirad, auf dem man hinten stehen konnte, betriebenes Taxiunternehmen.

Vom zweiten Stock gelangte man auf den das ganze Gebäude überziehenden Dachboden mit vielerlei Ecken und dunklen Nischen, die sich hervorragend zum Versteckspiel eigneten, allerdings nur an dienstfreien Tagen, weil sonst das Herumlaufen die darunterliegenden Büros gestört hätte.

Im Garten hinter dem Haus gab es Obstbäume, zwischen denen

man Hängematten spannen konnte und auf denen sich herrlich klettern ließ. Zur Sommerzeit war der Garten Zufluchtsort besonderer Art. Im Schatten dichtbelaubter Büsche liegend oder sitzend, genoß man, von der übrigen Welt abgeschieden und eine beim Konditor Küppers für 10 Pfennig erstandene Rahmstange im Mund, die stets mit Spannung erwarteten Fortsetzungsgeschichten des ›Guten Kameraden‹, einer jeden Sonnabend erscheinenden Knabenzeitschrift. Ihr Gegenstück für Mädchen hieß ›Das Kränzchen‹. Oder man erlebte anhand der Bücher von Paul Oskar Höcker – zum Beispiel im ›Pfeiferkönig von Nürnberg‹ – Bilder aus deutscher Vergangenheit.

In einer Ecke des Gartens befand sich ein Hühnerstall, daran schloß sich ein Schuppen für Gartengeräte. Er diente zeitweilig auch als Stall für einen Ziegenbock, der einen von meinem ältesten Bruder kutschierten »Bollerwagen« ziehen sollte, ein Ansinnen, dem sich der Bock, getreu seiner Natur, meistens mit Erfolg widersetzte. Größere Geschicklichkeit im Umgang mit Ziegenböcken als Zugtiere bewiesen Freunde, die mit ihrem Zweiergespann sogar durch die Stadt fuhren. Es war dieser Anblick, der in uns den Wunsch nach einem »Ziegenbockwagen« erweckt hatte.

Als der Kreis meinem Vater 1910 einen »Benz« für Dienst- und Privatfahrten zur Verfügung stellte, wurde das Benzin für den Wagen in einem Faß in diesem Schuppen gelagert. Tankstellen gab es auf dem Lande noch nicht. Manchmal wurden sonntags Autofahrten unternommen, für uns immer ein aufregendes Erlebnis.

War auch das Landratsamt Verwaltungsmittelpunkt der Stadt – Neuwied war vor dem Ersten Weltkrieg kreisangehörig und daher der Kommunalaufsicht des Landrats unterworfen –, so wurde es gesellschaftlich doch überstrahlt vom Glanz des Fürstenschlosses am Rhein. In dem zweigeschossigen, mit hohen Mansarden versehenen Schloß aus dem 18. Jahrhundert, das ein weiter Vorplatz von der Straße trennte, residierte der Fürst zu Wied mit der Fürstin Pauline, einer Tochter des Königs von Württemberg, und den Prinzen Hermann und Dietrich zu Wied. Im Stadtbild erschien der fürstliche Hof zuweilen in der Form gummibereifter Wagen mit livrierten Kutschern und Dienern und edlen, aus dem heimatlichen Gestüt der Fürstin in Marbach stammenden Pferden.

In der Ehrenstellung, die der fürstlichen Familie im öffentlichen Leben von Stadt und Kreis zuerkannt wurde, lebte ein Stück Tradition aus der Zeit, als die Fürsten zu Wied noch Landesherren waren. Mit der Eingliederung des Fürstentums in das Königreich Preußen durch den Wiener Kongreß 1815 war die Souveränität der Fürsten praktisch erloschen, wenn ihnen auch wegen ihrer Loyalität dem neuen Landesherrn gegenüber gewisse standesherrliche Rechte auf dem

Gebiet der Polizei und der Kirchen-, Schul- und Gemeindeverwaltung vertraglich zugesichert waren. In den ersten Jahrzehnten ließ der Fürst diese Rechte durch eigene Beamte, später aber wegen praktischer Unzuträglichkeiten durch den preußischen Landrat ausüben, der damit Stellung und Funktion eines »Oberbeamten der Fürstlich-Wiedischen Verwaltung« erhielt.

Das wirkte sich für meinen Vater so aus, daß er sich nach seiner Ernennung zum Landrat beim Fürsten persönlich vorzustellen hatte – ein »Staatsakt«, Symbol der verbliebenen Reste fürstlicher Souveränität. Höhere Staatsbeamte pflegten damals bei feierlichen Anlässen, vornehmlich bei Kaisers Geburtstag, eine dem höfischen Zeremoniell entlehnte Ziviluniform zu tragen. Die Neuwieder hielten meinen Vater allerdings in dieser Tracht wegen der zweispitzigen Kopfbedeckung für einen Admiral.

Es kam vor, daß mein älterer Bruder und ich – wir waren ungefähr Altersgenossen der beiden Prinzen – zu Schokolade und Spielen ins Schloß eingeladen wurden. Als Preise gab es so kostbare Gegenstände wie silberne Taschenmesser. Ich erinnere mich auch einer Einladung zu Ostern, als es vom Großvater der Prinzen, dem König von Württemberg, gestiftete, aus rosarotem Zucker bestehende Nachbildungen eines Denkmals aus dem Stuttgarter Schloßgarten gab, das Herzog Eberhard von Württemberg darstellt, wie er, ermüdet von der Jagd, seinen Kopf vertrauensvoll in den Schoß einer seiner Untertanen legt. Es bedurfte uns einiger Überwindung, dieses zuckersüße Rührstück seiner natürlichen Bestimmung zuzuführen.

Hinter dem Schloß zog sich am Rheinufer entlang bis zur »Spitze« – so hieß die Mündung der Wied in den Rhein – ein großer Park mit Wiesenflächen und hohen in- und ausländischen Bäumen. Er war dem Publikum zu bestimmten Zeiten zugänglich und auch für uns Ziel des täglichen Spaziergangs, der allerdings wegen der Gleichförmigkeit des Hin- und Rückweges – die interessanten Seitenwege waren für die fürstliche Familie gesperrt – nicht sonderlich beliebt war, ausgenommen im Herbst, wenn der Weg mit raschelndem Laub bedeckt war.

Das wirtschaftliche Leben der Stadt beruhte auf einer vielseitigen mittelständischen Industrie. Es gab außer einer Brauerei Fabriken für Seife, Kerzen, Papier, Bestecke, Zigarren und, für uns Kinder besonders aufregend, für Schokolade. Die Schokoladenfabrik wurde von Kommerzienrat Reichard betrieben, der uns gelegentlich einen Besuch in seiner Fabrik in Aussicht stellte. Wir hatten Visionen von geschenkten Pralinen und Schokoladetafeln, zumal die Enkelin des Fabrikanten von einer Erfahrung dieser Art nach einem Besuch der großväterlichen Fabrik berichtet hatte. Leider ist es nie zu dem erträumten Besuch gekommen. Wir mußten mit dem Schokoladenduft

Die Eltern Joachim von Elbes mit ihren fünf Kindern. Joachim von Elbe ist der zweite von rechts.

vorlieb nehmen, der gelegentlich die Luft der Stadt mit seinen Verlokkungen erfüllte.

Meine Eltern hatten vor der Versetzung meines Vaters nach Neuwied nie etwas mit dem Rheinland zu tun gehabt. Mein Vater war als einziges Kind in einem Offiziershaushalt im Osten aufgewachsen. Nach dem Tode seines Vaters, der zuletzt als Oberstleutnant und Bezirkskommandeur in Neiße gestanden hatte, wurde sein Großvater, der ehemalige Kaiserliche Gesandte Emil Freiherr von Richthofen, sein Vormund und Mentor. Meine Mutter war zwar in Karlsruhe geboren, hatte aber mit ihren beiden Schwestern ihre Jugend bis zu ihrer Verlobung in der Tiergartenstraße in Berlin verlebt, wo meine Großmutter, Tochter des Berliner Bankiers Paul Mendelssohn-Bartholdy und Nichte des Komponisten Felix Mendelssohn-Bartholdy, ein Haus besaß. Hier herrschte der den schönen Künsten und der Musik zugewandte Geist der Familie Mendelssohn. Ihren Vater hat meine Mutter wegen seines frühen Todes nie gekannt, wohl aber dessen Bruder, den Geographen und China-Forscher Ferdinand Freiherr von Richthofen, in dessen Haus in der Kurfürstenstraße in Berlin sich meine Eltern auch verlobt haben.

Es hat viele Neuwieder, die meinen Eltern zunächst wegen ihrer Herkunft aus »Preußisch-Berlin« mit einer gewissen Reserve begegneten, überrascht, wie leicht und schnell sie sich der rheinischen Denk- und Lebensweise angepaßt haben.

Meine Eltern waren ein in voller Harmonie in sich ruhendes Paar. Niemals gab es auch nur den Anflug eines harten Wortes zwischen ihnen. Mit uns Kindern verband sie ein Verhältnis unbedingten Vertrauens. Für uns war immer richtig, was sie taten. Sie waren stets für uns da, ob uns Schulprobleme drückten oder ob wir krank im Bett lagen. In der sorgenden Pflege der Mutter bei Krankheiten fühlte man sich wundervoll geborgen.

Unsere Eltern hatten Verständnis für unsere besonderen Interessen und förderten sie. Mein Bruder Günther (heute in den USA einer der führenden Wissenschaftler auf dem Gebiet der Verbrennungs- und Explosionsforschung) durfte sich in einer kleinen Kammer im zweiten Stock für seine chemischen Experimente ein Labor einrichten. Die Familie nahm in Kauf, daß von dort aus manchmal schlimme Gerüche das Haus durchzogen. Mein jüngster Bruder Fritz, dessen hohe musikalische Begabung schon frühzeitig in Erscheinung trat, erhielt den besten Klavierunterricht, den es in Neuwied gab, und hat auf dieser Grundlage fast Konzertreife erlangt.

So lebte die Familie als geschlossene Einheit. Außer dem Frühstück fanden alle Mahlzeiten gemeinsam statt. Man versammelte sich zur festgesetzten Zeit im Eßzimmer. Jeder hatte seinen angestammten Platz am Tisch. Beim Tischgebet »Alle guten Gaben ...« wechselte man sich ab.

Einmal in der Woche kam eine französische Sprachlehrerin zum Mittagessen, immer um einige Minuten zu spät. Ihre ständige Entschuldigung »Mille fois pardon« wurde bei uns zum geflügelten Wort. Als nach Ausbruch des Ersten Weltkrieges Französisch verpönt war, vereinsamte sie und starb kurz darauf. Als ich nach vielen Jahrzehnten ihre Grabstelle auf dem alten Friedhof von Neuwied wiederentdeckte, war der schwarze Marmor ihres Grabsteines noch so blank und die goldene Schrift noch so leuchtend wie zur Zeit, als der Stein gesetzt wurde.

Die Weihnachtsbescherung fand für alle, die »Mädchen« eingeschlossen, auf der Diele statt. Zuvor hatte man noch Pflichten zu erfüllen, die uns mahnen sollten, daß es anderen nicht so gut ging wie uns. So hatten wir den Kindern in der dem Kreishaus gegenüberliegenden Blindenanstalt Geschenke zu bringen und an deren Weihnachtsfeier teilzunehmen.

Die Bildung des Geistes und der Persönlichkeit durch Lernen begann bei uns zu Hause noch vor Eintritt in die Schule mit der »Fröbelstunde« nach den Ideen des Pädagogen Friedrich Fröbel, dem Erfinder des Kindergartens. Um die menschliche Schöpfungskraft zu steigern, müsse die geistige Entwicklung des Menschen, so lehrte er, schon im frühen Kindesalter gefördert werden. So wurden wir von einer Lehrerin mit allerlei Handarbeiten beschäftigt, die unsere schöpferische Phantasie anregen sollten. Die Weiterbildung führte nach der Volksschule zum humanistischen Gymnasium, das ich bis zum Abitur in Neuwied durchlaufen konnte.

Das Schulgeld betrug, als ich 1911 in das Gymnasium eintrat, vierteljährlich 32 Mark und 50 Pfennig und wurde in der Schule eingesammelt. Zu diesem Behuf erhielten wir von unserer Mutter einen Briefumschlag. Er enthielt ein 20-Mark- und ein 10-Mark-Goldstück und den Rest in Silbermünzen. Am Zahltag zog der Schuldiener Weber, gedienter Feldwebel und Mitglied einer Blaskapelle, mit einer offenen Kassette, in der sich die Gold- und Silbermünzen häuften, von Klassenzimmer zu Klassenzimmer und kassierte.

Goldmünzen waren damals für den gewöhnlichen Bargeldverkehr das gängige Zahlungsmittel. Banknoten gab es nur für größere Beträge. Auf Reisen nahm mein Vater einen Brustbeutel mit Goldstücken mit, auch ins Ausland. Sie wurden überall in Zahlung genommen. Der Erste Weltkrieg beendete diese »goldene Zeit«. Die Goldstücke verschwanden. Man wurde aufgefordert, Goldgegenstände, zum Beispiel goldene Uhrketten, abzuliefern. Dafür erhielt man eine eiserne Kette mit der Aufschrift »Gold gab ich für Eisen«.

Musische Fächer gab es in der Schule nicht. Den Ersatz dafür lieferte das Elternhaus. Meiner Mutter, die eine ausgebildete Sopranstimme besaß, verdanken wir es, daß in der Familie, im Geist Mendelssohnscher Tradition, viel Musik getrieben wurde. So lernten wir schon frühzeitig die großen Klassiker kennen. Wir wurden auch veranlaßt, bei Chorwerken, die in Neuwied aufgeführt wurden, mitzusingen. Vertieft wurde die musikalische Bildung durch die Winterkonzerte im Saal der Kasinogesellschaft, auf die man abonniert war. Unter dem Einfluß der kunstsinnigen Prinzessinnen Luise und Elisabeth zu Wied, Schwestern des »regierenden« Fürsten, kamen Künstler der Spitzenklasse nach Neuwied.

Auch auf einem anderen musischen Gebiet war das Elternhaus die bewegende Kraft: dem Theaterspiel. Mit unseren Freunden führten wir Szenen aus ›Wilhelm Tell‹ auf und Stücke von Theodor Körner wie den ›Vierjährigen Posten‹ (der vier Jahre lang nicht abgelöst worden war). Die Kostüme wurden von meiner Mutter und »Fräulein Lisbeth« genäht. Theaterraum waren die Diele oder auch der Garten als Freilichtbühne. Nach dem Vorbild von Shakespeare begnügten auch wir uns mit den einfachsten Requisiten.

Das war anders bei Aufführungen des Puppentheaters, das die Eltern uns zu Weihnachten geschenkt hatten. Hier wurden alle Möglichkeiten, die das Theater bot, voll ausgeschöpft. Für selbstverfaßte Stücke wurden Szenenbilder, Puppen und Requisiten gefertigt. Den Höhepunkt bildete eine Aufführung von Humperdincks Märchenoper ›Hänsel und Gretel‹. Eine bekannte Dame lieferte auf dem Klavier und mit Gesang die Musikbegleitung. Sie verstand es, den Hexentanz auf schaurig-schöne Art vorzutragen. Mein »chemischer« Bruder hatte einen Wasserwiderstand konstruiert, mit dem sich die

Bühne langsam verdunkeln ließ. Das war am wirkungsvollsten, als ein Kranz aus Watte gefertigter Engel von der Bühnendecke auf die auf dem Waldboden schlafenden Kinder herabschwebte – zu der zauberhaften Weise von den Sternen, die am Himmelsfirmament erwachen. Selbst die Erwachsenen waren gerührt.

Die Tierliebe meiner Mutter – sie sprach mit jeder Katze, die sie traf, und sie konnte auch Vögel anlocken – brachte uns an einem Weihnachtsabend den Boxer Tell ins Haus. Sein freundliches und zutrauliches Wesen machte ihn bald zum beliebten Hausgenossen. Er war auch zu Späßen aufgelegt. Bei Spaziergängen im Wald liebte er es, einen dicken Ast ins Maul zu nehmen und uns damit von hinten zwischen die Beine zu fahren. Seine besondere Zuneigung galt meiner Mutter. Er begrüßte zwar bei der Heimkehr von einer Reise jeden einzelnen von uns überschwenglich, war aber dann nur noch für meine Mutter vorhanden, der er auf Schritt und Tritt folgte. Er ist ein Opfer der Ernährungsschwierigkeiten während des Ersten Weltkrieges geworden.

Zu den Erinnerungen an das Elternhaus in Neuwied gehören auch grundlegende Erlebnisse auf dem Gebiet des technischen Fortschritts. In Neuwied sah ich das erste Auto. Es war der elektrisch betriebene Wagen des Kommerzienrates N. Wenn man ihm radelnd begegnete, hielt man an und stieg vom Rad. Man hätte mit ihm ja kollidieren können! Vor allem aber waren es die Anfänge von zwei Erfindungen, die sich zu riesenhaften, weltumspannenden Unternehmungen entwickeln sollten: das Lichtspielwesen und die Fliegerei. Meinen ersten Film sah ich auf einer der alljährlich zu Pfingsten auf der Heddesdorfer Festwiese veranstalteten Kirmessen – ich glaube, im Jahre 1912 oder 1913. Die Kinematographie, wie man die Erfindung der beweglichen Bilder auf der Leinwand nannte, galt zunächst als Kuriosität und wurde zusammen mit anderen Seltsamkeiten wie der »Seejungfrau«, afrikanischen Zauberern und dem »kleinsten Mann der Welt« in Schaubuden auf Jahrmärkten und Volksfesten gezeigt. Die flimmernden Bilder auf der Leinwand im Hintergrund des verdunkelten Zeltes mit ihren schäumenden, stürzenden Wasserfluten und mit Menschen, die sich bewegten, wenn auch hastig und unnatürlich schnell, hatten etwas so Faszinierendes und Geheimnisvolles an sich, daß ich mir das außergewöhnliche Schauspiel mehrere Male ansah und dafür den größten Teil meines Taschengeldes opferte.

Nicht minder erregend war die Begegnung mit der Luftfahrt. Im Juli 1909 überführte Graf Zeppelin das Luftschiff LZ 5 (später Z II) von Friedrichshafen nach Köln und überquerte dabei auch die Gegend von Neuwied. Schon am Morgen des Tages, für den das Erscheinen des Luftschiffes angekündigt war und für den wir schulfrei bekamen, hatten wir unseren Beobachtungsposten auf der Höhe von Fahr-Irlich bezogen.

Nach stundenlangem Warten tauchte in der Ferne, nach Koblenz zu, ein Gegenstand am Himmel auf. Schließlich lag der zigarrenförmige Körper des Luftschiffes mehrere hundert Meter hoch am Himmel vor uns. Ruhig, gleichmäßig zog das seltsame Gebilde, das nirgendwo sonst auf der Erde seinesgleichen hatte, mit einem tiefen Brummen an unseren Blicken vorüber und verschwand im Dunst des Rheintales.

Es war ein Schauspiel, das außerhalb aller bisherigen Erfahrungen lag, unheimlich fast und unvergeßlich.

Noch ein anderes technisches Wunder erlebte ich noch im Elternhaus. Als wir 1908 zum erstenmal die neue Wohnung im Kreishaus betraten, zeigte man uns neben den Zimmertüren kleine schwarze Schalter, mit denen sich durch eine Drehung strahlende Helligkeit zaubern ließ. Die Lichtquellen in der alten Wohnung waren Gasleuchter und Petroleumlampen gewesen, die mit Streichhölzern – uns Kindern unzugänglich – zum Leuchten gebracht wurden. In der neuen Wohnung konnten wir uns ohne Hilfe der Erwachsenen Licht machen – welch unerhörter Fortschritt! Inzwischen ist der Mensch auf dem Mond gelandet.

Zweimal sah das Elternhaus Militär unter seinem Dach: im August 1914, als Soldaten in Feldgrau vor ihrem Marsch nach Frankreich bei uns einquartiert waren, und 1919 Soldaten in Khaki, als ein großer Teil des Hauses für den Kommandierenden General der zweiten Division der amerikanischen Besatzungstruppen beschlagnahmt wurde.

Zwischen diesen Daten lag ein Weltkrieg, lagen die Hungerjahre, lag der Tod auf dem Schlachtfeld von Verwandten und Freunden, der ungeheure seelische Druck der heraufziehenden Katastrophe, der Zusammenbruch der überkommenen Ordnung, der Sturz von stolzer Höhe in den Abgrund. Aber der Zusammenhalt der Familie, Vermächtnis des Elternhauses, blieb bewahrt, seine Werte hatten Bestand.

Helmut Hentrich wurde am 17. Juni 1905 in Krefeld geboren. Von 1924 an studierte er an der Universität Berlin sowie an den Technischen Hochschulen Wien und Berlin Architektur. 1929 erhielt er als junger Architekt den Schinkel-Preis und promovierte in Wien. Von 1930 bis 1932 arbeitete er in namhaften Architekturbüros in Paris und New York. 1933 wurde er zum Regierungsbaumeister ernannt, machte sich jedoch noch im selben Jahr selbständig. 1936 wurde er an die Akademie für Städtebau und Landesplanung berufen. Nach dem Tod seines Partners Hans Heuser schloß er sich 1953 zu einer Arbeitsgemeinschaft mit Hubert Petschnigg zusammen. 1960 wurde er von der Landesregierung Nordrhein-Westfalen zum Professor ernannt.

HELMUT HENTRICH
1914: Das Jahr, das alles veränderte

Geboren bin ich als Sonntagskind, abends bei Gewitter, am 17. Juni 1905 in Krefeld in der Rheinstraße, und zwar dort, wo sie aus städtischer in offene Bebauung überging. Die Straße verband, daher auch der Name, das Zentrum von Krefeld durch eine napoleonische Allee mit dem Rhein. Mein Vater, zur Zeit meiner Geburt neunundzwanzig Jahre alt, war als Regierungsbaumeister nach Krefeld gekommen, um dort die Projektierung des neuen Rheinhafens einschließlich der Bauleitung zu übernehmen. Das Werk stand kurz vor der Vollendung. Der Hafen wurde 1906 eingeweiht.

Daß er den preußischen Staatsdienst verlassen hatte, um das Krefelder Projekt zu übernehmen, lag wohl auch daran, daß mein Großvater Bürger – sehr zum Leidwesen meiner Großmutter – seine Apotheke in Wiesbaden auf der Taunusstraße aufgegeben und in Uerdingen, einer kleinen aufblühenden Stadt am Niederrhein, eine chemische Fabrik gekauft hatte. Das war damals, angesichts der schnellen Entwicklung der Chemie, keine Seltenheit; mein Großvater hatte in Gießen und Marburg Chemie studiert und promoviert.

Vater hatte seine Frau Helene, geborene Bürger, als junger Regierungsbaumeister in Kassel kennengelernt und sie als Neunzehnjährige geheiratet. Nach einer dreimonatigen Hochzeitsreise (mein Vater »verreiste« seinen Schinkel-Preis), die durch Frankreich, Italien, Griechenland (Olympia 1896), Anatolien, durch den Bosporus über das Schwarze Meer nach Odessa und die Donau aufwärts bis Wien führte, ließ sich der junge Ehemann – meine Mutter war zehn Jahre jünger – in Emden nieder, wo er seine erste größere selbständige Arbeit übernahm, eine Hafenerweiterung. Von Emden, wo meine Mutter sich nie wohl gefühlt hat, ging es über Münster und Dortmund nach Krefeld, wo der Hafenbau 1900 begonnen wurde.

Mit der Fertigstellung des Hafens trat eine Änderung der Verhältnisse ein. Neue Aufgaben erschienen in der wirtschaftlich aufstrebenden Zeit am Horizont. Da bot die Stadt Krefeld meinem Vater die Stellung des 1. Beigeordneten an, der damals für das gesamte Bauwesen, den Hafen und alle technischen Ämter einschließlich der Friedhöfe, der Grünanlagen und der Grundstücksverwaltung zuständig war. Es war ein günstiges Angebot, das ein Einfamilienhaus mit einem großen Garten einschloß, als Bezahlung das Gehalt des Regierungspräsidenten in Düsseldorf und viele andere Privilegien, außerdem aber eine selbständige Tätigkeit. Da meine Eltern die Stadt Krefeld liebgewonnen hatten, schloß mein Vater ab. Damit verbunden war der Umzug nach Bockum, einem soeben eingemeindeten Vorort, in dem mit dem Tode des Bürgermeisters eine gleichzeitig mit dem Rathaus erbaute Villa frei geworden war.

Ich war das dritte Kind nach meiner Schwester Margarete und meinem Bruder Werner, die 1898 beziehungsweise 1900 geboren worden waren. Mein jüngster Bruder Erwin wurde im Dezember des Umzugsjahres 1908 erwartet. Um meiner Mutter den Umzug zu erleichtern, beschloß die Familie, den Sommer und Frühherbst in Katwijck in Holland zu verbringen. Dort mietete man ein Haus am Strand. An die Abreise kann ich mich noch relativ gut erinnern: das Gebirge von Koffern und großen Wäschekörben, überdimensionalen Hutschachteln und Kisten. Außer den Familienmitgliedern kamen eine Lehrerin – meine Geschwister waren ja schon schulpflichtig – und ein Hausmädchen mit. Weitere Hilfen wurden in Katwijck engagiert.

Das Haus, der Ort, die See – meine Liebe zum Meer hat wohl dort ihren Ursprung – sind, wie auch mein dritter Geburtstag, noch heute in meiner Erinnerung. Besonders ein Erlebnis ist mir unvergeßlich. Leiden war von Katwijck nur mit einem kleinen Dampfer über Kanäle in einem Tagesausflug zu erreichen. Es ging unter niedrigen Brükken her, und da es viele stationäre Brücken gab, wurde beim Nahen des Schiffes eine Glocke geläutet, worauf der Schornstein gekippt wurde und die Erwachsenen sich beugen mußten. Ich war unendlich stolz, daß ich bei meiner Größe aufrecht stehenbleiben konnte. Es war das erste Mal, daß ich eigenes Selbstbewußtsein spürte.

An einem schönen Herbstabend kehrten wir nach Krefeld zurück. Großmutter und Großvater holten uns mit Wagen und Pferden ab und fuhren uns nach Bockum. Beim Eintritt in das neue Haus, das wesentlich größer war als das in der Rheinstraße, wurde mir ganz feierlich. Als ich dann im Spielzimmer meine Spielsachen, ordentlicher als ich sie je gehalten hatte, wiederfand – Vater hatte sie sicher selbst eingeräumt –, kamen mir, ich erinnere mich genau, die Tränen, und ich herzte meine geliebten Stofftiere, auf die ich so lange hatte verzichten müssen.

Am nächsten Tag entdeckte ich den großen Garten, der das heute noch stehende Haus umgab. Genaugenommen waren es drei Gärten: der Wohngarten, den seitlich zwei kleine Kastanienalleen säumten, ein großer, umfriedeter Obstgarten und ein Gemüsegarten, der auch große Staudenbeete enthielt. Den Wohngarten schmückten nur Rosen, hochstämmige längs der Wege sowie große Rosenbeete und blühende Sträucher. Das alles bewirtschaftete ein städtischer Gärtner.

Das Haus mit großem Zeltdach und Giebeln, 1906 im späten Jugendstil erbaut, war sehr geräumig. In der Mitte war die große Diele mit Treppenhaus, Wohnzimmer, Salon und Eßzimmer. Daran schloß sich der Wintergarten mit großen Schiebetüren an, so daß bei Familienfesten und Gesellschaften für sechsunddreißig Personen gedeckt werden konnte. Im Obergeschoß gab es fünf Schlafzimmer, und im ausgebauten Dachgeschoß befanden sich die Räume für Dienstboten und Gäste.

Mit dem Garten verbunden waren Scheune und Hundestall, die später im Ersten Weltkrieg von großem Nutzen waren. Die engere Familie war auf sechs Köpfe angewachsen, dazu kamen die zwei Mädchen, eine Putzfrau, alle drei Wochen eine Waschfrau und schließlich der Gärtner, so daß die große Küche immer in Betrieb war.

Im Dezember 1908 kam mein jüngster Bruder planmäßig auf die Welt. Durch eine Infektion erkrankten Mutter und Bruder, und es vergingen drei traurige Monate, ehe beide wiederhergestellt waren. Ich erinnere mich, wie mir mein Bruder Erwin im Elternschlafzimmer zum ersten Male vorgestellt wurde. Der Altersunterschied zwischen uns Brüdern war beträchtlich: vom älteren trennten mich fünf Jahre, zum jüngsten hin dreieinhalb Jahre. Der älteste war so etwas wie eine Aufsichtsperson und Vaters Stellvertreter, während wir jüngeren uns enger aneinanderschlossen. Aber wir haben uns, je älter wir wurden, immer besser verstanden.

Im Jahre 1909 wurde das idyllische Zusammenleben durch den Tod meiner Schwester, an die ich mich gut erinnere, zerstört. Ich war ihre ganze Liebe. Sie starb an einer akuten Blinddarmentzündung plötzlich und unerwartet. Als ich an ihr Bett geführt wurde und sie still mit gefalteten Händen dalag, empfand ich zum erstenmal tiefen Schmerz, und ich wußte auf einmal, daß es auch düstere Seiten des Lebens gab. Im gleichen Alter starben später zwei Cousinen mütterlicherseits. Es war wie ein Verhängnis. Wenn wir fortan über Schmerzen im Unterleib klagten, wurden wir sofort nach Köln in die Klinik Lindenthal verbracht.

Um meine Mutter abzulenken, reisten die Eltern nach Italien. In dieser Zeit wurde auf Veranlassung meines Vaters das Obergeschoß umgebaut, um möglichst Erinnerungen zu tilgen. Meine Eltern haben an diesem Verlust bis in ihr Alter getragen.

Ein freudiges Ereignis aber war die Rückkehr der Eltern. Wie immer, wenn sie von der Reise zurückkamen, wurden sie mit der großväterlichen Kutsche von Frankfurt abgeholt. Bei ihrer Ankunft holten sie aus dem Wagen eine kleine Kiste. In ihr befand sich ein sechs Wochen alter Bernhardiner, Barry genannt, den meine Eltern bei den Mönchen auf dem St.-Bernhard-Paß gekauft hatten.

Barry wurde der Begleiter meiner frühen Jugend. Wenn er im Garten tollte, war ich zunächst schneller als er. Das war ihm nicht recht, und so hängte er sich in meine Söckchen und ließ sich nachschleifen. Meine Mutter war ratlos über meinen Strumpfverbrauch, bis sie eines Tages Barry bei seiner Untat entdeckte. Aber bald war er schneller als ich. Er bewohnte einen großen Stall und einen Außenzwinger mit Holzhütte für den strengen Winter. Im übrigen lief er bei Tage im Obstgarten und bei Nacht im ganzen Anwesen herum.

In dieses vierte Lebensjahr fällt ein anderes für mich bedeutendes Kindheitserlebnis. Wohlhabende Familien gaben auch für ihre noch jungen Sprößlinge sogenannte Kindergesellschaften bei Kuchen und Schokolade, die meist mit nächtlichen Magenbeschwerden endeten. Hier lernte ich – an der Schaukel – ein kleines Mädchen kennen. Ich erzählte meiner Mutter davon und drückte den Wunsch aus, die reizende kleine Person wiederzusehen. Da ich mich von den Dorfjungen etwas fernhielt, weil sie mir in ihren Spielen zu grob und roh waren, war ich recht viel allein. Der jüngere Bruder war als Spielgefährte noch zu klein und der ältere bei weitem zu groß. Nun versuchte meine Mutter festzustellen, wer denn meine kleine Angebetete war. Die Nachforschung war erfolgreich. Es war Else, die Tochter des Apothekers Herding, ein halbes Jahr älter als ich. Aus der Begegnung entwickelte sich eine besonders herzliche Freundschaft, die fast zehn Jahre hielt. Wir sahen uns täglich, wenn nur irgend möglich.

Aus dem Jahre 1910 sind mir keine größeren Erinnerungen geblieben, eigentlich nur die, daß ein Zeppelin-Luftschiff unsere Stadt über-flog: ein unerhörtes Erlebnis. Außerdem wurden mir in diesem Jahr von Professor Preysing in Köln die Mandeln herausgeschält. Das setzte eine Reise nach Köln über Neuss voraus. Die anfahrende Lokomotive, der zischende Dampf und die großen Räder und Pleuel-stangen erregten mich schauerlich. Die Reise hinterließ noch einen anderen nachhaltigen Eindruck. Im Wartezimmer des Arztes lagen Zeitschriften, darunter die »Kunst und Dekoration« von Alexander Koch in Darmstadt. Lesen konnte ich diese Hefte noch nicht, ich ließ mir aber alles deutlich erklären und wußte, daß ich Arzt werden wollte, um mir dann ein solches Haus wie in der Zeitzstraße zu bauen. Die Mandeln schmerzten, aber die Hefte waren doch ein ge-wisser Ausgleich.

1911 wurde der Schulbesuch fällig. In Frage kamen die dreijährige Vorschule des Realgymnasiums in Krefeld oder die evangelische Volksschule an der Grotenburg. Doch fand man, daß ich für den Schulweg noch zu »zart« sei, wie das damals ausgedrückt wurde. So kamen meine Eltern auf die Idee, mir zunächst Privatunterricht geben zu lassen. Meine Freundin Else sollte auch daran teilnehmen. So er-schien dann jeden Dienstag und Freitag von 3 Uhr bis 5 Uhr Herr Pontzen aus Krefeld, um uns zu unterrichten. Else war immer besser, weil sie fleißiger und wohl auch gewissenhafter war. Der Unterricht wurde dann auf zwei Jahre ausgedehnt. Diese beiden Jahre genoß ich in dem großen Haus und dem schönen Garten ausgiebig. Es war die glücklichste Kindheit.

Die Ferienreise dieses Jahres ging nach Blanckenberghe an der bel-gischen Küste. Diesmal wohnten wir im Hotel. Morgens badeten wir am Strand von Badekarren aus, die mit Pferden ins Wasser gezogen und in die See herausgefahren wurden. Ich erinnere mich an meine Mutter im dunkelblauen Badekostüm, mit langen Ärmeln, langen Beinlingen und einer riesigen Bademütze gegen die Sonne. Vater trug einen blauweiß geringelten Badeanzug, der bis zu den Knien reichte. Die Ärmel waren halblang.

Nachmittags und abends fuhren Eltern, Onkel und Tanten häufig in die schönen, nahe gelegenen Städte wie Brügge, Gent, Antwerpen oder Ostende. Unseren Bewacherinnen war der Strand zu langweilig, und da der Kinobesuch für Kinder frei war, wurden wir, mein gleich-altriger Vetter, meine Brüder und ich, mit ins Kino genommen. Das Kino war noch jung, aber die Filme von Pathé Paris – ich sehe noch den krähenden Hahn wie später den brüllenden Löwen von Metro-Goldwyn-Mayer – waren schon sehr aufregend. Natürlich gingen wir gerne ins Kino. Den Eltern gegenüber wahrten wir jedoch Verschwie-genheit.

Die Onkel Hans und Hermann Bürger waren sehr freigebig, und so floß manches Zehn-Centimes-Stück in unsere Hände. Das wurde in Pommes frites, die bei uns fast noch unbekannt waren, angelegt: eine Tüte für fünf Centimes. Es gab aber auch frische Crevetten für zehn Centimes die Tüte. Was Wunder, daß wir bei Tisch keinen Appetit hatten. Auch war den Eltern unerklärlich, daß wir nicht braun wurden. Das Kino war schließlich so aufregend – ich erinnere mich noch heute verschiedener Episoden –, daß ich nachts davon träumte und phantasierte. Meine Mutter kannte uns nicht wieder. Der älteste Bruder wurde verhört, und Werner, der immer der Musterknabe war, gestand unter Tränen, was vor sich gegangen war. Damit waren Kinobesuche auf Jahre hinaus dahin.

Eine besondere Begebenheit ist mir noch unauslöschlich im Sinn. Am Strand war aus Leinwand ein rundes Becken errichtet worden, anderthalb Meter hoch mit Wasser gefüllt. Darüber erhob sich ein Gerüst, an dem ein Trapez hing. Auf diesem Trapez saß ein Mann. Wenn man mit einem Ball eine bestimmte Scheibe traf, löste sich ein Schloß, und der Mann im Badeanzug fiel ins Wasser. Der Ausrufer verkündete auf deutsch, englisch und natürlich französisch (die letzteren Sprachen verstanden wir nicht): »Meine Damen und Herren: Hier sehen Sie Kaiser Wilhelm den Zweiten, werfen Sie das Schwein ins Wasser.« Drei Bälle fünf Centimes. Es gab ein großes Gejohle, die deutschen Badegäste waren empört, aber ihr Protest nutzte nichts.

Dieses Vorkommnis warf ein Schlaglicht auf die Stimmung. Die ersten düsteren Wolken zogen über das Paradies. Wir begriffen natürlich nur die Hälfte, bekamen aber mit, daß etwas geschah, was unsere Ordnung störte.

Der Vater hatte indessen einer Straßenbaukonferenz in London beizuwohnen (er war maßgeblich beteiligt an der Einführung des Teerstraßenbaus in Deutschland), als die sogenannte Marokkokrise ausbrach. Akute Kriegsgefahr! Aus London kam ein Telegramm, den Aufenthalt in Blanckenberghe wegen der Kriegsgefahr sofort abzubrechen und nach Krefeld zurückzukehren. Das Packen nahm einen Tag in Anspruch. Man ahnt heute nicht, was da alles mitgeschleppt wurde. Man vertraute ja seine Wäsche keiner Hotelwäscherei an.

Krieg war für uns ein sehr abstrakter Begriff. Wir wußten natürlich von vergangenen Kriegen, aber nur von den ruhmreichen. Zwei meiner Onkel dienten als Einjährige, einer bei den 11. Husaren in Krefeld, der andere bei der Marine in Wilhelmshaven. Wir fanden ihre Uniformen hinreißend schön, aber daß sie einmal in wenigen Jahren in den Krieg würden ziehen müssen, war uns undenkbar. Wir machten dann doch noch Ferien in Rhöndorf bei Bonn, wobei mir Bad Godesberg mit seinen wunderbaren Villen und Gärten – viele gibt es heute nicht mehr – tiefsten Eindruck machte.

Bad Godesberg, südlich von Bonn am Rhein gelegen, war ein schö-

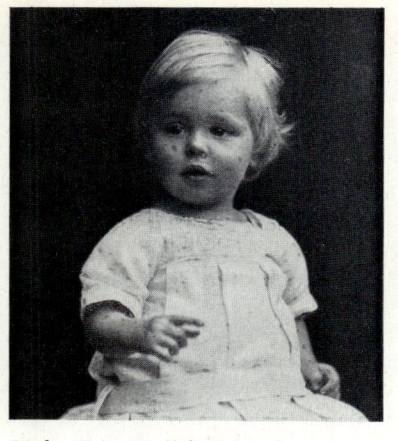

Links: Der zweijährige Helmut Hentrich. *Rechts:* Der Vater Hubert Hentrich und die Mutter Helene Hentrich.

ner, ruhiger Platz, besonders beliebt bei Pensionären und Rentiers, die sich aus allen deutschen Gauen dorthin zurückzogen. Rentiers waren Leute, die von den Zinsen des eigenen Kapitals lebten, die anderen waren nur Rentner. Rentier mußte man zeitig werden, da die Lebenserwartung viel geringer war als heute. Ich erinnere mich noch an die Todesanzeigen in der Krefelder Zeitung: »Er starb im gesegneten Alter von 60 Jahren.«

Die Villen der Rentiers standen auf größeren Grundstücken an schattigen Alleen und stammten vorwiegend aus der zweiten Hälfte des 19. Jahrhunderts, waren also bei unserem Besuch noch meist von den Erstbesitzern oder ihren Kindern bewohnt. Bei unserem Rundgang entdeckten wir hinter den Umfassungsgittern parkähnliche Gärten, die von zahlreichen Gärtnern in grünen Schürzen und Strohhüten gepflegt wurden. Jede Anlage wies große Teppichbeete auf, die nach Jahreszeit mit bunten Blumen bepflanzt und der Stolz ihrer Besitzer waren, wobei man sich gegenseitig zu übertreffen suchte. Auf ihren großen Veranden wurde Tee »gereicht«. Ich erinnere mich noch heute an das Geräusch der klappernden Rasenmäher und das Hufgetrappel der Kutschenpferde.

Das damalige Bad Godesberg ist mir bis heute als eines der friedlichsten Bilder menschlichen Daseins in Erinnerung. Daß diese Welt schon drei Jahre später untergehen sollte, ahnte keiner.

Zunächst jedoch beruhigte sich das politische Klima wieder. In der Familie – die meisten Unterhaltungen fanden beim Essen oder bei Spaziergängen statt – wurde über Politik wenig gesprochen. Eher schon im Hause meiner Großeltern, zu denen wir regelmäßig sonntags von Bockum aus zum Kaffee und frühen Abendessen pilgerten. Die wohnten in einem schönen großen Haus, schon seit den neunziger Jahren.

In der Verehrung Bismarcks waren sich alle einig. Die Entlassung hat keiner verstanden. Dem Kaiser stand man wegen seiner törichten Reden kritisch gegenüber. Das war später in der Schule ganz anders. Dieser Zwiespalt blieb uns nicht verborgen, und daß etwas nicht stimmte, entging mir nicht. Aber über dem täglichen, fast immer freudvollen Leben vergaß man das. Auch Kinderkrankheiten, die ich alle durchmachte, wurden überstanden, und die Genesungszeit genoß ich mit all den Vorteilen, die sie brachte. Die Liebe, die die Eltern sowieso in reichem Maße austeilten, steigerte sich in dieser Zeit.

Um unsere Gesundheit zu stärken, bekamen wir dann in Krefeld Schwimmunterricht. Auch Else Herding erhielt Schwimmunterricht. Jungen und Mädchen blieben dabei natürlich streng getrennt. Als sie eines Tages bei einem Sprung unglücklich aufsprang und ohnmächtig versank, mußte sie der Bademeister aus dem Wasser holen. Erst nach zwei Tagen im Uerdinger Krankenhaus kam sie nach Bockum zurück. Telefonisch – wenn wir uns nicht jeden Tag sahen – verabredeten wir eine Zusammenkunft in unserem Hause.

Ich sehe Else noch die Treppe zur Veranda heraufkommen, wir stürzten uns in die Arme und heulten wie Schloßhunde vor Glück, daß wir uns wiederhatten. Viele Erwachsene wissen nicht, wie stark Gefühle in Kindern lebendig werden können.

Zum siebenten Geburtstag erhielt ich ein Kinderfahrrad als Geschenk, das aber doch so groß war, daß ich mit Eltern und großem Bruder mithalten konnte. Nur eines gelang mir nicht: Ich konnte nicht alleine aufsteigen. Wir versuchten alles, trainierten, alles umsonst. Eines Nachts hatte ich einen Traum. Ich nahm mein Rad auf die Straße, stieg mühelos auf und fuhr davon. Am nächsten Morgen nahm ich als erstes das Rad, schwang mich elegant in den Sattel und fuhr davon. Ich hatte damit eine psychische Schwelle überschritten.

Radtouren und Fußwanderungen führten in die schönen Gebiete der Krefelder Umgebung mit dem Hülser Berg im Norden, einer Endmoräne. Besonders schätzten wir die behäbigen Landgasthöfe mit ihren schönen, schattigen Gärten, Schaukeln und Automaten für Stollwerck-Schokolade, zehn Pfennig die Tafel, mit Bildern, die in Alben gesammelt wurden. Schön waren auch die Ausfahrten mit den großelterlichen Kutschen, die dann in die weitere Umgebung führten. Neben dem Kutscher auf dem Bock sitzen zu dürfen war der Himmel auf Erden.

Ein besonderes Ereignis war noch der Besuch von drei Torpedobooten der Kaiserlichen Kriegsmarine. Ihr Ziel war Düsseldorf, doch legten sie auch in Krefeld an. Es war Hochsommer 1912. Auf der Terrasse des Hafenrestaurants waren die Spitzen der Behörden versammelt, um die Offiziere der Boote zu begrüßen. Mein älterer Bruder und ich im weißen Matrosenanzug. Wir trugen überhaupt nur Matrosenanzüge, zu besonderen Gelegenheiten im Sommer ganz weiß, im Winter mit blauen Hosen; täglich blauweiß gestreifte Anzüge, im Winter alles in dunkelblauer Wolle. Das Anziehen mit Kragen, Einsatz, Schlips und Schleife erforderte Zeit. Geliefert wurden diese Anzüge von einem Spezialladen in Kiel. Auch die jungen Mädchen trugen oft solche seemännischen Kleider, aber uns standen sie besser.

Ich sehe noch vor mir, wie die Boote langsam in der Rheinschleife sichtbar wurden. Sie blieben über Nacht, und es gab einen Ball zu Ehren der Besatzung. Am nächsten Tag begann die Rückfahrt in die Nordsee durch Holland. Es ergab sich, daß meine Eltern und ich – mein älterer Bruder mußte in die Schule – bis Wesel mitfahren durften.

Mit dem Jahre 1913 begann der Ernst des Lebens. Nach der Aufnahmeprüfung, der ersten meines Lebens, kam ich in die dritte Vorschulklasse des Realgymnasiums in Krefeld. Die Schule befand sich in einem alten Gebäude, das aus der Mitte des vergangenen Jahrhunderts stammte und überaltert war. Die Lehrer, meist im schwarzen Gehrock mit Plastron, die eleganten bisweilen mit Monokel, sonst Kneifer, erschienen uns uralt und unnahbar, viele trugen schneeweiße Bärte. Das Pensionsalter »Fünfundsechzig« war noch nicht erfunden. Viele waren in den Siebzigern.

Die Schule machte mir keine Sorgen. Aber die tägliche Fahrt nach Krefeld mit der Straßenbahn und die Schularbeiten schränkten meine Freiheit doch stark ein. Unbehagen schufen im Winter das frühe Aufstehen im ungeheizten Zimmer und die kalte Wäsche am Waschtisch. Es gab im Hause noch kein fließendes Wasser, außer in Bad und Küche. Um so schöner war dann das Frühstück im warmen Eßzimmer.

In den heiß ersehnten Sommerferien fuhren wir zu den Großeltern nach Seeheim an der Bergstraße, wo mein Großvater ein Sommerhaus besaß. Das war immer eine besonders schöne Zeit. Wir machten von Seeheim aus viele Ausflüge in den angrenzenden Odenwald, auch nach Darmstadt, der großherzoglichen Residenz, und dem badischen Heidelberg. In Darmstadt wurde die Mathildenhöhe besucht. Dabei bekam ich zum erstenmal den 1908 erbauten Hochzeitsturm von Josef Olbrich zu sehen. Ein großer und zukunftsträchtiger Eindruck – ich spürte, daß hier etwas ganz Neues und Unbegreifliches in meinen Gesichtskreis getreten war. Als wir später in der Prima einmal ein freies Aufsatzthema wählen durften, wählte ich »Josef Olbrich«.

Im Gegensatz dazu der Besuch in Heidelberg. Das Schloß beeindruckte mich sehr durch seine Lage und Größe. Aber daß es zerstört war und daß es Menschen gab oder gegeben hatte, die so etwas zerstörten, war mir unfaßbar. Herrlich fand ich den restaurierten Friedrichs-Bau. Mein Vater war anderer Ansicht und zog die Ruine des Ottheinrich-Baues dem Friedrichs-Bau bei weitem vor. Aber etwas ganz anderes bedrückte mich noch lange Zeit danach. Wir trafen überall auf Studenten, kenntlich durch Bänder und farbige Mützen, viele trugen Kopfverbände. Auf meine Frage, warum sie derart verbunden seien, erklärte man mir, daß die von Mensuren herrührten. Dann wurde mir erklärt, was eine Mensur sei und daß ich nach Schulabschluß in ein Corps eintreten würde und ebenfalls Mensuren fechten würde. Ich hatte damals viele Ängste vor einer solchen Zukunft.

Der Abschied von Seeheim, den ich so lange wie möglich aus dem Bewußtsein schaltete, ist mir immer sehr schwer gefallen. Wenn der Zug aus Bickenbach ausfuhr, ließ ich den Tränen freien Lauf.

Zwei Ereignisse fallen in diese Zeit, die in irgendeiner Form den späteren Beruf andeuteten. Nach fünf Jahren, 1908 waren wir in Bockum eingezogen, wurden die Zimmer renoviert, darunter auch meines. Die Tapete meines Zimmers durfte ich mir selbst auswählen. Die Auswahl fiel mir sehr schwer, denn in dem Laden gab es eine Fülle von Musterbüchern, und der Verkäufer war unermüdlich. Endlich entschloß ich mich zu einem schwarzgrundigen mit violetten Astern geschmückten Muster. Meine Eltern waren entsetzt und wählten eine helle, freundlich biedermeierliche Tapete, wie sie dem Zeitgeschmack entsprach. Über die nicht eingehaltene Zusage brach ich entrüstet in Tränen aus.

Es war vielleicht das erste Mal, daß ich mich innerlich gegen die elterliche Autorität aufbäumte. Es half mir nichts. Als jedoch die Handwerker mit der Arbeit begannen, stellte ich mit einem freudigen Aufschrei fest, daß irrtümlich die von mir gewünschte Tapete geliefert worden war. Telefonische Reklamation war ergebnislos, da die andere Tapete neu bestellt werden mußte und Lieferfrist hatte. Nun begann das Werk. Die erste Bahn hing. Ich war hingerissen. Nach der dritten und vierten Bahn fand ich, daß es doch einen etwas dunklen Eindruck machte. Ich tröstete mich damit, daß das Zimmer ja ein Fenster nach Süden und ein Fenster nach Osten hatte. Die Tapezierung schritt fort. Als zwei Wände fertig waren, sah ich selbst ein, daß es eine Katastrophe geben würde. Kein Möbel, kein Vorhang paßte. Es wurde ein dunkler, mystischer Raum, den ich nun einige Jahre ertragen mußte, denn ein Zurück gab es nicht.

In unserem Dorf gab es einen Schreiner, der nebenbei auch mit antiken Möbeln handelte – meist Stücke vom Lande; die Bauernhäuser waren ja noch voll davon. So sahen sich die Eltern verschiedene Truhen an, darunter eine schwarze, die mir ungemein gefiel. Meine

Eltern mochten sie nicht so recht, ich aber fand sie besonders schön. Die Eltern entschlossen sich nach einer nochmaligen Besichtigung zu einer braunen Truhe. Ich war so enttäuscht und aufgeregt, daß mich mittags Fieber überfiel. Der Arzt wurde geholt, es fand sich kein Zeichen einer Erkrankung. Nachts phantasierte ich. Am nächsten Tag wurde meine Truhe gekauft. Das Fieber ging augenblicklich zurück. Auch die Feststellung Patenonkel Denekens, Gründer und Direktor des Kaiser-Wilhelm-Museums in Krefeld, daß die Truhe unecht sei, minderte meine Liebe zu ihr nicht.

Inzwischen war ich acht Jahre alt geworden. Ich kam in ein Alter, in dem man endgültig geformt wird, auch durch äußere Einflüse. Von mir kann ich sagen, daß es die Jahre zwischen Acht und Vierzehn waren, die meine Neigungen und Fähigkeiten besonders ausgebildet haben. Ich begann, die Erwachsenen zu beobachten: Eltern, Verwandte und Gäste. Dabei entwickelten sich Zu- oder Abneigungen.

Die Eltern führten ein gastfreies Haus. Dank dem relativ zahlreichen und gut geschulten Personal war das auch möglich. Diners im Winter oder Sommerfeste im Garten wechselten sich ab.

Diners waren in dieser Zeit keine Abendveranstaltungen, es wurde vielmehr um zwei Uhr zum Essen eingeladen. Es wurden die Rolläden herabgelassen, die Vorhänge zugezogen. Alles strahlte dann im Glanze vieler Kerzen. Das Menu, das viele Gänge umfaßte, wurde mit Assistenz eines Kochs aus Krefeld, Herrn Kracker, zusammengestellt und bereitet. Er unterhielt ein kleines Restaurant auf dem Ostwall und brachte Hilfen mit. Die Termine wurden mit ihm bereits im Sommer abgestimmt. Selbst unsere Mädchen durften kaum assistieren. Herr Kracker ließ sich nicht in seine Kochgeheimnisse hineinsehen.

Diese Essen dauerten bis in den frühen Abend. Da sie mit der maßlosen Vertilgung von Delikatessen recht anstrengend waren, ging man früh zu Bett, um am nächsten Morgen wieder frisch zu sein. Ich erinnere mich oft an meine Mutter, die in schönen Kleidern – der Vater im Frack – die großelterliche Kutsche bestiegen, um in Krefeld »eine Gesellschaft« mitzumachen.

Auch Kostümfeste gab es in der Gesellschaft »Verein«, die von Onkel Deneken inszeniert und unter ein bestimmtes Motto gestellt wurden, das bei der Wahl der Kostüme streng eingehalten wurde. Meine Mutter im wallenden griechischen Gewand mit Mäanderborten sehe ich noch lebhaft vor mir. Das erforderte wochenlange Vorbereitungen. Die notwendige Zeit dazu nahm man sich.

Ich lernte auch eine andere Seite des Lebens kennen. Bei den Kranken- oder Wöchnerinnenbesuchen meiner Großmutter, die diese sehr verantwortungsvoll betrieb, gewann ich einen Einblick in die Wohnverhältnisse der Arbeiter der großelterlichen Fabrik. Es war sicher

Absicht meiner Großmutter, uns auch diese Welt kennenlernen zu lassen. Ich erinnere mich auch an einen Arbeiter, der in unseren Wohnräumen das Parkett abzog. Er sagte mehrfach »Hunger tut weh«. Er wollte damit wohl andeuten, daß ein Butterbrot aus der Küche angebracht sei. Ich verstand ihn nicht, ja, ich verstand nicht einmal die Bedeutung des Wortes »Hunger«. Meine Großmutter erläuterte mir das dann, war aber offensichtlich entsetzt und machte meiner Mutter Vorwürfe über einen Mangel in unserer Erziehung.

Besonders lebhaft erinnere ich mich noch des Weihnachtsfestes 1913. Der Flottenbesuch hatte mein Interesse an der Marine entzündet. Auf meinen Wunsch bekam ich das Modell eines Passagierdampfers mit Schraubenantrieb, der wassertüchtig war und auf dem Teich in Neuenhofen ausprobiert wurde. Mein Bruder Werner erhielt einen grauen Panzerkreuzer. Mein »Musikdampfer« in den Lloyd-Farben gefiel mir jedoch besser. Mein liebstes Spielzeug aber waren die Baukästen mit ihren Holzklötzen, aus denen man richtige Bauten errichten konnte. Ich baute gern Kirchen, obwohl wir »frei« erzogen und nie zu einem Kirchgang gezwungen wurden, abgesehen von der Konfirmation.

Weihnachten war einer der Höhepunkte des Jahres. Die Vorbereitungen begannen schon Anfang Dezember. Wir bastelten Geschenke, wobei wir uns viel Mühe gaben. An den Nachmittagen wurde in der großen Küche gebacken. Wir stellten alle Leckereien selbst her, nach alten handgeschriebenen Rezepten, sogar Marzipan und Pralinen. Einige Tage vorher kam der Baum, der bis an die Decke der hohen Räume reichte. Er wurde unter Assistenz der Kinder, wobei mein älterer Bruder sehr viel brauchbarer und anstelliger war als ich, mit Silberkugeln, Kerzen und Lametta geschmückt, schließlich mit allerlei Süßigkeiten behängt. Der Nachmittag des Heiligen Abends verging unter unerträglicher Spannung. Gegen sechs Uhr öffneten sich die Eßzimmertüren, auch für unsere Mädchen (die meist sehr lange bei uns blieben, es sei denn, sie heirateten). Weihnachtslieder wurden gesungen, die der Vater am Klavier intonierte und begleitete. Erst dann durften die Geschenke bestaunt werden.

Zum Essen gab es Karpfen aus dem Stadtwaldweiher in Krefeld; schließlich gehörte das Garten- und Friedhofsamt der Stadt zum Verwaltungsbereich meines Vaters ... Am ersten Feiertag kamen ein Hase oder auch zwei auf den Tisch, am zweiten Tag eine große Gans, die meist aus Ostpreußen stammte. Das war ein jahrelang geübter unveränderter Brauch.

Am zweiten Feiertag hatte der Großvater Geburtstag. Bei schönem Wetter gingen wir zu Fuß nach Uerdingen, jeder Enkel mit einer Tulpe oder einer Hyazinthe im Topf, die meine Mutter im Wintergarten vorgetrieben hatte. In Uerdingen traf sich die ganze Familie. Differenzen, die ab und zu über die Führung der Fabrik auftraten, durften nicht behandelt werden. Ich freute mich um so mehr auf das Zusammentreffen mit Vettern und Cousinen, die Kaffeetafel mit viel Kuchen und das folgende kalte Abendessen.

Dann begann das schicksalsschwere Jahr 1914, das alles von Grund auf verändern sollte. Aber noch war Frieden. Deutschland hatte sich wirtschaftlich und technisch sehr entwickelt, es hatte sich aber auch unbeliebt gemacht, wozu die Reden des Kaisers nicht wenig beitrugen. Bei Tisch unterhielten sich die Eltern darüber. Zur Sprache kamen aber auch die Erfolge der Schiffahrt. Seit kurzem befuhr die »Imperator« der Hapag die Meere. Zwei große Neubauten, die »Vaterland« und die »Bismarck«, lagen auf Kiel. Namen wie Albert Ballin und Walter Rathenau wurden in Gesprächen erwähnt.

Am 27. Januar 1914, nach meinem Schuleintritt, feierte ich das erste Mal Kaisers Geburtstag. Die jüngste Klasse trat in weißen Matrosenanzügen an, stehend im Hintergrund, während sich die Primaner – unvorstellbar alt für uns – auf Bänke niedersetzen durften. Die Turnhalle als Aula war feierlich mit Lorbeerbäumen geschmückt. In der Mitte des Podiums eine weiße Gipsbüste des Kaisers. Der Direktor hielt eine unglaublich lange, patriotische Rede, dann sangen wir ›Heil Dir im Siegerkranz‹. Vom langen Stehen waren wir total erschöpft. Es war die erste und letzte Feier dieser Art, die ich mitgemacht habe; mit Kriegsbeginn wurde der Tag nicht mehr gefeiert.

Ostern 1914 begann ein neuer Lebensabschnitt für mich. Ich wurde in die Sexta versetzt und hatte fortan Latein zu lernen. Ich werde die erste Stunde nie vergessen. Herr Schaack, der Lateinlehrer – und bis Tertia ein ungeliebter Klassenlehrer –, schrieb an die Tafel: »Dulce et decorum est pro patria mori.« Das mußten wir zunächst in unser Heft schreiben. Natürlich verstanden wir den Text noch nicht. Aber nach der Übersetzung war ich tief deprimiert. Wozu sterben, leben wollte ich. Aber es folgte doch noch ein schöner Sommer.

An einem sonnigen Nachmittag machten wir mit einer befreundeten Familie einen Spaziergang zum Kaffeetrinken in den Stadtwald, wo wir im Kahn ruderten und wo es Schaukeln und andere Spielgeräte gab. Mir fiel auf, daß die Erwachsenen merkwürdig still und in sich versunken waren und daß wir wiederholt mit dem Hinweis, daß etwas Schreckliches geschehen sei, zum Schweigen gebracht wurden. Es fiel das Wort »Sarajevo«. Ein schön klingendes Wort. Was sich dahinter verbarg, erfuhren wir erst später.

Aber noch gab es glückliche Tage. Die großen Ferien standen bevor, und es sollte wieder einmal an die See gehen. Am 1. August jedoch, nach unerträglicher Spannung schon Tage vorher, brach der Krieg aus. Eine patriotische Begeisterungswelle ohnegleichen erfaßte die Menschen.

Auf den Tag genau legte ich mich mit hohem Fieber mit Masern ins Bett. Ich habe noch vor Augen, wie Onkel Max in seiner Husarenuniform und Onkel Hans als Marineleutnant an meinem Bett standen. Die nächsten Tage habe ich nicht in Erinnerung, sie gingen im Fiebertraum an mir vorbei. Heute weiß ich, daß in diesem Monat eine Welt in Trümmer ging. Eine Zeit, die nie wiederkehren sollte, war endgültig vorbei.

Max Schmeling wurde am 28. September 1905 in Klein-Luckow/Uckermark geboren. 1926 wurde er Deutscher Meister im Halbschwergewicht, 1927 Europameister im Halbschwergewicht, 1928 Deutscher Meister im Schwergewicht; von 1930 bis 1932 war er Weltmeister aller Klassen und errang 1939 noch einmal den Titel des Europameisters im Schwergewicht. Seit 1957 leitet er ein Unternehmen der Getränkeindustrie. Er veröffentlichte mehrere Bücher.

MAX SCHMELING
Eigentlich sollte ich eine Maxi werden ...

Ich sollte nach dem Wunsche der werdenden Mutter eigentlich Maxi gerufen werden. Mit anderen Worten: Steuermann-Ehefrau Amanda Schmeling erwartete keinen Sohn, sondern eine Tochter.

Aus diesem Wunschdenken wurde nichts: Am 28. September 1905 erblickte im uckermärkischen Klein-Luckow zwischen Prenzlau und Pasewalk ein Knabe das Licht der Welt. Und das war ich ... Der Vater des strammen neugeborenen Jungen schipperte zu diesem Zeitpunkt auf einem HAPAG-Steamer durch den Indischen Ozean. In Ceylon erfuhr der einunddreißigjährige Seemann Max Schmeling, daß er Vater geworden sei. Keine Frage, daß der Erstgeborene den gleichen Vornamen tragen sollte wie er. Auf pommerschem Boden hielt man auf Tradition.

Späteren familiären Überlieferungen zufolge soll mein glückstrotzender Vater nach dem Empfang der Depesche vor der Kajüte des Kapitäns vor Freude einen Handstand gebaut haben. Soll, wohlverstanden ...

Großvater August Fuchs erledigte indes alle notwendigen Formalitäten zu Hause. Einen Tag nach meiner Geburt erhielt er vom Bürgermeister in gleichzeitiger Standesbeamtenfunktion ein Dokument, mit dem bestätigt wurde, daß Boots- und Steuermann Max Schmeling, derzeit auf hoher See, und seine Ehefrau Amanda, geborene Fuchs, wohnhaft in Klein-Luckow, am 28. September Eltern eines ehelich geborenen Sohnes und Stammhalters geworden seien. Vornamen des neuen Erdenbürgers: Maximilian Siegfried Adolph Otto. So also begann meine erste Runde im Leben.

In Klein-Luckow wurde ich nicht »alt«. Wir, meine später geborenen Geschwister – Bruder und Schwester –, übersiedelten mit den Eltern nach Hamburg. Mein Vater wollte seine Familie, so oft er von seinen Reisen über die Weltmeere zurückkehrte, im Anlaufhafen haben.

Unvergeßliche Kindheitserlebnisse verbanden und verbinden mich noch heute, am Abend meines Lebens, mit der Hansestadt an der Elbe. Sie war der friedliche Hafen im unruhigen und unsteten Seemannsberuf meines Vaters. St. Georg, Rothenburgsort und Eilbek waren nach dem Umzug aus dem Pommerschen nacheinander unsere Domizile. Immer Bezirke, in denen Arbeiter und kleiner Mittelstand wohnten.

Ausgerechnet am 1. April 1912 mußte ich zum ersten Male den Gang zur Volksschule an der Stresowstraße antreten. Dort lernte ich Schreiben, Rechnen, Lesen. Mein Lieblingsfach war – und blieb zunächst – jedoch Turnen. Nur die Singstunde lag mir nicht. Ich fand nie den richtigen Ton. Dieses gespannte Verhältnis zur Gesangskunst hat sich auch später nicht wesentlich gebessert ... Wenn ich heute hier und da im Rundfunk das Lied höre, das ich nach Drehbuch-Vorlage und auf Weisung des Regisseurs Reinhold Schünzel in dem Tonfilm ›Liebe im Ring‹ an der Seite Olga Tschechowas und Renate Müllers mehr sprechend und krächzend statt singend intonieren mußte, läuft mir ein kalter Schauer über den Rücken. Dafür faszinierte mich der Sport. Zunächst der Fußball. Ich spielte in der St.-Georg-Jugend Torwart und wollte es meinem Idol Heiner Stuhlfauth vom ruhmreichen FC Nürnberg nachmachen, es zumindest versuchen. Kontakt zum Boxen bekam ich erst viel später. Aber das ist eine Geschichte für sich. Ein besonderer Umstand machte die spätere Ausübung dieser Sportart anfänglich überhaupt illusorisch. Und das kam so:

Ich hatte in einer Werkzeugkiste gekramt und einen Nagel gesucht. Dabei ritzte ich mich mit einer rostigen Spitze am Ringfinger der rechten Hand, beachtete jedoch die Wunde nicht. Weder verursachte sie Schmerzen noch blutete sie sonderlich. Am nächsten Tag schwoll die Hand an und rötete sich. Wehleidigkeit war mir zuwider. Ich biß die Zähne zusammen und glaubte, mit Pflaster und Salben die Misere beheben zu können. Ich irrte mich. Als am dritten Tage der Arzt zu Rate gezogen wurde, war bereits eine perfekte Blutvergiftung entstanden.

Über zwei Jahre mußte ich ärztlich behandelt werden und – kaum zu glauben – vierzehn Operationen über mich ergehen lassen. Mehr als einmal standen die Chirurgen vor der Frage, ob es nicht besser sei, durch Amputation der Hand mein Leben zu retten. Ich weiß, das hört sich heute, nach mehr als fünfundsechzig Jahren, außerordentlich dramatisch an. Es ist aber die volle Wahrheit. Der Arm war kraftlos geworden, die Rechte unbeweglich und unfähig, den Federhalter zu halten. Um dem Unterricht folgen zu können, lernte ich, mit der Linken zu schreiben.

Das war aber noch nicht alles. Bei einer der notwendig gewordenen Operationen glitt das Messer in die Hauptsehne. Dadurch verkürzte sie sich, die Finger blieben krumm und steif. Es war aber zumindest die Gefahr der Amputation gebannt.

Mit verbissener Energie schaffte ich, die rechte Hand wieder einigermaßen beweglich zu machen. Kindliche Eitelkeit beeinflußte jedoch meine Gebärden. Die Rechte wurde nun oft in der Hosentasche untergebracht. Sie verschwand unter dem Tisch oder lag in der gesunden Hand vergraben. Niemand sollte, und das entwickelte sich geradezu zu einer Manie, den Fehler merken.

Niemand merkte es. Und gerade diese Rechte wurde später, als Boxen mein Beruf wurde, in zahllosen Artikeln und Büchern von Fach-Experten auf diesem Planeten als das Nonplusultra gepriesen. Es geht also alles oder zumindest fast alles, wenn man nur will. Ich hatte diesen Willen!

Eigentlicher Kontaktmann zum Boxen war mein weltweit gereister und erfahrener Vater. Er hat mir häufig über die bis dahin fast unbekannte Disziplin erzählt. Im Kaiserreich war diese Art sportlicher Betätigung noch verboten, wurde buchstäblich hinter verschlossenen Türen ausgeübt. Heimgekehrte deutsche Kriegsgefangene, unter ihnen später so berühmte Faustkämpfer wie Kurt Prenzel, Richard Naujoks, Adolf Wiegert und Hans Breitensträter, hatten von ihren Bewachern auf der Isle of Man die in England schon so populäre Kunst der Selbstverteidigung erlernt. Als ich in einem Kino den Dokumentarfilm über den Fight der beiden seinerzeit weltberühmten Ring-Athleten sah, zwischen dem amerikanischen Weltmeister Jack Dempsey und dem französischen Boxidol Georges Carpentier, war ich tief beeindruckt.

Mehr als das. Im Laufe einer Woche schaute ich mir den Streifen Abend für Abend an. Ich wollte versuchen, es Jack und Georges gleichzutun. In einem Trödelladen erstand ich ein Paar ausrangierter

Max Schmeling als Torwart in der St.-Georg-Jugend.

Boxhandschuhe und begann damit meine ersten boxerischen Versuche. Mein anfänglich skeptischer Vater spürte, daß mich dieser Sport nicht mehr loslassen würde und erlaubte mir, bei dem ehemaligen Artisten Waldemar Heinke in Altona, der sich inzwischen Boxlehrer nannte, »Unterricht« zu nehmen.

Das war auch nötig. Folgendes war passiert: Einer meiner Freunde war ebenso wie ich vom Bazillus »Boxen« infiziert. Eines Tages lud er mich und zwei andere Schulkameraden zu einem Kampf in die elterliche Wohnung ein. Vater und Mutter waren als Bibelforscher für ihre gute Sache werbend auf Reisen. Wir rückten den schweren Eichentisch zur Seite und rollten den Teppich auf. Da Freund Alfred keine Boxhandschuhe besaß, wurde entschieden, daß alle »Kämpfer« die väterlichen Socken überzustreifen hatten.

Es wurde eine kurze Auseinandersetzung. Kaum waren die »Feindseligkeiten« eröffnet, schlug ich meine Rechte gegen Alfreds ungeschütztes Kinn. Mein Partner knickte augenblicklich in den Knien ein, stürzte nach hinten und schlug mit dem Kopf hart gegen die Kante einer Nähmaschine. Besinnungslos blieb er liegen. »Los, zähl' ihn doch aus ...«, rief ich und tänzelte zur Ofenecke. Dann erst merkten wir, daß Alfred sich nicht mehr regte.

Entsetzt zerrte ich die Socken von den Fäusten, ratlos sahen wir uns an. Als Alfred sich auch nach ein paar Minuten noch nicht rührte, gerieten wir in Panik. Fassungslos auf den vermeintlichen Toten schauend berieten wir die Flucht. Einer von uns schlug sogar vor, in die Fremdenlegion zu gehen. In diesem Augenblick begann Alfred sich plötzlich wieder zu bewegen und schrecklich zu stöhnen. Wir atmeten erleichtert auf. Das also war mein erster »Kampf«, oder das, was ich mir in meiner kindlichen, naiven Phantasie darunter vorgestellt hatte. Aber das Boxen faszinierte mich, ließ mich von da an nicht mehr los.

Und mein Vater hatte Verständnis für die Leidenschaft, die er selbst geweckt hatte. Er verfolgte die Fortschritte seines Sohnes mit großem Interesse und wacher Freude. Vielleicht war er sogar ein wenig stolz darauf, mit welchem Eifer, mit welcher Verbissenheit und Konsequenz – unter gänzlichem Verzicht auf Alkohol und Nikotin – ich mir dann die Grundregeln und Elementarkenntnisse des Boxens aneignete. Zunächst noch, wenn auch heimlich, in der Schule, dann im Verein, soweit meine Tätigkeit in der heute noch existierenden Hamburger Annoncen-Expedition William Wilkens mir dazu Zeit ließ.

Das mag genügen. Über mein Elternhaus selbst gibt es sonst nichts Außergewöhnliches zu berichten. Wir lebten, den Umständen und dem Verdienst entsprechend, sehr bescheiden – wozu beigetragen haben mag, daß Vater und Mutter in der Bibelforscher-Bewegung so etwas wie eine geistige Heimat gefunden hatten. Gemeinsam – sie verstanden sich gut und waren sozusagen ein Herz und eine Seele.

Leider starb mein Vater früh. Mutter blieb allein. Und ich wurde frühzeitig ihr »Ernährer«, wie man damals sagte. Aber auch das trug schließlich dazu bei, daß ich Boxer wurde.

Nach Beendigung meiner kaufmännischen Lehre verließ ich Hamburg. Ich ging in den westdeutschen Raum, arbeitete bei einer Düsseldorfer Tiefbaufirma und wurde von dort nach Köln versetzt. Ich trat in den Boxclub Köln-Mülheim ein und lernte das Handwerk gewissermaßen von der Pike auf. Als Mitglied dieses Vereins wurde ich 1924, neunzehnjährig, Amateur-Vizemeister im Halbschwergewicht.

Kurze Zeit später bestritt ich meinen ersten Kampf als Berufsboxer. Meine erste Gage weckte eine unbändige Freude in mir. Ich dachte an meinen Vater, der mir die Liebe zu diesem Sport gleichsam als Patengeschenk vermacht hatte, und legte meiner Mutter glückstrahlend meine Einnahme auf den Tisch. Die kargen Jahre hatten ein Ende – Leistung, Training, hartes Leben hatten sich ausgezahlt. Die Saat war aufgegangen.

Eugen Gerstenmaier wurde am 25. August 1906 in Kirchheim/Teck geboren. Von 1949 bis 1969 gehörte er dem Deutschen Bundestag an und war von 1954 bis zu seinem Rücktritt 1969 Bundestagspräsident. Er absolvierte zunächst eine kaufmännische Lehre, holte dann sein Abitur nach und studierte an den Universitäten Tübingen, Rostock und Zürich Philosophie, Germanistik und Theologie. 1937 wurde er Privatdozent an der Universität Berlin, die Lehrbefugnis wurde ihm jedoch entzogen. 1944 wurde er im Zusammenhang mit den Ereignissen um den 20. Juli verhaftet und zu sieben Jahren Zuchthaus verurteilt. Amerikanische Truppen befreiten ihn aus dem Zuchthaus Bayreuth. Er starb am 13. März 1986 in Bonn.

EUGEN GERSTENMAIER
Das Haus in der Au, vom Großvater gebaut

Draußen in der Au, wo sich die kleine Stadt zwischen Baumwiesen und Äckern in der offenen Landschaft verlor, stand mein Elternhaus. Das heißt, es steht noch, die Kriege haben ihm nichts angetan. Aber Erneuerungen, Umgebung, Straßenführung haben das Haus selbst so verändert, daß ich mich kaum noch spontan mit ihm verbinden mag.

Die Nachbarn aus meinen Jugendtagen sind gestorben, ihre Kinder in der Welt verstreut. Geblieben sind ein paar Nachbarhäuser, geblieben ist die Landschaft. Der sanfte Höhenrücken im Norden und davor das Lautertal, eingegraben in den Trias meiner Heimat. Als mein Großvater, der das Haus baute, jung war, war der der Sonne zugelegene Hang noch mit Wein bepflanzt. Aber dann, als das Jahrhundert sich neigte, ging es auch mit dem Wein zu Ende. Unser Kirchheimer Rachenputzer mochte oder konnte der Konkurrenz aus dem benachbarten Filstal oder aus den geschützten kleinen Seitentälern des Neckars nicht mehr länger standhalten, und so verschwand ein heimatlicher Wengert um den andern.

Aus den Weinbergen wurden Baumwiesen, zumeist nicht mit verlockendem Tafelobst, sondern mit ordinärem Mostobst bepflanzt. Denn »gemostet« wurde fleißig in jedem Herbst. Auch in unserem Haus standen einige ansehnliche Fässer im Keller. Sie alljährlich zu säubern, neu zu füllen und leerzutrinken war der traditionelle Brauch des Hauswirts und der Seinen mit dem Beistand der Nachbarn und Gäste. Der Most, der Apfelwein – ein vornehmer Ausdruck – war der Haustrunk der ländlich hausenden Schwaben, nicht nur der Bauern. Sie zogen mit der Zinnflasche auf das Feld; die Bürger brauchten ihren Most zum Vespern. Ich weiß nicht mehr, warum es damit noch in meiner Jugend zu Ende ging, aber eines Tages wurde auch bei uns nicht mehr gemostet. Als ich einmal fernab der heimatlichen Alb zusammen mit Klaus Mehnert durch den Schwarzwald wanderte und wir auf den Gedanken kamen, es nach Jahrzehnten wieder mit einem Glas Most zu versuchen, wischte sich die Wirtin die Hände verlegen an der Schürze ab. Most, nein Most hätten sie seit Jahr und Tag nicht mehr. Aber ein Viertele Roten oder auch einen Saft? Es war ein Landwirtshaus. So vernünftig waren die Leute geworden, denn so alkoholarm und demnach unschädlich wie lange angenommen war auch der schwäbische Most nie.

Mein Großvater war ein biederer Handwerker, aber von der ihm wohlvertrauten Landwirtschaft mochte er sich doch nicht ganz trennen. Er baute deshalb das, was man Jahrzehnte später eine ländliche Nebenerwerbssiedlung nannte. Dazu gehörte ein Stück Land mit Kartoffeln, Dinkel und Gemüse. Dazu eine Wiese und im Haus eine hinreichende Scheune mit großem Tor. Diese Vorrichtungen erwiesen sich während des Ersten Weltkriegs als begehrte Hilfe gegen den Hunger der Kinderschar, die das Haus füllte. Mit seinen zweieinhalb Stockwerken war es geräumig. Es bot dem Großelternpaar ein leidlich ruhiges Ausgedinge und einige Jahre hindurch auch einem Geschwisterpaar samt ihren Ehegatten und Kindern Unterkunft.

Als der Hunger der Kriegsjahre vorbei war und die Erzeugnisse des »Lands« weniger begehrt waren, gab es in unserem Haus einen großen Umbau. Die Scheune mitsamt ihrem großen Tor verschwand, die Großmama trug man auf den Friedhof, der Großpapa war schon vor dem Beginn des Ersten Weltkriegs gestorben. Wir, die Enkel, kamen uns in dem Haus so vereinsamt vor, daß wir uns kaum laut zu reden getrauten.

Überlege ich's mir recht, so war für meine Kinder- und Jugendjahre die Lage meines Elternhauses so wichtig wie das Haus selbst. Es lag »in der Au«, einem von einer Hauptverkehrsstraße abzweigenden, lange Zeit ungeteerten Landweg. In einer Zeit, in der er nur spärlich mit einigen Pferde- oder Kuhfuhrwerken befahren wurde und sich nur selten ein Motorfahrzeug auf ihn verirrte, mochte das gerade noch angehen. Aber als die Autos häufiger wurden und meine Mutter durch drei Stockwerke lief, um die Fenster vor dem Straßenstaub zu sichern, da war es mit der ländlichen Idylle bald vorbei, und wir begannen, mit den Nachbarn auch für unsere Au nach einer ordentlich gebauten Straße zu rufen.

Nach Jahr und Tag kam sie auch, aber dann brachte sie auch die Autos. Immerhin, solange wir in der Au waren, blieb der Zugang zu unseren Jagd- und Abenteuergründen im Lautertal und in den Wengert, wie die Obsthänge nach wie vor genannt wurden, unverstellt. Mit der Jagdbeute war es zwar in dem von technischen Abwässern verschmutzten Tälchen nicht weit her, aber ein paar Stichlinge und hin und wieder einen Weißfisch gab es schon. Wir fingen sie geduldig und mühsam mit der Hand, um sie in unseren Aquarien und Terrarien auszusetzen.

Befriedigender erschien mir da die Jagd nach den unvergleichlich viel älteren Beutetieren in der Lauter, den Leitfossilien des Trias, wie ich mit Aufmerksamkeit in der Schule lernte. Ein schwäbischer Vetter hatte es mir vorgemacht. Ich versuchte, es ihm nachzutun, und klopfte stunden-, ja tagelang hinter ihm her den Schiefer nach Leitfossilien ab, nicht ohne bescheidene Erfolge. Wenn der Eifer erlahmte, hielt ich mir die Erfolge des Landsmannes Hauff aus dem benachbarten Holzmaden vor, ohne daß mir freilich auch nur ähnliches wie ihm beschert war. Schließlich tröstete ich mich mit der Einsicht, daß sich die Ichthyosaurier zu ihrer letzten Versammlung eben partout nur in dem späteren Holzmaden und nicht in dem nahe gelegenen späteren Kirchheim versteinern lassen wollten. Die Erkennntnis, daß auch die anderen Sucher um Kirchheim herum sich damit abfinden müßten, machte meine Enttäuschung erträglich.

Ein Elternhaus ist freilich noch etwas anderes als ein Haus mit Fenstern, Dach und einem Traubenstock an der Wand. Es braucht die Menschen, die lebendigen Menschen, die durch das Haus fluten, die Straße davor beleben, Rufe laut werden lassen und Grußformeln in den verschiedensten Gemüts- und Gefühlslagen austauschen. So war es wenigstens in dem ländlichen Teil meines Heimatstädtchens, als die wenig begangene Straße zumeist noch wie ein Teil des Hauses in Anspruch genommen wurde. Das geschah, wenn viele Kinder im Hause wohnten, lebten, rumorten, ihre Spiele spielten und nicht eben leise Eltern und Nachbarn an ihr Dasein erinnerten. Es ging dabei zumeist freundlich zu. Aber es geschah doch, daß Streit ausbrach, so bei Händeln um eine Puppe oder beim Murmeltausch, wenn sich der oder jener von seinem Juwel nicht trennen mochte. Es war selten, daß Eltern oder ältere Geschwister sich ins Mittel legten, aber es kam doch vor, daß mit einem Machtwort dieser oder jener von der Straße gezogen werden mußte.

Unsere Nachbarschaft war wenig homogen. Die Folge waren denn auch nicht eben harmonische Nachbarschaftsverhältnisse. Da saßen in unserer unmittelbaren Umgebung zumeist die mehr oder weniger begüterten Besitzer von Resthöfen. In meiner Kinderzeit, vor dem Beginn des Ersten Weltkriegs, hatten sie ein noch immer behäbiges bäuerliches Auskommen. Sie waren fleißig, kräftig, umtriebig. Am Sonntagmorgen – lange vor dem ersten Läuten – achtete ich darauf, von Robert, dem Jungbauern, auf eines seiner breiten Rösser gesetzt und mit ihm im Pferdepulk in die nahe gelegene Schwemme geritten zu werden. Als dann der Krieg kam, war es mit Robert und seinen Rössern zu Ende. Sie rückten miteinander ein, und keiner kam wieder.

Unsere nächsten und wichtigsten Nachbarn waren die Schöllkopfs. Sie wohnten uns gegenüber auf der anderen Straßenseite. Wir blickten uns in die Fenster. Die Kinder waren eine knappe Generation älter als wir. Sie waren für uns wie jüngere Geschwister meiner Eltern. Sie lebten inmitten eines herrlichen Obstgartens in einem bequemen schwäbischen Großbauernhaus, neben einer großen Scheune mit ausgedienter Stallung. Zwei Generationen hindurch lebten wir eng zusammen, bis der Erste Weltkrieg kam und auch in dieses enge Geflecht seine blutigen Lücken riß.

Neben uns, diesseits der Straße, lebte still und etwas vereinsamt eine Witwe. Sie war, wenn es am Sonntagmorgen zum »Zusammenläuten« des Hauptgottesdienstes kam, die erste, die auf der Straße erschien und unserer alten Martinskirche zustrebte, immer in feierlichem Schwarz mit ihrem uns Kindern schon damals ungewohnten Kapotthütchen. Als sie starb, erwarb das Haus ein unermüdlich fleißiger Flickschuster, der Schuhmacher Kluge. Er nannte eine, wenn das möglich gewesen wäre, noch fleißigere Ehefrau sein eigen mit einem Dutzend Kinder, von denen aber nur noch ein einziges, das Töchterchen Alwine, das in unserem Alter war, ihre große Geschwisterschar überlebt hatte.

Die Schwindsucht war in jenen Jahren noch eine bittere Last. Als mir Jahrzehnte später der Nobelpreisträger Gerhard Domagk vorwurfsvoll vorhielt, daß es nur am Bundestag liege, wenn die Tb noch nicht ausgerottet sei, erklärte er mir auf meine verwunderte Frage, daß der Bundestag die geschlossene Fürsorge, die Zwangskasernierung zumindest der offenen Tb-Kranken noch nicht veranlaßt habe. Ohne sie sei die Ausrottung der Tb aber nicht zu bewirken. Statt einer langen Gegenrede fiel mir das Nachbarkind Alwine und seine elf Geschwister ein, und ich behielt meine verfassungsrechtliche Weisheit für mich.

Die Eltern Albrecht und Albertine Gerstenmaier mit fünf Kindern im Jahr 1915.
Der neunjährige Eugen ist der größte (links).

Auch Alwine starb, gnadenlos wie alle ihre Geschwister. Als ich sie
noch einmal besuchte, blickte sie nur noch starr und stumm an die
Decke. Sie hatte keinen Blick mehr für mich. Des Nachbarn Hammerschläge setzten drei Tage aus, dann begannen sie wieder. Ich hörte
es, bis ich mein Elternhaus verließ, um an die Universität zu gehen.
Während aus dem Nachbarhaus nur die Hammerschläge zu hören

waren, scholl aus unserem Haus Sang und Klang und lautes Kindergeschrei. Wir waren schließlich acht Geschwister, und Vettern und Basen kamen einige Jahre hindurch oft noch dazu. Unsere Freunde und Freundinnen füllten die Zimmer mit uns, und als wir älter wurden und die Jugendbewegung nach uns griff, standen wir an manchem Abend um das Klavier, und die Melodien unserer Geigen und Klampfen drangen weit in die Au hinaus. Jödes ›Musikant‹ und der ›Zupfgeigenhansel‹, damit fing die Singbewegung auch bei uns an. Mein Elternhaus bereitete ihr eine gastliche Stätte, bis wir uns mit unserem bündischen Kreis ein hübsch gelegenes Stadtheim leisten konnten.

Mein Elternhaus mit meinen geduldigen Eltern war damit erheblich entlastet, und wir hatten auf dem über der Stadt gelegenen Platz auch noch eine Volkstanzstätte gewonnen. Fast jede Woche gab es neben einem Kreisabend auch einen Volkstanzabend. Die meisten unserer Partnerinnen kamen aus dem »Sem«, einem Lehrerinnenseminar, das, der Au benachbart, am Rande unseres Städtchens gelegen war. Getanzt wurde, was und wie es damals in den Bünden der Jugendbewegung üblich war. Und gesungen wurde vom schlichten Volkslied bis zum anspruchsvollen Madrigal alles, was wir allein oder zusammen mit anderen Gleichgesinnten eben noch bewältigen konnten.

Indessen begann sich der Lauf der Zeit langsam zu wenden. Die Folgen machten sich auch in unserem Haus bemerkbar. Während von Hitler und Genossen unter uns jahrelang nicht die Rede war, merkte ich, wenn ich in den Universitätsferien wieder einmal zu Hause war, daß die Nationalsozialisten auch an den Rändern unseres alten Freundeskreises zu nagen begannen. Es gab Meinungsäußerungen, es gab Hinwendungen zu den Braunhemden, und es gab heftige Proteste dagegen. Erst schien mir nichts davon von Belang zu sein, aber nach jedem Semester hatte sich das Gespräch mehr auf die Politik hin bewegt und verschärft, war das Für und Wider um Hitler ernsthafter geworden.

Noch war ihm keiner der alten Getreuen zugelaufen, aber wer ihm zufalle, müsse sich von dem alten Freundeskreis und seinen Lebensformen trennen, das war nun doch zu hören, und der Disput wurde unangenehm.

Seine Mitte in unserem Elternhaus hatte der Kreis verloren. Es wurde nur noch selten an unserem Klavier gesungen, und politische Debatten um Hitler zu führen, das mochten wir schließlich auch nicht weiter. So kam der 30. Januar 1933 herauf. Viele von uns waren inzwischen Studenten geworden. Ich saß in Rostock, am anderen Ende Deutschlands, und war dort am Vormittag des 30. Januar 1933 Leiter der Theologischen Fachschaft geworden, ohne eine Ahnung zu haben, was sich am gleichen Tag noch in Berlin begeben würde.

Meine Mutter schrieb mir besorgte Briefe, und die Zeitläufe sorgten dafür, daß in der Au nur noch bei geschlossenen Fenstern vertraute Gespräche geführt und die alten Lieder gesungen wurden. Das offene Haus war eher ein stilles Haus geworden. Die Fragen und Sorgen der kämpfenden Kirche waren das Thema des schrumpfenden Kreises geworden. Und als es auf den Krieg zuging, sah auch mein Elternhaus fast nur noch Uniformen und hörte mehr besorgte Stimmen als je zuvor.

Dann leerte sich das Haus und duckte sich in banger Erwartung zwischen die vielen anderen Häuser Deutschlands. Drei meiner Brüder waren an der Front, die andern in der Welt verstreut. Ehe ihr die Angst und Sorge um ihre Söhne das Leben verdüstern konnten, war meine Mutter noch vor dem Krieg gestorben. Sie, die dem Haus Frieden und Wärme gegeben hatte, die uns erzogen und samt unseren Freunden ertragen hatte, brauchte die Lücken nicht mehr zu erleiden, die das vor Leben einst berstende Haus jetzt im Krieg still und stumm werden ließen.

Mein Vater war viel auf dem mecklenburgischen Pfarrhof meines Schwagers. Eine meiner Schwestern hatte dort den hauptsächlich von Bomben bedrohten Teil der Familie aufgenommen. Die Frauen waren willens, dort auch die Flut der Roten Armee über sich wegwogen zu lassen. Die Berichte der vor der Flut dahergespülten deutschen Flüchtlinge nahmen den auf dem Pfarrhof Zusammengeströmten aber dann doch den Mut, so daß sich mein Vater mit Töchtern, Schwiegertöchtern und Enkeln im letzten Augenblick der schwäbischen Heimat zuwandte und alle miteinander zwar beraubt, aber wohlbehalten unter dem alten Dach in der Au zusammenfanden.

Die Amerikaner kamen über die Alb und den Neckar, und zwischen den Siegern erschienen auch im seltsamsten Zivil die männlichen Mitglieder der Familie, die den Krieg überstanden hatten. Nur einer meiner Brüder, ein schwäbischer Jägeroffizier, mußte in jenen Tagen ostwärts marschieren. Er starb in einem russischen Gefangenenlager. Die andern und viele dazu, Vettern und Freunde, erinnerten sich des gastlichen Hauses. Bald war es bis unter das Dach gefüllt, mehr als in seinen besten Jahren.

Die alten Töne und Gesänge wollten sich indessen nicht mehr einstellen. Die Sorge um das tägliche Brot verdüsterte das Leben, und mancher war auch darauf bedacht, nicht noch hinterher in Kriegsgefangenschaft zu geraten. Aber als mich im Juni 1945 ein amerikanischer Commandcar vor meinem Elternhaus absetzte – auf einigen Umwegen aus dem Zuchthaus kommend –, hob das die Stimmung auch bei denen, die der Armee ohne formellen Abschied Valet gesagt hatten.

Walter Henkels wurde am 9. Februar 1906 in Solingen geboren. Er schlug zunächst die Beamtenlaufbahn ein, leistete dann Kriegsdienst und wurde nach dem Krieg Journalist. Ab 1949 war er Bonner Korrespondent der Frankfurter Allgemeinen Zeitung. Er veröffentlichte zahlreiche Bücher, u. a.: ›Bonner Köpfe in Wort und Bild‹, ›Jagd ist Jagd & Schnaps ist Schnaps‹, ›Bacchus muß nicht Trauer tragen‹, ›Der Kanzler hat die Stirn gerunzelt‹, ›Alltag in Trizonesien‹. Er starb im Juni 1987 im Sauerland.

WALTER HENKELS
Wir gingen über die Wupper

Ich bin auf dem Lande groß geworden. Als ich sechs Wochen alt war, verzogen die Eltern von der rechten auf die linke Wupperseite, vom Haus der Großeltern väterlicherseits zum Haus der Großmutter mütterlicherseits. Die rechte Wupperseite gehört zu Solingen, die linke zu Leichlingen. Die Eltern gingen über die Wupper, wie der Volksmund im Rheinland doppeldeutig sagt. Die Wupper durchfließt das Bergische Land und mündet nach 107 Kilometern bei Leverkusen in den Rhein. Sie ist ein Industriefluß, und ihr Name ist Titel eines Schauspiels der Wuppertalerin Else Lasker-Schüler.

Die Erinnerung reicht noch an manche Szenen und Momentbilder der Kindheit, die geblieben sind. Ich kann die Bilder weit zurückdatieren, noch vor den Schulbeginn. Eigene Phantasie liefert dazu noch Trugbilder. Ich sehe vor mir meinen Onkel Ernst, der Soldat bei der Garde war und 1915 in Galizien fiel, seinen Freund Hugo Grah, unsern Nachbarn, den es bei Ypern traf, und Louis Schultes, der an der Somme ins Gras beißen mußte. Dabei hatte die Hofstatt Leysiefen nur zehn Häuser. Zwei der Gefallenen waren Messerschleifer, einer Messerreider, alle Solinger Heimarbeiter.

Leidlich sicher sind auch solche frühesten Erinnerungen, die keine andere Erklärung zulassen als die, daß wir nicht zu den wohlhabenden Leuten gehörten. Wir hatten zwei Ziegen im Stall, die Kuh des kleinen Mannes. Ich bin mit Ziegenmilch groß geworden, da die Brust meiner Mutter zuwenig hergab. Wir hatten ein Plumpsklo, das zu stinken begann, wenn ein Tief aus dem Westen Regen ankündigte. Hinter Leysiefen, hundert Meter entfernt, war Matthias Claudius zu Hause: »Der Wald steht schwarz und schweiget«. Im Wald waren Rehe, der Bussard und der Schwarzspecht. Vater besaß einen Uhu, der draußen in einem Käfig hockte und, sobald jemand zum Klo kam, ein heulendes »Schuhuu« von sich gab. Er wurde als Lockvogel für die Hüttenjagd verwendet und war gekauft von der Firma Mohr in Ulm. Der Uhu hieß Daniel und starb ebenfalls den Heldentod; denn als der Vater in den Krieg mußte, überließ er das Tier seinem Bruder August, der in Wiesdorf, dem heutigen Leverkusen, ein Stahlwarengeschäft betrieb. Onkel August fütterte ihn aber nicht mit Mäusen, Maulwürfen und Federwild, sondern mit Heringsköpfen. Daniel verhungerte. Erst nach dem Ersten Weltkrieg, als Vater eine eigene Jagd pachtete, kam der zweite Uhu von Mohr in den alten Käfig. Wir schossen an einem Sonntagmorgen hundertsieben Krähenelstern und Eichelhäher.

Die Solinger Heimarbeiter waren ein intelligenter Schlag. Sie nannten sich »Fabrikanten«, die für die »Kaufleute«, die Unternehmer, arbeiteten. Ihr hohes Selbstwertgefühl kam aus den Zünften und Bruderschaften des Mittelalters. Vater arbeitete für die Firmen Friedrich Herder Abraham Sohn, Johann Abraham Henckels und Anton Wingen. Großen Anteil am Produktionsablauf hatten die Frauen. Ich sehe die Mutter noch mit der Liefermange auf dem Kopf, darunter ein kunstvoll gesticktes Tragekissen, nach Solingen marschieren, hin und zurück zwanzig Kilometer. Jeder Korb war fünfzehn bis zwanzig Kilo schwer. Lassalle ermunterte die Wupperschleifer, eigene Unternehmen aufzubauen. Nicht umsonst stammte Friedrich Engels aus Wuppertal. Obwohl es das Wort gab, im Bergischen Land sei um jedes Harmonium eine Sekte gegründet, war man politisch »rot«.

Das großelterliche Haus, in dem wir wohnten, Fachwerk, errichtet im Stil bergischer Sparsamkeit, aber proper und ansehnlich – darauf legte vor allem Mutter Wert –, wurde mit Petroleumlampen beleuchtet, und mitten in der Küche stand samstags ein Holzbottich, Handarbeit des Küfers Clemens vom Bechlenberg, in dem meine Schwester und ich gebadet wurden. In der Küche war auch ein großer Backofen alter Bauernart, der das Gefühl wohliger Geborgenheit vermittelte.

Als Kleinkind kroch ich gern in ihn hinein. Es war ein wunderbarer Geruch in ihm. Samstags backte meine Mutter sechs schöne Weißbrote, drei ohne, drei mit Rosinen. Das Schwarzbrot brachte Bäcker Heinrichs mit dem Pferdewagen. Große Kuchenbleche wurden in den Ofen geschoben. Auch zum Dörren von Äpfeln, Birnen und Backpflaumen eignete er sich. Aus der Nachbarscheune ist mir der friedvolle Viertakt der Dreschflegel in der Erinnerung geblieben. Der Bauer Schultes verwendete sogar die Schaufel der Bibel, die Spreu und Weizen, Gerechte und Ungerechte trennt.

Ich trat als Kind in Aktion, wenn die beiden Ziegen im Baumhof getüddert, also angepflockt werden mußten, auch beim Mähen und Dengeln der Sense. Jeden Sonntagmorgen kam Bürgermeister Hugo Pohlig aus Höhscheid mit seinem Sohn, dann wurde das frische Weißbrot, »Platz« genannt, das unsere Mutter tags vorher gebacken hatte, mit Reisbrei, Zucker und Zimt gegessen, und die Pohligs aßen ungeheure Mengen davon. Ein Bürgermeister hat immer Hunger. Der Bürgermeister und der Vater hatten die Jagd in den Wupperbergen gepachtet.

Ich denke auch an den alten Doktor Oskar Heddäus, den Hausarzt der Großeltern, der nur nachts Krankenbesuche machte, dabei über die Treppen polterte und selten Rechnungen schickte; bei armen Leuten überhaupt nicht. Und wenn er gebeten wurde, doch tagsüber zu kommen, antwortete er, er wisse besser, wann ein Krankenbesuch notwendig sei. Er war einer der seltsamsten Menschen, er prägte sich einer offenen Kinderseele lebenslang ein. Er trug einen Seemannsbart, hielt ständig Selbstgespräche und war angeblich der beste Arzt weit und breit, der kauzigste auf alle Fälle. Zwei seiner Töchter wurden Ärztinnen in Tübingen.

In voller Empfänglichkeit genoß ich den Frieden der heimatlichen Berge, den wild duftenden Phlox des mütterlichen Gartens, noch war kein saurer Regen zu ahnen. Der Schulweg führte durch finsteren Wald, den Bungert, zur Volksschule Bennert. Hand in Hand wurde ich mit Vetter Paul Witte, einen Monat jünger, und Cousine Lina Grah, zwei Jahre älter, auf den dusteren Schulweg geschickt. Das Foto der Klasse, als ich acht Jahre alt war, ist erhalten. 54 Schüler hatte unser Lehrer Ritzkopf. Keine störenden Erinnerungen an ihn.

Von dunklem Reiz ist die Zeit, als wir in die Ortschaft Kradenpuhl umgezogen waren. Oben vom Hang, aus dem Wald, hörte man öfter ein Trompetensolo, meist in der Abendstunde: »Behüt dich Gott, es wär' so schön gewesen, behüt dich Gott, es hat nicht sollen sein.« Es war, wie man bald wußte, Alois Serres aus einer Familie der Messerreider. Von irgendwo kam das Echo zurück.

1918 bezog der Großvater eine Weile den ›Vorwärts‹, das sozialdemokratische Zentralorgan, und bekam Krach mit dem Postamt in

Leichlingen, weil er verlangte, daß die Zeitung nachmittags zugestellt werde; sie kam mittags aus Berlin an. Postmeister Herkenrath überzeugte den sonst so friedfertigen Großvater, daß er deswegen nicht extra einen Briefträger über die schlammigen Wege nach Leysiefen schicken könne. Erst fünfzig Jahre später hängte die Bundespost einen Briefkasten in Leysiefen auf, und es wurde ein Hoffest gefeiert. Um diese Zeit wohnte im Nachbarhause ein Mann, der als Beruf Graphiker angab, also ein Künstler war und die Mäuler in Bewegung setzte, weil er seine beiden Hunde »Zoffjet« (vielleicht hatte er das Wort vom alten Adenauer übernommen) und »Iwan« nannte.

Leichlingen, unser Städtchen, in gleicher Entfernung von Köln, Düsseldorf und Wuppertal, besaß mitten im Städtchen, »im Dorf«, wie wir sagten, zwei Volksschulen, die evangelische und die katholische. Wir waren lutherisch, obwohl davon im Elternhause, in dem die Luther-Bibel neben August Bebels ›Die Frau und der Sozialismus‹ und Karl Marx' ›Kapital‹ stand, kein Gebrauch gemacht wurde. Der Vater, ein intelligenter Scheren- und Schwertschleifer und Gewerkschaftler, verstand Marx nicht, wie sollte er auch; zu viele Irrtümer, meinte er, aber der Mann habe den Herrschenden doch wenigstens ein schlechtes Gewissen beigebracht.

Ich hatte das Wort »Katholische Soziallehre« nie gehört, aber drei Männer sind mir im Gedächtnis geblieben: Franz Molderings, ein Schreiner, der Schuster Rudolf Recht und Albert Dieper, der Solinger Heimarbeiter war wie der Vater. Alle drei waren Armenpfleger, als unser Städtchen bei 8000 Einwohnern 960 Arbeitslose hatte. Ich saß als Verwaltungsanwärter auf dem Wohlfahrtsamt. Die drei irrten sich fast immer in der Tragfähigkeit eines Wohlfahrtsetats; sie wollten den Armen mehr geben, als der Etat zuließ.

Im Ersten Weltkrieg, der furchtbar ins Leben fast aller Familien eingriff, läuteten wir Knaben bei jedem Sieg die Kirchenglocken. Die Lehrer Ritzkopf und Gmilkowski starben schon 1914 – wie es genannt wurde – den Heldentod. Wir Kinder mußten endlos Scharpie zupfen, in den Wäldern wurden klassenweise Eiche und Buche ihrer Blätter beraubt, die Blätter getrocknet, es war Futter für die Pferde an der Front. Brennesseln wurden geerntet zur Textilienherstellung, für Kohlweißlinge gab es einen Pfennig je Stück.

Am 28. Juni 1914 feierten sie wie seit hundert Jahren in Leichlingen ihre Kirmes. Sie taten es mit Jubel und Trubel und allen Zutaten, die überliefert waren: mit Verwandtenbesuchen, den ersten neuen Kartoffeln, dicken Bohnen und Speck zum Mittag, mit »Platz« und Reisbrei am Nachmittag, der bergischen Kaffeetafel.

An diesem Tag fiel in Sarajevo ein Schuß. Man hörte ihn bis in die letzte Kammer unseres Städtchens. Der österreichische Thronfolger Franz Ferdinand war von dem Studenten Princip erschossen worden.

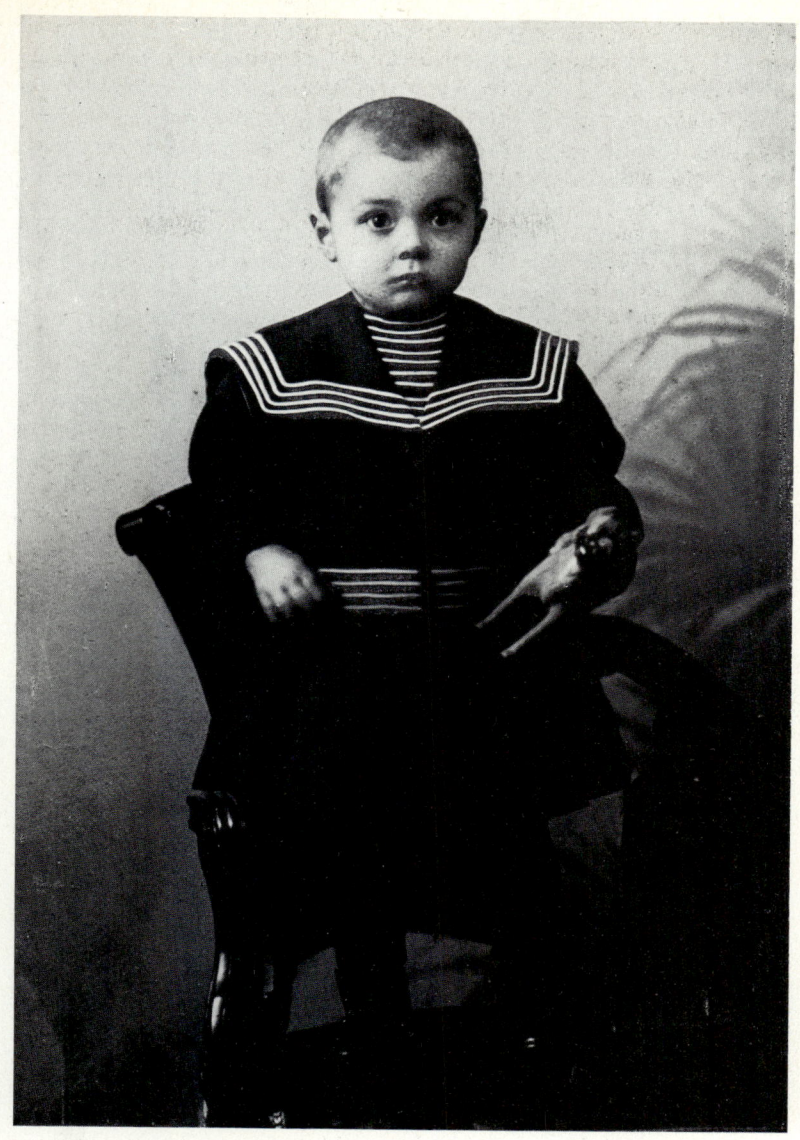

Der zweijährige Walter Henkels.

Vier Wochen später brachte die ›Opladener Zeitung‹, unser Kreis-
blättchen, die Schlagzeile: »Krieg zwischen Österreich und Serbien.«
Wie? Ja, es war soweit. Am 31. Juli, an einem Freitagabend, hing
beim Friseurgeschäft Ernst Reihn das Telegramm über die Verhän-
gung des Kriegszustandes. Auch die kleine Stadt zitterte, brodelte,
bangte, man stürmte die Lebensmittelgeschäfte. Um Mitternacht ging
der Bürgermeister Klein von Geschäft zu Geschäft und verbot, mehr
als ein Pfund von den wichtigsten Artikeln abzugeben. Man bezahlte
nur mit Papiergeld, Metallgeld wurde gehamstert. Noch spät in der
Nacht stand das Volk auf dem Brückenplatz, in der Stadtmitte, diskutierte, debattierte. Was wird? Was kommt? In der Nacht wurden die
ersten telegrafischen Gestellungsbefehle ausgetragen. Reservistenein-
berufungen, Abschied, Tränen.

Die ersten Siege: Ein Lehrer unserer Schule, Gmilkowski, ein Un-
teroffizier, zog mit an der Spitze der deutschen Truppen in Lüttich
ein, neben der Fahne, verkündete Pfarrer Buse von der Kanzel. Es gab
Kriegsanleihen, Kronprinzessinnen- und U-Boot-Spenden. Eine Fa-
brikarbeiterin erhielt vierzehn Tage Gefängnis, weil sie »bei jeder sich
bietenden Gelegenheit mit einem Kriegsgefangenen gelacht und ge-
scherzt hatte«. Die Lebensmittel wurden rationiert, der Getreide-
drusch überwacht, Bezugsscheine für Schuhe und Textilien ausgege-
ben, die Jugendwehr wurde gedrillt, viel Sauerkraut kam auf den
Tisch – auch Steckrüben. Die Mutter, die Patronentaschen nähen
mußte, aus Eicheln einen Kaffee-Ersatz und aus den Steckrüben Brat-
kartoffelersatz zu machen suchte, weinte jetzt öfters. Es wurde viel
gestorben.

Heroische Diensttreue vom Kaiserreich bis in die Weimarer Republik bewiesen im Städtchen Gustav Knecht, der einzige Polizist, der
mit einem Gendarmeriebeamten für die Ordnung sorgte, und der
Bürgermeister Ernst Klein, der bis 1924 im Amt blieb. Als ich als
Lehrling aufs Rathaus kam und beim Polizei- und Einwohnermelde-
amt auf einen hohen Schemel an ein Stehpult gesetzt wurde, fing
meine Beamtenkarriere an. Polizeisergeant Knecht, dem ich meist die
Anzeigen aufsetzte, weil er mit Grammatik und Orthographie nicht
zurechtkam, sagte im schönsten Platt zur Einführung des neuen Stif-
tes: »Henkels? Es dinge Jroßvatter der ahl Witte von Leysiefen, de
Kürassier?« Als ich das bejahte, kam ein unüberhörbarer Dämpfer:
»Dinge Vaader es ewwer ne Ruden. (Dein Vater ist aber ein Roter.)
Ihr seid doch sonst eine anständige Familie.«

Vor dem Kriege hatte Knecht die SPD-Mitgliederversammlungen
überwachen müssen. Der Vater war nach dem Ersten Weltkrieg auch
Schöffe und Geschworener bei den Gerichten. Wenn die Mutter dann
morgens die Flusen vom dunkelblauen Anzug bürstete und Vater
eilig zum Bahnhof sauste, um den Zug nach Opladen, wo das Amts-

gericht, oder nach Elberfeld, wo das Landgericht war, zu erreichen, stand sie ängstlich hinter den Gardinen und verfolgte ihn: »Jetzt bin ich gespannt, was er wieder vergessen hat.«

Eine der interessantesten Erscheinungen meiner Jugendjahre war auch der Vater meines Freundes Karl, Heinrich Gier, Rektor der Katholischen Volksschule, Stadtverordneter der Zentrumspartei, ein Eifeler Bauernjunge, dem die Goethesche Weisheit gleichgültig war, daß der Name eines Menschen zwar sein Besitz ist, aber empfindlich wie die eigene Haut. Gier war nämlich das Gegenteil seines Namens. Nach dem Zweiten Weltkrieg, als ihn die Amis als Bürgermeister einsetzten, wurde eine Straße nach ihm benannt.

Die Bevölkerung Leichlingens war in der Mehrheit evangelisch. Von vierundzwanzig Stadtverordneten waren jahrelang je zwölf »Bürgerliche«, davon gehörten fünf zum katholischen Zentrum, und zwölf »Linke«, davon wieder waren jahrelang nur zwei bei der SPD und zehn bei der USPD, die im Jahre 1922 zur KPD wurde. Die Nachbarstadt Solingen, meine Geburtsstadt, wählte 1931 einen kommunistischen Oberbürgermeister namens Weber, der von der Aufsichtsbehörde nicht bestätigt wurde. Solingen bekam einen Staatskommissar Brisch, der der SPD angehörte. Wenn in Leichlingen die SPD bei Wahlen drei Sitze bekam, war der dritte der meines Vaters. Er war eine Zeitlang Vorsitzender der Schuldeputation. Zwangsläufig bekamen wir zu Hause oft Besuch von Lehrern, die dem Vater ihre Tüchtigkeit und SPD-Nähe offerierten, aber an ihre Karriere dachten. Einer landete nach 1933 bei der SS.

Unser Hauptlehrer Horst, der ein Prügelpädagoge von großer Härte war, hatte fünf Söhne und zwei Töchter. Drei der Söhne waren bemerkenswert. Fritz landete im Kriege als Fliegerleutnant mit einem Doppeldecker auf Cremers Weiden und brachte das Städtchen in Aufruhr: ein Held. Emil, Volksschullehrer, ein buckliger Mensch, schrieb ein Buch, der Titel in Gänsefüßchen: ›Die Kritik der reinen Vernunft‹, aus dem mir der erste Satz des Vorwortes unauslöschlich in der Erinnerung blieb: »Dies Buch soll Kant verdrängen, es soll die Philosophie vernünftig machen.« Der dritte schließlich, Max, kam als im Kriege Verschütteter nach Hause, war geisteskrank, lief eines Tages mit einem Handbeil umher, die Menschen bedrohend, und verkroch sich dann, als Gustav Knecht die Plempe zog, ins Hausgebälk des Metzgers Vogt, wo ihn die Feuerwehr nachher dingfest machen konnte; Endstation Galkhausen, die Irrenanstalt.

Mein Vater hat sich sein Leben lang nicht von der Arbeit für die SPD dispensiert. Im März 1932 leitete er eine Wählerversammlung bei Wirbelauer an der Sandstraße. Der Saal war überfüllt von arbeitslosen Kommunisten, die Randale machten und den Redner, den Bergarbeiterführer und Reichstagsabgeordneten Husemann, ständig unterbrachen. Dem Vater, der kein Mann für öffentliche Auftritte war, entglitt schnell die Kontrolle über die Versammlung, Husemann und er wurden als »Sozialfaschisten« attackiert. Die SPD plädierte wieder mal für das kleinere Übel. Um Hitler zu verhindern, müsse man, um die Demokratie in Gang zu halten, Hindenburg wählen. Der kommunistische Stadtverordnete August Pilgram, Scherenschleifer wie der Vater, schrie zum Podium: »Hugo, schämst du dich nicht!« Da stand der Vater, eine Handschelle schwingend, mit seiner sauberen Gesinnung, beschimpft und belacht als SPD-Narr, und lebte von der Illusion, Hitler verhindern zu können.

In den ersten Januartagen 1933 wählten sie ihn tatsächlich zum SPD-Ortsvereinsvorsitzenden. Sein Vorgänger überreichte ihm das Protokollbuch der Partei, 1903 beginnend. Ende Januar, als der Braune die Macht übernommen hatte und die große Illusion über die Deutschen kam, versteckte er es unter den Dachpfannen unseres Hauses. Ich wurde im Rathaus gefeuert, akkurat an dem Tage, als der Feldmarschall, für den sich der Vater eingesetzt hatte, dem Gefreiten in Potsdam die Hand reichte. Die Klügeren unter den Deutschen durchschauten das Trügerische der Illusion zwar, die Nazis machten die Illusionen aber so stark, daß sie bald Staatsreligion wurden. So wurde die Illusion zwölf Jahre ständige Begleiterin der Deutschen. Bis alles in Scherben fiel und sie leeres Nichts war.

Der Vater hat nie eine Hand erhoben, nie den Hitler-Gruß gesagt, er flüchtete in fremde Hausflure, wenn die Kolonnen kamen. War er ein Weiser? War er ein Tor? Er blieb sich treu, und das war viel.

An einem Tag im Sommer 1945 fuhr vor meinem Elternhaus in Leichlingen ein Jeep vor. Ob er Mister Henkels sei, fragte der Soldat radebrechend, dann solle er mitkommen, zum Rathaus. Vater war einer der ersten von den Amis ernannten Gemeinderäte. Er war der geblieben, der er war.

Joseph Kardinal Höffner wurde am 24. Dezember 1906 in Horhausen geboren. Er studierte Philosophie, Theologie, Volkswirtschaft und Soziologie. Er promovierte zum Doktor der Theologie, der Sozialwissenschaften und der Philosophie. 1951 gründete er das Institut für Christliche Sozialwissenschaften in Münster. Dort und an der Philosophisch-Theologischen Fakultät Trier war er Honorarprofessor. 1969 wurde er Erzbischof von Köln. Er war Vorsitzender der Deutschen Bischofskonferenz und u. a. Mitglied der Römischen Kongregation für die Ausbreitung des Glaubens, für die christliche Erziehung und für Orden und Säkularinstitute. Er starb am 16. Oktober 1987.

JOSEPH KARDINAL HÖFFNER
Mein erstes Gebet galt meiner Mutter

Auf den Höhen des vorderen Westerwaldes, nicht weit entfernt vom Naturpark Nassau und etwa vier Stunden zu Fuß vom Rhein, liegt das Pfarrdorf Horhausen, das heute zur Verbandsgemeinde Flammersfeld gehört. Dank der seltsamen Grenzziehungen, die in früheren Jahrhunderten für Deutschland kennzeichnend waren, ist Horhausen nicht etwa, was nahegelegen hätte, eine Pfarrgemeinde des Bistums Limburg, sondern es gehört seit jeher zum Bistum Trier. Auch politisch unterstand das Gebiet, ehe es mit den Rheinlanden zu Preußen kam, der weltlichen Herrschaft des Trierer Kurfürsten. Die Gebiete ringsum hatten andere Herren. Im Süden und Osten bildete das Fürstentum Wied die Grenze, im Westen Kurköln, im Norden die Reichsherrschaft Hachenburg – ein Abbild deutscher Zerrissenheit.

In diesem Dorf Horhausen kam ich am 24. Dezember 1906 als erstes Kind des Bauern Paul Höffner und seiner Ehefrau Helene, geborene Schug, zur Welt und wurde am 26. Dezember 1906 in der Pfarrkirche St. Maria Magdalena getauft. Väterlicherseits stammt meine Familie aus Walldürn im Odenwald. Einer meiner Ahnen, Simon Höffner, geboren am 25. August 1744 in Walldürn, ging als Handwerksgeselle auf Wanderschaft und heiratete am 28. Februar 1774 in der Horhauser Pfarrkirche Maria Elisabeth Klein. Im Gesellenbrief, der am 20. Februar 1765 in Walldürn ausgestellt wurde, heißt es, Simon Höffner habe sich in seiner Lehrzeit »treu, fleißig, still, friedsam und ehrlich, wie einem jeglichen Handwerksgesellen gebührt, verhalten«. Die Familie meiner Ahnen ist in den Walldürner Taufbüchern bis zu Eberhart Höffner, der um das Jahr 1500 lebte, nachweisbar. Die Vater-Sohn-Reihe zeigt folgende Vornamen: Eberhart – Christoph – Valentin – Johann – Georg – Lorenz – Felix Höffner, den Vater des eben genannten Simon Höffner.

Meine Mutter entstammt der Familie Schug, die seit Jahrhunderten in der zum Erzbistum Köln gehörenden, an Horhausen grenzenden Pfarrei Oberlahr ansässig ist. Einer meiner Oberlahrer Vorfahren, der am 24. Mai 1802 gestorbene Philipp Schug, war Schöffe in Oberlahr.

Zu unserem Familienhaushalt gehörten noch eine Tante und ein Onkel. Aus der glücklichen Ehe meiner Eltern gingen weitere sechs Kinder hervor, bis dann am 16. März 1916, ich war neun Jahre alt, meine Mutter an einer Lungenentzündung starb. Meine Tante führte trotz ihres Alters den Haushalt weiter und sorgte rührend für uns. Einige Jahre später ging mein Vater mit Maria, geborene Pott, eine zweite, ebenfalls glückliche Ehe ein. Sie wurde mit zwei Kindern gesegnet, so daß ich also der älteste von neun Geschwistern bin. Davon leben noch fünf Schwestern und zwei Brüder.

Fast acht Jahrzehnte sind eine lange Zeit, in der sich sehr viel ändert – heute, so wissen wir, mehr denn je. Auch in Horhausen ist im Vergleich zu meiner Kinderzeit vieles anders geworden – ob zum Guten, ob zum weniger Guten, wer vermöchte das immer sofort und mit Sicherheit zu sagen? Ich soll hier aber über meine Kinderzeit berichten und muß daher zunächst noch einiges über das Dorf sagen, in dem ich geboren und herangewachsen bin.

Horhausen ist, ich sagte es schon, Pfarrdorf und als solches Mittelpunkt des Kirchspiels. Acht Dörfer gehören zu ihm, in denen es weder Geschäfte noch Wirtshäuser gab. Doch in Horhausen selbst, einem »Bauerndorf« von damals etwa hundertundzwanzig Familien, lebten viele Familien vom »Geschäft«, nur vier von der Landwirtschaft. Die meisten meiner Landsleute waren Arbeiter. Sie fanden ihren Unterhalt vor allem in den beiden Eisenerzgruben, die in der Pfarrei lagen. Beim Besuch der Kirche wurden in den Geschäften die Einkäufe getätigt. Fast alle Läden lagen daher in der Kirchstraße, ebenso die älteren Wirtschaften, von denen eine »Beim Herrgottswirt« hieß. Neuere Wirtschaften, die Schulen und die Post lagen an der Hauptstraße, der Provinzialstraße von Neuwied nach Altenkirchen.

Vieles, was ein Stadtkind weiß und gesehen hat, ist dem Kind auf dem Land unbekannt. In der Rückschau will mir jedoch scheinen, daß die Kinderjahre auf dem Land viele Vorzüge haben. Das Landkind ist dem Ursprung des Lebens näher. Seine Lebensordnung wird von der Ordnung der Natur bestimmt. Es müssen schon außergewöhnliche Geschehnisse sein, die ein Landkind mit Bitterkeit an seine Jugend denken lassen. Das hängt gewiß auch damit zusammen, wenigstens kann ich das für meine Heimat im ersten Viertel diese Jahrhunderts sagen, daß ich mich zwar nicht an Reichtum erinnern kann, daß es aber wohl niemanden in unserem Dorf gab, der Not leiden mußte. Hunger und Elend vergällten den Kindern die Jugend nicht.

Da meine Familie zu denen gehörte, die von der Landwirtschaft lebten, wurde auch meine Kindheit dadurch bestimmt. Besonders die Pferde interessierten mich. Mit einem der Pferde war ich geradezu freundschaftlich verbunden. Meine Eltern erzählten mir später, ich hätte im Alter von zwölf Monaten, an den Beinen dieses Pferdes mich festhaltend, das Gehen gelernt. Kaum konnte ich meine kleinen Beine gebrauchen, war ich zur Stelle, wenn in Haus und Hof etwas Besonderes geschah. Ich sah zu, wenn der Vater die Pferde an den Wagen spannte, wenn er die Axt schliff oder wenn sonst etwas getan wurde, was mir neu war. Wenn an den Sommerabenden noch Klee für das Vieh geholt weden mußte, stand ich beim Wagen und rief: »Mötfahren! Mötfahren!«, und ich merkte, wie stolz der Vater auf seinen kleinen Sohn war, wenn dieser seinen Spaß am Fahren und an den Pferden zeigte. Der schlägt nicht aus der Art, hat der Vater dann wohl gedacht.

In den Nachbarhäusern lebten weitere dreißig Kinder. Wir spielten viel miteinander, vor allem in den Wiesen und Wäldern, an den Quellen und Bächen. Wir freuten uns an den Hasen und Rehen, den Vögeln, den Blumen. Dort habe ich viel Schönes erlebt. Auch auf dem Bauernhof geschah das gemeinsame Spielen in der Begegnung mit den Tieren des Hofes, besonders mit den jungen Tieren. Heute übliche Spielzeuge, die insbesondere dem anorganischen Bereich entnommen sind, kannte ich nicht. Ich besaß lediglich ein Taschenmesser, das ich zum Beispiel im Frühjahr zum Schneiden von Flöten aus den Zweigen der Weiden benutzte. Eines Tages schenkte mir eine Tante aus der Stadt eine buntbemalte Ritterburg. Zunächst hatte ich Freude an den Türmen und Zinnen. Aber bald kam mir die Burg langweilig, leblos vor. Es zog mich zu den Tieren und Pflanzen.

Im Winter spielten wir Kinder in der warmen Stube. Ich erinnere mich noch gut, wie der Vater uns auf den Knien reiten ließ. Oft kamen Nachbarn zu uns in die Stube, und es wurde stundenlang geplauscht. Wir Kinder hörten zu. Einer der Nachbarn war ein begnadeter Erzähler.

»Als junger Bursche«, so berichtete er einmal, »bin ich eines Nachts mit einigen Altersgenossen nach Hause gegangen. Als wir an einem Wegkreuz vorbeikamen, leuchtete plötzlich auf dem Balken des Kreuzes Feuer auf. Und da, o Schreck, erscheint auch auf unseren Schultern und Hüten das geheimnisvolle Feuer, das nicht brennt. Entsetzt schlagen wir mit unseren Hüten auf das Feuer ein, und wir laufen davon, wie wir noch nie gelaufen sind. Auf der Daufemich, einer weit entfernten Flur, fanden wir uns wieder. Wir wußten selber nicht, wie wir dahin gekommen waren.«

Ein andermal erzählte er: »Ich fuhr in tiefer Nacht mit meinem Ochsen nach Hause. Plötzlich bleiben die Tiere stehen. Alles Zurufen hilft nichts. Ich steige vom Wagen. Doch die Ochsen gehen nicht weiter, wie sehr ich auch mit der Peitsche knalle. Da habe ich zum letzten Mittel gegriffen. Ich bin dreimal um den Wagen herumgegangen und habe den Bösen verflucht. Sofort gingen die Tiere gemächlich ihres Weges weiter.«

Schon lange vor Beginn der Schulzeit haben wir daheim »Schule gespielt« – bis dann mit dem ersten Schultag in unserem Leben einiges anders, ernster wurde. Doch waren wir Kinder mit den Lehrern und die Lehrer wohl auch mit uns Kindern zufrieden. Nicht nur in den Pausen ging es oft heiter zu. Ein richtiges fröhliches Treiben aber fing an, wenn mittags alle Kinder zur Schultüre hinausströmten. Die Kinder aus den Nachbardörfern taten sich zu Gruppen zusammen und zogen singend ins Dorf ein. Dabei konnte man oft ein Verschen hören: »Schötelchen of de Dösch, de Schüller kummen!«

Wir mußten, so wollten es die Eltern, gleich nach dem Essen die Schularbeiten machen. Vater und Mutter sind stolz, wenn ihre Kinder in der Schule gut mitkommen. Manchmal aber schütteln sie den Kopf über »all das Zeug, das ihre Kinder lernen sollen«. Ein Ausnahmefall dürfte jedoch jener Gemeindevertreter gewesen sein, der, wie berichtet wurde, die Anschaffung einer neuen Karte von Europa mit der Begründung ablehnte: »Os Könna [unsere Kinder] kummen ja doch zu Lebtag net dohin.« Am Nachmittag mußten die Mädchen der Mutter helfen, die Jungen nahm der Vater mit ins Feld.

Die Sprache meines Elternhauses war die Horhausener Mundart, das »Horser Platt«. Nur die gemeinsamen Gebete – am Morgen, am Abend, bei Tisch – verrichteten wir in Hochdeutsch. Im Nachbardorf, dem »kölschen« Oberlahr, aus dem meine Mutter stammte, sprach man dieselbe Mundart. Nur wenige Ausdrücke waren verschieden. So nannten wir in Horhausen die Gabel »Jawel«. Mir fiel auf, daß meine Mutter »Jaffel« sagte.

Regen Anteil nahmen wir Jungen und Mädchen an den Festen des Dorfes, den weltlichen und kirchlichen. An Ostern zogen wir Kinder in einer Prozession dreimal um die Kirche. »De Joules jage« nannten wir das und meinten, »Joules« sei ein anderer Name für Judas. Doch stammt dieser Brauch wahrscheinilch noch aus heidnisch-fränkischer Zeit. »Joules« erinnert an das germanische Julfest, das die Germanen als »Verjagen des Winters« feierten.

Das schönste Fest für uns Kinder, das mit großer Freude und Herzlichkeit in der Familie gefeiert wurde, war das Weihnachtsfest. Eine Vorfeier war der Nikolaustag. Äpfel, Birnen, Nüsse und Plätzchen schüttete der heilige Mann in die Stube. Etwas reichhaltiger, wenn auch im Vergleich zu heute sehr bescheiden, waren die Gaben des Christkindes unter dem Weihnachtsbaum. Kaum vermochten wir zu glauben, was ein einsamer Nachbar, der am Weihnachtsfest zu uns kam, uns erzählte: daß nämlich all die Pracht erst aus neuerer Zeit stamme. In seiner Jugend habe es noch keinen Weihnachtsbaum gegeben, und außer Äpfeln und Nüssen habe das Christkind nichts gebracht. Wenn im Apfel eines der Kinder ein Groschen steckte, sei das ein Zeichen dafür gewesen, daß es besonders eifrig gebetet hatte.

Abgesehen von den Festen und von den Ferienzeiten hörte vieles von dem, was die Kinderzeit im Elternhaus und Heimatdorf ausmachte, mit meinem Eintritt ins Gymnasium auf. An sich wollte ich Bauer werden wie mein Vater. Aber eines Tages, kurz nach dem Tod meiner Mutter, kam unser Heimatpfarrer, Peter Kost, bei uns vorbei und schlug meinem Vater vor, mich ins Pfarrhaus zum »Lateinunterricht« zu schicken. Mein Vater stimmte zu. Mit einigen anderen Jungen ging ich abends ins Pfarrhaus. Oft mußten wir warten, bis der Pfarrer von Krankenbesuchen müde nach Hause kam. Obwohl acht Dörfer zur Pfarrei gehörten, hatten wir keinen Kaplan.

An den Latein- und Mathematikunterricht im Pfarrhaus zu Horhausen denke ich mit großer Freude zurück. Pfarrer Kost war ein vorzüglicher Lehrer. Einige Lateinregeln, die er uns in Versform beibrachte, weiß ich noch heute:

> Die Männer, Völker, Flüsse, Wind
> Und Monat masculina sind.
> Die Weiber, Bäume, Städte, Land
> Und Inseln weiblich sind benannt.
> Was man nicht deklinieren kann.
> Das sieht man als ein Neutrum an.

Einmal schrie Pfarrer Kost fast entsetzt auf. Ich sollte den Satz »Athen ist eine Stadt in Griechenland« ins Lateinische übersetzen und betonte »Athen« auf der ersten Silbe.

Links: Die Mutter Helene Höffner. *Rechts:* Der Vater Paul Höffner.

Im Jahre 1919 wurde ich in die Quarta des Kaiser-Wilhelm-Gymnasiums in Montabaur aufgenommen. Vom Jahre 1922 an besuchte ich bis zur Reifeprüfung 1926 das Friedrich-Wilhelm-Gymnasium in Trier. An demselben Gymnasium hat Karl Marx 1835 sein Abitur gemacht. Viele Jahre später, am 17. September 1878, schrieb er an Friedrich Engels, er erinnere sich noch gut an die katholischen »Bauernlümmel«, die »weiland bei uns auf dem Trierischen Gymnasium« zusammen mit ihm studiert und sich durch »Beschränktheit und Bejahrtheit« ausgezeichnet hätten. – Immerhin waren die »Bauernlümmel« Söhne des arbeitenden Volkes.

Da ich meine Ferien in Horhausen verbrachte, war ich zwanzig schöne Jahre meines Lebens dem Heimatdorf verbunden und empfing von hier wesentliche Prägung. Besonders meinen Heimatpfarrern verdanke ich viel. Von 1926 bis 1934 studierte ich in Rom Theologie. Als ich nach Hause zurückkehrte, hatten die Nationalsozialisten die Macht ergriffen. Ich erinnere mich noch gut an mein erstes Gespräch mit dem damaligen Horhauser Pfarrer Philippi. Er sagte zu mir: »Damit du von Anfang an Bescheid weißt, wie es bei uns zugeht, so merke dir: Hitler ist eine Kreuzung zwischen Nietzsche und Karl May, womit ich jedoch den beiden nicht zu nahe treten möchte.«

Meine Horhauser Spielkameraden gingen einen anderen Weg. Mit Jubel und Freude verließen sie die Schule. Doch wenn auch mancher Junge sich nichts daraus machte, daß er in der Schule nicht viel wußte, wenn der eine oder andere sogar noch stolz darauf war, kein guter Schüler gewesen zu sein, so strengte er sich jetzt mit aller Kraft an, es im Leben zu etwas zu bringen.

Viele Horhauser Jungen fanden mit fünfzehn, sechzehn Jahren ihre Beschäftigung auf den Eisenerzgruben in der Nähe des Dorfes. Die anderen hatten ihre Arbeit daheim in der Landwirschaft. Die Mädchen halfen im Haushalt. Einige gingen »in Dienst« nach Altenkirchen, eine größere Zahl nach Neuwied und Linz. Rechtzeitig sahen sich die Jungen nach einem Mädchen um. Aus anderen Gegenden bekannte Bräuche wie etwa Mädchenversteigerungen und ähnliches kannte man bei uns nicht; sie scheinen auch nie bestanden zu haben. Auch bei der Hochzeit gab es keine auffallenden Bräuche. Üblich war eine große Gästeschar, mit der, wie man sagte, »tüchtig« gefeiert wurde.

Auch von den jungen Familienvätern fanden die meisten ihre Arbeit auf den Eisenerzgruben. Schon seit Jahrhunderten werden diese betrieben. So liegt beispielsweise aus der Zeit der Trierer Kurfürsten ein Aktenstück vor, das die Pflichten und Rechte der Steiger festsetzt. Fast alle Bergleute waren im Nebenberuf noch Landwirte. Kam der Vater am Nachmittag müde von der Grube heim, mußte er im Felde seine Arbeit fortsetzen.

So wollte es übrigens auch das Volk. Wenn da einer war, der daheim keine Arbeit hatte, so hieß es von ihm: »Dea leit den ganzen Nomedag dähäm un wes net, bat e don sall.« Da der Verdienst auf den Gruben gering war, drei bis fünf Mark die Schicht, war der landwirtschafliche Nebenerwerb zur Existenzsicherung notwendig. Außerdem verlieh die Arbeit mit dem Boden und Vieh auch die den Westerwälder auszeichnende Solidität. Manche verwechseln Solidität mit Sturheit. So pflegt man zum Beispiel am Rhein zu sagen: »Wenn ein Westerwälder einen Nagel einschlagen will und hat keinen Hammer zur Hand, schlägt er ihn mit dem Kopf ein.«

Gleich stark prägte mich die Landschaft. Wer den Westerwald nur nach dem »kalt pfeifenden Wind« des Soldatenliedes beurteilt, kennt ihn nicht. Sicher gibt es reichere und üppigere Gebiete in Deutschland. Aber die stille Schönheit der Wälder und Täler des Westerwaldes suchte und sucht noch heute ihresgleichen. »Gott ist gleichsam durch unsere schöne Heimat gegangen und hat dabei seine Spuren hinterlassen: die Blumen, die Quellen, die Tiere«, so sagte einmal der gütige Pfarrer Peter Kost. Er war es auch, der mir riet, nicht nur von

»Natur« oder »Landschaft« zu sprechen, so zutreffend diese Begriffe auch seien. Umfassender sei es, »Schöpfung« zu sagen.

Wenn ich noch einmal nachlese, was ich von meiner Kindheit in einem bäuerlichen Westerwälder Elternhaus berichtet habe, könnte man vielleicht geneigt sein, das alles mit »besonnte Kindheit«, noch dazu in einem »heilen Elternhaus«, zu überschreiben. An diesem, am »heilen Elternhause« also, ist auch kein Zweifel erlaubt. Für die große Familie, die daraus hervorgegangen ist, hat sich daran bis heute nichts geändert. Wir passen zusammen, wir gehören zusammen, wenn wir auch manchmal spüren, daß wir so etwas sind wie eine Insel in einer chaotischen Zeit.

Dem aufmerksamen Leser dürfte aber auch deutlich geworden sein, daß nicht nur »heile Welt« mich umgab. Ich sagte schon, daß wir in unserem Umkreis Not nicht kannten, daß keinem Kind die Jugend durch Hunger oder Elend vergällt wurde. Aber das mußte durch viel Fleiß und harte Arbeit gesichert werden – und manches, was in reicheren Gebieten selbstverständlich ist, blieb uns und vielen in unserem Dorf unerreichbar.

Aber »besonnt« ist meine und meiner Geschwister Kindheit nun doch nicht gewesen. Ich berichtete schon, daß meine Mutter starb, als ich neun Jahre alt war. Kurz danach starb die Schwester meiner Mutter, die ihren Mann ebenfalls mit vielen Kindern zurückließ. Dann starb noch ein Schwager – und so waren wir in unserer Familie zwanzig Halbwaisen. Was das bedeutet, läßt sich kaum in Worte fassen – und es hat Spuren auch dann hinterlassen, als mein Vater eine neue gute Frau fand, wir Kinder damit eine neue Mutter. Was trotz allem in unserer Familie unverändert blieb, war das Vertrauen auf Gott und die unerschütterliche Zuversicht, daß Er weiß, was zu unserem Besten ist. Wir waren geborgen in seiner Liebe und damit auch in der Liebe unseres Vaters, in der Gemeinschaft der Geschwister und der Familie. Ich habe zweiundzwanzig Neffen und Nichten und zahlreiche Großneffen und Großnichten. Hochzeiten und Taufen feiern wir in meinem Haus in Köln.

Was der Tod meiner Mutter für meinen Lebensweg bedeutet hat, kann ich nicht, noch nicht sagen. Als Kinder übernehmen wir zunächst die Gebete, die in der Familie gebetet, und die Lieder, die in der Kirche gesungen werden. Das erste von mir selbst geformte Gebet – daran erinnere ich mich noch – habe ich an dem Abend gesprochen, an dem meine Mutter starb. Ich war draußen vor dem Fenster ihres Sterbezimmers. Meine Mutter und ich verstanden uns gut, und dann hörte ich sie jammern. Sie litt fürchterliche Schmerzen. Da habe ich gebetet: »Gott, sie muß so viel leiden. Nimm sie zu dir.«

Wenn ich dieses erste persönlich formulierte Gebet von heute her durchdenke, sprachen daraus Vertrauen zu Gott und die Gewißheit, daß meine Mutter und ich auch durch den Tod nicht wirklich getrennt würden. Schrecklicher als der Tod meiner zweiunddreißigjährigen Mutter wäre es für mich gewesen, wenn Vater und Mutter sich hätten scheiden lassen.

Ich habe in meinem Elternhaus erlebt, wie das Sterben in die Gemeinschaft der Familie eingebettet war. Heute ist der Tod gleichsam »ausgebürgert«. Das Sterben geschieht immer häufiger heimlich im Krankenhaus, oft ohne daß ein Angehöriger dabei ist. Der Tod wird nicht persönlich miterlebt, sondern nicht selten telefonisch mitgeteilt. In meinen Kinderjahren war es anders. Die Menschen starben daheim, wie sie auch zu Hause geboren wurden. Der Sterbende starb nicht allein. Die Angehörigen und Nachbarn waren bei ihm und beteten mit ihm und für ihn. Vor dem Friedhof habe ich mich nicht gefürchtet. Das Grab meiner Mutter lag nur zweihundert Meter von meinem Elternhaus.

Die Gewißheit, in Gott geborgen zu sein, hat mich mein ganzes Leben nicht verlassen – und in dieser Geborgenheit wußte sich auch mein Elternhaus.

Wolfgang Graf von Baudissin wurde am 8. Mai 1907 in Trier geboren. Er studierte zunächst Rechtswissenschaften und dann Landwirtschaft. Von 1930 bis 1941 war er Berufssoldat (zuletzt Major); von 1941 bis 1947 in englischer Gefangenschaft. Von 1955 bis 1958 leitete er im Bundesverteidigungsministerium die Abteilung Innere Führung, leistete von 1958 an Truppendienst bei der Bundeswehr und war von 1965 bis 1967 stellvertretender Chef des Stabes für Planung und Grundsatzfragen des SHAPE (Oberkommando der Streitkräfte des Nordatlantikpakts in Europa). Von 1971 bis 1984 war er wissenschaftlicher Direktor des Instituts für Friedensforschung und Sicherheitspolitik an der Universität Hamburg.

WOLF GRAF VON BAUDISSIN
Als aus Neustadt Wejherowo wurde ...

Im Herbst 1907 übersiedelten meine Eltern mit ihrem fünf Monate alten Sohn von Trier nach Neustadt/Westpreußen, wo mein Vater Landrat geworden war. Dort, im Land der langen Winter, der großen Wälder und Seen, der roten Backsteinkirchen und Ordensburgen – zwischen Pommern und Ostpreußen –, habe ich die ersten zwölf Jahre meines Lebens verbracht. Es war die Periode längster Seßhaftigkeit bis zu meiner Pensionierung. Würde ich also, nach meiner Heimat gefragt, antworten: »Neustadt«? Dem Nomaden fallen viele Orte ein, die seinem Herzen nahestehen. Falls aber (wie im Brockhaus zu lesen) »auch eine Gemütsbindung« gemeint ist, so bekennt er sich ohne Zögern zu dem Ort frühester Erinnerung, »dessen Namen keiner mehr nennt«.

Wer einen alten Atlas besitzt, kann nordwestlich von Danzig, kurz bevor Westpreußen »links« an Pommern und »oben« an die Ostsee stößt, Neustadt finden. Eingebettet in die hügeligen Ausläufer des

Karthauser Plateaus, in anmutiger, seenreicher Waldlandschaft liegt es da, etwas abseits vom Weltgeschehen. Auch heute noch. Ich habe es kürzlich wiedergesehen und fand alles am alten Platz, wenn auch ein wenig geschrumpft, wie mir schien. Nur die Bäume, die meine Mutter einst pflanzte, waren riesig geworden. Sie standen jetzt inmitten einer gloriosen Wildnis, die alles verschlungen und miteinander vereint hatte: die Blumenbeete samt Wegen, Tennisplatz und Gemüsegarten. Die Natur hatte sich's wiedergeholt, und mir war es recht so.

Auch mein Elternhaus, noch immer das »Kreishaus«, stand so da, wie es zu Amtsantritt meines Vaters nach elterlichen Wünschen gebaut wurde; ein imposanter zweischenkliger Bau, in dessen zur Straße gelegenem Flügel damals die amtlichen Räume sowie der »Saal« für die offiziellen Empfänge untergebracht waren, während im rechten Winkel dazu, in den Garten ragend, die privaten Gemächer sich um eine zweigeschossige Wohndiele gruppierten: unten die Wohnräume, oben die Schlaf- und Gästezimmer, ganz oben die Schlafzimmer des Personals.

Selbst den Pferdestall fand ich am Ende der herrlichen Wildnis. Er hatte einst drei Reitpferde beherbergt: den Fuchshengst Antäus und zwei Stuten. Sie stammten vom elterlichen Gut meiner Mutter, einer passionierten Reiterin, und dienten gleichzeitig meinem Vater für Dienstfahrten, bevor er um 1912 ein Dienstauto erhielt. In der kleinen Wohnung über dem Stall wohnte der Kutscher mit Frau und zwei Töchtern. Mit Rührung gedachte ich seiner und der ehrerbietigen Bewunderung, mit der er an meiner Mutter hing. Er glaubte an ihre allmächtigen Fähigkeiten und war gar nicht einverstanden, als sie ihn eines Tages, nachdem er länger krank gewesen war, zum Arzt schickte. Triumphierend erschien er kurze Zeit später wieder; alle seine Erwartungen hatten sich bestätigt. Anstatt es selber herauszufinden, hatte der Arzt ihn gefragt, was ihm fehle: »Ich hab's ja gleich gesagt, die Frau Gräfin können das viel besser!«, war sein etwas vorwurfsvoller Kommentar.

Damals war Neustadt mit seinen fast sechstausend Einwohnern, einer katholischen und einer evangelischen Kirche, einer Synagoge, einem Amtsgericht und mehreren Schulen Zentrum eines der größten preußischen Kreise. Dennoch sind es ländliche Bilder, Geräusche, Gerüche, die in meiner Erinnerung vorherrschen: einspännige Panjewägelchen rumpeln über holpriges Kopfsteinpflaster, ärmliche Bauern kaschubischer Herkunft folgen oder sitzen zu mehreren schwatzend auf ihrem Gefährt. Sie kommen von weit her, sind oft über einen Tag unterwegs, um einzukaufen, aber vor allem, um ihre Erzeugnisse zum Markt zu bringen: zwei bis drei quiekende Ferkel, ein paar gackernde Hühner in Holzkäfigen, Rüben, Kartoffeln, Futtergetreide aller Art in Säcken, die nach Jute riechen. Auch Roggen und Gerste für Brot bieten sie an, das in vielen Häusern noch selbst gebacken wurde. Es ist ihr Ausflug in die große Welt!

Im Kreise gab es viele Gutsbesitzer. Häufig sah man ihre Kutschen im Städtchen vor den Läden, dem »Hotel« oder dem Landratsamt halten. Ein Auto besaß damals kaum einer. Der landrätliche Benz war eine Sensation – für die Bauern eine erschreckende. Sobald sie das unheimliche Gefährt von ferne auf der Chaussee erspähten, sah man sie von ihrem Sitz herabspringen und dem scheuenden Pferdchen die Augen zuhalten – eine Maßnahme, die freilich weniger das Pferd als seinen Besitzer zu beruhigen schien.

Aber auch für die Passagiere selbst verlief eine Autofahrt selten ohne Abenteuer. Schon der Start hatte seine Probleme. Der Motor mußte mit einer Kurbel an der Stirnseite des Wagens angeworfen werden. Das bedurfte erheblicher Kraftanstrengung und gelang häufig nur nach Einspritzen von Benzin in die Zylinder; entsprechende Hähne krönten den Motorblock. Daß alle dreißig bis vierzig Kilometer eine Reifenpanne fällig war, ging noch an, obwohl ein Reifenwechsel recht umständlich war und unvorhersehbare Verzögerungen zur Folge hatte. Schlimmer war die Kälte im Winter, wenn das Thermometer bis auf minus 35 Grad fallen konnte. Dann nutzten auch Fußsack und Pelzdecken wenig; der Frost kroch durch die vielen Ritzen des nur durch ein aufklappbares Verdeck notdürftig geschützten Autos, dessen Schalthebel nebst Handbremse außenbords angebracht waren und durch einen Schlitz betätigt wurden. Häufig gefror das Wasser für die Karbidscheinwerfer, und der Fahrer mußte seinen Weg im Finstern finden.

Zum Glück gab es selten lange Kahlfrostperioden; sobald Schnee fiel, wurde der Schlitten aus der Remise gezogen, und es begann die Zeit der Schlittenfahrten.

Mein Vater hielt streng auf peniblen Umgang mit der »pecunia regis«. Was damit gemeint war, dafür gab es in unserer Familie ein leuchtendes Beispiel: meinen Großvater Baudissin. Auch er war preußischer Verwaltungsbeamter gewesen und hatte selbst noch als Oberpräsident einer Provinz auf seinem Schreibtisch zwei Tintenfässer stehen; ein »staatliches« für den amtlichen und ein eigenes für den privaten Gebrauch.

So war es auch selbstverständlich, daß das fiskalische Automobil ausschließlich meinem Vater für Dienstfahrten vorbehalten blieb. Falls meine Mutter zu offiziellen Anlässen gelegentlich mitfuhr, wurde die Hälfte der Benzinkosten aus eigener Tasche bezahlt. Ein unvergessener Vorfall war dazu angetan, meine Sinne zu schärfen und mir den nicht immer vergnüglichen, doch unaufhebbaren Zusammenhang von amtlicher Macht und persönlicher Verantwortung einzuprägen. Es war Krieg und die vorgeschriebenen Rationen ebenso dürftig wie reizlos. Eines Tages erschienen zwei Fischer aus der nahe gelegenen Putzinger Bucht und boten meiner hocherfreuten Mutter einen überlebensgroßen Lachs an. Als mein Vater davon erfuhr, mußte der Fisch schleunigst in die »Hindenburg-Spende« wandern.

Bis in das letzte Drittel des 19. Jahrhunderts war es Sache der »Ritterschaft« gewesen, das heißt der vereinigten Rittergutsbesitzer der Kreise, einen Landrat zu ernennen; häufig wurde es einer aus ihren Reihen, der diesen Posten dann ehrenamtlich übernahm. Das änderte sich später, und zu Zeiten meines Vaters hatte der Kreistag, der sich aus Vertretern der Stände und der Selbstverwaltung zusammensetzte, den Landrat vorzuschlagen; der König setzte ihn ein. Damit war der Landrat sowohl Kommunalbeamter als auch Organ der preußischen Exekutive: eine Doppelfunktion, die ihm eine Fülle von Verantwortlichkeiten zuwies. Ihm oblag nicht nur die Finanz- und Polizeiverwaltung, deren oberste Instanz er war, sondern auch Schulwesen, Gesundheitspflege, Straßenbau und anderes mehr.

Für all diese Aufgaben stand ihm eine erstaunlich kleine Schar von Beamten zur Seite. Dafür ließ ein weitmaschiges Netz von Gesetzen und Bestimmungen ihm einen heute kaum vorstellbaren Freiraum für selbständige Entscheidungen. Ein preußischer Landrat war König in seinem Kreise und das Landratsamt ein begehrter Posten. So gab es manchen Beamten, wie zum Beispiel einen Großonkel Baudissin, der es vorzog, trotz wiederholter, interessanter und ehrenvoller Beförderungsangebote sein Leben lang in seinem hinterpommerschen Kreise zu bleiben. Auch mein Vater war mit Leib und Seele königlich preußischer Landrat.

Ein »Kind aus gutem Hause« verbrachte weite Strecken des Tages fern seiner Eltern unter der Obhut einer »Nana«. Bei uns war es nicht anders. Wenn mein Vater sich gegen 8.30 Uhr in sein Amtszimmer begab, das sich unmittelbar an das private »Herrenzimmer« anschloß, begann meine Mutter, sich um Haus und Garten zu kümmern. Dafür stand ihr eine ganze Riege von Hilfskräften zur Verfügung. Zum Glück, denn sie war alles andere als eine engagierte Hausfrau; doch wußte sie ihre Trabanten so anzuweisen, daß sie selbst nach der morgendlichen »Befehlsausgabe« – guten Gewissens ihren Passionen nachgehen konnte. Zu ihnen gehörte neben Reiten, Fahren und Klavierspielen der Garten, aus dem sie mit Hilfe des Kutschers, der gleichzeitig als Gärtner fungierte, etwas machte, was mir paradiesisch erschien. Auch ich hatte darin »mein« Beet. Wenn ich nicht mit Anna und Amanda, den Töchtern des Kutschers, spielte oder mich im Pferdestall herumtrieb, betrachtete ich wohlgefällig meine Pflanzung, in deren Mitte ein kleiner Eichenbaum prangte, den ein Gast – schwarzweißrot dekoriert – zu irgendeinem patriotischen Festtag mitgebracht hatte.

Da ich keine Geschwister hatte, durfte ich von klein auf an den Mahlzeiten meiner Eltern teilnehmen. Sehr oft kamen Gäste: Verwandte, Freunde aus der Nachbarschaft oder gewichtige Leute aus Exekutive und Politik. Ich liebte Besuch, weil man stets Interessantes erfuhr. Allerdings mußten viele Regeln dann besonders sorgfältig beachtet werden: Anzug und Finger hatten untadelig, das Haar gebürstet zu sein; Damen waren mit Handkuß zu begrüßen, Messer und Gabel manierlich zu handhaben, die Ellenbogen nicht ungebührlich zu spreizen (»ein Blatt Papier, unter den Arm geklemmt, darf nicht herunterfallen«). Kinder hatten sich nicht ungefragt ins Gespräch zu mischen oder gar – die schlimmste aller Sünden! – das Essen zu kritisieren, auch wenn es, wie zum Beispiel im Kriege, noch so scheußlich schmeckte. Der Teller war zu leeren, andernfalls erschienen die Reste zur nächsten Mahlzeit genauso wieder, wie man sie zurückgelassen hatte.

Das alles war, solange man das Ritual nicht beherrschte, recht lästig. Doch nahm ich es als unentrinnbares Naturereignis; nicht im Traum wäre mir der Gedanke gekommen, dagegen zu rebellieren, zumal ich ja sah, daß um mich herum die gleichen Gesetze von allen eingehalten wurden. Nur einmal schien mir die Grenze formvollendeter Höflichkeit erreicht. Als die Kaiserin im August 1914 ostpreußische Flüchtlinge im Kreis besuchte und auch zu uns ins Haus kam, bot deren gestrenge und gefürchtete Oberhofmeisterin, Gräfin Voß, mir die behandschuhte Rechte zum Handkuß dar. Ich war sprachlos, blickte entschlossen zu meiner Mutter empor und sagte mit fester Stimme: »Handschuhe brauche ich doch nicht zu küssen?!« Die Sache ging gut aus, die Gräfin trennte sich lächelnd von ihrem Handschuh, und ich küßte ebenso stolz wie ehrerbietig die nunmehr entblößte Hand.

Neustadt war keine Garnisonstadt. Doch konnte man – über das Bezirkskommando hinaus – auf mannigfache Weise der Allgegenwart des Militärischen gewahr werden. Abgesehen von den gelegentlichen Reserveübungen meines Vaters und vieler Bekannter gab es eine Reihe aktiver Offiziere in der väterlichen wie mütterlichen Familie. Sie trugen gut preußisch des »Königs Rock«, und ich war nicht wenig stolz auf sie in ihren bunten Friedensuniformen. Ich selber trug meist Matrosenanzüge unterschiedlicher Grade: alltags mit blauer, am Sonntag und zu festlichen Anlässen mit weißer Bluse. Sie hatten einer bestimmten Kieler Firma zu entstammen.

Sehr genau erinnere ich mich allerdings eines Ereignisses, das Wasser in meinen patriotischen Wein schüttete und mir die Relativität aller Dinge nahebrachte. Es war zu Kaisers Geburtstag, der überall

Die Eltern Wolf Graf von Baudissins.

mit großartigen Feiern und Paraden begangen wurde. Kein Reservist
blieb ohne Grund zu Hause. Selbst Greise sah man mit ihren Leut-
nantsachselstücken oder anderen Dienstgradabzeichen auf Uniform
oder Zivilanzug. Wir Kinder schmückten uns mit buntfarbigen Vivat-
bändern, auf denen vaterländische Liedertexte oder Huldigungsadres-
sen an Seine Majestät standen. Auch mein Herz schlug hoch, und ich
stimmte begeistert mit ein, wenn die Hymne erscholl.

Eines Tages kam ein Bruder meines Großvaters aus diesem Anlaß
zu uns nach Neustadt. Mich faszinierte sofort das EK I aus dem
Kriege 70/71, das ich auf seiner Brust erspähte. Als ich nach dem
Essen endlich auf seinen Schoß klettern konnte, forschte ich erwar-
tungsvoll nach dem Anlaß der spektakulären und damals besonders geachteten Auszeichnung. Doch erfuhr ich keine Heldentat.
Mein Onkel blickte mich an und sagte: »Weißt du, natürlich habe
auch ich bei Mars-la-Tour Angst gehabt; aber ich habe versucht, sie
nicht zu zeigen, und bin ein wenig später fortgeritten als die anderen.«

Sicher war ich enttäuscht. Doch meine ich – rückblickend –, nie
wieder so Wesentliches über Tapferkeit und Orden gelernt zu haben.

Zu den unumstößlichen Riten gehörte das abendliche Erscheinen
meiner Mutter an meinem Bett zum Abendgebet. Ich harrte ihrer mit
Spannung; denn häufig war sie festlich gewandet, in Erwartung von

Gästen oder um mit meinem Vater einer Einladung zu folgen. Sie war groß und schlank, und ich liebte ihre Schönheit und Eleganz. Eines Abends aber schien alles einer unaufhaltsamen Katastrophe zuzutreiben. Die Eltern waren zum Ball beim Kronprinzen geladen, der damals Kommandeur der »Danziger Leibhusaren« war und in Zoppot ein sehr geselliges Haus führte. Ich sah es sofort, als die Tür sich auftat: das hellblaue Ballkleid – wie meist von der geschickten »Jungfer« nach neuestem Schnitt gebastelt – ließ in kühner Unregelmäßigkeit eine Schulter frei. Mir stockte der Atem, und ich flehte meine Mutter an, sich so nicht zu zeigen. Sie war aber diesmal nicht zu überzeugen, obwohl sie mein Interesse an ihrer Garderobe hochschätzte und meinen kindlichen Blick im allgemeinen viel zutraute. Sie ging, wie sie gekommen war, und überließ mich meinen peinigenden Visionen einer entsetzlichen Blamage.

Jeden Morgen las mein Vater die Tageslosung der Herrnhuter Brüdergemeine und die dazugehörigen Bibeltexte vor. Daran nahm auch das Personal teil. Der sonntägliche Kirchgang war mehr als nur eine brauchtümliche Pflichtübung, die man von einer Amtsperson und ihrer Familie erwartete. Anschließend wurde meist intensiv über die Auslegung des Predigttextes gesprochen.

Die Eltern meines Vaters starben lange vor meiner Geburt. Eine um so größere Rolle in meinem Leben spielte das Elternhaus meiner Mutter im hinterpommerschen Kreis Regenwalde. Dort, auf dem Gut meiner Großeltern, verbrachte ich alle Ferien, soweit ich zurückdenken kann, und auch nach beendeter Schule soviel Zeit wie irgend möglich.

Mein Großvater war ein strenger, aber stets wohlwollender Patriarch, und dazu ein tüchtiger Landwirt. Bis ins hohe Alter bewirtschaftete er seine Güter selbst und betätigte sich daneben in allerlei berufsständischen Organisationen und Ämtern. Natürlich war er ein Konservativer, wie sich das für einen ostelbischen »Junker« geziemte; seine politischen Ansichten deckten sich weitgehend mit denen der Kreuzzeitung, die »man« eben las.

Der Haushalt war von spartanischer Einfachheit, was mehr preußischer Tradition als wirtschaftlichen Notwendigkeiten entsprach; vielleicht spielte auch das Temperament meiner Großmutter dabei eine Rolle. Auf den Tisch kam, was Garten und Hof produzierten oder der Wald lieferte. Was die ländliche Köchin daraus machte, scheint mir – rückblickend – recht fern von Lukull. Nur sonntags und wenn Gäste kamen, entfaltete die Küche unter dem Kommando meiner rheinischen Großmutter um so überraschenderen Glanz. Obwohl belesen und für Literatur einst sehr interessiert, hatte häusliche Geschäftigkeit sie inzwischen ganz und gar übermannt. In meiner Erinnerung sehe ich ihre zierliche Gestalt durch Haus und Keller hinken – sie litt an einem Hüftleiden – und streng nach dem Rechten sehen. Dabei klapperte ein riesiges Schlüsselbund an ihrem Gürtel. Sie hielt – ganz buchstäblich – alles, aber auch alles »unter Verschluß«.

Aber das kümmerte mich wenig. Ich stand mit beiden Großeltern auf bestem Fuß und fühlte mich – als einziger damals greifbarer Enkel – in ihrer liebevollen Fürsorge geborgen. An meinem Großvater hing ich mit kindlicher Bewunderung und Verehrung. Um so tiefer hat sich seine einzige scharfe Zurechtweisung in meine Erinnerung gegraben. Ich zog sie mir zu, als er bemerkte, daß ich vor dem Hausmädchen aus der Tür ging, anstatt ihr den Vortritt zu lassen. Ungeachtet aller Standesunterschiede einer hierarchisch geordneten Welt gab es unantastbare Tabus; zu ihnen gehörte ein Maß an Ritterlichkeit, das jedem weiblichen Wesen gebührte.

Mein bester Freund war Julius, der alte Kutscher. Er unterwies mich in allem, was Jungens Spaß und das Landleben herrlich macht: Reiten und Fahren, Pferde striegeln, füttern und satteln, an- und ausspannen. Er ging mit mir auf die Niederwildjagd, er lehrte mich, mit der Flinte umzugehen und vieles, vieles andere. Das alles war sehr vergnüglich und brachte ihn mir unendlich nahe. Am meisten aber liebte ich ihn um seiner Lebensweisheit willen, an der er »Graf Wolf« teilnehmen ließ, ohne sich dabei vor freundlichem Tadel zu scheuen. Ich verdanke ihm viel, nicht zuletzt die frühe Erfahrung einer menschlichen Beziehung, die auf gegenseitigem Vertrauen gegründet war und der gegenüber Alters- und Rangunterschiede bedeutungslos waren.

Noch etwas anderes erfuhr das Einzelkind im großelterlichen Hause: das »Clan«-Gefühl einer Großfamilie, die durch Verwandtschaft, langjährige Nachbarschaft, gemeinsame Geschichte und gleichgeartete Interessen zusammenwuchs und sich im Rhythmus alljährlich wiederkehrender Familienfeiern, Jagden, Beerdigungen, Hochzeiten und Taufen trifft, sich kennt, sich grundsätzlich schätzt, gelegentlich auch rauft, aber durch dick und dünn zusammenhält.

Meine Schulzeit begann mit Privatunterricht, den mir ein Seminarist erteilte. Er kam täglich ins Haus und verstand es, meine kindliche Lernbegier nutzend, mir den Stoff von zwei Schuljahren in zwölf Monaten zu vermitteln. So wurde ich nach bestandener Prüfung in die Septima der Vorschule einer von mir heißgeliebten Lehrerin aufgenommen, die uns mit viel Charme und Konsequenz zu diszipliniertem Lernen anhielt. Ihre niemals aufgeklärte Ermordung, um die sich allerlei Legenden rankten, war der Einbruch unheimlicher Mächte in mein behütetes Dasein.

In Neustadt gab es ein vorzügliches Gymnasium, und ich zögerte keinen Augenblick, mich, ohne den väterlichen Rat einzuholen, für den humanistischen Zweig zu entscheiden; das entsprach der Familientradition, in der bedeutende Theologen, ein Shakespeareübersetzer und andere gelehrte Leute eine Rolle spielten.

Meine Mitschüler kamen aus sehr unterschiedlichem Milieu. Das manifestierte sich am augenscheinlichsten im Religionsunterricht: die Söhne preußischer Beamter und Freiberufler sammelten sich im evangelischen, die der aufsteigenden Kaschuben im katholischen, die Kaufmannskinder im jüdischen Unterricht. Das war so eindeutig, daß man weithin von »deutscher« gleich evangelischer und »polnischer« gleich katholischer Bibel sprach. Die katholische Kirche war die zwar inoffizielle, doch anerkannte Interessenvertreterin der kaschubischen Bevölkerung, ihr oberster Geistlicher zugleich eine weltliche Autorität. Ihre gesellschaftliche Bedeutung wurde durch die großen Prozessionen, zu denen die Gläubigen von weit her wallfahrteten, recht augenscheinlich unterstrichen. Sie zogen stets am Landratsamt vorbei zum Kalvarienberg und faszinierten das Kind aus lutherischer Familie durch ihre Farbenpracht und den ergriffenen Gesang der unzähligen Teilnehmer.

Die Anforderungen des Gymnasiums waren beträchtlich. Ihr Schwerpunkt lag auf lateinischer Grammatik und deutschem Aufsatz. Wenn ich hinzufüge, daß die musischen Fächer vernachlässigt wurden, ist das ein Understatement. Sie spielten nicht die geringste Rolle. Falls der Zeichenunterricht nicht überhaupt ausfiel, beschränkte er sich auf Abstrakt-Mechanisches und ödete uns an. Der Musikunterricht erschöpfte sich in steter Wiederholung volkstümlichen »Liedguts«. Dabei irritierte mich besonders unseres Lehrers Vorliebe für ›Aus der Jugendzeit …‹ – eine, wie mir schien, für Kinder unangemessene Weise, deren Stimmungsgehalt nachzuvollziehen es mir an Phantasie und wohl auch an Bereitschaft fehlte.

Der Ausbruch des Ersten Weltkrieges im August 1914 veränderte das bis dahin beschaulich dahinfließende Kleinstadtleben mit einem Schlage. Als erstes handgreifliches Ereignis sind mir in hektischer Eile errichtete Sperren an den Stadtzugängen in deutlicher Erinnerung. Sie sollten Autos aufhalten, mit denen angeblich Russen aus der Zitadelle des Spandauer Juliusturms geraubtes Gold – den »Reichskriegsschatz« – nach Petersburg schaffen wollten. Mein Vater hatte alle Mühe, die um sich greifende Hysterie zu beschwichtigen.

Mit der Mobilmachung ging man daran, Schulen in Lazarette umzuwandeln und auf den Bahnhöfen Rote-Kreuz- sowie Verpflegungsstationen einzurichten. Ich war damals sieben Jahre alt. Da aber meine Eltern von Amts wegen im Zentrum des Neustädter Geschehens standen, haben sich einige Szenen mit solcher Schärfe in mein Gedächtnis gegraben, als hätten sie sich kürzlich und nicht vor siebzig Jahren ereignet.

Ich sehe den vor Menschen berstenden Bahnhof vor mir mit den zunächst nach Osten gerichteten Truppentransporten; sehe Pferdeköpfe aus Viehwagen ragen; sehe die Inschriften auf den Waggons: »Jeder Schuß, ein Russ' – jeder Stoß, ein Franzos'«, und an den Fenstern blumengeschmückte, winkende Soldaten, patriotische Lieder singend. Euphorische Stimmung ringsum – auch bei den Zurückbleibenden, die Erfrischungen, Zigaretten, Blumen zu den Fenstern hinaufreichten.

Rückschauend: eine Generation – nein, ein ganzes hochgestimmtes Volk, das keine Ahnung vom wahren Gesicht des Krieges hatte.

Bald trafen – diesmal in entgegengesetzter Richtung – die ersten Verwundeten ein, zusammen mit vor den Russen flüchtenden Ostpreußen. Und dann kam die Nachricht vom Tode eines besonders geliebten Onkels. Er fiel bei seiner ersten Patrouille. Der Krieg hatte begonnen, die private Sphäre zu durchdringen. Aus einer vermeintlichen Episode war ein Zustand, besser ein Geschehen geworden, das unabsehbaren Gesetzen folgte.

Die nationalen und gesellschaftlichen Veränderungen von 1918 blieben nicht ohne Auswirkungen auf unser Leben im engeren und weiteren Sinne. Im Zuge der Novemberrevolution kam es zu Unruhen im Städtchen. Ich beobachtete vom Fenster des Kinderzimmers aus, wie Demonstranten sich vor dem Landratsamt sammelten. Man erfuhr, daß der Landrat in einem Akt spektakulärer Symbolik – durch Umkippen des Stuhles, auf dem er Platz nehmen sollte – abgesetzt werden würde. Doch gelang es meinem Vater, den sich konstituierenden Arbeiter- und Soldatenrat für sich zu gewinnen. Es drohte gefährlich zu werden, als sich die Menge mit Körben und Säcken versah und zum Plündern bereitmachte, doch offensichtlich noch eines Befehls harrte. Im letzten Moment erschienen bewaffnete Matrosen mit roten Armbinden von der Fliegerstation Putzig und stellten Landratsamt und -wohnung unter ihren Schutz. Sie bezogen Quartier im großen Sitzungssaal und blieben einige Wochen. Das Verhältnis zwischen Bewachern und Bewachten blieb ungetrübt. Ich erfuhr dabei, daß »rot« nicht unbedingt »böse« sein muß.

Sobald feststand, daß Neustadt polnisch werden würde, lösten meine Eltern den Hausstand auf. Meine Mutter siedelte samt Möbeln zu ihren Eltern nach Pommern über. Um niemanden in eine mißliche Lage zu bringen, bat mein Vater um Aufnahme für ihn und mich in das Neustädter evangelische Krankenhaus. Dort stellte man uns ein großes Zimmer zur Verfügung, in dem wir liebevoll aufgenommen und versorgt wurden. Während ich das Versetzungszeugnis noch abwarten sollte, fungierte mein Vater als »Überleitungskommissar« und versuchte, so gut es ging, die Interessen der Deutschen zu vertreten sowie Reibungen und Härten zu mildern, die dieser in jeder Hinsicht einschneidende Systemwechsel mit sich brachte. Es gelang ihm, ein wenig Verständnis auf beiden Seiten zu wecken.

Obwohl mit Verlassen des Landratsamtes in Neustadt, das von jetzt an Wejherowo heißen würde, mein Elternhaus sich auflöste, gehören die nun folgenden Monate des »Interims« zu den glücklichsten meiner Jugend. In der Nähe des bisher durch dienstliche Anforderungen absorbierten, stets etwas entrückten Vaters nahm ich unmittelbar teil an seiner Arbeit, seinen Sorgen, seinen Gedanken und Überlegungen. Wir schliefen Bett an Bett, nahmen die Mahlzeiten zusammen ein, am Nachmittag machte ich meine Schularbeiten in seinem Büro; abends saßen wir lesend in unserem Zimmer oder sprachen über das, was ihn oder mich bewegte. Es war nicht nur unsagbar behaglich; ich erfuhr auch Genaues von seiner Arbeit, seinen Eindrücken und seiner Sicht der Dinge. Mir eröffnete sich die politische Dimension des Lebens. In diese Zeit fiel die Nachricht vom Kapp-Putsch. Die unterschiedlichen Reaktionen, die er bei Polen und Deutschen auslöste, sind mir unvergeßlich: die einen begannen, ihre Koffer zu packen, die anderen gewannen wieder etwas Selbstvertrauen.

Nach meiner Versetzung in die Quarta verließ ich Neustadt endgültig und kam auf ein Gymnasium in Kolberg und in Pension zu einem freundlichen, wenn auch gestrengen Professorenehepaar. Mein Vater wurde nach Marienwerder versetzt, um dort die Abstimmung zu leiten. Meine Mutter blieb bei ihren Eltern in Pommern. Das großelterliche Haus erhielt für diese Zeit zentrale Bedeutung als Treffpunkt der zersprengten Familie. Erst als mein Vater nach dem eindeutigen Abstimmungserfolg – 92 Prozent der Stimmen entschieden sich für Deutschland – in Marienwerder Regierungspräsident wurde, fand sich die kleine Familie dort wieder zusammen.

»Wir klammern uns an die Erinnerung, um eine Identität zu bewahren, die, einmal bewußt geworden, unverlierbar ist. Erinnerung ist der Talisman des Schlafwandlers auf dem Boden der Ewigkeit«, schrieb Henry Miller als Motto über eines seiner Bücher, dem er den Namen ›Remember to remember‹ gab.

Obwohl ich selbst bisher wenig Neigung verspüre, »Memoiren« zu schreiben, bin ich dankbar für den Anstoß, der mich zum Erinnern zwang und vieles wieder lebendig werden ließ, was lange vergessen schien. Indem ich mich – schreibend – erinnere, werde ich mir all dessen bewußt, das, ineinander verquickt, zu meinem unverwechselbaren So-Sein beitrug oder – wie man heute zu sagen pflegt – zu meiner Identität.

Das Wesentliche davon verdanke ich meinem Elternhaus – präziser, meinen Eltern. Sie vermittelten mir Maßstäbe, die ihre Gültigkeit nicht verloren; sie lebten mir vor, von sich selbst mehr zu verlangen als von anderen, und verstanden es, mir den Wert bestimmter, aus heutiger Sicht gewiß recht wunderlich anmutender Traditionen und Konventionen nahezubringen. Was ich damals als zwar unbequemes, doch unentrinnbares Fatum begriff, erkenne ich heute als äußerst nützliche Übung für den Umgang mit sich selbst, als hilfreichen Grammatikunterricht in »Sozialverhalten«. Rückblickend empfinde ich die strenge Schule als Privileg, wenn auch gewiß nicht als unerläßlich.

Mein alter Deutschlehrer pflegte seinen Unterricht zu unserem Ergötzen mit philosophischen Aperçus zu würzen: »Jedes Ding hat seine eigene Grammatik, und natürlich kann man auch ohne Regeln sprechen lernen. Wer aber von einer Sprache mehr erwartet als ein primitives Mittel platter Verständigung, wer sie gar als vergnügliches Gesellschaftsspiel betreiben möchte, muß sich für ihre Grammatik interessieren.« Vielleicht war das gar nicht so schnurrig, wie wir Schüler damals fanden, und gelegentlich scheint mir, als wurzle manch heutige Verständigungsschwierigkeit in mangelnder Kenntnis der Sprachregeln.

In meinem Elternhaus wurde viel und recht kritisch diskutiert. Dabei war mein Vater stets darauf bedacht, auch dem Andersdenkenden Gerechtigkeit widerfahren zu lassen. Er vertrat seine Meinung standhaft, wenn es darauf ankam, sogar temperamentvoll, doch stets in dem Bewußtsein, daß sie nicht die allein »wahre« sei und daß eine andere Sicht der Dinge genauso berechtigt sein könne. Über Unrecht allerdings war er niemals bereit zu diskutieren. Ich habe ihn sehr geliebt.

Graf Lennart Bernadotte wurde am 8. Mai 1909 in Stockholm geboren. Von 1927 bis 1930 leistete er Militärdienst und widmete sich dann landwirtschaftlichen Studien. 1932 übernahm er als Eigentümer die Insel Mainau im Bodensee. 1939 verließ er Deutschland und ging nach Schweden, wo er eine Kultur- und Industriefilmproduktion gründete und sich journalistisch betätigte, unter anderem als Chefredakteur der skandinavischen Zeitschrift ›Foto‹. 1947 begann er erneut mit dem Ausbau der Mainau und übersiedelte 1952 endgültig auf die Insel. Er ist Ehren-Präsident der Deutschen Gartenbaugesellschaft, Sprecher des Deutschen Rates für Landespflege sowie Präsident des Kuratoriums für die Tagungen der Nobel-Preisträger in Lindau.

GRAF LENNART BERNADOTTE
Prinz in weißen Seemannskleidern

Begriffe wie Vaterland, Muttersprache und Elternhaus können relativiert werden.

Ich bin Schwede, und ohne Zweifel ist Schweden das Land meines Vaters. Ist es aber auch wirklich mein »Vaterland«? Seit langem bin ich auf der Mainau zu Hause.

Obwohl die Sprache meiner Mutter russisch war, beherrsche ich sie leider nicht. Meine fünf Kinder aus zweiter Ehe sind alle in der Schweiz geboren, ihre Muttersprache ist Deutsch, sie sind schwedische Staatsbürger, und ihr Elternhaus ist die Mainau.

Wenn ich nach meinem Elternhaus gefragt werde, gerate ich in Verlegenheit, denn meine Eltern ließen sich scheiden, als ich vier Jahre alt war, und an mein ursprüngliches Elternhaus habe ich nur nebelhafte Erinnerungen. Dann und wann leuchten Bildfragmente wie von Blitzlicht erhellt auf.

Mein Vater, Prinz Wilhelm von Schweden, und meine Mutter,

Großfürstin Maria Pavlovna von Rußland, eine Cousine des letzten Zaren, heirateten – oder besser und deutlicher gesagt: wurden 1908 im Schlosse Tsarskoje Selo unweit des damaligen St. Petersburg verheiratet.

Es war eine politische Ehe, und keiner kümmerte sich darum, ob die beiden Partner etwas füreinander empfanden. In dieser Weise wurden fürstliche Persönlichkeiten seit Generationen auf höchsten Befehl vermählt. Persönliches Glück? Politik war wichtiger ...

Als meine Eltern auseinandergingen, übernahm meine Großmutter, Königin Viktoria von Schweden, eine Tochter des Großherzogs Friedrich I. von Baden und der Großherzogin Luise, Tochter Kaiser Wilhelms I., die Verantwortung für meine Erziehung, und ich pilgerte unter ihrer Obhut jahrelang von Schloß zu Schloß.

Während des Ersten Weltkrieges mußte mein Vater, der bei der schwedischen Marine diente, auf Neutralitätswache, das »Elternhaus« wurde geschlossen, ehe es noch richtig in Anspruch genommen war. Die kleine Familie war total auseinandergerissen.

Meine Großmutter glaubte immer noch fest an das Königtum von Gottes Gnaden. Da sie auch sehr religiös war, fiel die Erziehung entsprechend streng aus. Der schwedische Hof war vielleicht nicht ganz so steif wie der badische, weil mein Großvater das nicht mochte, aber ich hatte meist in weißen Seemannskleidern zu erscheinen, was selbstverständlich mit meiner schwarzen Lausbubenseele unvereinbar war.

Amama, wie ich meine Großmutter nannte, war oft unglaublich hart und streng. Familie und Hof zitterten in gleichem Maße vor ihr, wenn sie unzugänglich und kalt und erhaben war. Wenn sie nicht wollte, war es unmöglich, von ihrem Eispanzer auch nur einen Millimeter abzutauen.

Es war schwierig, ihr alles recht zu machen. Man wußte ja nie, wie hoch ihre Ansprüche zur Zeit gerade geschraubt waren, und man mußte stets auf der Hut sein und wissen, aus welcher Richtung der Wind blies, vor allem rechtzeitig auf Sturmwarnung achten.

Der Dualismus zwischen dem wohlerzogenen kleinen Prinzen und dem lebenslustigen Lausbuben war kaum zu überbrücken. Einerseits sollte man sich wie ein »gewöhnliches« Kind benehmen, tat man es, klang es oft vorwurfsvoll: »Aber so darf ein Prinz sich wirklich nicht benehmen!«

Die Familien der »Hochgeborenen« umgaben sich mit so vielen kuriosen Vorschriften wie nur möglich. Sie waren ständig darum bemüht, sich von der breiten Masse zu unterscheiden. Allgemeine Regeln für gutes Benehmen wurden im Handumdrehen ins Gegenteil umgewandelt.

Sogar die Trauer zog man dazu heran. In dem schwer zu durchschauenden Labyrinth deutscher Kleinfürstenhöfe – sie waren alle miteinander verwandt – war immer gerade jemand gestorben. Entschuldigung, ich meine selbstverständlich verschieden, jedenfalls selig entschlafen. An allen großen und kleinen Höfen beeilte man sich dann, Trauer anzulegen. Je näher die Verwandtschaft, um so länger die Trauer, je höher auf der Rangskala, um so breiter die schwarzen Ränder auf Briefpapier und Taschentüchern. Riesige schwarze Trauerflore auf dem linken Oberarm und ein breites schwarzes Tuch auf dem hohen Hut gehörten zur Ausstaffierung.

Ein gewisses gekünstelt-temperiertes Auftreten gehörte auch dazu, und wir Jungen hatten es gar nicht so leicht, ein hinreichend gelangweiltes Gesicht zu machen. Wenn man versuchte, mit Amama zu scherzen, und man bekam zu hören, daß sie sich nicht freuen könne, weil es sich nicht gehöre, so konnte man sicher sein, daß noch ein paar Tage von irgendeiner Hoftrauer durchzustehen waren.

Wir Jungen sahen wie Zwischenwesen von Konfirmanden und Kellnerlehrlingen aus in unseren schwarzen Anzügen mit weißen Fliegen. Gott sei Dank mußten wir nicht in dieser Aufmachung zur Schule gehen, die Toten tyrannisierten uns wüst genug.

Mein Vater und ich verfügten über eine kleine Mezzaninwohnung im großen Stockholmer Stadtschloß. Da er selten zu Hause war, wurde ich ständig von meiner guten Nenne betreut, einer geradezu hinreißenden Kinderschwester, die viele, viele Jahre lang an Mutters Stelle trat. Sie war aber auch die treue Dienerin Ihrer Majestät, die sie leidenschaftlich verehrte, und das führte selbstverständlich zu aufregenden Konflikten, die sich aber mit den Jahren milderten.

Meine Zimmer zeigten nach Süden. Das bedeutete, daß als »Aussicht« der steinerne Innenhof des Schlosses in all seiner gefängnisähnlichen Schönheit und Gemütlichkeit die Kulisse darbot. Es war eine grausige Umgebung, und von Heimeligkeit war weder in der Wohnung noch in der Umgebung etwas zu finden.

Neujahr 1915 brachte etwas sehr Wichtiges mit sich: den Schulbeginn. Es galt als selbstverständlich, daß ich nicht in eine öffentliche Schule gehen durfte, und so strengte man sich an, nach »handverlesenen« passenden Gleichaltrigen zu suchen, die gemeinsam mit mir eine kleine Klasse bilden sollten. Zwei Mädchen und drei Buben wurden für würdig befunden, und selbstverständlich war die Wahl der Lehrerin ebenso wichtig. Ich kann mir lebhaft die sicherlich äußerst genauen Nachforschungen vorstellen, die schließlich zu der auserkorenen Person führten, und die noch tiefer lotende Untersuchung ihres Charakters, ihrer Kenntnisse und ihres allgemeinen Auftretens.

Zu dieser Zeit war Papa meist nicht zu Hause, und ich wohnte in unmittelbarer Nähe von meiner Großmutter. Es dauerte aber nicht lange, bis das noch nicht gefestigte Heimatgefühl und auch das Schulmilieu einen besonders kräftigen Tritt bekamen, der mich wieder aus allem normalen Geschehen herausriß. Trotz des Krieges und der damit verbundenen Risiken und Schwierigkeiten beschloß Amama, im April 1915 nach Karlsruhe zu reisen und ihre Mutter zu besuchen. Es zeigte sich später, daß Amama mir damit ganz neue Wege für meine Zukunft eröffnete, neue Perspektiven und praktische Möglichkeiten, die zwanzig Jahre später mein Leben von Grund auf verändern und ihnen einen neuen Inhalt geben sollten, von dem niemand zu träumen gewagt hätte.

Und so lernte ich den Großherzoglichen Hof und vor allem meine Urgroßmutter Luise kennen. Sie war eine kleine zierliche Erscheinung, immer in schwarze Witwentracht gekleidet, mit Hut und Schleier. Seit dem Tode ihres Gemahls, des Großherzogs Friedrich I., zog sie nie andere Kleider an. Bei besonders festlichen Gelegenheiten trat sie in schneeweißer Trauerkleidung auf, und dann sah sie sagenhaft apart aus. Trotz ihres hohen Alters hatte sie einen elastischen und aufrechten Gang, und sie erfüllte mit allen ihr zu Gebote stehenden Kräften die Pflichten, die ihrer Meinung nach einer großherzoglichen Witwe von Baden oblagen. Amamas Bruder und Schwägerin, Großherzog Friedrich II. und seine Gemahlin Hilda, waren zwar das regierende Herrscherpaar, aber Luise regierte dieses Paar!

Der badische Hof war weithin für Steifheit und Überkorrektheit bekannt. Die Großherzogin, Tochter des Kaisers Wilhelm I., sorgte durch ein strenges Regiment für diesen Ruf. Die diensthabenden Herren gingen ständig im langen schwarzen Rock, dem sogenannten Redingote umher, und trugen einen Zylinder und schwarze Handschuhe. Auch die Damen mußten meist schwarze Kleider tragen. Man kann wirklich nicht behaupten, daß der badische Hof einen heiteren Eindruck machte.

Noch lebte man in Karlsruhe auf dem Wogenkamm vaterländischer Begeisterung. Auf dem großen offenen Platz vor dem Schloß fanden unentwegt Paraden von Truppen statt, die die Fahrt an die Front antreten sollten. Wenn Onkel Fritz, Amamas Bruder, seine Pflicht zu Pferde getan und seine Abschiedsrunde um seine tapferen Soldaten geritten hatte, saß er oft ab und kam zu dem Wagen, in dem Urgroßmutter, Amama und ich saßen. Auch ich war schon politisch beeinflußt. Großmutter sorgte für den richtigen außenpolitischen Glauben. Als Onkel Fritz sich mit »Adieu!« verabschiedete, berichtigte ich ihn: »Nein, das darfst du nicht sagen! Das ist französisch!«

Ich verlebte eine herrliche Zeit und merkte von den ernsten Zeiten anfangs recht wenig. Die Tage verliefen in gleichmäßiger Routine. Spielen im Fasanengarten neben dem Schloß oder in der großen Orangerie, das eine oder andere Mal aß man bei Onkel Fritz und Tante Hilda im sogenannten Großherzoglichen Palais. Das Zeremo-

Links: Prinz Wilhelm von Schweden und Großfürstin Maria Pavlovna von Rußland mit ihrem Sohn Prinz Lennart. Eine Aufnahme des Stockholmer »Hofateliers« aus dem Jahre 1909. *Rechts:* Prinz Lennart 1914 in Stockholm.

niell blieb überall gleich, und es war schwierig, Zeit und Platz für Lausbubereien zu finden. Im schneeweißen Seemannsanzug ließen sie sich auch schlecht ausführen. Hin und wieder begleitete ich Urgroßmama und Amama, wenn sie Kriegslazarette oder Ambulanzzüge besuchten. Das Rote Kreuz lag der Großmutter sehr am Herzen, und bei solchen Besuchen trug sie immer eine entsprechende Armbinde.

Und dann geschah es am 19. Juni.

Mitten in die verlogene, friedliche Idylle hinein stießen plötzlich die kräftigen Sirenen auf dem Rathausturm ihr steigendes und fallendes Heulen aus. Fliegeralarm! Sucht Schutz! Hinunter in die Keller! Zusammen mit meiner Kinderschwester und anderen Schloßbewohnern liefen wir hinunter in die weitläufigen unterirdischen Gewölbe. Urgroßmama kam gleichzeitig mit mir dort unten an, aber wo blieb Amama?

Der erste Knall ertönte. Gleich darauf kam Amama in den Keller geeilt, bleich und zitternd. Sie hatte genau das getan, was man allen Warnungen zufolge auf keinen Fall machen sollte: Sie hatte sich ans Fenster gestellt und nach Fliegern ausgespäht. Als die Explosion kam, fiel das ganze Fenster auf sie herunter.

Die Stimmung im Keller grenzte schon fast an Hysterie. Hier und da hörte man Schluchzer und bange Rufe. Aber einen ruhenden Pol gab es doch: Urgroßmama. Sie saß ruhig und gelassen auf ihrem Stuhl und versuchte, die wachsende Beunruhigung zu dämpfen. Mit ihrem ruhigen und freundlichen kleinen Lächeln, das sie ihre ganze Kraft gekostet haben muß, besänftigte sie die Wogen der Erregung.

Bei diesem ersten Luftangriff auf Karlsruhe kamen einige wenige Menschen um, und es war kein nennenswerter Sachschaden entstanden. Aber die psychische Wirkung war groß. Es war auch nicht das letzte Mal, daß wir in den Keller mußten.

Auch im Frühling 1916 nahm Amama mich nach Karlsruhe mit. Die Situation wurde dann aber so ernst, daß wir zuerst nach Baden-Baden und dann auf die Mainau ausweichen mußten. So also kam ich zum erstenmal auf das Schloß meines Schicksals.

Ich wohnte im südlichen Flügel, dort, wo sich jetzt die Büros befinden. Im größeren Zimmer standen imitierte ländliche Kindermöbel, und auf einem Wandteppich war zu lesen: »Zum guten Freund führt immer ein Weg, so fern er auch sein mag.« Viel später habe ich oft Grund gehabt, mich an diesem wahrheitsträchtigen Spruch zu erfreuen, der deutlich auf die Mauern der Mainau hinwies, die mir eine teure Zuflucht durch viele Jahrzehnte wurde.

Mir gefiel die Insel gleich von Anfang an. Im schattigen Park konnte man sehr gut Verstecken spielen. Hier durfte ich ein wenig freier kommen und gehen, wie ich wollte, und Urgroßmama und Amama waren leichter zugänglich. Mit ein paar Jungen aus der Familie Douglas auf Langenstein sorgte ich dafür, daß Hof und Park ständig in einem Zustand der Spannung blieben. Meine schmucken weißen Matrosenanzüge wiesen bald eine abwechslungsreiche Farbskala von größeren und kleineren grünlichen und bräunlichen Flecken auf, und meine Kinderschwester war sehr unzufrieden. Die Mainau milderte den Ernst der Zeit und das höfische Zeremoniell. Damals ahnte noch niemand, daß ich später mit offenen Armen von diesem Schloß und dieser Insel aufgenommen werden sollte.

Als der Krieg aufhörte, bekam ich meinen Vater zurück. Sein Dienst war zu Ende, und er hatte Zeit, sich um mich zu kümmern. Wir wohnten zwar immer noch im Stockholmer Stadtschloß in der ungemütlichen Wohnung, aber die langen Sommerferien konnte ich endlich zusammen mit Papa auf Stenhammar verbringen, einem gemütlichen Herrenhaus in schönster Umgebung etwa hundert Kilometer westlich der Hauptstadt. Ich ging inzwischen in eine öffentliche Schule, was unter anderem mit sich brachte, daß der schlimmste Zwang wich.

Stenhammar bedeutete schließlich doch, daß ich so etwas wie ein Elternhaus bekam, zwar nur zwei oder drei Sommermonate lang, aber immerhin war es ein Ort, nach dem ich mich sehnen konnte und wo ich dann auch restlos glücklich war. Hier öffneten sich ganz neue

Perspektiven. Papa hatte vollkommen andere Ansichten als Amama darüber, wie der Tag eines Jungen ablaufen sollte, was er anziehen durfte und welchen Grad von Kameradschaftlichkeit er von seinem Vater und von seinem Mentor erwarten durfte. Ein für allemal stellte er folgende Regel auf: »Im großen und ganzen darfst du tun und lassen, was du willst, aber wenn du heimkommst und ertrunken bist, dann setzt es was!«

Ich entdeckte schnell, was Freiheit bei eigener Verantwortlichkeit bedeutete, und ich begann, mich danach zu richten. Hier prallten zwei Systeme wirklich frontal aufeinander, und hier reifte auch der Entschluß heran, mich einmal aus der höfischen Zwangsjacke herauszuwinden. Dieser entscheidende Freiheitskampf führte schließlich zu meiner Lebensaufgabe auf der Insel Mainau. Ich hoffe, daß es mir zusammen mit meiner lieben Sonja gelingt, hier auch ein echtes, beständiges Elternhaus für die kommende Generation zu schaffen.

Alfred Heuß wurde am 27. Juni 1909 geboren. Er studierte in Tübingen, Wien und Leipzig, habilitierte sich in Leipzig und ist heute emeritierter Professor für Geschichte des Altertums an der Universität Göttingen. Er hatte Dozenten- und Professorenstellen an den Universitäten Leipzig, Königsberg, Breslau, Kiel und Köln. Er veröffentlichte zahlreiche Bücher, u.a.: ›Theodor Mommsen und das 19. Jahrhundert‹, ›Verlust der Geschichte‹, ›Römische Geschichte‹, ›Theorie der Weltgeschichte‹, ›Ideologiekritik, ihre theoretischen und praktischen Aspekte‹, ›Versagen und Verhängnis. Vom Ruin deutscher Geschichte und ihres Verständnisses‹. Er ist Mitherausgeber der ›Propyläen-Weltgeschichte‹.

ALFRED HEUSS
Eine Kindheit im Ersten Weltkrieg

Als Angehörigem des Jahrgangs 1909 fällt meine Kindheit in anomale Zeiten, denn die ersten fünf Lebensjahre hinterlassen bekanntlich keine allzu starken Erinnerungsspuren. Aber auch die Familie, der ich entstamme, trägt nicht den Stempel der Alltäglichkeit. Mein Vater Alfred Valentin Heuß, geboren 1877, war keine gewöhnliche Erscheinung. Als Sohn eines Apothekers in Chur geboren und dort auch aufgewachsen, war er Schweizer, aber seine Eltern waren aus Schwaben gekommen, und er selbst verließ die Schweiz mit zwanzig Jahren, heiratete eine Schwäbin und lebte etwa seit der Jahrhundertwende bis zu seinem Tode (im Jahre 1934) in Leipzig. Ursprünglich ausgezogen, um Sologeiger zu werden, studierte er in der Erkenntnis, daß er es da nicht weit bringen werde, Musikwissenschaft, in erster Linie bei Hermann Kretzschmar in Leipzig, denn Kretzschmar besaß mehr als alle damaligen Musikwissenschaftler eine künstlerische Ader. Wie kein anderer seiner zahlreichen Schüler machte sich mein Vater seine spezifische Hermeneutik zu eigen und bildete sie selbständig fort. Auf diese Weise gewann er früh geistiges Profil. Er verschrieb sich einer bedeutungshaltigen Interpretation der Musik, welche sich an dem Verhältnis von Wort (bzw. aussagbarer Vorstellung) und Ton orientierte, und tat dies in direkter Frontstellung gegen jede Ästhetik, die nur – wie etwa Hanslick – »reine« Musik gelten ließ, was ihn mit einer gewissen Folgerichtigkeit nach dem Ersten Weltkrieg in einen scharfen Gegensatz zur atonalen Musik brachte, dem er im Rahmen der von ihm herausgegebenen ›Zeitschrift für Musik‹ Ausdruck gab.

Vorher war er er beim Ausbau einer eigenen Liedtheorie, in deren Mittelpunkt das Strophenlied stand, zum Komponieren gelangt. Darin ging er, von äußeren Berufspflichten weitgehend entlastet, zwischen 1914 und 1919 völlig auf.

Die außerordentliche Intensität dieses Schaffens (das sich ja durch fortwährendes Probieren am Klavier der Umwelt mitteilte) war ein beherrschender Eindruck meiner Kindheit. Ich sehe und höre ihn noch heute aus seinem Arbeitszimmer zu meiner Mutter mit den Worten heraustreten »Los emal« (er sprach mit ihr immer Schweizerdeutsch) und ihr eine eben gefundene melodische Wendung vorführen. Auch die Kehrseite der Medaille hängt damit zusammen. Permanente Überanstrengung strapazierte in Verbindung mit der schlechten Kriegsernährung seine Nerven derartig, daß er, von Natur aus schon ein ausgesprochener Choleriker, bei dem geringsten Anlaß, vor allem im Kampf mit der Tücke des Objekts, einen das ganze Haus erschütternden Wutanfall bekam. Die Häufigkeit dieser Gewitter wurde für uns Kinder und erst recht für seine Frau, die solchen Vulkanausbrüchen wenig gewachsen war, zu einer ziemlichen Belastung. Daß damit Stärke und Heiterkeit des väterlichen Gemütes und damit auch der plötzliche Umschlag, der unmittelbar nach dem »Donnerwetter« eintreten konnte, zusammenhing, das wußten wir natürlich nicht.

Meine Mutter, eigentlich ein Mensch von eigenem Wuchs, hatte es an der Seite dieser ungewöhnlich starken und impulsiven Natur nicht immer leicht. Es wurde ihr auch sonst viel abverlangt. Das Gewicht eines wenig komfortabel, mit nur bescheidenen Mitteln ausgestatteten Haushaltes ruhte allein auf ihren Schultern. Was sie da leistete, wurde im Bekanntenkreis allseitig bewundert. Ein Dienstmädchen, damals etwas ganz Selbstverständliches, gab es nur vor dem Krieg. Ich habe deshalb auch nur vage Erinnerungen an derartige Hausgeister. Dabei war die Wohnung im Grunde auf sie angewiesen. Sie bestand aus einem leichtgebauten, nicht sehr großen Einfamilienhaus, das ursprünglich als Sommer-Gästehaus für eine stattliche, »hochherrschaftliche« Villa nebenan gedient hatte.

Meine Eltern bezogen dieses Haus 1911, nachdem es in einer gewiß bequemeren Etagenwohnung Schwierigkeiten (wohl wegen des Klavierspiels) gegeben hatte. Wahrscheinlich war die neue Lösung ad hoc gedacht, aber dann kam der Krieg mit seinen Folgen, und es wurde ein Dauerzustand daraus – bis zum Tod meiner Eltern 1934 und 1943.

Das Haus verwahrloste, da der Hauswirt keine Reparaturen vornehmen lassen konnte. Vor allem fiel sehr bald die Wasserleitung aus (in der Ortschaft gab es noch keine öffentliche Wasserleitung, und die private Zufuhr von der hinteren Villa wurde alsbald eingestellt, weil es an Kohlen für die Motorpumpe fehlte), obgleich alle sanitären Anlagen auf sie angewiesen waren. Das Wasser mußte von der öffentlichen Pumpe an der Straße in Eimern herangetragen werden.

Unter der schlechten Kohlenversorgung litt natürlich auch die Heizung (es war, wie damals meistens noch, Ofenheizung). Für mehr als zwei Räume reichte es nicht: das Arbeitszimmer meines Vaters und den Familienaufenthaltsraum, der gleichzeitig als Kinderzimmer und mit Hilfe eines Gaskochers auch als Wohnküche dienen mußte. Der Rest des Hauses strotzte vor Kälte (die Kriegswinter waren impertinenterweise ziemlich kalt). In den Schlafzimmern fror nicht selten das Wasser in den Krügen. Bevor morgens geheizt war, hüllte sich meine Mutter in einen Pelzmantel, um ihren hausfraulichen Aufgaben nachzugehen. Das Haus hatte nur Gasbeleuchtung, aber keineswegs überall. Kerzen und Petroleumlampen waren unentbehrliche Requisiten. Wo man heute das elektrische Licht anknipst, tasteten wir uns mit brennendem Streichholz oder Kerzenleuchter durchs Dunkel. Mein Vater arbeitete beim Schein einer Petroleumstudierlampe, aber wie vieles wurde auch Petroleum im Krieg Mangelware, so daß er sich mit einer häßlichen Gaslampe, die mittels einer beweglichen Röhre über den Schreibtisch ragte, abfinden mußte.

Meine Mutter entstammte der nicht unbekannten Reutlinger Kaufmannsfamilie Elwert. In Stuttgart, wo sie aufgewachsen war und das Katharinenstift besucht hatte, ein anspruchsvolles Mädchenlyzeum, das unter dem Protektorat der Königin stand (was u. a. zur Folge hatte, daß der Unterricht, der von akademisch gebildeten Männern gegeben wurde, in Anwesenheit einer Gouvernante stattfand), wurde sie, um auf eigenen Füßen stehen zu können, in der Schneiderei ausgebildet. Sie übernahm dann in Aalen eine von der Stadt eingerichtete Frauenarbeitsschule, in der junge Mädchen lernen sollten, sich selbst Kleider und Unterwäsche zu nähen. Sie war also, wie auch ihre beiden Schwestern, berufstätig gewesen, was damals in bürgerlichen Kreisen keineswegs die Regel war. So wurde sie in Stand gesetzt, ihre Garderobe selbst zu schneidern, ebenso die der Kinder, und einmal sogar, während des Krieges, einen Anzug für meinen Vater. Sie war auch sonst sehr geschickt und bastelte, wie es die Gelegenheit erforderte, dies und jenes (beispielsweise die Puppenstube meiner Schwester). Ihre ältere Schwester habe ich sagen hören: »Emma, du hast

Gold in den Händen.« Ob meinem Vater das immer klar war, dessen bin ich nicht sicher. Der naive Egoismus des produktiven Menschen wird ihn wohl daran gehindert haben.

Schneidern war damals keine bloße Routine. Vorgefertigte Schnittmuster kannte man noch nicht. Die Kleider mußten selbständig entworfen, danach jeweils eigene Schnittmuster angefertigt werden. Im Nachlaß meiner Mutter fanden wir aus der Zeit vor ihrer Ehe eine Menge kunstvoller Zeichnungen. Später schnitt sie den Stoff gleich nach ihren Vorstellungen zurecht. Ohne ein originäres gestalterisches Vermögen ging das nicht ab ... Es war danach nicht verwunderlich, daß sie Sinn und Interesse für bildende Kunst besaß. Sie hatte auch ein Auge für den Reiz alter Städte. In diese Art historischer »Ästhetik« wurde ich durch sie, die gerne eine Reise unterbrach, um irgendeinen Ort kennenzulernen, eingeführt. Einmal machte sie sich mit mir eigens auf den Weg nach Grimma zum Kloster Nimbschen, wo Luthers Frau Katharina von Bora Nonne gewesen war; viel zu sehen war bei der Ruine allerdings nicht, doch war das Rathaus in Grimma recht hübsch.

In der Malerei galt ihre Vorliebe Künstlern wie Leibl, Uhde, Thoma, Trübner, den früheren Moritz von Schwind, Ludwig Richter, Carl Spitzweg. Das lag etwa auf der Linie des frühen ›Kunstwart‹, mit dessen (gerahmten) Bildbeilagen sie die kahle Wand des Treppenhauses dekorierte. Mit der reformerischen Gesinnung dieser (heute meist falsch beurteilten) Zeitschrift traf sie sich ohnehin, etwa im Bereich der Mode, die schon die Parole »Reformkleidung« kannte, vor allem aber in einem starken Gefühl sozialer Verantwortung und von daher gespeisten Willen zur Volks- und durch Kunst wirkenden Menschenbildung. Es konnte so nicht ausbleiben, daß sie überzeugte Anhängerin Friedrich Naumanns wurde.

Ihren Neigungen zu leben, ließ ihr freilich das spätere Leben in der Familie kaum mehr Zeit und Kraft. Mir sind die Dinge auch nicht unmittelbar, sondern erst in reflektierender Rückschau klargeworden. Ich habe niemals von ihr ein Wort der Klage gehört, daß sie, um mit heutigem feministischen Jargon zu reden, um die Chance der »Selbstverwirklichung« gebracht worden wäre.

Religiösen Formen war meine Mutter nicht abgeneigt, obschon weder ihr Elternhaus noch die eigene Familie »kirchlich« waren. Sie hielt bei uns älteren Geschwistern auf das Abendgebet und entließ mich, wenn ich als Neunjähriger in dunkler Wintermorgenfrühe aufbrach, um mit dem Zug nach Leipzig zur Schule zu fahren, mit einem Segensspruch. Später als Witwe wandte sie sich in Reaktion auf die geistige Verödung im Dritten Reich im Umgang mit neuen Freunden traditioneller kirchlicher Gesinnung und, angeregt durch einen trefflichen Pfarrer, einer aktiveren Kirchlichkeit zu. Mein Vater näherte sich dem Christentum durch das Medium der Kirchenmusik, vor allem der Bachschen Werke, in deren Pflege er einen hervorragenden Platz als Interpret einnahm. Sein Christentum war stark kulturprotestantisch gefärbt.

Meine Mutter hatte einen wachen und hellen Verstand und konnte scharf und realistisch über Menschen und Verhältnisse urteilen. An Menschenkenntnis war sie meinem Vater überlegen. Um die schulischen Angelegenheiten der Kinder kümmerte sich ausschließlich sie. Meine Schule, das Königin-Carola-Gymnasium in Leipzig, bekam mein Vater wahrscheinlich nur ein einziges Mal, bei der Abiturfeier 1928, zu Gesicht.

Wir waren vier Geschwister, genauer gesagt: zweimal zwei, denn zwischen meiner älteren Schwester, die zwei Jahre nach mir geboren wurde, und meiner jüngeren Schwester lagen nahezu acht Jahre; zu dieser gesellte sich im Abstand von dreieinhalb Jahren der jüngere Bruder. Zusammen aufgewachsen ist also jeweils ein Paar. Den Ersten Weltkrieg habe ich zusammen mit meiner älteren Schwester erfahren, während wir das Aufwachsen der beiden Jüngeren schon in der Nachkriegszeit erlebt – und beobachtet haben. Gemeinsam war uns vieren neben dem Elternhaus der Ort Gaschwitz, in dem wir allesamt aufwuchsen.

Gaschwitz, zehn Kilometer südlich von Leipzig gelegen und als »Eingang zur Hardt« bekannt, obgleich man dahin vom Bahnhof aus noch einen öden Weg von einer Viertelstunde zurückzulegen hatte, war genaugenommen eine fürchterliche Ortschaft und bestand lediglich aus einem Konglomerat zumeist häßlicher Häuser sehr verschiedenen Typs. Der Name Gaschwitz war vom Rittergut ausgegangen, dessen Anhängsel die Gemeinde wohl auch geblieben wäre, wenn sie nicht als Eisenbahnzentrum (Knotenpunkt, Güterrangierbahnhof, Reparaturwerkstatt) eine gewisse überlokale Bedeutung gewonnen hätte. Wir sind in Gaschwitz auch nie heimisch geworden. Zwar wohnten wir in der »Dorfstraße«, aber die Bezeichnung war irreführend, denn diese »Dorfstraße« war eine ausgesprochene Nebenstraße von sehr uneinheitlichem Charakter. Wahrscheinlich hat bei der Benennung allein der Umstand Pate gestanden, daß an ihr die beiden einzigen Bauernhöfe lagen, zwei Kleinbetriebe, von denen der eine schon vor dem Ersten Weltkrieg stillgelegt war und dem anderen das gleiche Schicksal kurz danach widerfuhr. Sie lagen sich gegenüber. Auf den mit dem sauber gekiesten Hof hatten wir von der oberen Etage aus Einblick; der andere war akustisch stets präsent durch das regelmäßige Klappern des ausfahrenden und zurückkehrenden einspännigen Gefährtes, durch das abendliche Dengeln der Sense und in der Erntezeit durch das rhythmische Schlagen der Dreschflegel.

Die Nachbarschaft bestand jedoch, ganz undörflich, aus einem weitläufigen, in einer Hand befindlichen großen Gartenareal mit zwei stattlichen Villen (die eine war der Sommersitz der Eigentümerin) mit drei Bedienstetenwohnungen, Pferdeställen und Wagenremisen und schließlich mit der an der Straße gelegenen Parzelle, auf der das von uns bewohnte Haus lag, in einem kleinen, aber mit schönen Apfel-bäumen ausgestatteten Garten. Zwischen den verschiedenen Straßen-fronten lag ein kleiner Platz, der auf wandernde Musikanten, meist Bläser, und Leierkastenmänner zum Leidwesen meines Vaters eine starke Anziehung ausübte. Meist wurden wir Kinder schon nach den ersten Tönen mit dem üblichen Groschen hinausgeschickt, damit sie aufhörten – was uns, einem dankbaren Kinderpublikum, unverständ-lich war.

Mein Vater schickte uns als demokratischer Schweizer in die Volks-schule, die zwei Kilometer entfernt im Nachbardorf lag, wo sich auch die Kirche befand, und nicht, wie bei unsereinem in Ermangelung einer »Bürgerschule« üblich war, in einen Privatzirkel. Wir wurden aber in der Schule als Fremdkörper empfunden: Klassengesellschaft, von unten her praktiziert. Unter einem gewissen Rowdytum, das im Kriege durch Ausfall der väterlichen Disziplin zusätzlich gefördert wurde, hatten wir ohnehin zu leiden. Was auf diesem Gebiet alles vorkam, trat gerade in der Schule zutage, denn sie hatte eine Art von Polizeifunktion wahrzunehmen. Jeder Unterricht begann mit der In-quirierung von »Schandtaten« (auf private Beschwerden oder Denun-ziationen von Mitschülern hin) und mit ihrer Abstrafung durch den Lehrer.

Ein Jahr solcher wenig erbaulichen Eindrücke blieb mir dadurch erspart, daß mich mein Vater erst mit sieben Jahren in die Schule schickte, weil das in seiner Heimat Graubünden so üblich war und er ein Stück unbeschwerter Kindheit retten wollte. Das verlorene Jahr wurde alsbald durch Überspringen einer Klasse nachgeholt. Mein Vater war ein ausgesprochener Nichtkonformist, aber Kinder sind ihrer Natur nach das Gegenteil. Peinlich war es mir schon, in der Schule als väterlichen Beruf so etwas Unverständliches wie Musikkri-tiker oder Musikschriftsteller angeben zu müssen. Warum konnte er nicht Tischler oder Lokomotivführer sein? Die Schule öffnete – abge-sehen davon, daß sie nach anderthalb Jahren wegen des künftigen Gymnasialanschlusses mit einer Bürgerschule in der Stadt vertauscht werden mußte – keine sozialen Schranken.

In der gleichen Straße, etwa zweihundert Meter entfernt, lebte eine junge Frau im elterlichen Haus mit ihren drei Kindern, von denen das älteste, nur ein Jahr jünger als ich, später ein bekannter und mir sogar fachlich nahestehender Universitätslehrer wurde, aber wir sind uns nie begegnet, obwohl ihm mein Vater auf der Straße eine vertraute Erscheinung war, wie er mir später erzählte. Neben uns zog Anfang

Alfred Heuß (links mit Buch) mit Eltern und Geschwistern im Jahr 1923.

des Krieges in die Villa ein Privatdozent ein, ein Schüler von Lamp-
recht. Mit seinen Kindern begannen wir, uns über den Zaun und
unter ihm weg gerade anzufreunden, da drosselte er den Verkehr,
indem er bestimmte Besuchszeiten ausgemacht haben wollte, eine
Gestelztheit, auf die mein Vater natürlich nicht einging. Obgleich in
diesem Fall der gleichen Sphäre angehörig, war das in unseren kindlichen Augen eine andere Welt, wenn es auch nicht mehr wie vor dem
Krieg Pferde, Kutsche und Kutscher gab. Aber »vornehm« blieb es
doch. Jeden Morgen kam der Friseur zum Rasieren. Das Königreich
Sachsen war eben, jedenfalls bis 1918, ein Klassenstaat.

Wir sind, entgegen der üblichen Schablone, als Kinder wenig »dres-
siert« worden. Methodischer Disziplin bedurfte mein Vater nicht. Ein
Blick von ihm genügte, und wir spürten, was die Stunde geschlagen
hatte. Er konnte mit Kindern gut umgehen. Kindliche Spiele bereiteten ihm Spaß, und freimütige Äußerungen, die kindlicher Naivität
entsprangen, belustigten ihn. Er hatte viel Humor. Richtig gewidmet
hat er sich mir als Kind selten. Ich erinnere mich, abgesehen von einer
Demonstration des Händelschen Halleluja (aus dem ›Messias‹), an die
Vorbereitung auf den Besuch der ›Zauberflöte‹. Da nahm er Stück für
Stück der Oper mit dem Sechsjährigen durch. Ich bin später niemals
mehr so gut instruiert ins Theater gegangen. Mit dem ›Freischütz‹
sollte es ebenso gehalten werden, aber er erschien nicht im Spielplan.
Ich erinnere mich ferner daran, daß er einmal nach dem Abendessen

höchst dramatisch die Geschichte von den Sirenen und von Polyphem erzählte. An den Winterabenden im Krieg las er meiner Mutter die ›Odysee‹ und den ›Reineke Fuchs‹ vor, auch den für mich unverständlichen ›Tasso‹. Der Klang der Goetheschen Verse liegt mir heute noch im Ohr, Johann Heinrich Voß kann da nicht mit. Vor dem Schlafen bekamen wir Kinder übrigens von der Mutter aus Grimms Märchen vorgelesen oder aus den rührenden Geschichten von Christoph von Schmidt. Eine von ihnen war so ergreifend, daß ich sie heute noch erzählen könnte.

Es gab bei uns wie in den meisten bürgerlichen Familien zwei eherne Verhaltensregeln. Vor den Kindern wurde weder über sie noch vom Geld gesprochen; und sodann: was auf den Tisch kommt, wird ohne Mäkelei gegessen (das heißt bis zum letzten aufgegessen).

Der erste Grundsatz führte dazu, daß mir als Junge nie klar war, wie wenig wir mit äußeren Glücksgütern gesegnet waren. Entsprechend unserer sozialen Stellung hielt ich uns für halbwegs günstig situiert. Wir erlebten eine sorglose Kindheit, und das war ja auch der Zweck dieser elterlichen Selbstdisziplin. Von dem Projekt, in die Schweiz überzusiedeln, erfuhr ich in der Schule, weil ich da bereits abgemeldet war. Von den Hintergründen hörte ich erst als erwachsener Mensch Jahrzehnte später, lange nach dem Tod meines Vaters.

Auch wurde die Schule nicht kritisiert, obgleich sicher nicht immer Einverständnis mit ihr bestand. Ich hielt das für Indifferenz und erzählte nichts, was während der Konfirmandenzeit beispielsweise zu der Peinlichkeit führte, daß der Pfarrer bei einer Elternbesprechung die Kenntnis seines Unterrichts voraussetzte und meine Eltern nichts davon wußten. Der Rigorismus der Tischsitten war gewiß gut motiviert und liegt mir noch heute im Blut (ich kann auf dem Teller keine Reste lassen), aber er konnte dazu ausarten, daß ein Kind noch nach Aufhebung der Tafel an seinem Teller herumkaute. Übrigens stand mein Vater in dieser Hinsicht von vornherein »extra legem«. Er bekam vieles gar nicht erst vorgesetzt, was wir anderen aßen. Das verstand sich von selbst. Aus Erzählungen meiner Mutter weiß ich, daß es bei ihnen daheim nicht anders zugegangen war.

Damit ist zweifellos eine Atmosphäre angedeutet, die mit einem gehörigen, wenn auch als solcher nicht zum Bewußtsein kommenden Respekt vor den Eltern aufgeladen war. Wohl von daher hatte ich eine mir heute unverständliche Scheu, Fragen zu stellen. Jahrelang wurde ich von dem Rätsel gequält, was wohl das »Made in Germany« besagte, warum auf einem Bild anstelle von Brüssel Bruxelles stand, was ein Bücherrevisor wohl mit den mir anvertrauten Büchern anstellte (andere kannte ich nicht) und warum gemäß dem bekannten und auch über unserem Schulportal stehenden Bibelspruch »Die Furcht des Herrn ist der Weisheit Anfang« Gott Angst haben sollte (der genitivus objektivus ist in der Tat für uns heute unverständlich).

Sobald ich lesen konnte, saß ich gern und viel hinter Büchern. Sehr früh bekam ich Hauffs ›Lichtenstein‹ in die Hände und las ihn stückweise mehrmals. Hierbei hat meine Mutter als gebürtige Reutlingerin mitunter assistiert. Als etwa Zehnjähriger erzählte ich die Geschichte detailgenau einer Tante, zu ihrem großen Amüsement, denn es ist ja schließlich auch eine Liebesgeschichte. Danach ließ ich nur Geschichtliches als belletristischen Lesestoff gelten und war lange überzeugt, ein Roman sei eo ipso ein historischer Roman. Meine Mutter war mit dieser einseitigen Neigung nicht völlig einverstanden, obwohl sie sie ursprünglich geweckt hatte. Vorher hatte ich nämlich viel gezeichnet, für mein Alter anscheinend überraschend gut; auch spielte ich leidenschaftlich gern mit Bauklötzen, so daß meine Mutter in mir schon einen künftigen Architekten sah und sehr enttäuscht war, daß sich das vermutete Talent in nichts auflöste. Meinem Vater, der bei meiner Geburt in mir einen Musiker erhoffte und mir deshalb als zweiten Namen Amadeus gab, hatte ich den Star schon früher gestochen. Meine späteren bescheidenen Klavierübungen wurden zur Angstpartie, wenn er in der Nähe war und ich jeden Moment damit rechnen mußte, daß er »fis« oder »cis« zur Korrektur eines Fehlers in die Gegend schmetterte.

Das Elternhaus besteht nicht nur aus den Eltern und Geschwistern, sondern auch aus den Menschen, die in ihm aus und ein gehen. Mein Vater war ein ausgesprochen geselliger Mensch, aber ebenso ein Feind jedes konventionellen Einladungsrituals und erklärte den Leuten gleich zu Anfang, daß er nicht willens und in der Lage sei, sich darauf einzulassen. Der Verkehr mußte inneren Antrieben gehorchen. Deshalb ließ er sich gern besuchen, weil er wußte, daß niemand die Reise aufs Land aus Langeweile unternehmen würde. Hierbei schwang noch ein Rest der urwüchsigen Überzeugung mit, daß, wer aufs Land geht, ein selbstverständliches Gastrecht in Anspruch nimmt. Und war einer mal da, dann wurde er je nach Tageszeit auch bewirtet, sehr oft sogar zum Abendessen dabehalten. Die Elastizität meiner Mutter kannte in dieser Hinsicht keine Grenzen.

Samstag und Sonntag tauchte beinahe regelmäßig jemand auf. Mit bestimmten Verwandten und Freunden rechnete man fest. Mein Vater hatte auch immer irgend etwas zu bieten; entweder war er auf etwas Neues bei seinen Studien gestoßen, oder er führte in eine Komposition ein, die er unter den Händen hatte, oder es gab sonst einen aktuellen Anlaß. Es »lief« immer etwas. Die Lebendigkeit und Mitteilungsbereitschaft seines Geistes war außerordentlich. Ich habe dergleichen später nie mehr erlebt.

Fast immer fanden auch Spaziergänge statt, und zu ihnen wurde ich schon mit vier und fünf Jahren mitgenommen. Diese Spaziergänge führten ganz selten in die Hardt, sondern fast immer in die entgegengesetzte Richtung, das heißt über die in unmittelbarer Nähe vorbeifließende Pleiße (damals noch nicht die Kloake wie später; ich habe in ihr noch gebadet) hinweg und durch ihren Auenwaldstreifen hindurch auf das südliche Völkerschlachtfeld. Das Zentrum des damaligen militärischen Geschehens war das Dorf Wachau (daß es Napoleon hier am 16. Oktober nicht gelang, Schwarzenberg zu schlagen, entschied die Schlacht am übernächsten Tag), aber es wurde auch anderswo gekämpft, und überall stieß man auf Gedenksteine und auch größere Gedenkmale, in der Gestalt des sogenannten »Monarchenhügel«. Zur westlichen Begrenzung des Schlachtfeldes gehörten die nur zwanzig Minuten entfernten Ortschaften Crostewitz und Cröbern. Dort, in Crostewitz, wies das Rittergut noch Kanonenkugeleinschläge von 1813 auf, es war im übrigen mit der Biographie des Kunsttheoretikers Konrad Fiedler, eines Freundes von Hans von Marées, verknüpft. In Cröbern stand die hübscheste Barockkirche der Gegend. Beide Dörfer sind wie der größte Teil des Schlachtfeldes inzwischen vom Braunkohleabbau verschlungen.

Erreichbar für Spaziergänger war auch Störmthal. Bei einer solchen Gelegenheit hörte ich zum erstenmal den Namen Friedrich Naumanns, der dort geboren ist. Der gesamte weite Horizont wurde vom kolossalen Völkerschlachtdenkmal beherrscht. Es symbolisierte für mich Pfahlbürger die Stadt Leipzig, die die meinige war, mir aber doch nicht bis zum letzten zugehörte. Daß man über den ästhetischen Wert des Denkmals kritisch denken konnte, erfuhr ich erst lange später. Für mich lag es außerhalb künstlerischer Kategorien.

Als ich über die Kindheit hinaus war, nahm mich mein Vater mitunter allein auf seinen Spaziergängen mit. Hierbei kam ich zum erstenmal mit dem »Cogito ergo sum« des Descartes und mit Kant in Berührung. Mein Vater sah beide in der Beleuchtung Schopenhauers, dessen Hauptwerk er unter dem Blickwinkel der Musikästhetik und von Wagners weltanschaulichen Spekulationen her seit seiner akademischen Jugend studiert und zur Grundlage seiner philosophischen Bildung gemacht hatte. Er kam dann bisweilen auch auf seine eigenen Anliegen zu sprechen, auf die spezifischen Ziele seiner Analysen. Er sah in ihnen ein Drittes gegenüber naivem Musikantenverständnis und musikhistorischer Einordnung.

Unter den vielen Bekannten und Freunden meines Vaters war auch der Musikwissenschaftler Alfred Einstein, obwohl er in München und später in Berlin lebte (ich sah ihn nur ein einziges Mal in meinem Leben); er war der selbstloseste von allen. Er nahm an den Kompositionen meines Vaters derartigen Anteil, daß er sich nicht nur ständig dazu äußerte, sondern sämtliche Manuskripte in eine vorzügliche

Reinschrift verwandelte. Während des Krieges vergingen keine zwei Tage, ohne daß nicht ein Brief von ihm kam. Uns Kindern war seine charakteristische saubere Handschrift auf das beste vertraut. Außerdem schickte uns der »Onkel E.« Material zum Malen und Zeichnen, so daß wir mit ihm und seiner Tochter Eva auch ein paar »Briefe« wechselten. Wichtige Verlagsaufträge, zu denen mein Vater weder Lust noch Talent hatte, gab er an Einstein weiter, zum Beispiel das Riemannsche Lexikon, die Herausgabe der Zeitschrift für Musikwissenschaft oder die kleine Musikgeschichte für Teubners ›Aus Natur und Geisteswelt‹.

Mein Elternhaus wäre unvollständig gezeichnet, wenn ich in Verbindung mit ihm nicht der mannigfachen verwandtschaftlichen Beziehungen gedächte, die es mir vermittelte. Beide Elternteile entstammten kinderreichen Familien. Mein Vater gehörte zu neun Kindern, bei meiner Mutter waren es fünf. Zwei Schwestern meiner Mutter haben mich von frühester Kindheit an begleitet. Die eine war in Reutlingen, der Heimat meiner Mutter, mit einem Architekten verheiratet und bewohnte ein hübsches Haus. Die andere, unverheiratet, zog Ende des Krieges oder kurz danach zu ihr. Reutlingen wurde mir und auch meinen Geschwistern eine zweite Heimat. Dort ging auch 1915 die Familie meines Onkels, des ihr sehr nahestehenden Zwillingsbruders meiner Mutter, vor Anker, nachdem sie aus Italien vertrieben worden war. Der Bruder meiner Mutter war übrigens mit meinem Vater seit dessen Studienjahren in Stuttgart befreundet. Ohne diesen dichten menschlichen Hintergrund könnte ich mir mein früheres Leben gar nicht vorstellen.

Unmittelbar nach dem Krieg trat dann der große Verwandtenkreis meines Vaters in der Schweiz noch dazu, mit seinem Zentrum in Chur und auf der Lenzer Heide, für mich auch noch in Zürich bei einer Patentante, die ein wunderschönes Haus am Zürichberg bewohnte mit herrlichem Blick auf den See und die Alpen. Sie nahm an jungen Leuten ein lebhaftes Interesse. Als ich mit zehn Jahren zum erstenmal in die Schweiz kam, war der Eindruck von den vielen Onkeln, Tanten, Basen und Vettern verwirrend, aber da wir damals etwa ein dreiviertel Jahr in der Schweiz blieben, wurde ich mit ihnen vertraut und lernte auch etwas Schweizerdeutsch. Staunenerregend war für ein deutsches Kriegskind der Unterschied der Lebensverhältnisse, nicht nur der materiellen. Ich kann mich noch genau erinnern, wie wunderlich es mir vorkam, als in der Postkutsche ein älterer Herr erzählte, daß er gerade aus Paris kam. Wie konnte jemand aus dem »feindlichen« Ausland, das doch eine ganz andere Welt war, mir nichts, dir nichts anreisen? Doch dies nur am Rande. Wichtig war die Erfahrung davon, welch innere und äußere Bereicherung die Familie auch in einem weiteren Sinn bedeuten kann. In den letzten dreißig Jahren dürfte solche Erfahrung bei uns seltener geworden sein.

Auch eine für uns nicht nebensächliche Rückwirkung dieser Verwandtschaftsaktivierung auf mein Elternhaus stellte sich ein. Anfang der zwanziger Jahre studierten zur gleichen Zeit drei Neffen meines Vaters aus diesem Kreis in Leipzig. Zwei von ihnen beherrschten ein Instrument. Das animierte meinen Vater dazu, daß er seine Geige, die gewiß anderthalb Jahrzehnte geruht hatte, hervorholte und Kammermusik machte. Der Umgang mit den jungen Leuten bereitete ihm aber auch sonst großes Vergnügen. Sie kamen jeden Sonntag herausgefahren und waren natürlich auch für uns Kinder da. Zwei von ihnen blieben auch weiterhin in Leipzig. Der eine, der Komponist Wilhelm Weismann, für sein ganzes Leben, der andere, der sich mit philosophischen Studien beschäftigte, bis 1933. Dieser »Vetter Eugen« wurde beinahe zu einem integrierenden Bestandteil unserer Familie, vor allem auch in den Augen meiner jüngeren Geschwister.

Wie schaute nun die Geschichte in das Elternhaus herein, wie trafen ihre Strahlen die Netzhaut des kindlichen Auges?

In unserem Briefkasten lagen bis zum Kriegsende immer drei Zeitungen, was mir lange rätselhaft war und leises Unbehagen bereitete: die ›Leipziger Neuesten Nachrichten‹, das führende »bürgerliche Blatt«, eine nach (späterer) Aussage meines Vaters charakterlose Zeitung, die nach dem Krieg, wenigstens zeitweise, durch das weniger gut informierende ›Tageblatt‹ (mehr bürgerlich-demokratisch) ersetzt wurde; die ›Leipziger Volkszeitung‹, das berühmte sozialdemokratische Organ, und dann eine merkwürdige Zeitung, sehr dünn, ohne nennenswerte Annoncen, die in Streifband kam, wenig gelesen wurde und auf dem Titelblatt das sächsische Wappen führte. Das war der ›Leipziger Zeitung‹ genannte offizielle Staatsanzeiger, der nur kam, weil mein Vater bei ihm die Musikkritiken schrieb. Auch die ›Volkszeitung‹ wurde gehalten, weil mein Vater bei ihr etwa zehn Jahre lang diese Funktion ausgeübt hat. Das hing mit der politischen Unvoreingenommenheit des Schweizers und dem Ehrgeiz des Blattes (bzw. seines Herausgebers Mehring) zusammen, ein besseres Feuilleton als die »bürgerlichen« Blätter zu bringen (auf den auch Hendrik de Man in seinen Erinnerungen ›Gegen den Strom‹ verweist):

Im Kriege waren wir für die Lebensmittelzuteilung im »Konsum« angemeldet, und ich hatte den Eindruck, daß der Filialleiter mich mit ausnehmend freundlichen Augen betrachtete. Ich weiß dagegen noch genau, daß mein Sparbuch der Kriegsanleihe zu dienen hatte. Dagegen erfuhr ich damals nicht, daß mit dem Erbteil meines Vaters dasselbe geschehen war. Merkwürdig war auch, daß zu Anfang des Krieges meine Mutter Brot backen mußte (es sah völlig anders aus als das vom Bäcker). Zufällig war nämlich vor Kriegsanbruch ein Zentner

Mehl gekauft worden, der angemeldet werden mußte und für eine Weile den Bezug von Brotkarten ausschloß. Man hielt es streng mit der öffentlichen Moral.

Lebhaft in Erinnerung ist mir die Kriegsbegeisterung der ersten Wochen. Auch wir Kinder standen auf dem Bahnsteig und reichten in die langsam vorbeirollenden, bekränzten Züge Bierflaschen, Zigaretten und andere Gaben. Ebenso lebt in meinem Gedächtnis die komische Angst vor Spionen weiter (unsere völlig belanglose Pleißenbrücke wurde einige Tage von Zivilwächtern »beschützt«). Ganz gegenwärtig ist mir die väterliche, durchaus konventionelle Verdolmetschung der Kriegsursachen. Eduard VII. hätte Deutschland durch die Entente »eingekreist«. Das mir nicht erkennbare Abstractum Entente war mir durch den ganzen Krieg hindurch das massivste und mit aller denkbaren Bosheit aufgeladene Konkretum. Die Penetranz der Anglophobie drang bis in unser Kinderzimmer. Mein Vater konnte in seiner temperamentvollen Art sehr drastisch werden. Wie sollte er auch anders denken, wo das Gros unserer berühmten Historiker nicht klüger war. Er hatte öffentliches Gewissen, aber keine selbständige politische Urteilskraft. Doch glaube ich nicht, daß meine Eltern den Annexionsrummel mitgemacht haben. Meine Mutter wenigstens konnte sich noch in späteren Jahren über ihn alterieren. Mit der spezifisch wilhelminischen Bürgerlichkeit hatten – aus naheliegenden Gründen – meine Eltern ohnehin nichts zu tun, erst recht galt ihnen der Kaiser selbst nichts. Das bekam ich sogar einmal zu spüren. Gegen Ende des Krieges bastelten wir Kinder zu Weihnachten einen Kalender für meinen Vater zusammen und hatten artig, wie es der Vorlage entsprach, am 27. Januar »Kaisers Geburtstag« vermerkt. Ich höre noch heute sein schallendes Gelächter; denn auf dieses Datum fiel sowohl sein eigener Geburtstag wie der von Mozart. Die Monarchie sah er 1918 nur zu gern das Feld räumen. Ich stand zufällig dabei, als er in der Zeitung die Nachricht las und kurz bemerkte: »Gott sei Dank, er geht endlich.«

Die Identifikation meines Vaters mit Deutschland während des Kriegs (und danach) war dennoch vorbehaltlos. Er glaubte aber schwerlich, deshalb ein schlechter Eidgenosse zu sein. Die zweifache Identität war zwar im Zeitalter des Nationalismus ein eigenartiges Phänomen, doch war es bei einem Auslandsschweizer kein Unikum, gab es doch selbst in der Schweiz ähnliches. Bei einem Onkel, einem Gymnasiallehrer in St. Gallen, entdeckte ich nach dem Krieg eine ganze Kiste mit deutscher patriotischer Kriegsliteratur.

Wir hatten keinen Krieger und somit auch keinen Helden in der Familie. Seine Stelle nahm in den Augen von uns Kindern ein unverheirateter Freund der Familie ein, der regelmäßig seinen Urlaub bei uns verbrachte. Wir Kinder hatten ihn sehr gern und schlossen ihn in das Abendgebet ein. Wenn wir mit ihm durch den Ort gingen und er als Offizier gegrüßt wurde, waren wir sehr stolz. Er schrieb uns regelmäßig, seine Briefe waren fast so etwas wie ein Kriegstagebuch. Im übrigen war er ein prinzipieller Antimodernist und ein großer Verehrer von Ludwig Richter, über den er auch ein Buch geschrieben hat. Von daher hat sich die Richtersche Graphik in den empfänglichen Kinderjahren mir tief eingeprägt. Sie berührte auch eine Saite unserer Familienatmosphäre, die eine leise Affinität zum Biedermeier erklingen ließ.

Wenn ich mir von heute aus mein damaliges »Lebensgefühl« vergegenwärtige, dann würde ich es als noch »frühindustriell« bezeichnen. Eine durch die äußeren Umstände veranlaßte Technikferne wurde durch bestimmte »Marotten« meines Vaters noch forciert. Er verachtete nachdrücklichst: illustrierte Zeitschriften (sie waren gegenüber heute selten), das Kino, den Plattenspieler (das Grammophon, wie man damals sagte), das Telephon und groteskerweise sogar das elektrische Licht. Die außermenschliche Energiequelle war für mich beinahe ausschließlich die Dampfmaschine. Die Anfänge des Autos waren durch den Krieg völlig aus dem Blickfeld gerückt – in der Schweiz erregten Autodroschken meine höchste Verwunderung. Vom Arbeiten am Fließband, das einem aus Amerika unter der Bezeichnung Taylor-System bekannt wurde, hörten wir auf dem Gymnasium mit moralischem Abscheu. Die Technik war im Prinzip noch etwas Feindliches, eine zerstörerische Macht. Eine Art von romantischer Gestimmtheit war da ganz begreiflich. Sie hat denn auch mein historisches Interesse etwa bis zum fünfzehnten Lebensjahr auf das Mittelalter fixiert. Schauende Beschaulichkeit wie beschauliches Schauen blieb mir auch sonst ein unentbehrlicher Wurzelstrang geschichtlicher Bemühungen.

Hans Thimme wurde am 6. Juni 1909 geboren. Er wuchs in Bad Iburg auf und besuchte das Archigymnasium in Soest, wo er 1927 das Abitur machte. Er studierte Theologie und schloß 1932 mit der Promotion ab. 1962 erhielt er den Ehrendoktor der evangelischen Theologischen Fakultät Münster. Von 1935 bis 1947 war er Pfarrer in Spenge, von 1947 bis 1957 Ephorus des Predigerseminars Kupferhammer in Soest. Von 1948 bis 1977 war er Mitglied der Leitung der Evangelischen Kirche von Westfalen in verschiedenen Funktionen und von 1969 bis 1977 Präses der Evangelischen Kirche von Westfalen.

Hans Thimme
Das Haus an der Sonne

Die private Rektoratsschule im malerisch am Teutoburger Wald gelegenen Luftkurort Iburg reichte nur bis zur Untertertia. Das nahe gelegene Osnabrück war für den täglichen Schulverkehr unerreichbar fern. So blieb für den zwölf Jahre alt gewordenen Pastorenjungen, 1909 geboren, Pastors Hans genannt, kein anderer Ausweg, als für die restliche Schulzeit das Elternhaus zu verlassen.

Das war besonders in den ersten Jahren mit unsagbarem Heimweh verbunden. Ich erinnere mich schmerzhaft deutlich daran, wie sich zum Ferienende mit dem Anrucken der Teutoburger-Wald-Eisenbahn geradezu eine harte Klammer um Herz und Sinne legte. Ich dachte dann immer an das Grimmsche Märchen vom ›Froschkönig und eisernen Heinrich‹, von dem es heißt, daß er sich eiserne Ringe um sein Herz legen ließ, damit es ihm vor Weh und Traurigkeit nicht zerspringe. Zum Ferienende wurde ich manchmal regelrecht krank. Verzweifelt versuchte ich, mir schon die nächste Heimkehr auszumalen.

Dies aber blieb das Auffällige – der frühzeitige Abschied vom Elternhaus bedeutete nicht etwa Entfremdung, sondern im Gegenteil die um so festere und innigere Fortsetzung der Bindung. Dazu mag beigetragen haben, daß ich es in der Fremde – die Stadt Soest mit ihrem Gymnasium war zwar nur achtzig Kilometer weit entfernt, die Fahrt mit der Eisenbahn bei dreimaligem Umsteigen aber betrug mindestens fünf bis sechs Stunden, und eine andere Verkehrsverbindung gab es nicht – nicht ganz einfach hatte. Der schlechten wirtschaftlichen Verhältnisse wegen konnten meine Eltern den Pensionspreis nur schwer aufbringen. So kam ich durch Vermittlung eines Lehrers auf einen soliden Bauernhof in der Soester Börde, um den Sohn des Hauses bei seinen Schulaufgaben und auch sonst zu unterstützen. Das brachte für die letzten dreieinhalb Jahre der Schulzeit zwar freie Station und zu Weihnachten gar einen neuen Anzug, aber Einsamkeit und Heimweh wurden dadurch nicht geringer. Um so mehr wurde das Elternhaus eine Stätte der Geborgenheit, ein Hort des Friedens und der Zuflucht, die Heimat schlechthin.

Das Iburger Pfarrhaus lag am terrassenförmig aufgestockten Hang des Schloßberges. Ehedem war es ein Wirtschaftsgebäude von Schloß und Kloster gewesen, einstöckig unter behäbig bergendem Dach, zur Nordseite unmittelbar an die Schloßmauer angelehnt, nach Süden hin mit weitem Blick in die Münsterländer Tiefebene. Als Pfarrhaus war es nur teilweise geeignet, ziemlich feucht, kaum unterkellert, ohne allen Komfort – wer wußte damals schon, was das überhaupt war! Die lange sandsteingepflasterte Diele war im Winter kalt und zugig. Dann wurden die Frostfinger meiner Mutter zur Qual. Aber immer frohgemut, zupackend und lebensbejahend nannte sie dies Haus, in dem die Familie insgesamt mehr als vierzig Jahre verbracht hat, »Haus an der Sonne«, »das schönste Pfarrhaus im weiten Umkreis«, und die ganze Familie sprach es ihr nach. Dies war das Elternhaus, in dem ich meine ersten Lebensjahre verbrachte und das bis weit in die Studentenzeit hinein Hort und Halt meines Lebens blieb. Hier war ich zu Hause, hierhin gehörte ich, hierhin führten alle Wege zurück, von hier gingen sie wieder aus.

Die Familie wuchs. Wir waren schließlich fünf Geschwister, dazu kamen, dem Brauch der Zeit entsprechend und angesichts der Größe von Haus und Garten auch unentbehrlich, eine Hausgehilfin und jeweils im Sommer eine Haustochter. Fast tägliche Gäste und viel Besuch aus der weiteren Familie nötigten dazu, den Familientisch im großen Wohnzimmer immer wieder nach beiden Seiten auszuziehen, so beschwerlich es auch sein mochte, gerade in der Zeit des Ersten Weltkrieges und der Nachkriegszeit die hungrigen Mäuler zu stopfen und auch nur das Nötigste auf den Tisch zu bringen.

Ein Pfarrer war damals nicht auf Rosen gebettet. Außerdem war es nicht leicht, für das vorhandene Geld das Notwendigste zu erwerben, zumal die protestantisch-preußische Gewissenhaftigkeit verlangte, unter keinen Umständen zu hamstern und auch nur ein Gramm mehr auf den Tisch zu bringen, als die Marken erlaubten. Aber mochten das Haus unbequem, der Haushalt ärmlich und der Tisch manchmal so karg gedeckt sein, daß sich der hungrig gebliebene Schüler nach dem Mittagessen wieder zur Rektoratsschule aufmachte, um dort die übriggebliebenen Butterbrote seiner bäuerlichen Mitschüler zu knabbern, das Elternhaus war dennoch der liebste und schönste Ort auf der Welt.

Arm wie der Pfarrer war auch die kleine evangelische Diasporagemeinde. Sie hatte kein eigenes Gemeindehaus. Als Kirchenraum benutzte sie einen im Schloß zur Verfügung gestellten Saal. So diente das große Wohnzimmer im Pfarrhaus zusätzlich als Versammlungsraum für Gemeindegruppen und Kirchenvorstandssitzungen. Wir Kinder mußten dann sehen, wo wir blieben. Vom Pfarrhaus aus wurden auch die Sonntagsblätter verteilt. Im Pfarrhaus vollzogen sich die Anmeldungen zu den kirchlichen Amtshandlungen. Die Glocke an der stets offenen Haustür blieb daher nie lange stumm. Aber das alles störte nicht, brachte im Gegenteil nur neues Leben und damit Anregung, Belebung und Abwechslung ins Haus. Die Familie mitsamt den Kindern war in die Gemeinde als ganze wie in eine Art Großfamilie integriert.

Dennoch blieb sie die eigentliche Kernzelle des gemeinsamen Lebens. Alle profitierten davon, daß für den Vater, den Pfarrer, anders als heute Wohnplatz und Arbeitsplatz weitgehend zusammenfielen. Er studierte fleißig in einem abgeschiedenen und von der Mutter wie ein Heiligtum gehüteten Arbeitszimmer, zumal er neben dem örtlichen Pfarramt noch einen Lehrauftrag an der Universität Münster wahrnahm. Hörten wir Kinder das ständige Auf und Ab seines auf den Dielen knarrenden Schrittes in dem über unserem Wohnzimmer gelegenen Studierzimmer, so bemühten wir uns um möglichste Ruhe, obwohl wir wußten, daß seine Schwerhörigkeit den Vater von den Geräuschen des Alltags weitgehend abschirmte.

Nachmittags war der Vater viel in der Gemeinde unterwegs, um auch den Fernstehenden und Zuziehenden das Bewußtsein tröstender Gemeinsamkeit zu vermitteln. Aber entscheidend blieb, daß er für Frau und Kinder stets erreichbar war, daß man ihn notfalls gar während der geheiligten Stunden des Studierens und der Predigtvorbereitung stören durfte, daß man ihn auf den weiten Wegen seiner Gemeindebesuche begleiten und mit ihm nebenbei Pilze suchen, Brombeeren pflücken oder Tannenzapfen sammeln konnte. Höhepunkte waren es, wenn etwa am Sonntagnachmittag die ganze Familie weite Spaziergänge machte. Dabei ging es stets auch um allerlei sportliche

Der Vater Hans Thimmes mit den drei ältesten Kindern. Rechts auf der Mauer Hans Thimme.

Übungen: Wir liefen um die Wette, sprangen über Gräben, kletterten auf Bäume. Es geschah aber auch, daß der Vater lange, selbst erfundene, spannende Geschichten erzählte und seine staunenden kindlichen Zuhörer ermunterte, selbst solche zu erfinden.

War der Vater das Haupt der Familie, so war die Mutter das Herz. Ihr fröhliches, weltoffenes, warmherziges Wesen, ihr schnell zupakkender Griff – auch mit einem Klaps auf die Finger war sie schnell bei der Hand – belebten das ganze Haus. Sie verstand es, aus jedem Ereignis ein kleines Fest zu gestalten. Waren etwa Bohnen gepflückt und bildeten einen Berg auf dem großen Wohnzimmertisch, so gab es ein Bohnenfest. Da versammelte sich die ganze Familie abends zum Abziehen der Bohnen. Dabei gab es Rate- und Gesellschaftsspiele. Dasselbe geschah, wenn die Pilzesucher oder Beerenpflücker reiche Ausbeute mit nach Hause brachten und die Arbeit an ihnen als besonderes Vergnügen zelebriert werden durfte.

Aber auch sonst waren die Abende, besonders die langen Winterabende, Gelegenheiten familiärer Gemeinschaft. Da wurden bei

Handarbeit und mancherlei Nebenbeschäftigung ganze Bücher vorgelesen, ich denke etwa an die historischen Romane von Walter Scott, an die Erzählung ›Die sieben Brüder‹ des Finnen Aleksis Kivi oder an griechische und germanische Heldensagen. Gelegentlich wurde mit verteilten Rollen ein Drama gelesen, häufig auch gesungen und gespielt. Meist waren alle Familienmitglieder, dazu oft einige Nachbarskinder, voll und ganz dabei, wenn sich auch gelegentlich ein einzelner in sein eigenes Buch vertiefte und sich in sich selbst zurückzog. Was gab es auch anderes oder gar Besseres an sinnvoller Beschäftigung in damaliger Zeit!

Die Familiengemeinschaft wirkte ansteckend und einladend. Nachbarn und vor allem Nachbarskinder gingen aus und ein. Die große steinerne Diele lockte des Abends zum Versteckenspielen im Dunkeln. Der unmittelbar in den Schloßwald übergehende Garten lud zu sommerlichen Räuber-und-Gendarm-Spielen ein, zum Burgenbau und zu mancherlei Sonderunternehmungen, etwa zum Maigang vor Sonnenaufgang mit Abkochen am Waldesrand oder zu Nachtwanderungen in die Berge. Natürlich gab es auch zu den Geburtstagen und zu den hohen Festtagen des Jahres lebhaften Austausch.

Die vorgegebene und weithin gültige Sitte und Gewohnheit gab dem Leben in der engeren und weiteren Gemeinschaft ihren Rhythmus und Gehalt und ordnete den Ablauf des Jahres in einen organischen Kreislauf, in dem alles einzelne und damit auch jeder einzelne seinen Platz, seine Bestimmung und seine Aufgabe fand.

Dabei waren die Bewohner des Ortes konfessionell streng geschieden. Die kleine evangelische Minderheit war wenig bodenständig. Sehr viele waren im Zuge der preußischen Personalpolitik als Beamte und Angestellte an Landratsamt und Amtsgericht sowie an die sonstigen Behörden in den bodenständig katholischen Ort versetzt worden und dann dort hängengeblieben. Daß Posten wie die der Ortspolizei und des Forstamtes evangelisch besetzt waren, trug zu ihrer Beliebtheit und Annahme durch die Bevölkerung nicht sonderlich bei. So waren die Konfessionen nicht nur kirchlich, sondern auch gesellschaftlich weitgehend getrennt. Als Schüler der katholischen Rektoratsschule bekamen die evangelischen Schüler das bei aller Bemühung um Gerechtigkeit und Ausgleich gelegentlich schmerzhaft zu spüren. Fronleichnam und Karfreitag waren die beiden kirchlichen Feiertage, an denen das konfessionelle Bewußtsein jeweils demonstrativ oder sogar provokativ zur Schau gestellt wurde.

Aber dies alles tat dem alltäglichen Miteinander nicht allzuviel Abbruch. Im Kreis der Nachbarskinder spielte es bei Spiel und Geselligkeit keine wesentliche Rolle. Beim Einkauf wurden wir Kinder zwar gehalten, nach Möglichkeit in evangelische Geschäfte zu gehen oder jedenfalls unsere Besorgungen so zu machen, daß jedes Geschäft einmal an die Reihe kam. Aber der liberale und tolerante Vater und die vorurteilsfrei gesellige Mutter halfen, aufkommende Schärfen abzuwenden oder möglichst schon vom Ursprung her zu vermeiden.

Alle konfessionellen Konflikte aber, wenn ich an dieser Stelle einmal vorgreifen darf, änderten sich schlagartig mit dem Aufkommen des Dritten Reiches. Da wurde mein Vater, vom ersten Tag an aufgrund seiner liberalen und humanen Grundeinstellung ein entschiedener und klarsichtiger Gegner des Nationalsozialismus, wegen eines von der Staatspolizei geöffneten Briefes verhaftet. Er hatte darin in aller Offenheit über das unabweisbar baldige Ende des NS-Systems geschrieben und damit die jüdische Familie, an die der Brief gerichtet war, trösten wollen. Er wurde zwar nur kurze Zeit im Osnabrücker Gerichtsgefängnis festgehalten, aber seine Rückkehr nach Iburg gestaltete sich geradezu zu einem Triumphzug und Freudenfest für beide Kirchengemeinden.

Von Stund an veränderte sich bis in das Persönliche hinein das konfessionelle Klima des Ortes. Man hatte die gemeinsame Front und von ihr aus auch die gemeinsame Basis des Glaubens entdeckt. Im Umgang mit den nach dem Kriege einströmenden Flüchtlingen und Vertriebenen und im gemeinsamen Dienst an den Bedürftigen, an dem meine Mutter wesentlich beteiligt war, erwies sich das als eine sehr folgenreiche Wendung.

Aber zurück zu meinen Erinnerungen an das Elternhaus. So abgelegen war das »Haus an der Sonne«, dieses Idyll des Friedens und der Geborgenheit, nicht, daß es nicht von den Strömungen und Stürmen der Zeit lebhaft umbrandet worden wäre. Unser Elternhaus war ein offenes Haus, in das viele Menschen kamen und in dem die Geistesströmungen und großen Bewegungen der Zeit lebhaften Widerhall fanden. Dazu trug nicht wenig bei, daß unsere Mutter, vor ihrer Hochzeit Lehrerin in Hannover und zuvor längere Zeit Erzieherin in Frankreich und besonders in England, viel Verbindung mit dem Ausland hielt und nach Möglichkeit die Sommermonate über Haustöchter und Pensionäre aus dem Ausland aufnahm. Nebenbei bedeutete das auch eine kleine willkommene Einkommensquelle, dazu viel Anregung für die Kinder.

Vor allem aber mein Vater war sehr darum bemüht, sich anhand überörtlicher Zeitungen und Zeitschriften ein eigenes Bild über die geistesgeschichtliche und politische Gesamtlage zu machen. Seine Verbindungen zur Universität trugen nicht unwesentlich dazu bei, auf dem laufenden zu bleiben und sich den Fragen und Herausforderungen der Zeit zu stellen. Welch leidenschaftliche Diskussionen gab es da. Ich erinnere mich deutlich daran, wie stolz ich war, wenn ich den Vater mit seinen Besuchern aus Osnabrück oder Münster auf weiten Spaziergängen begleiten durfte und dabei zählen konnte, wer von den lebhaften Disputanten die meisten Fremdworte gebrauchte!

»Als im Jahr 1914 der Erste Weltkrieg ausbrach«, so schreibt mein Vater in späteren Erinnerungen, »empfand ich trotz vollen Bewußtseins der unheimlichen Gefahr zum ersten und leider zum einzigen Mal das erhebende Glück, mich in einer geschichtlichen Stunde mit dem deutschen Volk ganz einig zu fühlen. Gern wäre ich mit ins Feld gezogen.« Ich sehe ihn noch aus dem Pfarrhaus auf den Schloßplatz eilen, um sich der dort stattfindenden Musterung zu stellen. Aber seine Schwerhörigkeit, dazu die Haltung der Kirchenbehörden in Hannover, hielt ihn zurück. Die abendlichen Kriegsbetstunden, das eine Mal im eigenen Kirchenraum, das andere Mal auf der anderen Seite des Teutoburger Waldes im benachbarten Georgsmarienhütte gehalten, letzteres dann mit weiten dunklen Wegen durch die nächtlichen Wälder verbunden, sind mir in unauslöschlicher Erinnerung. Was gab es da nicht alles zu berichten, und wie empfindsam reagierte das kindliche Gemüt.

Fand in solch leidenschaftlicher Anteilnahme am Ersten Weltkrieg die preußisch-protestantische Grundgesinnung, wie sie in vielen evangelischen Pfarrhäusern herrschte, ihren charakteristischen Ausdruck, so prägten in der Nachkriegszeit die liberale Theologie, etwa repräsentiert durch die Monatsschrift ›Evangelische Welt‹, herausgegeben von Martin Rade, und das Sozialengagement Friedrich Naumanns mein Elternhaus.

Während der Inflationszeit war mein Vater, obwohl als zurückgezogener Denker und schwerhöriger Gelehrter fürs praktische Leben wenig geeignet, zeitweise als ungelernter Arbeiter in einer Fabrik tätig, um das immer zu spät kommende und dann von der Inflation bereits entwertete Gehalt aufzufüllen.

Aber die geistige Grundhaltung blieb immer gleich, wach und aufgeschlossen für das Neue, kritisch interessiert am Fortgang der Ereignisse, sozial engagiert am Schicksal der Benachteiligten und Arbeitslosen, abgewogen in einem an christlicher und kantischer Pflichtethik orientierten Urteil. Als mir die Aufgabe zufiel, vor dem Soester Gymnasium die Abschiedsrede meines Abiturientenjahrgangs zu halten, riet mein Vater mir, als Thema ein Wort aus Schillers ›Wallensteins Tod‹ zugrunde zu legen: »Wo viel Freiheit, ist viel Irrtum, doch sicher ist der schmale Weg der Pflicht.« Dabei wurde solch charakteristischer Hinweis wie stets ohne alle Nötigung nur als verständnisvoller Ratschlag gegeben.

So gehörte es zum Wesen dieses liberalen Elternhauses, daß sich der Umgang der Eltern mit den Kindern mit der ausdrücklichen Freigabe eigener Entscheidung vollzog. Ein jeder konnte seinen eigenen Weg gehen. So ist auch der Weg meiner eigenen theologischen Entwicklung entgegen der Einstellung meines Vaters mehr an der dialektischen Theologie eines Karl Barth orientiert gewesen. Aber die Gesprächs- und Herzensverbindung zum Vater wie zum Elternhaus ist darüber nie abgerissen, und die prägende Tiefenwirkung vom Elternhaus her blieb und wurde je länger, desto deutlicher.

Dies gilt in besonderer Weise auch für die selbstverständliche Freiheit, mit der das Elternhaus die religiöse Sozialisation der Heranwachsenden pflegte. Zwang gab es hier sowenig wie überhaupt im prägenden Rhythmus des Hauses. Aber es gab selbstverständliche Gegebenheiten. Die führten ganz von selbst und bei allen Geschwistern in gleicher Weise, wenn auch am Ende auf je eigenem Wege und mit je eigenem Ergebnis, zu entsprechendem Verhalten.

Weil die arme Diasporagemeinde keinen eigenen Küster unterhalten konnte, fielen den Pfarrerskindern die entsprechenden Aufgaben zu. Sie kletterten am Sonnabendabend und am Sonntag auf den mächtigen Schloßturm, auf dem die evangelischen Glocken hingen, und versahen den Läutedienst. Das war eine romantische Angelegenheit in einer Zeit, da es noch kein elektrisches Läutewerk gab, besonders im Winter, wenn die Schritte durch das dunkle Schloßgemäuer lautlos streichende Eulen aufschreckten und der Schall der Glocken vom Turm her in die dunkle Weite drang. Auch waren die Pfarrerskinder daran beteiligt, den Blumenschmuck des Kirchenraumes zu besorgen, den Blätterdienst zu versehen, mit dem Vater die Kollekte zu zählen und vieles andere mehr. So ergab sich dann organisch auch die Teilnahme an den Gottesdiensten selbst und die Einvernahme in das ganze übrige Leben der Gemeinde. Die Selbstverständlichkeit des Tischgebets und der Andacht in der Hausgemeinde war unmittelbar darin eingeschlossen und blieb auch in Zeiten späterer Trotzreaktion unbestritten.

Was solche frühkindliche Einübung für das spätere Leben bedeutet und wie damit ein Urvertrauen letzter Geborgenheit ins kindliche Herz eingepflanzt wurde, das ist mir erst später ganz bewußt geworden.

Mein Elternhaus, bergender und prägender Ort meiner Kindheit, ist darum und bleibt ein Teil meiner selbst. Ich bleibe ihm allzeit in Dankbarkeit verbunden.

Marianne Hoppe wurde am 26. April 1911 in Rostock geboren. Nach der Ausbildung auf der Schauspielschule Max Reinhardt in Berlin hatte sie Engagements an folgenden Bühnen: Deutsches Theater Berlin, Neues Theater Frankfurt, Kammerspiele München, Staatliches Schauspielhaus Gendarmenmarkt, Düsseldorfer Schauspielhaus. Seit 1952 gibt sie vornehmlich Gastspiele, u. a. bei den Salzburger Festspielen, in Wien, Zürich, Berlin und Düsseldorf. Außerdem übernahm sie seit 1936 zahlreiche Film- und Fernsehrollen. Von 1936 bis 1946 war sie mit Gustaf Gründgens verheiratet. Sie wurde u. a. mit dem Hermine-Körner-Ring (1975) und mit dem Großen Berliner Kunstpreis (1986) ausgezeichnet.

MARIANNE HOPPE
Mein Pony hieß Blanca

Mein Elternhaus lag auf einer Anhöhe mit einem weiten Blick über die Felder. Ebenerdig, langgestreckt, zwei Feldsteingiebel, davor eine Terrasse mit Hortensienkübeln – man konnte von innen durch die hohen Fenstertüren hinausgehen. Rechts im Winkel des etwas vorragenden Giebels war der Sitzplatz: weiße Gartenbank, Tisch, Stühle.

Das Wort Elternhaus allerdings ist mir nie in den Sinn gekommen. Die Felder, die Wege, Gras, Korn – die Landschaft, der Himmel über dem Land, das war mein Zuhause. Da war ich glücklich, und das wußte ich schon als Kind. Ich konnte mir gar nichts anderes vorstellen, als dort zu leben. Mir war, als hätte ich unter tausend Möglichkeiten, von denen ich freilich nichts ahnte, diese hier ausgesucht oder gefunden oder auf einer großen Landkarte genau den Finger darauf gelegt.

Unsere Familie. Die Eltern meiner beiden Eltern waren aus Mecklenburg. Der Vater meines Vaters Heinrich Georg Hoppe stammte aus Karow (Posthalterei und Umspann), die Mutter Henriette Köppen aus Buchholz am Müritzsee aus einer Wassermühle (Korn und Öl). Die Eltern mütterlicherseits: Wilhelm Küchenmeister, in Schwaan bei Rostock geboren, wo seine Eltern das Hotel »Erbgroßherzog« besaßen. Seine Frau Marie Nahmacher kam aus Güstrow, der Vater handelte mit Getreide und, ich glaube, auch mit Rotwein aus Burgund, ein bevorzugtes Getränk dieser Generation. Das schöne Haus am Markt steht heute noch da.

Heinrich Georg Hoppe war Mitte vorigen Jahrhunderts »in die Fremde gegangen«, das heißt in die Mark Brandenburg. Eine Verwalterstelle auf einer staatlichen mecklenburgischen Domäne war schwer zu finden, eine Pacht zu teuer, so kam er nach Felsenhagen, einem kleinen Flothowschen Gut, das, erst gepachtet, später in seinen Besitz überging.

Hier also, in Felsenhagen in der Mark Brandenburg im Kreis Ost-Prignitz, wuchs ich auf. Unter glücklichen Umständen, wie bereits erwähnt. Doch besteht kein Anlaß zu Jubel oder genüßlicher Nostalgie, auch das »innere Gleichmaß« muß von anderswo hergeholt werden, denn – das alles existiert nicht mehr.

Ich sah dieses Elternhaus zum letztenmal am 9. August 1945. Zur Erinnerung: Anfang Mai war der Krieg zu Ende, ich hatte in Berlin die letzten Tage mitgemacht. Am 9. August 1945 also, dem Geburtstag meiner Mutter, konnte ich von Berlin aus auf einer abenteuerlichen, fast zwei Tage dauernden Bahnfahrt (sonst ca. vier Stunden) noch einmal nach Felsenhagen fahren. Mein Vater stand unter der Kastanie auf dem Hof und sah zu, wie die Kuhherde gerade aus dem Stall getrieben wurde. Er hatte einen grauen Bart, meine Mutter lief aus dem Haus – man hatte mich nicht erwartet.

Nach drei Tagen brachte mich mein Vater, einen Haselnußstecken statt Peitsche in der Hand, auf einem kleinen Kastenwagen mit einem Pferd davor und einem Wagenrad hinten im Stroh, das zum Schmied gebracht werden sollte, wieder zurück zur Bahnstation. Nur mit Erlaubnis des russischen Landwirtschaftsoffiziers konnte die Fahrt gemacht werden, erst zur Schmiede, dann – unerlaubt – zur Station. Die Russen, die seit März auch unser Gebiet besetzten, hatten meinen Vater von dem Bauernhof wieder zurückgeholt, auf den meine Eltern, meine Schwester, die in Berlin ausgebombt worden war, ihre drei Kinder, meine Schwägerin mit Tochter und deren Eltern geflüchtet waren. Das Gut war zur Versorgung für die Kommandantur bestimmt. Meine Eltern hatten sich im kleinen Nebenhaus einquartiert, das Haupthaus war unbewohnbar geworden, von Soldaten und durchziehenden Flüchtlingen belegt.

Zurück aber zum »Ursprung«. Geheiratet haben meine Eltern in Berlin in den ersten Jahren dieses Jahrhunderts. Aus Bützow in

Mecklenburg, wo meine Mutter geboren wurde, waren ihre Eltern nach Berlin übersiedelt, dort lebte auch der Bruder meines Großvaters Küchenmeister, dessen Frau die Schwester meiner Großmutter war. Zwei Brüder Küchenmeister also hatten zwei Schwestern Nahmacher aus Güstrow geheiratet und pflegten diese Verwandtschaft auch lebhaft.

Dort wuchs meine Mutter auf, in der Carmerstraße im Berliner Westen, mit Vettern, Cousinen und einer Schwester Dorothee, ging auf eine Privatschule mit ihren Freundinnen, und von dort brachte mein Vater sie achtzehnjährig »aufs Land«. Kein leichtes Unterfangen.

Nur mit äußerstem Fleiß und größter Anspruchslosigkeit hatten meine Großeltern das Gut Felsenhagen in den ersten Jahren halten können. Die Pacht war hoch, und nur ein Hagelschlag im zweiten Jahr, der die Aussaat vernichtete, war – die Rettung. Die Versicherung erkannte auf achtzig Prozent Schaden, mein Großvater nahm die Schätzung an, bekam eine beträchtliche Summe ausgezahlt, aber »wie durch ein Wunder«, so erzählte Großmutter uns oft, erholte sich die Saat, und als die Ernte eingefahren war, erbrachte sie zusätzlich den Betrag, mit dem die hohe Pacht gezahlt werden konnte.

Tausend Schafe hatte mein Großvater. Butter wurde auf dem Hof hergestellt. Von meiner Großmutter Pfund für Pfund eigenhändig eingeschlagen, kam sie zum Verkauf in die Stadt. Das Brot wurde natürlich selbst gebacken, und wenn Großmutter ein Brot frisch anschnitt, machte sie ein Kreuz auf den Laib. Ich habe auch noch ein Stück handgewebtes Leinen aus dem Flachs von unsern Feldern.

In diese Landwirtschaft also brachte mein Vater meine Mutter. Achtzehnjährig, unerfahren, ungeübt. Er trug sie – er war fast fünfzehn Jahre älter als sie – »auf Händen«, wie man damals sagte. Sie war schön: dunkles Haar, blaue Augen, hochgewachsen, mädchenhaft. Sie hatte auch eine wunderhübsche Stimme. Sie sang Schubert-Lieder, Löwe-Balladen, Lieder von Hugo Wolff, von Richard Strauss – aber das reichte natürlich nicht für das Leben auf dem Lande.

»Matkowski, Kainz und Sommersdorf, die schicken wir Dir auf Dein Dorf«, schrieben die Cousinen aus Berlin, während sie mit Mädchen, Mamsell und nach einem Jahr auch schon mit dem Kinderfräulein umzugehen hatte, denn nach dem ersten Ehejahr kam mein Bruder, nach dem zweiten meine Schwester zur Welt – und da wird auch manche Träne geflossen sein. Aber erst am Ende ihres Lebens wurde es ganz klar, nachdem aller Glanz dahin, das heißt kein Haushalt mehr zu führen, keine Gesellschaft mehr zu geben, kein Weihnachtsfest mit allen Verwandten, den Dorfkindern und deren Eltern mehr zu feiern und zu richten war – wie ruhig, wie selbstverständlich sie dieses »kleine Leben« annahm und perfekt zu Ende führte.

»Dat Schlimmst sin de Lüd, de morgens kom, abends wer wegführn un den ganzen Dag upn Sofa sitten«, war der Kommentar unserer Mamsell, wenn im Frühjahr und im Herbst jeden Jahres die Nachbarn zur Feldbesichtigung kamen. Fünf bis sechs Wagen, Pferdewagen natürlich, mit den Ehepaaren und drei oder vier Kindern in meinem Alter, die älteren waren im Internat, wie auch meine beiden Geschwister. Wenn um elf Uhr die Wagen vorfuhren, gab's nach der allgemeinen Begrüßung erst mal ein kleines Gabelfrühstück: klare Bouillon, Sandwiches mit selbstgeräuchertem Schinken, der groben und der feinen Mett- und Leberwurst, geräuchertem Aal aus der Wassermühle vom Müritzsee, Rühreier mit Speck. Auch auf guten Käse wurde Wert gelegt. Zu trinken: kalte Ente, das heißt Mosel und Selters und einer Zitrone, die im Glaskrug angeschält baumelte.

Dann stiegen die Herren in die Wagen zur Feldfahrt. Die Wintersaat, die Gründüngung (Luzerne, Klee), die Weiden, das Vieh auf den Weiden, die Aussaat vom Sommergetreide, das alles wurde besichtigt, begutachtet, verglichen. Die Damen nahmen ihren Tee (damals noch Thee geschrieben), gingen durch den Blumengarten, den Gemüsegarten, den Hühnerstall, durch den Park oder setzten sich auf die weißen Bänke, die unter den Bäumen standen. Erfahrungen aus der Hauswirtschaft, das Leben der Kinder im Internat, Berlin-Besuche, die ab und zu stattfanden im Winter, wurden bei einem kleinen Madeira bei der Großmutter besprochen. Dann zogen die Damen sich zurück, und es wurde geruht.

Wir Kinder liefen in die Ställe, mein Reich, kutschten im Ponywagen durch die Gegend, spielten Versteck mit den Dorfkinderkumpanen, das alles im blauweiß gestreiften Matrosenkittel, die etwas breitere Sonntagshaarschleife in den Zopf geflochten.

Inzwischen hatten die Herren die Feldfahrt beendet, die Damen erschienen ausgeruht, und es gab Kaffee und Kuchen. Nun zogen sich die Herren zurück zum »Umziehen«, denn um 7 Uhr ging man zu Tisch. Im Saal an fünf runden Tischen zu je sechs Personen war gedeckt. Paul Pieper, Jagd- und Forstrevierverwalter, reichte in weißen Zwirnhandschuhen und grünem Jägeranzug den Sekt, mit dem der Abend begann. Dann je nach Jahreszeit den gespickten Hecht aus dem Plauer See, das Reh, den Fasan, die Rebhühner oder den Hasenbraten von unserer Feldmark und den dazugehörigen Mosel, Rheinwein oder Burgunder. Und dann das Vanilleeis! in einem kleinen Holzfaß voller Eisstückchen in einem Metallkübel von Hand gedreht, bis es fest war und doch sahnig, mit Himbeeren serviert.

Die zwei Stubenmädchen in schwarzen Kleidern mit weißen Schürzen und Häubchen reichten herum, nun schon mit roten Backen. Die

Marianne Hoppe als Fünfjährige zwischen ihren Geschwistern.

Frau des Kutschers und Frieda, einst auch im Haus, assistierten an so einem Abend. »Sei ruhig, bleibe ruhig mein Kind«, sagte Nachbar Stein-Rapshagen zu meiner Mutter, die er zu Tisch führte, als Frieda der Kristallteller mit den Makronen aus der Hand fiel.

Man stand auf. Die Herren gingen ins Herrenzimmer, die Damen ins Damenzimmer, die Schiebetür war geöffnet, den Herren wurden Mocca und Cognac, den Damen Mocca und Likör serviert. Inzwischen waren im Saal die Tische abgeräumt und zusammengeschlagen, die alte Ordnung wiederhergestellt, der große Perser aufgerollt, die Gruppe Sofa, Tisch, Sessel vor den Kamin, der Flügel wieder in die richtige Position gebracht. Die Türen öffneten sich, und nun setzte sich Irmchen Waldeck, Schulfreundin meiner Mutter aus Berlin – »mehr pittoresk als fein«, sagte sie von sich selbst –, eine interessante, großgeblümt gekleidete Person mit voller Mezzosopranstimme, an den Blüthner und brachte den ›Erlkönig‹ und den ›Doppelgänger‹ kräftig zum Vortrag. Meine Mutter, zart und schön, sang »Du bist Orplid, mein Land ...«, »Traum durch die Dämmerung«: »... ich gehe nicht schnell, ich eile nicht ...«

Wir Kinder hatten vorgegessen. Die Besuchskinder schliefen schon auf Matratzen, in Decken gepackt. Ich in meinem Bett hörte den Gesang und gedämpft die Unterhaltung, die lebhaft angeregt war vom Wein, vom guten Essen. Ein leichter Zigarrenduft zog durch das Haus, draußen im Flur hingen die Mäntel und Hüte, die Überzieher, die Plaids, die Fußsäcke. Rings ums Haus war Stille. Ein Auflachen, ein leises Gläserklirren, Herrenstimmen, Landstimmen – nie wieder vernommen.

Dann das Knirschen auf dem Kies, wenn die Wagen zur Heimfahrt vorfuhren. Das Aufrufen der Kutscher: Streckentin, Wilmersdorf, Laaske, Klenzenhof, die Namen der Güter. Unverzüglich wurde eingestiegen: »Pferde läßt man nicht warten.«

Am Anfang des Ersten Weltkrieges ging mein Vater als Hauptmann der Reserve an die Front. Es war nachts, jedenfalls ganz dunkel. Meine Mutter mit offenem Haar in dem roten, weiten Tuchcape, Krönungsmantel genannt und auf Überlandfahrten getragen, mein Vater in Reitstiefeln, grauer Reitjacke und einer Mütze auf dem Kopf – es wird eine Uniformmütze gewesen sein – standen im Zimmer. Umarmung, ich wurde hochgehoben, dann ging die Tür. Alles höchst merkwürdig.

Am nächsten Morgen nahm mich meine Mutter bei der Hand, wir gingen in den Blumengarten zu den Rosenstöcken. Gerade nahm sie eine schöne Rose, um sie zu schneiden, als ich plötzlich danach griff, fast hätte sie mich in die kleine Hand geschnitten! Sie erschrak furchtbar, nahm mich fest in die Arme, und Tränen liefen über ihr Gesicht. Erleichterung, daß nichts geschehen war, gewiß – den Ausdruck von tiefem Schmerz in ihren Augen aber kann ich bis heute erinnern. Der Abschied vom Vater, sein Nichtmehrdasein, die Angst, der Krieg, das alles lag in diesem Augenblick. Denn nun war sie allein.

Die Großeltern aus Rostock kamen. Mein Großvater war ein Rosenliebhaber, er veredelte und züchtete sie selbst, ein Pferdekenner – Vater nahm ihn gern mit auf Auktionen – und ein belesener Mann, von ihm habe ich die Namen Heine, Gleim, Gilm und Börne zum erstenmal gehört. Ein schwarzrotgoldenes Schleifchen erschien am Gedenktag der 1848er Versammlung in der Frankfurter Paulskirche an seinem Revers – mein Großvater kam, die Stelle meines Vaters, soweit es ging, zu übernehmen.

Die Verhältnisse hatten sich im Lauf der Jahre sehr gewandelt. Das Gut, inzwischen »intensiv bewirtschaftet«, war ein großer Betrieb geworden mit ganz anderen Erträgen. Die Schafe waren abgeschafft, die Weiden zu Äckern kultiviert, das Vorwerk Steffenshagen dazugekommen, die Wege gepflastert mit Feldsteinen, die Rinderherde im Herdbuch eingetragen. Mit der Zuckerfabrik Lübs, mit der Stärkefabrik Kyritz mußte abgerechnet werden. Vierzig Pferde, im Herbst der Dampfpflug, eine intensive Landwirtschaft also. Von einer Frau, die wohl die Hauswirtschaft hervorragend führte, war das nicht zu bewältigen, und den Ehrgeiz, es den Herren gleichzutun, den gab es damals in unseren Breiten noch selten.

Der Inspektor und viele unserer Arbeiter wurden eingezogen, die ersten französischen Gefangenen kamen. Blanchard übernahm die

Stelle des Kutschers, Perlot die Stellmacherei. Wie ich denn hieße? Marianne. Und schon erschien das erste Lächeln. »Bons camerades«. Aha, »Kameraden«.

Es kamen Nachrichten vom Vater aus Metz, er habe noch Franzosen in roten Hosen gesehen; aus Brüssel, aus Gent. Unsere Akkerpferde wurden großenteils requiriert, Ochsen mußten sie ersetzen. Vaters Feldpost kam plötzlich aus Brest-Litowsk aus Rußland. Mutter veränderte sich. Sie wurde schweigsam, manchmal hörte ich sie nachts aufschreien. Im Halbschlaf, im Traum, ich weiß es nicht – ich spürte, es war nicht mehr so, wie es gewesen war, wie es sein sollte.

Einmal nahm mich meine Großmutter für kurze Zeit mit nach Rostock. Da sah ich zum erstenmal Soldaten. Mit Musik, das Sträußchen an der Mütze, das Gewehr geschultert, zogen sie zum Bahnhof. Ich stand am Rinnstein, sah die vielen Hände, die Stiefel im Gleichschritt, die Gesichter aus meiner Froschperspektive ungenau. Ich streckte die Hand aus und berührte das rauhe Uniformtuch. Plötzlich schrie eine Frauenstimme hinter mir ganz laut »Willem!«. – Bis dahin war alles so lustig gewesen, mit Winken und Lachen ...

Ich lief um die Ecke, nahm rasch noch Muff und Boa, meine Stadtaccessoires, vom Zaun des Vorgartens, ins zweite Haus auf der rechten Seite, das Haus meiner Großeltern, St.-Georg-Straße 21. Mein Geburtshaus.

Es muß an einem Nachmittag gewesen sein, als ich mit einem kräftigen Schrei auf diese Welt kam. Um das Mittagsschläfchen meines Großvaters nicht zu stören, wurden mir ein paar Tropfen Fencheltee verabreicht. Nur wie man mich nennen sollte, wußte man noch nicht. Mein Vater ließ »Ein kleines Mädchen« auf dem Rathaus eintragen. Nach drei Tagen schien der Entschluß gefaßt: Rosemarie sollte es sein. Als jedoch mein Vater bereits an der Haustür war, stürzte Urgroßmutter ihm nach und rief: »Gustav! Um Gottes willen, das nicht!« Ein damals sehr beliebter, vielgesungener Schlager hieß nämlich: »Röschen hatte einen Piepmatz!« Nein, dieser Name sollte dem Kind nun doch nicht mit auf den Weg gegeben werden.

Es wurde Marianne daraus: Marianne Stephanie Henriette Paula Dorothee, genannt Janni, geboren in Rostock, eine Mecklenburgerin.

Daß ich Mecklenburgerin bin, hat mich immer mit einigem Stolz erfüllt, denn es gehörte eigentlich doch zur Familie. So hatte Fritz Reuter dem Bruder meiner Urgroßmutter seinen Gedichtband ›Läuschen und Riemels‹ gewidmet: »Meinem besten Freunde Fritz Peters.« Und dann kam ich aus der Stadt, aus einer Straße, mit Kaufmann Hugo Gülther gegenüber, mit Bäcker Burmeister, der trank und von dem wir Kinder nur dann Semmeln oder Schnecken holen durften, wenn seine Frau im Laden war, mit dem Pferdedroschkenverleih, mit

Vorgärten und Trottoir, das alles gab es ja nun nicht auf dem Land, in Felsenhagen.

Und ich liebte es sehr, dieses Haus! »Mein liebes Rostock« soll ich gesagt haben, als wir uns zwischen Güstrow und Schwaan unserem Ziel näherten. Und es war auch zu schön: vor allem das Treppenhaus, aus dem man in die einzelnen Etagen durch Türen mit hübsch geblümten Milchglasfenstern ging. Im ersten Stock: Wohnzimmer, Eßzimmer und Salon! Der war nun das Allerschönste, etwas abgedunkelt durch den großen Ahornbaum im kleinen Garten, in den man über eine eiserne Wendeltreppe gelangte, mit dunkelgrünen Plüschmöbeln eingerichtet.

Und dann der Boden! Dieser Boden, auf dessen breiten Holzbohlen Kisten mit Büchern, Koffer, Hutschachteln, Matratzen und Kartons mit Spielsachen aufbewahrt waren, wo von den Dachsparren, an Haken aufgehängt, die Mäntel und Pelze in Überzügen baumelten – er erscheint mir noch heute wie ein Bild meiner Phantasie aus jenem unentdeckten Land der Kindheitsträume, das bis in die Einzelheiten seltsam genau, nie aber gegenständliche Realität annimmt.

Am äußersten Ende lag noch ein großes Zimmer, das Zimmer von »Döschen« (Dorothee), vollständig eingerichtet, doch meistens unbewohnt. Diese Schwester meiner Mutter war Lehrerin im Braunkohlengebiet in der Nähe der Stadt Halle und unterrichtete die Kinder der Bergarbeiter. Sie war eine außerordentliche Lehrerin, aus tiefer Überzeugung übte sie ihren Beruf aus – kein anderes Angebot hat sie je von diesem Grubengebiet, von diesen Kindern trennen können. Später heiratete sie einen Pfarrer. Sie starb schon mit achtundvierzig Jahren. Oft war sie während der Ferien in Felsenhagen, und wie oft – denn sie hatte viel Witz und Humor – hat sie mit ihren Vettern, unsern Onkeln Hans, dem Kavallerieoffizier im Krieg, und Karl-Erich, dem Arzt, und mit uns allen von ihr selbst verfaßte Kurzdramen zum allgemeinen Vergnügen aufgeführt. Ihr Zimmer in Rostock, dort oben auf dem Boden, hatte für mich eine eigentümliche Anziehungskraft.

Aus diesem Hause in der St.-Georg-Straße war ich, drei Wochen alt, mit meiner Mutter nach Felsenhagen gekommen, in die Obhut des »alten Fräuleins«, das schon meine Geschwister großgezogen hatte und als Kinderfrau zur Familie gehörte.

Doch zurück zur Kriegszeit.

Nach zwei Jahren kam mein Vater zurück, seinem Antrag auf Freistellung war stattgegeben worden, die Versorgung im Hinterland mußte schließlich aufrechterhalten werden (Bomben fielen damals ausschließlich an der Front.) Er ritt, wie immer, »zu Felde«, früh am Morgen, auch nachmittags, und nahm mich mit. Meine Beine, noch zu kurz, paßten gerade in die Riemen der Steigbügel. Den Südwester auf dem Kopf, die Matrosenbluse über dem kurzen blauen Rock, trabte ich auf Blanca, dem mittelgroßen Pony, neben ihm über die Felder. Und ich fing an, auf dem Feld mitzuarbeiten, und bekam ein Ackerpferd, Vera, zugeteilt. Beim Putzen – um sechs Uhr früh im Stall – und beim Anschirren, ich war noch nicht groß genug, half mir Buchholz, der Pferdefütterer. Ich paßte auf und lernte sehr gut.

Mit drei bis vier Dorfkindern ritt ich zum Stoppelfeld, wir spannten an und harkten das Feld mit der Hungerharke in langen, geraden Linien ab. Das Vorspannen kam später. Da mußten vor dem hochgeladenen Wagen vorn an den Deichselhaken noch zwei Pferde vorgespannt und die Fuhre vierelang an die Dreschmaschine gefahren werden. Im Galopp ging es abends dann in den Stall.

Aus Berlin kamen die Verwandten, und nicht nur zu den Festtagen. Die Versorgung wurde knapp. Die Vettern in Uniform besuchten uns während des Fronturlaubs. Es wurde »politisiert«. Mein Vater war konservativ, anfangs von gedämpftem Optimismus, der eine Vetter ein engagierter Kavallerist, sein Bruder Stabsarzt, von Natur und Beruf schon kein Kriegsfreund, jetzt zu nah an den Realitäten und daher entgegengesetzter Meinung, mein Großvater durch seine Vergangenheit äußerst skeptisch. Die Frauen – eher liberal – gingen alle nicht auf die Barrikaden. Das Wort Vaterland jedoch wurde noch unbefangen ausgesprochen und auch so gemeint. Man redete sich die Köpfe heiß – der Kaiser, Hindenburg, Ludendorff, Admiral Tirpitz, Bethmann Hollweg, diese Namen wurden auch mir ein Begriff; den Kronprinzen hatte ich am liebsten, mit seiner Pelzmütze und dem Totenkopf darauf. Aber sosehr man sich auch ereifern mochte – Toleranz und Wohlwollen wurden großgeschrieben in unserm Haus.

Inzwischen wurden auch auf den Gütern die Erträge immer schärfer rationiert, die Ablieferungen der Produkte kontrolliert. Es waren nun schon, ich glaube, fünfzehn Franzosen auf dem Hof, es wurden mehr Zuckerrüben angebaut und mehr Kohlrüben. Sirup und Kohlrübenmarmelade kamen auch bei uns auf den Tisch. Zum Einwecken von Obst war der Zucker zu knapp geworden, auch die Bienen waren abgeschafft, sie hatten kein Winterfutter mehr. Die ersten »Hamsterer« aus den Städten, besonders aud Berlin, schwärmten aus und sammelten Kornähren von den Stoppeln, Kartoffeln und Rüben von den Feldern.

»Ihr Berliner Hungergesichter, wollt ihr mal raus da aus unsere Pilze!« Das riefen uns einmal Leute vom Nachbardorf zu, die uns zwischen den Bäumen nicht erkannt hatten, als wir in unserm eigenen Wald auf Pilzsuche waren, mit Fräulein Lemm, der Hauslehrerin.

Denn ich war nun »in die Schule gekommen«, das hieß, ich wurde wie alle Kinder von den Gütern, die von größeren Schulen zu weit entfernt waren, bis zum zehnten oder zwölften Lebensjahr zu Hause

Links: Die Eltern von Marianne Hoppe als Brautpaar. *Rechts:* Marianne Hoppe als Baby.

unterrichtet. Wir waren zu zweit. Die jüngere Schwester von Fräulein Lemm, gleichaltrig mit mir, wurde »zur Miterziehung« bei uns aufgenommen. Es war gar nicht so schlimm, das Lernen: Lesen, Schreiben, Rechnen, Geographie (Heimatkunde hieß das noch), Religion, viele Gedichte, auch Gesangstunde mit Laute; an den Nachmittagen die Schularbeiten, die schnell gemacht waren. Die Post vom sieben Kilometer weit entfernten Dorf mußte jeden Tag im Ponywagen abgeholt werden – der Postbote war natürlich auch eingezogen. Nur die Ferien blieben fürs Arbeiten auf dem Feld, für das Toben, das Spielen mit den Dorfkindern, fürs Reiten. In jedem Jahr, einmal im Herbst, ging es zur Prüfung in die Stadt, wo der Direktor des Gymnasiums prüfte, ob man auch mitgekommen sei. Das rote Ziegelgebäude, die Treppe hinauf zu der großen Eingangstür, der Geruch in den Gängen, das war weniger vergnüglich, aber ich kam durch – Gott sei Dank!

Und das Ende des Krieges, den »Zusammenbruch«, wie es hieß, den habe ich natürlich auch in Felsenhagen erlebt. Nachdem ich bei meiner ersten Fahrt nach Berlin noch in den »eisernen Hindenburg«, eine riesige Holzgestalt, Hindenburg darstellend, einen eisernen Nagel eingeschlagen hatte, kehrte ich nach Hause zurück, und bald darauf hieß es: »Der Kaiser hat abgedankt.« Das erschütterte Vater und

Mutter, überhaupt alle wie ein Erdbeben, denn das Bild eines aufrecht stehenden, mit seinem Schiff untergehenden Kapitäns – das war doch wohl die Vorstellung, die mit einem Monarchen untrennbar verbunden war.

Es muß wie eine Stille nach dem Sturm gewesen sein. Stille ist auch die einzige Empfindung, die ich heute mit dieser Zeit in Zusammenhang bringen kann. Der Hof war leer, die Franzosen waren fort, unsere Leute noch nicht zurück, es kamen Flüchtlinge aus dem Baltikum, die bei uns einquartiert wurden, und aus Polen, aus Ostpreußen Arbeitskräfte mit nie gehörten Namen: Falkowski, Gruschka – und Kindern, die erst nach und nach Kameraden wurden. Und dann hörte ich etwas vom Matrosenaufstand in Kiel, von Unruhen, von Schießereien in Berlin, auch das Wort Streik fiel in Gesprächen.

Vetter Hans kehrte, am rechten Arm verwundet, zurück: Gefallen war von unsern Leuten niemand; wie durch ein Wunder waren wir verschont geblieben. Ich weiß noch, daß wir zu einer dörflichen Gedenkfeier für die Gefallenen gingen und Pastor Heimbach der Toten gedachte und daß mein Vater – er war gläubiger Protestant und hatte das Patronat der Kirche – Gott dankte, daß er uns vor dem Schlimmsten bewahrt, daß wir auf unserm Grund und Boden unser Zuhause behalten hatten.

Der Hof belebte sich wieder, Ackerpferde kamen statt der Ochsen in den Stall, der erste Traktor wurde angeschafft, das erste Auto, ein NAG Protos. Kutscher Falkenhagen lernte um, war nun Chauffeur und bemerkte nach dem ersten Ausflug am Steuer: »Dat wär jo de reinste Dodesfohrt.« Höchstgeschwindigkeit etwa vierzig Kilometer in der Stunde.

Das erste Weihnachtsfest wieder mit allen Verwandten, mit den Dorfkindern und den Waschkörben voller Tüten mit selbstgebackenen Lebkuchen, den schwarzen und den weißen, die die Großmutter aus Rostock in zwei großen Leinenbeuteln mitbrachte, mit etwas Spielzeug und mit den rasch vor Beginn noch auf dem Flügel geübten Liedern.

Mein Bruder und meine Schwester kamen aus dem Internat, sie waren nun schon Halbwüchsige, und ich fing an, sie zu beneiden. Ich war wieder in Berlin gewesen. Mein Vater, ein großer Verehrer und Kenner Shakespeares – »Nu shakespearet he all wedder«, sagte Nachbar Klotz, wenn mein Vater Goethe, Schiller oder Shakespeare zitierte –, hatte mich zu meinem ersten Theaterbesuch in den ›Kaufmann von Venedig‹ ins Große Schauspielhaus mitgenommen, Regie Max Reinhardt, Rudolf Schildkraut als Shylock, Helene Thimig als Porzia.

Ich hatte den Drang nicht so sehr mehr nach »draußen« als den Drang »hinaus«. Und eines Tages war es dann soweit, als ich Ostern, zu Beginn des Schuljahres, nach Berlin in die Königin-Luise-Stiftung

»auf Schule« kam. Winkend auf der Terrasse standen Eltern, Freunde, Verwandte, und fort ging es den Berg hinunter, über die kleine, von zwei weißgestrichenen Holzbalken flankierte Brücke, den gepflasterten Weg, die Feldscheune I links liegenlassend, weiter bis zur Chaussee ...

Und wenn ich heute daran denke, so sehe ich die Wege, den Hof und die Ställe. Ich denke an den Kornboden, an Barfußlaufen und Holzpantinen, sehe die Landschaft, die Kornfelder von der Aussaat bis zu den herbstlichen Stoppeln, die Schneewehen und den Himmel darüber.

Ich sehe den Mittelbau mit den langen Fenstern, aus denen man auf die Terrasse ging. Er ist jetzt eingerissen. Die Zimmer hinter den beiden Feldsteingiebeln, anfangs noch bewohnt, stehen leer, die Dachziegel werden undicht, und aus der Mauer lösen sich die Steine. –

Es lag auf einer Anhöhe – mein Elternhaus – mit einem weiten Blick über die Felder.

Luise Rinser wurde am 30. April 1911 geboren. Sie studierte Pädagogik und Psychologie und war einige Jahre Lehrerin. 1941 erhielt sie Schreibverbot und saß von 1944 bis 1945 in Haft wegen Widerstands gegen das Nazi-Regime. Nach 1945 arbeitete sie als Literaturkritikerin und freie Schriftstellerin. Sie veröffentlichte zahlreiche Bücher, u.a.: ›Mitte des Lebens‹, ›Abenteuer der Tugend‹, ›Die gläsernen Ringe‹, ›Jan Lobel aus Warschau‹, ›Ich bin Tobias‹, ›Der schwarze Esel‹, ›Mirjam‹. Außerdem erschienen die Tagebücher: ›Gefängnis-Tagebuch‹, ›Baustelle‹, ›Grenzübergänge‹, ›Kriegsspielzeug‹ und ›Winterfrühling‹.

LUISE RINSER
Friede, Gleichmaß, Ruhe? Nichts davon ...

Mein Elternhaus, was ist das? Wo ist etwas, das ich so nennen könnte? Goethe und Thomas Mann hatten ein Elternhaus. Ich hatte keines. Ich bin an einem beliebigen Ort geboren, von dort als Kleinkind an einen andern beliebigen Ort gebracht worden, von dort nach wenigen Jahren nach einem andern, von dort ... und so weiter.

Mein Vater war Lehrer und wechselte oft seine Stelle. Das war eine Karrierefrage: an großen Orten waren größere Schulen, da konnte er Rektor werden und mehr verdienen und galt als größere Autorität. Das Kind, das einzige, schlug nirgendwo Wurzeln. Das Bild meines Elternhauses setzt sich aus Mosaiksteinchen zusammen. Alle zusammen ergeben schließlich ein Bild von Oberbayern.

Es ist grün mit Braun und leuchtendem Rot; das Rote sind die Geranien, die über braune Holzbalkone an den Bauernhäusern hängen. Das Bild hat einen bestimmten Klang: das Tropfen von abschmelzendem Schnee, Kuhglocken auf den Almen der Chiemgauberge, Zitherspiel, Jodler mit Echo, Kirchenglocken und Blasmusik bei der Fronleichnamsprozession, Orgelspiel (die Orgel spielte mein Vater in der Kirche Übersee am Chiemsee) und Chorgesang der Benediktinerinnen im Kloster Wessobrunn, wo ich bei meinem Pfarrer-Großonkel die Ferien verbrachte.

Im Brief des Verlags steht, man sollte, »ohne nostalgisch zu werden, die Ruhe und das innere Gleichmaß vergangenen Lebens schildern«. Guter Gott. Ich muß lachen. Wo war denn da Ruhe und Gleichmaß? Bin ich im Kaiserreich aufgewachsen als wohlerzogene Tochter wohlhabender Bürger? Ich bin 1911 geboren. Drei Jahre später begann das Unglück: der Erste Weltkrieg. Seither war keine Ruhe und kein Gleichmaß mehr. Meine erste Erinnerung ist Sturmläuten und der Schrei eines radelnden Gemeindeboten: Krieg ist!

Die nächste: schon im selben Jahr die Nachricht vom »Heldentod« des von uns, besonders von mir, innig geliebten Hausfreunds, des Freiherrn von der Tann.

Die nächste: die bitteren Tränen meines sonst pazifistischen Vaters, als er bei der Musterung für »kriegsuntauglich« erklärt wurde und man ihm nicht erlaubte, fürs Vaterland zu sterben.

Die nächste: der Befehl meines Vaters, das Kupfergeschirr aus meiner Puppenküche abzuliefern; das Vaterland werde daraus Kugeln gießen, mit denen man die bösen Franzosen totschießen müsse; Franzosen, solche wie unsern Pfarrer, der Elsässer und von Geburt Franzose war. Wie sollte das Kind derlei verstehen?

Die nächste: schlechte Nahrungsmittel, scheußlicher amerikanischer Speck, der nach Tran schmeckte, und gräßliche rote Marmelade.

Die nächste: im Schulhaus Einquartierung von Flüchtlingen aus dem Osten (»Schlowaken«, so blieb mir's im Ohr), und ich sehe arme Leute mit Bündeln auf dem Boden im Schulkorridor schlafen.

Friedlose Jahre, in denen das Kind nicht Kind sein durfte, weil die Eltern und alle andern Erwachsenen um Gefallene trauerten; weil mein Onkel an der Front war; weil der Hunger um sich griff; weil meine Eltern stritten, da mein Vater meiner Mutter befahl, ihre Mitgift in Kriegsanleihen zu stecken, was sie, klüger als er, nicht wollte, aber dann doch tat und dabei alles verlor.

Nach dem Krieg: der »Schmachfriede von Versailles«. Dann die »Räterepublik« in Bayern, das Niederschlagen der linken Revolution durch die »Reichswehr«, und wie mein Vater von einem der »Roten« bedroht wurde und ich diesen Mann, den Vater schützend, ansprang. Dann der große Wirtschaftszusammenbruch, die Geldentwertung, die uns als ziemlich arme Leute zurückließ, denn damals verdiente ein Lehrer wenig. Meist mußte er, um seine Familie zu ernähren, auch »Gemeindeschreiber« und Organist in der Kirche sein; Freizeit hatte er kaum. Eben fällt mir ein, daß die Lehrer damals noch vom Klerus überwacht waren, was meinen Vater erbitterte.

Das und vieles andere (ich schrieb es genau in meiner Autobiographie ›Den Wolf umarmen‹) erlebte das frühwache Kind und kannte nichts anderes als eben dies: Krieg und Kriegsfolgen und politische Unruhe.

Dann wurde ich nach München ins Internat und in die Schule geschickt, und die Eltern (die nach und nach wieder wohlhabend wurden, auch mit Hilfe meiner reichen Mutters-Mutter) behaupteten, große Opfer für mich zu bringen; ich war das einzige Kind und sollte dankbar sein für diese »Opfer«. Im Internat spürten wir den wirtschaftlichen Zusammenbruch Deutschlands, wir wurden unterernährt, über allgemeine Not und Notwendigkeit hinaus, weil sich die Internatsleiterin auf eigene Faust bereicherte an dem, was meine Eltern zahlten. Ich kritisierte das und flog aus dem Internat. Kritik von seiten Jugendlicher war schier ein kriminelles Delikt.

Ab 1928 erfuhr ich nach und nach, daß es eine neue politische Bewegung gab, die Nationalsozialismus hieß. Eine aus meiner Klasse kam eines Tages mit dem Faschistengruß. Das war mutig und schneidig. Mir gefiel es aber nicht. Ich war antifaschistisch, ehe ich genau wußte, was das war. Aus Instinkt. Mein Vater wußte es, und er war Antifaschist durch und durch. Dies und die Musik verband mich mit ihm, aber sonst nichts; er war der typische autoritäre Vater und obendrein, da er einen Buckel hatte, saturnisch finster. Er schlug mich oft, und die Mutter tat es ihm nach. Warum? Ich, das Lehrerskind, die einzige, sollte ein Musterkind sein und eine Beamtenkarriere machen, auf Nummer Sicher gehend.

Ich gehorchte. Zunächst. Ich studierte und machte meine Staatsprüfung. Eines Tages war ich erwachsen und ging meines Weges. Als ich (Katholikin und Oberbayerin) einen Protestanten heiraten wollte, der obendrein »Preuße« war und noch dazu armer Musikstudent, wurde ich enterbt und verflucht. Beides wurde später zurückgenommen. Dazwischen aber lag der Zweite Weltkrieg und der Zusammenbruch Deutschlands.

Meine Jugend. Mein Elternhaus. »Ruhe und inneres Gleichmaß«? Zeit der Rebellion! Wie sie sein soll. War jene Zeit eigentlich so sehr verschieden von der späteren, von der heutigen?

Ich bekomme immerzu Briefe von Lesern meiner Autobiographie. Die Leser stammen aus drei oder vier Generationen. Viele sind jung, zwischen achtzehn und dreißig. Sie alle, Alte und Junge, schreiben, sie erkennten sich wieder in meinem Buch. Wie das? Die Grundprobleme sind immer gleich: autoritäre, prügelnde Väter und stupide Lehrer, nörgelnde possessive Mütter; Mangel an Liebe; Einsamkeit; Selbstmordpläne; die Qual der Lernschule, der Prüfungsstreß, die

Die Eltern von Luise Rinser mit Tochter Luise im August 1913.

Weltangst, die politische Unsicherheit, die Empörung gegen die Institutionen, der Hang zur Anarchie, und dazu all das, was Thomas Mann in einem seiner Buchtitel ›Unordnung und frühes Leid‹ nannte, mit allen bittersüßen, auch heute noch romantischen Liebesgeschichten und der Suche nach dem, was man »Sinn des Lebens« nennt; dazu noch das verzweifelte Bemühen der jungen Mädchen, sich zu »emanzipieren«, was bis heute noch nicht durchgängigen Erfolg hatte.

Ein halbes Jahrhundert ist vergangen seit meiner Kindheit und Jugend, und die Grundmuster haben sich nicht geändert, denn sie sind urmenschlich.

Was bedeutet dagegen der zivilisatorische Fortschritt? Die Jungen von heute haben Motorräder und Autos und elektronische Geräte und Jeans und Lederanzüge und die Taschen voller Geld und fliegen mit verbilligten Flügen in der Welt herum. Nun – und? Sind sie glücklicher, »freier«? Aber die sexuelle Freiheit, die haben sie doch, oder? Ja, schon. Aber haben sie weniger Neurosen? Wären sie wirklich »befreit«, nähmen sie keine Drogen und brächten sich nicht um. Im übrigen: Unschuldslämmer waren die meisten von uns damals auch nicht, und statt die Pille zu nehmen, »paßten wir auf«. Abtreibung durch »Engelmacherinnen« gab es immer.

Aber Diskotheken hatten wir nicht; das stimmt. Dafür hatten wir die Jugendbewegung mit »Singwochen« und Volkstänzen und Musik und zu Herzen gehenden Liebesgeschichten. Und wer in der verruchten Systemzeit aufwuchs (dafür war ich zu jung), der hatte alle Freiheiten, alle Anarchie, jede gewagte Moderne, die er sich wünschen konnte.

Im übrigen waren wir damals schon keine Hinterwäldler, keine Buschmänner mehr: wir hatten Radios und Grammophone und Telephone, und mein Onkel hatte ein Auto, einen großen »Adler«, und die Manipulation, die wir heute durch Fernsehen und Verkabelung erleben, die hatten wir damals durch die Provinz- und Parteizeitungen, und die Männer schlugen sich im Wirtshaus die Köpfe ein bei politischen Diskussionen; ab 1933 kamen dann die »Andersdenkenden« mitsamt Juden, Zigeunern, Geistlichen und Homosexuellen ins KZ.

So weit ist's heute noch nicht. Aber die Angst vor dem Atomtod, die hatten wir doch nicht!? Diese besondere Angst ist eine Chiffre für die Angst schlechthin: die Angst vor dem Tod, gesehen als das absolute Ende der eigenen Existenz und jener der menschlichen Rasse überhaupt. Diese Angst gehört zu den Grundbefindlichkeiten des menschlichen Daseins auf diesem unserem Planeten; sie bekommt in jeder historischen Epoche einen andern Namen.

Wer nun meint, ich blicke, statt nostalgisch durch eine rosa Brille, durch eine allzu stark geschwärzte auf meine Jugendzeit zurück, der irrt. Es war so, wie ich sage. Aber es war auch anders: jene Zeit-Härte lehrte uns, selber hart zu sein im Nehmen, und sie vermittelte uns, so absurd das scheint, eine inständige Liebe zum stets gefährdeten und gestundeten Leben.

Aber Friede, Gleichmaß, Ruhe lernten wir nicht kennen, jedenfalls ich kenne das alles nicht, und ich wünsche auch gar nicht, in einer Welt aufgewachsen zu sein, auf die ich nostalgisch zurückblicken könnte. Ich liebe meine Zeit und das Leben in allen Epochen. Meine Heimat ist die Erde mit allen ihren Menschen. Mein »Elternhaus«, das ist die geistige Welt.

Henry Marx wurde am 3. November 1911 in Brüssel geboren. Er studierte Jura und Medizin in Berlin und machte dort nach Abbruch des Studiums eine Banklehre. 1934 war er in den Konzentrationslagern Oranienburg und Lichtenburg inhaftiert. 1937 wanderte er in die USA aus. Seitdem lebt er in New York, wo er heute Chefredakteur des ›Aufbau‹ ist. Er war 1954 Mitbegründer des Deutschen Theaters in New York. Er veröffentlichte Kultur- und Reiseführer in den USA sowie die Bücher ›Deutsche in der Neuen Welt‹ und ›Die Broadway Story‹.

HENRY MARX
Das andere Vaterland nahm ich mit

Es gibt nichts, das höher, stärker, gesünder und nützlicher für das Leben wäre als eine gute Erinnerung aus der Kindheit, aus dem Elternhaus. (Dostojewskij, Die Brüder Karamasow)

Ich lebte nicht nur in meinem Elternhaus, ich wurde dort auch – man schrieb das Jahr 1911 – geboren, und so fand meine erste Autofahrt, heute selbstverständlich für alle Neugeborenen, erst sehr viel später statt.

Mein Geburts- und Elternhaus stand und steht im Brüsseler Stadtteil St. Gilles, rue Jourdan 76. Es ist ein schmalbrüstiges Gebäude, wie sich das so gehört in einem Lande, in dem es eine Fenstersteuer gab. Die drei Stockwerke wurden alle von uns bewohnt; im Souterrain befand sich die Küche, von der eine lange, weiße Marmortreppe in die Wohn- und Eßräume führte (daß ich die mindestens sechzehn

Stufen einmal herunterfiel und so viele Schrammen, entzündete Körperstellen und offene Wunden davontrug, daß ich sie nicht hätte zählen können, hätte ich bereits zählen können, ist mir in lebhafter Erinnerung).

Es war (und ist es noch immer, wenn es heute auch ausschließlich für Bürozwecke benutzt wird) ein schönes Haus mit viel Platz und einem großen Garten auf der Rückseite, der der liebste Aufenthaltsort des Einzelkindes war. Hier konnte ich auf einem Dreirad herumfahren, hier durfte ich graben, hier hatte ich einen Spielgefährten in Gestalt einer Schildkröte. Wir waren fast unzertrennlich, allerdings grub sie sich vom Spätherbst bis zum Frühjahr zum Winterschlaf in die Erde ein; mit den ersten wärmenden Sonnenstrahlen war sie pünktlich wieder da. Im Jahre nach dem Tode meiner Mutter blieb sie aus; der Fünfjährige war untröstlich und konnte nicht fassen, daß die Schildkröte ihn verlassen haben sollte. Ich glaube, ich weinte über dieses Unglück damals mehr als über den acht Monate zuvor erfolgten Tod meiner Mutter, den ich verstandesmäßig noch nicht aufnehmen konnte. Der Verlust der Schildkröte traf mich in meinem Innersten.

So wurde denn das Elternhaus ein Vaterhaus. Meine Mutter war lange leidend gewesen; die Krankheit, die auch ihre drei älteren Schwestern befiel, war die damals noch nicht heilbare perniziöse Anämie, gegen die ein paar Jahre später die Rohlebertherapie und nach der Synthetisierung des Vitamins B_{12} ein einfach einzunehmender Wirkstoff entwickelt wurde. Vor mir kamen zwei Schwestern zur Welt, die im Kleinkindesalter starben, auch sie Opfer der fortschreitenden Blutarmut und unzureichenden Neubildung des Blutes, einer Krankheit, die sich häufig von der Mutter auf die Töchter vererbt. Man erzählte mir später, daß meine Mutter nicht ohne Nachkommen sterben wollte; und nur wenn sie einen Jungen gebar, konnte dieser Wunsch in Erfüllung gehen.

Sie ging das Risiko ein – und so kam ich auf die Welt, schwächlich zwar, blutarm, mit einem Herzklappenfehler, aber doch lebensfähig, wenn auch so anfällig, daß mich alle »Quälgeister der Jugend«, wie Goethe in ›Dichtung und Wahrheit‹ die Kinderkrankheiten nennt, heimsuchten, überdies Erkältungen und Bronchitiden sonder Zahl, so daß ich an den in Brüssel vor allem im Winter häufigen Nebeltagen erst nach elf Uhr morgens an die Luft durfte (selbst noch während meines ersten Schuljahrs).

Mein Vater war höchstens zwei Tage in der Woche in Brüssel. Er hatte mehrere Möbelgeschäfte im Süden Belgiens nahe der französischen Grenze, wo er während der anderen fünf Tage lebte. So war ich, da sich meine kranke Mutter nicht viel um mich kümmern konnte, in der Obhut wechselnder Kindermädchen oder Erzieherinnen.

Das Gemüt erhellte ein in unserem Hause lebender Bruder meiner Mutter, ein Junggeselle, dessen Lust am Fabulieren dem dankbaren Neffen viele unvergeßliche Stunden bereitete.

Ich war noch keine drei Jahre alt, als der Erste Weltkrieg begann, aber er wurde für mich eigentlich erst dann bittere Realität, als er aufhörte. Da war ich sieben, und das Kriegsgeschehen packte mich nicht weniger stark, als dies bei dem jungen Goethe, der bei Ausbruch des Siebenjährigen Krieges ebenso alt war, der Fall gewesen war. Da sich mein aus Baden stammender Vater nicht um die belgische Staatsangehörigkeit bemüht hatte, erschien es äußerst ratsam, Belgien so schnell wie möglich zu verlassen. So fuhren wir am 30. Oktober 1918 per Zug nach Köln. In dem überfüllten Zug war praktisch jeder Quadratzentimeter Raum von deutschen Soldaten mit ihren Tornistern und Karabinern eingenommen; sie kamen von der zusammenbrechenden Front in Frankreich. Ich war bis dahin viel zu behütet, um auch nur erfassen zu können, was Krieg bedeutete, aber nun im Anblick der verdreckten, unrasierten und müden Soldaten und ihrer Waffen dämmerte es mir. Und noch etwas wurde mir auf dieser Fahrt bewußt: von der französischen Umwelt, in der ich aufgewachsen war, wurde ich nun in die deutsche katapultiert; ich würde nun erst einmal die Sprache erlernen müssen, von der ich nur ein paar Brocken beherrschte.

Was ich in jener Nacht nicht ahnen konnte, war die Tatsache, daß nun zehn lange Wanderjahre beginnen würden. Erst nach vier Wohnorten, sieben Wohnungen und vier Schulen hatte ich ein neues Zuhause in Berlin gefunden. Zwei Jahre lang, von Ende 1918 bis 1920, war das »Elternhaus« ein Hotelzimmer nach dem anderen, erst eines in Wimpfen, dann zwei in Heilbronn am Neckar. Es folgten zwei möblierte Wohnungen in München, eine weitere in Berlin, bis schließlich im Jahre 1928, als mein Vater zum zweitenmal heiratete, eine Wohnung wieder mit eigenen Möbeln ausgestattet werden konnte (übrigens sind alle Häuser, in denen ich von 1919 bis 1937 lebte, durch Bomben zerstört worden, und nur eine der vier Schulen, die ich besuchte, steht noch).

Es waren unruhige Jahre, aber vielleicht brachten sie es mit sich, daß ich, gegen meinen Willen, rascher selbständig wurde, als es sonst der Fall gewesen wäre. Hinzu kam die weiterhin nicht abreißende Kette fortgesetzter, zum Teil schwerer Krankheiten, die – um nochmals mit Goethe zu reden – »meinen Hang zum Nachdenken vermehrten«. Einmal wäre ich fast gestorben: eine Mittelohrentzündung, gegen die es damals kein anderes Mittel gab, als das Trommelfell zu punktieren, um den Eiter zum Abfluß zu bringen, wurde mir zum Verhängnis, weil die behandelnden Ärzte mehr Narkose gaben, als das von Jugend auf angeschlagene Herz vertragen konnte. So hatte die Therapie schlimmere Folgen als die Krankheit. Als ich im darauffolgenden Jahr am anderen Ohr ebenfalls eine Mittelohrentzündung bekam, wollten die Ärzte nicht nochmals das Risiko einer medizinisch erzeugten (»iatrogenen«) Krankheit eingehen und operierten mich nur mit Lokalanästhesie. Der Schmerz, den ich empfand, als das Mittelohr durchstoßen wurde, war so höllisch, daß ich ihn mir heute, nach mehr als sechzig Jahren, noch vergegenwärtigen kann, als hätte er mich erst gestern getroffen. Zwischen diesen beiden Eingriffen lag eine völlig überflüssige Operation zur Entfernung von Warzen auf der linken Kniescheibe, auf die ich prompt mit schwerem Wundfieber reagierte.

Die Anpassung an die für mich anfangs noch fremdsprachige Schule war nicht leicht, zumal im ersten Jahr nach dem Krieg die Zahl der Lehrer nicht ausreichte, um einen normalen Schulunterricht zu gewährleisten. Unser »Lehrer« war ein offenbar aus dem Ruhestand zurückgeholter Zuchtmeister, der sich keine Gelegenheit entgehen ließ, uns Siebenjährige mit »Tatzen« zu traktieren (für die der süddeutschen Bräuche Unkundigen sei gesagt, daß es sich dabei um Stockschläge auf die Innenseite der linken Hand handelt). Der Sadismus im Schulzimmer fand noch andere Formen; besonders beliebt war das Zusammenschlagen der Köpfe zweier Schüler wegen unerlaubten Sprechens oder das Zupfen der Ohrlappen. Wenn ich, der »Ausländer«, der offenbar für die Niederlage Deutschlands mitverantwortlich gemacht wurde, etwas nicht gleich verstand, kannte die Wut dieses Prachtexemplars eines demokratischen Schulmeisters keine Grenzen. Ich rebellierte, kam in eine andere Schule und in eine Klasse, die von einer gütigen Lehrerin betreut wurde, mit dem Erfolg, daß ich zum ersten und einzigen Mal in meiner Schullaufbahn Klassenerster wurde (und, nebenbei, zwanzig Mark von einer alten Tante bekam, die mir diese Summe versprochen hatte, sollte ich Primus werden).

Aber es gab auch Freuden in jenen Jahren. Da Verwandte eine Pferdehandlung betrieben, lernte ich reiten; mit Vettern und Kusinen ging ich in die Stallungen, wo ein Knecht für uns die Pferde aussuchte, und ohne Sattel ritten wir über die fast noch autolosen Straßen in die Umgebung. Bei Ausfahrten mit dem Fuhrwerk auf einer geraden und ebenen Strecke durfte ich auch schon einmal den Pferdelenker spielen; stolz saß ich auf dem Bock, die Zügel fest in der Hand, in dem Gefühl, ich könnte erstmals im Leben befehlen, und andere, seien es auch nur Pferde, hätten zu gehorchen. Oder ich brachte das Blech mit dem Kuchenteig zum Bäcker, und ich durfte den noch warmen Kuchen ein paar Stunden später, fertig gebacken, wieder abholen – wobei sich Gelegenheit zu verbotenem Naschen ergab.

Es war um diese Zeit, wohl Anfang 1919, daß ich mein erstes Telefongespräch führte. Mein Vater, wie schon in Brüssel mehr unterwegs als zu Hause, rief mich an. Ich lief zu dem an der Wand festgemachten Apparat und hatte Schwierigkeiten, die etwa dreihundert Kilometer entfernte Stimme einigermaßen zu verstehen. Ich schrie in die Muschel hinein in der Hoffnung, dies würde auch auf der anderen Seite geschehen, was sicher der Fall war; aber die Stimme kam und ging, wurde stärker und schwächer, und wenn man damals auch das Wort noch nicht kannte, ich fühlte mich schrecklich frustriert. Das Ersterlebnis des Telefonierens war recht enttäuschend.

Im Sommer 1921 machte ich meine erste Autofahrt, im offenen Wagen über eine weitgehend noch ungeteerte Straße von München nach Garmisch. Man wurde in einen Ledermantel eingezwängt, bekam eine Staubbrille aufgesetzt und traf dennoch total verdreckt nach etwa drei Stunden am Ziel ein, der Mund völlig ausgetrocknet. Es war dennoch schöner als eine Zugfahrt, wenngleich ich von der Bewegungskrankheit gepackt wurde und das Auto meinetwegen mehrfach halten mußte.

Etwa ein Jahr später bekam ich mein erstes Rundfunkgerät, einen Detektorapparat, bei dem eine Nadel Kontakt zu einem Kristall herstellen mußte. Wie beim Telefonieren schwankte der Ton beträchtlich, und man mußte immer wieder von neuem Nadel und Kristall zusammenbringen. Doch das Wunder, aus dem Kopfhörer nicht nur Worte wie im Telefon, sondern auch Musik vernehmen zu können, machte diese Mühsal mehr als wett.

Etwa um die gleiche Zeit sah ich meinen ersten Film: schwarzweiß und stumm handelte er von der zweiten Südpolexpedition des englischen Polarforschers Sir Ernest Shackleton.

Während mir entfallen ist, wann ich erstmals Musik aus einem Grammophon hörte, ist mir die erste Fernsehsendung sehr wohl im Gedächtnis haftengeblieben. Während der Olympischen Spiele in Berlin 1936 wurden einige Wettkämpfe aus dem Olympiastadion direkt in einen Kiosk am Potsdamer Platz übertragen. Aber diese Erfindung blieb noch fast weitere zwei Jahrzehnte ungenutzt, wenngleich die Technologie hinreichend bekannt war. Auch mein erster Flug hat sich in mein Gedächtnis eingegraben: an Bord einer alten DC-3 ging es im April 1937 von Miami nach Havanna, wo ich mein Einwanderungsvisum für die USA erhielt, und wieder zurück.

Die Konfrontation mit diesen und anderen technischen Neuerungen innerhalb zweier Jahrzehnte ist wohl einmalig und dürfte von keiner anderen Generation als der zu Beginn dieses Jahrhunderts angetretenen erreicht worden sein. Die umwälzenden Entwicklungen, die wir über uns ergehen ließen, ja mitmachen mußten, haben das Leben bequemer und komfortabler gemacht, aber auch die Unrast gesteigert. »Vom Rechenschieber zum Computer« könnte sehr wohl

Links: Die Eltern von Henry Marx kurz nach ihrer Hochzeit 1902. *Rechts:* Henry Marx im Alter von acht Jahren.

als Motto über diesem Jahrhundert stehen, von dem wir den größten Teil miterlebt haben.

Dazu gehören freilich nicht nur die technischen Errungenschaften, mehr und mehr wurde man sich auch der politischen Ereignisse bewußt. In München, wo ich von 1920 bis 1926 lebte, wurde ich auf seltsame Weise Augenzeuge der Schießerei am Odeonsplatz, durch die der Hitler-Putsch niedergeschlagen wurde. An jenem 9. November 1923 wurden wir nach der zweiten oder dritten Schulstunde nach Hause geschickt, ohne daß man uns gesagt hätte, warum. Ich begab mich zur üblichen Straßenbahnhaltestelle, um zum Goetheplatz zu fahren, aber keine Bahn kam. So ging ich zu Fuß. Da die Polizei aber alle Straßen in der einen Richtung abgesperrt hatte, marschierte ich in der entgegengesetzten, kam durch die Galerie- in die Ludwigstraße und erreichte den Odeonsplatz gerade in dem Moment, als die Polizei auf die Nazi-Demonstranten zu schießen begann. Ich sah einige Männer fallen, andere davonlaufen, und ich schlug mich ebenfalls rasch seitwärts am Odeon vorbei in die Briennerstraße, zum Maximiliansplatz, um dann über Lenbachplatz, Stachus, Sonnen- und Lindwurmstraße dem sonst mit der Straßenbahn erreichten Ziel zuzustreben. Erst am nächsten Tag las ich in den ›Münchner Neuesten‹, was ich erlebt hatte, ohne es zu wissen.

Man kann nicht gerade sagen, daß an der Schule um diese Zeit eine betont antisemitische Stimmung herrschte, aber es gab einige Lehrer, die aus ihrer Gesinnung kein Hehl machten. Bestenfalls waren es ehrliche Konservative und anständige Pädagogen, die wenigstens alle Schüler gleich behandelten, aber kein Gegengewicht zu den rabiaten Nazis unter ihren Kollegen bildeten. Ein Deutschlehrer namens Deuerling trieb es besonders toll, aber Beschwerden fruchteten nichts. Andererseits hatten wir auch einen jüdischen Lehrer an der Schule; er hieß Schaalmann und war gegenüber den jüdischen Schülern besonders streng, um sich nicht dem Vorwurf der Parteilichkeit auszusetzen. Aber er machte mir – für den Rest meiner Schulzeit und leider auch darüber hinaus – die Mathematik zur Qual.

Etwas früher wurde ich auch gewahr, was galoppierende Inflation bedeutet. Ganz in der Nähe der Schule befand sich ein Süßigkeitenladen, wo ich mir von Zeit zu Zeit ein Tütchen Bonbons kaufte. Einmal war die Straßenbahn zu spät dran, so daß ich nur noch Zeit hatte, ins Schaufenster zu blicken, wo ich die von mir gewünschten Bonbons sah: hundert Gramm für siebentausend Mark. Ich werde sie auf dem Heimweg kaufen, dachte ich. Nach dreizehn Uhr betrat ich das Geschäft, verlangte hundert Gramm Bonbons, legte stolz einen Zehntausend-Mark-Schein auf den Ladentisch und wartete auf mein Wechselgeld. »Dös g'langt fei net«, sagte die Verkäuferin barsch, »dös san jetzt zwölftausend Mark.« Zaghaft wandte ich ein, ich hätte sie doch heute morgen für siebentausend Mark im Schaufenster gesehen. »Jo mei, heit am Murg'n, dös mag scho sei, jetzt san's halt zwölftausend Mark.« Weinend rannte ich aus dem Laden, meinen Geldschein vor blinder Wut zurücklassend. So geschockt war ich, daß ich das Geschäft erst wieder betrat, als die Inflation vorbei war. Aber dem Zwölfjährigen konnte der in Wirtschaftsfragen erfahrene Vater nicht klarmachen, weshalb man plötzlich wieder mit kleinen Beträgen rechnete, nachdem man sich so an die Nullen gewöhnt hatte.

Vor solcher von außen eindringender Unbill konnte ich mich glücklicherweise in die Welt der Bücher zurückziehen. Wir waren damals Untermieter in einer Wohnung in der Nähe des Bavariarings. Zu ihr gehörte ein riesiger, von oben bis unten dichtgefüllter Bücherschrank. Ich hatte bis dahin eigentlich nie Bücher um mich gehabt, nun waren es auf einmal so viele, daß ich nach Herzenslust hineingreifen konnte. Vorher waren Kinder- und Jugendbücher meine einzige geistige Diät gewesen, nun konnte ich lesen, was Erwachsenen vorbehalten war. Vieles verstand ich nicht. Aber seltsam: je mehr ich las, um so mehr leuchtete mir ein. Hier machte ich die erste Bekanntschaft mit Heinrich Mann, Arnold Zweig und Jack London, las ich ›Dichtung und Wahrheit‹, aber auch Trivialliteratur wie Rudolf Herzog und Rudolf Stratz. Es war, wenn man so will, ein sehr eklektischer Bücherschrank – meine eigene, dreimal neu begonnene Bibliothek war viel systematischer angelegt.

Jedenfalls bin ich seither nie ohne Bücher gewesen; manchmal haben sie einen größeren Teil der Wohnung eingenommen, als dem Rest der Familie genehm sein konnte. Und noch etwas entdeckte ich in jenen Jahren für mich: das Schachspiel, das ich manchmal mit, häufig jedoch ohne Partner praktizierte. Eifrig spielte ich die Turnierpartien nach, die damals in der ›Einkehr‹, einer regelmäßigen Beilage der ›Münchner Neuesten‹, abgedruckt waren, und lernte die Eröffnung und Gambite von Meistern wie Lasker, Tarrasch, Marshall, Capablanc, Aljechin. Es dauerte mehrere Jahre, bis das Schachfieber nachließ.

Vielleicht rascher, als mir lieb war, ging das Leben in München zu Ende. Der Sprung nach Berlin, wohin mein Vater als Teilhaber eines Immobiliengeschäfts versetzt wurde, war für mich der Sprung in eine Krise und sehr viel schwieriger zu bewältigen als ein Jahrzehnt später die zwangsweise Übersiedlung nach New York. Ich kam als Bayer in die Hauptstadt Preußens; mein Deutsch war bayerisch eingefärbt, die Denkweise langsamer als die der fixen Preußen, deren Dialekt ich oft nicht rasch genug verstand. Mitschüler amüsierten sich über den Zugewanderten, die Lehrer machten dieses grausame Spiel mit, und wie schon zweimal zuvor mußte ich mich gegen eine feindselige Schulatmosphäre durchsetzen. Wie gut es mir diesmal gelang, geht daraus hervor, daß ich zwei Jahre später in der Oberprima zum Klassensprecher erwählt wurde.

Was in zwei Heilbronner und sechs Münchner Jahren nicht gelang, hier in Berlin wurde es in sechs Monaten vollbracht: ich hatte eine neue, sicherlich die einzige Heimat meiner Jugend gefunden, ich fühlte mich als Berliner. Ich glitt in das geistige und künstlerische Leben, fast schon in die Endphase der Weimarer Kultur, hinein, unternahm noch auf der Schulbank die ersten literarischen Versuche (dies wiederum zum Verdruß des den Deutschunterricht erteilenden Schulleiters) und studierte vier Jahre lang an der Friedrich-Wilhelms-Universität, bis die braune Flut jede weitere Entfaltung unmöglich machte. Dem schmerzvoll abgebrochenen Studium folgte eine Banklehre, die freilich wieder ein rasches Ende nahm, als Mitte 1934 die Gestapo meine äußere wie innere Existenz aufs schwerste bedrohte und mich das Leben aus der Perspektive zweier Konzentrationslager (Oranienburg und Lichtenburg) betrachten ließ.

Es wäre verlogen, wollte man fünfzig Jahre später behaupten, auf ein solches Ereignis vorbereitet oder dagegen gewappnet gewesen zu sein. Hinterher war nur festzustellen, daß damit ein tiefer Einschnitt erreicht, das Ende naiver Jugend gekommen war. Die Wahrheit von Nietzsches Wort, »was mich nicht umbringt, macht mich stark«, sollte mir erst sehr viel später aufgehen. Ich blieb noch über zwei Jahre in Berlin, ehe ich im Januar 1937 von den Überresten meines Elternhauses endgültigen Abschied nahm, um in eine neue Welt, die Neue Welt Amerikas, einzutauchen. Mein Aufenthalt dort sollte zum längsten meines Lebens werden.

Aber die geistigen Wurzeln wuchsen mir in den zehn Berliner Jahren zu. Ich schied in dem Bewußtsein, daß mir wie ein Jahrhundert zuvor Heinrich Heine dieses andere, das »portative Vaterland«, nicht genommen werden konnte.

Hermann Höcherl wurde am 31. März 1912 in Brennberg bei Regensburg geboren. Nach dem Abitur studierte er Jura. 1940 wurde er Staatsanwalt in Regensburg und Amberg. Im gleichen Jahr wurde er Soldat und leistete bis 1945 Wehrdienst. Von 1947 bis 1950 arbeitete er als Rechts- und Staatsanwalt, 1951 wurde er Amtsgerichtsrat in Regensburg. Ab 1957 war er Bundestagsabgeordneter der CSU, von 1957 bis 1961 Landesgruppenvorsitzender im Bundestag. Von 1961 bis 1965 war er Bundesminister des Innern, danach bis 1969 Bundesminister für Ernährung, Landwirtschaft und Forsten. Er starb am 17. Mai 1989 in Regensburg.

HERMANN HÖCHERL
Ich bin der Waldbauernbub geblieben ...

Eine Antwort auf die Frage nach dem Elternhaus setzt die Entscheidung voraus, dies höchstpersönliche Erleben überhaupt öffentlich preiszugeben.

Da das unmittelbare Erleben Jahrzehnte zurückliegt, verfüge ich nur mehr über den Bestand an Erinnerungen, die mit jugendlichen Sinnen aufgenommen und in der Konkurrenz mit vielen anderen Erlebnissen meines langen Lebens im Gedächtnis gespeichert wurden. Auch die Wiedergabe ist auf Instrumente des Sinnes- und geistigen Vermögens angewiesen, die seit den Originalaufnahmen oft neu gestimmt werden mußten.

Ich halte es mit dem großen österreichisch-amerikanischen Psychoanalytiker Viktor E. Frankl, der jedes menschliche Schicksal trotz kosmischer Milliardenzahlen aus Vergangenheit und Gegenwart als unverwechselbar einzigartig zu beschreiben nicht müde wird. »Einzigartig« steht nicht für einen eigenwilligen und überzogenen

Anspruch, sondern für die unwiederholbare Einmaligkeit jeder menschlichen Existenz. Deshalb verzichte ich auch auf Einteilungen in Sammelbegriffe wie bürgerliches oder bäuerliches, katholisches oder evangelisches Elternhaus. Auch diese Bemerkungen verlangen als Abstraktionen ihren Preis an Realität.

Nach diesen etwas umständlichen Vorbemerkungen bitte ich, mir in den Bayerischen Wald zu folgen. Am besten nehmen Sie die Straßen, die den Fluß Regen von Cham zum tausendzweihundert Jahre alten Markt Roding begleiten. Von dort geht es noch eine Stunde regenabwärts nicht ganz bis zu der Benedikinerabtei Reichenbach. Dort, wo der Perlbach in den Regen mündet, steigt der Wald jäh an. Auf kargen verschlungenen Fußwegen oder auf einem notdürftigen Fahrweg erreichen Sie nach einer halben Stunde eine Lichtung, vor langer Zeit von den bayerischen Siedlern, die aus Böhmen über die Further Senke nach Bayern einwanderten, aus dem Wald geschlagen und urbar gemacht. Vier Bauernhöfe stehen in enger Nachbarschaft, drei führen denselben Namen. Die ursprünglichen verwandtschaftlichen Beziehungen sind längst so weit verdünnt, daß die Jungen schon wieder untereinander heiraten, ohne bewußt gegen das Mendelsche Gesetz zu verstoßen.

Einer dieser Höfe mit zwanzig Hektar landwirtschaftlicher Nutzfläche und zehn Hektar Wald, mit zehn Kühen, vier Ochsen und zwei Pferden im Stall war mein Elternhaus. Der Hof gehörte meinem Onkel, dem einzigen Sohn meines Großvaters. Mein Großvater vertrat Vaterstelle an mir. Meine Mutter war als einzige seiner zehn Töchter bei ihm geblieben und versorgte ihn und mich.

Die Parabel meines Lebens setzte am 31. März 1912 ihren aufsteigenden Ast an. Meine ersten Erinnerungen datiere ich auf den Kriegsbeginn im August 1914, als der einarmige Gemeindediener mit der Schelle auf dem Dorfanger die Mobilmachung »bekanntmachte«, um den amtlichen Ausdruck der späteren Anschläge zu gebrauchen.

Das zweijährige kindliche Gemüt konnte das Geschehen nur in wenigen Konturen aufzeichnen. Von der so oft dargestellten Kriegsbegeisterung war auf dem Lande nichts zu spüren. Der nüchterne Sinn der Waldler kennt zwar starke Stimmungsausschläge, man trifft sie aber eher bei Kirchweihen und Hochzeiten, nicht bei Mobilmachungen. Dem wachsenden Bewußtsein prägten sich von Kriegsjahr zu Kriegsjahr immer mehr neuartige Erlebnisse ein. Urlauber in Feldgrau mit Pickelhaube und den ersten Orangen im Tornister, aber auch die ersten Verwundeten auf Genesungsurlaub, den durchschossenen Arm in einer Reibeisenschiene. An der Wand des Kleiderschrankes ein überlebensgroßes Plakat von Hindenburg in der ordenübersäten Uniform des Feldmarschalls und Siegers von Tannenberg.

Der etwa fünfjährige Hermann Höcherl mit seiner Mutter.

Mein Großvater, der, wie gesagt, Vaterstelle vertrat, führte mich mit dem angeborenen Taktgefühl erfahrener Bauern, die sich ständig von den Fährnissen des Wetters, des Marktes und der »Obrigkeit« umlauert und schon deshalb ihre Worte zu wählen wissen (nicht zuletzt bei der Brautwerbung), ja, ich möchte sagen, mit instinkthaft gewählter Sprache in die immer schlimmer werdenden Ereignisse ein.

Da ich schon mit vier Jahren etwas lesen konnte, sah ich in jeder Ausgabe unseres Heimatblattes mehr Todesanzeigen: im Dorf fanden Beerdigungen ohne Sarg statt, der sonst bei jeder normalen Beerdigung vom Trauerhaus im feierlichen Geleit weggetragen wurde: alles Unbegreiflichkeiten für mich, aber in ihrer Unbegreiflichkeit mit tiefen Schnitten in das Gedächtnis eingegraben.

Zurück zu meinem Elternhaus, das sich aus meinem Großvater, meiner Mutter, zwei Kühen und zwei Schweinen und zwanzig Hühnern als Realdeputat meines Großvaters für unseren Unterhalt zusammensetzte.

Im Übergabevertrag eines Bauern in unserer abgeschiedenen Landschaft bei schlechter Verkehrsanbindung, wie man in der Politsprache von heute sagen würde, und dürftigen Böden wurde der Lebensunterhalt der Alten in Naturalleistungen mit dem Notwendigsten vereinbart. Taschengeld und mehr darüber hinaus gab es in den gesegneten Auen der fruchtbaren Ebenen.

Mein Großvater hatte elf Kinder, einen Sohn und zehn Töchter aufgezogen. Er war ein sehr erfolgreicher Bauer und nicht nur Bauer, sondern auch ein schlauer Viehhändler und vom Glück begleiteter Spieler. Es bedeutete schon etwas, auf einem Hof mit kargen Böden, ohne die Errungenschaften der Chemie, ohne Molkerei, nur auf die Erträge des Stalles angewiesen, zehn Mädchen aufzuziehen, die ja alle, man entschuldige den profanen Ausdruck, »vermarktet« werden mußten in einer Zeit, in der Zuneigung nur eine Komponente der Ehe, oft nicht die wichtigste, die Morgengabe als Betriebsausstattung bei fehlender Kapital- und Geldversorgung dagegen unentbehrlich war.

Die Bodenprodukte konnten nur im eigenen Betrieb zur Veredelung in Geld umgesetzt werden. Sechs Ochsen waren das Eigenkapital. Zwei davon mußten ziehen und arbeiten. Vier standen auf Mast und verzehrten den »Mehrwert« der Ziehenden (wie ähnlich sind sich doch die Dinge geblieben!). Die sich Mästenden genossen die Zuneigung des Herrn. Mit fünfundzwanzig bis dreißig Zentnern erbrachten sie in baren Goldfüchsen schon damals zwei- bis dreitausend Mark. Damit hat mein Großvater fünf Töchter mit je dreitausend Mark ausstatten können. Drei gingen ins Kloster, wo dieselbe Ausstattung verlangt wurde, und eine wurde Lehrerin in Nürnberg. Sie hat ihr Leben mit mir geteilt, städtische Kultur in unser Haus gebracht und meinen studentischen »Wechsel« finanziert.

In äußerlich unbeschreiblich einfachen Verhältnissen bin ich aufgewachsen. Einmal die Woche gab es Fleisch. Die zwei Schweine im Haushalt meines Großvaters wurden verkauft, aber Kultura war im Haus: Grimms Märchen mit all ihren Weisheiten, Max und Moritz, Struwwelpeter hat mir meine gute Mutter im Kuhstall vorgelesen. Geschlafen habe ich unterm Dach, ohne Heizung. Der böhmische Wind stieß gegen das Hausdach, Eis und Schnee drangen bis an das

Bett. Selbst in der ministeriellen Hochzivilisation in allen Hotelketten der Welt habe ich nie so gut geschlafen wie damals.

Alles andere, was noch zum Elternhaus gehört, ist rasch erzählt. Die einklassige Volksschule mit hundert Kindern, sieben Jahrgängen und einem Lehrer befähigte mich 1922 ohne Schwierigkeiten, die auf hektographierten Blättern vervielfältigten Aufgaben für die Aufnahmeprüfung zu lösen. Viel schwieriger war die Stadt, die Oberrealschule mit vier Stockwerken. Ich konnte nur Hochdeutsch orthographisch richtig schreiben und beherrschte auch die Grundrechenarten und die Freistaatlich Bayerische Geographie, meine Sprache war der heimische Dialekt.

Im Winter hatten wir lediglich sechs Stunden Schule, den Samstag eingeschlossen, also mehr für Sechs- bis Zehnjährige als heute die gesetzliche Arbeitszeit für Arbeitnehmer.

Da ich für die nach herrschender Meinung wichtigste akademische Laufbahn eines Geistlichen nach Meinung aller Beteiligten überhaupt keine Anlagen aufwies, wurde ich auf die Oberrealschule (Ideologie des technischen Zeitalters) geschickt. Ich wurde flügge, zeitlich war das Elternhaus auf die Ferien beschränkt. Innerlich ist es heute noch bestimmend.

Große Jugendforscher wie Spranger, Piaget und viele andere meinen, bis zum siebenten Lebensjahre würden die Grundelemente des Menschen bestimmt. Ich teile diese Meinung. Ich auf jeden Fall bin der Waldbauernbub geblieben. Was man für die städtische Kultur brauchte, war leicht zu erwerben.

Alles andere, was sich über Berlin, München, Bonn und Brüssel angeschlossen hat, war nur Ernte aus einer glücklichen Jugend, für die Gott noch Wirklichkeit war, für mich noch ist.

Rudolf Pörtner wurde am 30. April 1912 in Bad Oeynhausen geboren. Nach dem Abitur studierte er Geschichte, Germanistik und Soziologie in Marburg, Berlin und Leipzig und war dann als Journalist tätig. Er veröffentlichte zahlreiche Bücher, u. a.: ›Mit dem Fahrstuhl in die Römerzeit‹, ›Bevor die Römer kamen‹, ›Das Römerreich der Deutschen‹, ›Operation Heiliges Grab‹, ›Das Schatzhaus der deutschen Geschichte‹, ›Schatzinsel der Forscher und Erfinder‹. 1974 erhielt er den Ceram-Preis des Rheinischen Landesmuseums in Bonn.

RUDOLF PÖRTNER
Das Haus in der Kronprinzenstraße

Mein Großvater Johann Friedrich Pörtner, Jahrgang 1843, starb sechs Tage nach der Geburt meines Vaters.

Er war Kleinbauer. Die zwanzig Morgen, die er bewirtschaftete, reichten aber nicht aus, seine stetig wachsende Familie zu ernähren. So ging er »an 'ne Bahn«, wie man in »Löhne-Umsteigen« sagte, und wurde Streckenwärter und Weichensteller. Da er ein pflichtbewußter Mann war, marschierte er auch dann noch täglich in der Frühe los, als er zu husten begann. Er bekam die Schwindsucht, wurde bettlägerig und tat alsbald, dreiundvierzig Jahre alt, seinen letzten mühsamen Atemzug.

Meine Großmutter Wilhelmine, geborene Imort, Jahrgang 1848, hat mir später erzählt, daß sie nach dem Tod ihres Ehemannes nächtelang wach gelegen und den lieben Gott gebeten habe, den kleinen Wilhelm, dem sie am 14. Dezember 1886 das Leben geschenkt hatte, wieder zu sich zu nehmen. Sie habe nicht gewußt, wie sie ihn und fünf weitere hungrige Bälger durchbringen sollte. Zwölf Mark, die ihr »die Bahn« einmal im Monat ins Haus schickte, waren ihre einzige Einnahme.

Der liebe Gott erfüllte ihren so inständig vorgetragenen Wunsch jedoch nicht. Er hatte, ganz im Gegenteil, dem jungen Erdenbürger eine eiserne Gesundheit verpaßt und die Gabe, von wenig mehr als Licht und Luft zu leben. Das »Willemken«, wie meine Großmutter ihren Letztgeborenen nannte, wenn sie, was selten geschah, ein Gefühl der Zärtlichkeit überkam, wuchs heran, ohne je krank zu werden, in den Kleidern seiner älteren Geschwister und, wie ein herrenloser Hund, immer auf der Suche nach Eßbarem. Wenn es niemand sah, legte er sich unter die Kuh und sog ihr etwas Milch ab. An seinem Geburtstag bekam er ein Ei zu essen. Das war dann ein Festtag für ihn.

Der liebe Gott hatte ihm aber nicht nur eine unzerstörbare Gesundheit mit auf den Weg gegeben, sondern auch einen hellen Kopf. Mein Vater war in der Schule der Beste. Er begriff schnell und hatte ein Gedächtnis wie ein Elefant. Als er zehn Jahre alt wurde, stattete sein Lehrer, der Kantor Römermann, meiner Großmutter einen gleichsam offiziellen Besuch ab und empfahl ihr, »den Jungen etwas lernen zu lassen«. Sie lehnte ab. Dafür war kein Geld da. Sie wollte es auch nicht. Bildung, das war einer ihrer Glaubenssätze, mache stolz und hoffärtig.

So ging ihr Jüngster dann weiter in die zweiklassige Dorfschule, hütete nachmittags die Kuh, arbeitete in den Ferien bei den Bauern, die dafür die Äcker seiner Mutter pflügten, ging sonntags zweimal zur Kirche, in der der alte Pastor Grewe mit nasaler Stimme gegen Sozialdemokraten und Egalmacher wetterte, lernte mindestens ein Dutzend Kirchenlieder und noch mehr Psalmen auswendig und wurde drei Monate nach seinem vierzehnten Geburtstag – das zwanzigste Jahrhundert hatte gerade begonnnen – konfirmiert und in die Welt entlassen.

Das fällige Konfirmationsbild zeigt einen schlanken, etwas zu groß geratenen Jungen mit »Stiftekopf« und einem Büschel blonden Haares. Er trägt den ersten Anzug seines Lebens, dazu Schleife und Stehkragen. Meine Großmutter hat zur Feier des Tages ihren Sonntagsstaat angelegt. Ich habe sie nie anders als in ihrer schwarzen Löhner Tracht gesehen.

Meine Mutter hat das Gesetz der Not nicht am eigenen Leibe kennengelernt. Sie war die älteste Tochter des Bäckermeisters Rudolf Fricke und seiner Frau Anna Johanna Auguste, die eine geborene Gast war und sich deshalb gern einen »Gast auf Erden« nannte. Der alte Fricke war aber nicht nur Bäcker, sondern auch Gastwirt und Kolonialwarenhändler. Hunger hatte in seinem Haus in Löhne-

Falscheide, auch Löhne-Königlich genannt, daher keinen Zutritt. Er selbst wog zweihundertvierzig Pfund. Trotzdem arbeitete er wie ein Berserker. Um vier Uhr nachts stand er auf, buk bis mittags seine täglichen fünfzig oder sechzig Sechspfundbrote, schlief eine Stunde und fuhr dann »auf Kundschaft«, in einem Kastenwagen, der von Caesar, einem ausgemusterten Paderborner Husarengaul, gezogen wurde.

Spätestens um fünf Uhr nachmittags stand mein Großvater hinter der Theke, mindestens bis Mitternacht, häufig länger: immer etwas schnaufend, da ihm sein Barockbauch die Luftzufuhr erschwerte, aber jovial, humorbegabt und zu derben Späßen aufgelegt. Zu vorgerückter Stunde pflegte er die ›Wacht am Rhein‹ oder das plattdeutsche Römerlied zu singen, das er aus seiner lippischen Heimat mitgebracht hatte, und wenn er sich ärgerte, fluchte er wie ein kosakischer Stallknecht. Im übrigen war er der erste Liberale im Dorf und sogar stolz darauf. Die Pfaffen mochte er nicht, am wenigsten die mindenravensbergischen Erwecker, die es fertigbrachten, ihre Schäflein eigenhändig aus dem Wirtshaus herauszuprügeln.

Meine Großmutter versorgte den Laden. Sie muß sehr hübsch gewesen sein, als sie siebzehnjährig die Nachfolge ihrer älteren Schwester, die mitsamt ihren drei Kindern 1886 Opfer einer Choleraepidemie geworden war, in Küche und Ehebett des schwergewichtigen Gastwirts und Bäckers antrat. Sie hatte auch später noch ein rosiges, rundes Puppengesicht mit Grübchen in Wangen und Kinn, doch war sie zeitig verbraucht, nicht zuletzt der Kinder wegen, die sie, gleichsam pausenlos, nacheinander zur Welt brachte.

Das älteste war meine Mutter, die sich am 24. September 1887 etwas voreilig, aber kregel im Ortsteil Falscheide der Gemeinde Löhne zu Wort meldete und, ihrem Temperament entsprechend, sehr früh das Kommando über die ständig nachrückenden Geschwister übernahm.

Von ihren Kinderjahren hat sie aber kaum je erzählt. Ihre Erinnerungen begannen eigentlich erst mit der Schulzeit. Mein Vater trat zeitig in ihr Leben ein. Sie teilte die Schulbank mit ihm, und sie hat häufig erzählt, daß er ihr leid tat, wenn er barfüßig in abgetragenen Kleidern und immer hungrig zur Schule kam. Sie bewunderte aber seine Gescheitheit, seine Wißbegier und die Selbstverständlichkeit, mit der er, wenn sich der alte Römermann mit den »Großen« beschäftigte, den Unterricht der »Kleinen« übernahm.

Sie kamen sich aber erst nach der Schule näher. Mutter stand zu dieser Zeit tagsüber im Laden, abends half sie in der Gaststube aus. Vater durchlief eine kaufmännische Lehre in der Meyerschen Zigarrenfabrik, die drei Kilometer vom Dorf entfernt in der Nähe des großen Bahnhofs lag: eine Strecke, die er viermal am Tag auf Schusters Rappen zurücklegen mußte, häufig im Trab. Aber die Arbeit –

werktags zehn, sonntags fünf Stunden – bereitete ihm Freude. Obwohl er den größten Teil seines Verdienstes »zu Hause« abgeben mußte, blieben ihm ein paar blanke Märker, über die er frei verfügen konnte – ein Gefühl, das ihn grenzenlos stolz machte, manchmal kam er sich geradezu wie ein Krösus vor. Das Leben meinte es nun gut mit ihm.

Zwar benötigte er einige Zeit, das Wohlwollen des alten Fricke zu erwerben, der für seine älteste Tochter einen Mann seiner eigenen Wahl, etwa einen betuchten, unternehmensfreudigen Handwerksmeister, vorgesehen hatte. Am Ende aber vertrug er sich gut mit ihm. Fleiß, Verläßlichkeit und fixes Rechnen waren Qualitäten, die mein dicker, aber etwas leichtfertiger Großvater durchaus respektierte. Mein Vater wiederum fühlte sich von dessen unmäßiger Lebensfreude angezogen, auch wenn sie ihm manchmal allzu lärmend und großspurig erschien.

Natürlich half er aus, wenn Not am Mann war – und das war häufig der Fall, im Sommer und Herbst vor allem, in der Zeit der großen Zeltfeste. Die Schützen, die Sänger, die Turner, die Kaninchen- und Geflügelzüchter, auch der Arbeiter-Radsportverein »Solidarität«, sie alle pflegten ja mit einer gewissen Regelmäßigkeit auf der Wiese des alten Fricke zu feiern und kräftig auf die Pauke zu hauen. Da mußte denn die ganze Familie ins Geschirr, die Töchter und werdenden Schwiegersöhne nicht ausgenommen.

Pfingsten 1906 ging die längst fällige Verlobung über die Bühne, sozusagen in sämtlichen Räumen des Hauses Fricke. Fünf Jahre später, am 2. Mai 1911, wurde geheiratet.

Ja, man nahm sich Zeit dazumalen. Man trat erst dann in den heiligen Stand der Ehe, wenn die Einnahmen ausreichten, eine Familie zu ernähren. Das aber war erst der Fall, als mein Vater einige Jahre nach planmäßig absolvierter Lehre eine Stelle als Expedient in den Lückingschen Zigarrenfabriken im zehn Kilometer entfernten Bad Oeynhausen gefunden hatte. Eine Stelle und eine Bleibe.

Die jungen Eheleute zogen in ein der »Firma« gehörendes Haus, das am Stadtrand lag. Hundert Meter weiter begann das Dorf Rehme. Im Haus Mindener Straße 73 bin ich am 30. April 1912 geboren worden, von Frau Fuchs, der Hebamme, die mir noch zwanzig Jahre später freundlich zunickte, ans Licht der Welt geholt. In diesem Haus habe ich die ersten elf Jahre meines Lebens verbracht.

Es war ein einfaches Haus, vorstädtisch wie die ganze Umgebung. Auf der gegenüberliegenden Seite der von hohen, kräftigen Linden beschirmten Straße der mehr als drei Meter hohe Bretterzaun des Eisenwerkes Weserhütte. Die Straße mit katzenkopfgroßen blauen Basaltsteinen gepflastert, der Bürgersteig mit roten abgetretenen Ziegeln. Vor dem Haus eine Gaslaterne, die allabendlich von einem städtischen Bediensteten mit einer langen Stange zum Leuchten gebracht wurde.

Auch das Haus aus roten, längst nachgedunkelten Ziegeln, die Wetterseite fischschuppenartig mit Dachpfannen verkleidet. Im Erdgeschoß ein engbrüstiger Flur, der in die sechs Quadratmeter große Küche führte. Zur Linken zwei Wohnzimmer, beide mit dunkelbraun gebeizten Jugendstilmöbeln ausgestattet, die in der Werkstatt des Tischlermeisters Lübbert, Ortsvorsteher in Löhne-Falscheide, entstanden waren. Massive Eiche, ansehnlich und nicht von Pappe. Im Obergeschoß zwei Schlafzimmer mit schrägen Wänden, das größere mit goldgelben Schärpen drapiert. Hinter dem Haus eine frei stehende Waschküche, ein Hühnerstall, zwei Apfelbäume und einige Stachelbeersträucher. Dazu ein sechshundert Quadratmeter großer Nutzgarten, der Frühkartoffeln, Bohnen und Erbsen, Rotkohl und Weißkohl lieferte, auch Mohrrüben, Spinat, Schnittlauch und Kopfsalat, Petersilie, Dill und anderes Grünzeug – vorausgesetzt, daß er ausreichend mit Schweiß gedüngt wurde.

Die Jahre bis zum Ersten Weltkrieg lebten im Gedächtnis meiner Eltern als eine ungetrübte Zeit weiter. Sie hatten, was das Herz begehrte: außer Haus und Garten eine vorzeigbare »Einrichtung«, auf die Mutter immer stolz war, ausreichend Eingemachtes im Keller, hilfsbereite Nachbarn, sonntags die Kinderwagenrevue im Kurgarten oder den Ausflug »zur Falscheide«, für den man gern eine zweistündige Anreise in Kauf nahm – und überhaupt: ein gutes Auskommen. Vater verdiente, bei stabilen Preisen, hundertachtzig Mark im Monat, genug um regelmäßig fünfundzwanzig Mark zur Kasse zu bringen, so daß der Kontostand bei Kriegsbeginn die neunhundert-Mark-Grenze schon überschritten hatte.

Der Krieg hat diesen Notgroschen schnell wieder aufgezehrt. Mein Vater wurde, wie Millionen andere, zu den Waffen gerufen, wie man damals sagte, und hat die Schnauze hingehalten, wie er selbst es ausdrückte. Vier Jahre im Westen als Soldat eines badischen Regimentes: Maschinengewehrkompanie 111. Aber über den Krieg sprach er nicht gern.

Eine Szene kehrte in seinen Erinnerungen allerdings häufig wieder. Nach seiner Ausbildung in Ostpreußen wurde er Anfang Februar 1915 nach Frankreich verfrachtet. Tief in der Nacht fuhr er »an der Falscheide« vorbei, am Geburtshaus meiner Mutter, und er wußte, daß sie dort zum zweiten Male niedergekommen war und Zwillingen das Leben geschenkt hatte, Dora und Wilma. Er stand auf der Plattform des Zuges und sah das von einer Petroleumlampe erleuchtete Fenster vorüberhuschen, hinter dem sie mit ihren beiden kleinen Kindern dem Tag entgegenschlief. Es war nicht mehr als ein heller Fleck in der Dunkelheit, eine halbe Sekunde, und weg war er, aber noch

Jahrzehnte später bekam er Schluckbeschwerden, wenn er davon sprach.

Meine eigenen Erinnerungen sind spärlich, ich war ja erst zwei Jahre alt, als der Kaiser zum Sammeln blasen ließ. Spätestens im Winter 1916 erfuhr ich jedoch, daß ein Kanten Brot eine Kostbarkeit, Rübensirup ein Gottesgeschenk war. Auch die Kohlen wurden immer rarer. Sie reichten am Ende gerade noch aus, die kleine Küche zu heizen, in der wir ohnehin unsere mageren Tage verbrachten. Manchmal hungernd, manchmal frierend, manchmal beides.

Meine Schwester Dora überlebte den Krieg nicht. Sie starb am 2. Januar 1918, völlig entkräftet an einer Lungenentzündung. Ich weiß noch, daß ich völlig fassungslos war, als ich sie in ihrem metergroßen, weißen Sarg liegen sah, die Hände gefaltet, ein grünes Kränzchen im Haar. Es war der erste große Schmerz meines Lebens. Meine Mutter, obwohl fröhlichen Gemütes, hat das Erlöschen des jungen Lebens nie ganz verwunden. Mein Vater trug bis zu seinem Tod eine blonde Locke seiner toten Tochter im Gehäuse seiner Taschenuhr.

Aber er kam heil zurück, er konnte sogar an seinen alten Arbeitsplatz zurückkehren. Ein wenig verändert allerdings. Seine Haare waren ihm während der Jahre im Westen abhanden gekommen, er hatte nun eine Glatze, einen erweiterten Gesichtskreis, wie er sagte. Er war auch älter und ernster als zuvor, aber fest entschlossen, seine Familie über die Runde zu bringen. Und wirklich – wenn es darum ging, ein Pfund Butter aufzutreiben oder einen Zentner Äpfel ins Haus zu schaffen, entwickelte er eine unglaubliche Findigkeit.

Einmal wurde er erwischt, mit einem Sack voller Kartoffeln, die er fünfzehn Kilometer weit – hin und zurück dreißig – herangekarrt hatte. Da er damit gegen die Vorschriften verstoßen hatte, erhielt er einen Bußgeldbescheid. Er rahmte ihn ein und erzählte von da an jedem, der es hören wollte, daß er ein Übeltäter, ein Gesetzesbrecher sei. Als er ein Jahrzehnt später amtlich aufgefordert wurde, eine Vormundschaft zu übernehmen, schrieb er der federführenden Behörde, daß er als »Vorbestrafter« leider nicht die moralische Qualifikation für ein so verantwortungsvolles Amt habe.

Nun, wir überstanden auch die Nachkriegsjahre, und als sie beendet waren, nach der schrecklichen Inflation der zwanziger Jahre, als die Mark im Verhältnis »Eins zu einer Billion« (in Zahlen: 1 zu 1 000 000 000 000) stabilisiert wurde, waren die Eheleute Wilhelm und Dorothea Pörtner sogar Besitzer eines kleinen Hauses geworden, Währungsgewinnler sozusagen.

Wenn ich von meinem Elternhaus spreche, meine ich vor allem dieses Haus in Bad Oeynhausen-Melbergen, Kronprinzenstraße 21 – vermutlich, weil es unentwegt Arbeit bereitet, Sorgen verursacht und die ganze Familie unbarmherzig beansprucht hat.

Links: Der etwa vierjährige Rudolf Pörtner mit seiner Cousine Lisbeth. *Rechts:* Die Eltern Rudolf Pörtners bei ihrer Verlobung 1906.

Es war halb fertig, als wir einzogen. Mehr Baustelle als Haus. Lieblos zusammengehauen, größtenteils aus Altmaterial. Die getünchten Wände troffen vor Nässe, die Wasserleitung funktionierte nicht, die Fenster klemmten, aus den Ofenrohren quoll Rauch, und im Winter wehte der Schnee bis in die Küche. Die Toilette freilich galt schon wenige Wochen nach unserem Einzug als Sehenswürdigkeit. Wir hatten sie über und über mit Inflationsgeld tapeziert.

Aber so langsam wurde es ein schmuckes Häuschen, fast schon eine Villa, mit wildem Wein bewachsen, der sich im Herbst flammend rot färbte. Ein grünweiß gestrichener Holzzaun trennte das Grundstück von der geschotterten Straße, in deren Pfützen sich das Geäst muskulöser Kastanien spiegelte, und der Garten quoll über von Blumen. Wenn im Frühjahr die Bäume blühten, sah er wie eine Sahnetorte aus.

Mein Vater war sehr stolz auf diesen Garten, er widmete ihm jede freie Minute und mehr Geld, als er eigentlich übrig hatte. Mutter machte sich über seinen pastoralen Eifer bisweilen lustig. Er zählt wieder die Knospen, sagte sie, wenn er andächtig von Baum zu Baum ging, die Zweige herabbog und neugierig beäugte. Aber sie half kräftig mit, und wenn er ihr am Sonntagmorgen alle verfügbaren Vasen mit Blumen gefüllt hatte, fühlte auch sie sich in ihrem Haus gut aufgehoben.

Vater pflegte dann gern ein wenig zu philosophieren. Der Mensch sei dazu da, die Welt zu verschönern, sagte er; eine knospende Rose ließe ihn eher an einen Schöpfer glauben als die Sprüche Salomonis (obwohl er auch die recht gut kannte). Und überhaupt: Gartenarbeit sei Gottesdienst.

Daß dieser Gottesdienst viel Verzicht und ständiges Bescheiden erforderte, haben meine Eltern widerspruchslos hingenommen. Sie hatten Gäste gern, aber sie besuchten keine Festivitäten, keinen öffentlichen Schnickschnack, keine kostspieligen Feiern. Sie leisteten sich lediglich die Jahreskarte für den Park. Aber die war billig, und die Marsch- und Operettenmusik des Kurorchesters war in den Preis eingeschlossen.

Aber wenn auch jeder Groschen umgedreht wurde, zum Sattwerden reichte es allemal, nicht zuletzt dank Mutters Kochkünsten. Sie hatte während der Verlobungszeit in einem Bielefelder Speiserestaurant »gelernt« und kannte ihre Henriette Davidis auswendig. Doch war sie ein gastronomisches Naturtalent und auf die beredsamen Rezepte der bürgerlichen Küchenfahrpläne nicht angewiesen. Was sie aus Kartoffeln und Eiern (eigener Produktion natürlich, wir hielten ständig an die zwanzig Hühner), aus »Eingemachtem« und dem Inhalt der zwölf Kochtöpfe, die in ihrer Speisekammer immer gleichsam »zur Disposition« standen, zusammenzauberte, setzt mich noch heute in Erstaunen.

Auch das Kuchenbacken ging ihr glatt von der Hand, ja, es entwickelte sich im Lauf der Jahre zu einer wahren Leidenschaft, sie buk nicht nur für den eigenen Bedarf, sondern auch für Nachbarn, Freunde und Verwandte. Weihnachten zum Beispiel hatte sie mindestens ein Dutzend Abonnenten zu versorgen. Absolute Spitze war sie auch in der heute fast vergessenen Kunst, das jährliche Schlachtschwein so zu verwerten, daß außer Borsten und ungenießbaren Innereien nichts übrigblieb. Noch als Fünfundsiebzigjährige wurde sie während der Wintermonate in der gesamten Verwandtschaft herumgereicht, um zu »wursten«. Und ihre Würste waren unvergleichlich, sie muß auch diese Gabe mit auf die Welt gebracht haben.

Mein Vater schätzte die kulinarischen Künste seiner Frau sehr. Er hat auch, ohne je aus der Form zu fließen, weidlich Gebrauch davon gemacht. Doch war sein Bildungshunger mindestens so groß wie sein leiblicher Hunger. Er las sehr viel, er las eigentlich alles, mit nie gestillter Wißbegier, was ihm gedruckt vor die Augen kam: Kalender, Zeitungen, Zeitschriften, Illustrierte, sogar die Schulbücher seiner beiden Kinder, die selbstverständlich – schon weil sie es »einmal besser haben sollten« – die »höhere Schule« besuchten, obwohl auch das den häuslichen Etat erheblich belastete.

Mitte der zwanziger Jahre (nachdem er der Deutschen Buchgemeinschaft beigetreten war, Mitgliedsnummer 40798, ich kann sie noch auswendig) begann er, das Reich der Literatur zu entdecken. An den langen Winterabenden las er dann vor, mit etwas einschläfernder, aber völlig hingegebener Stimme: aus Kellers Seldwyler Geschichten, Storms Novellen oder Raabes ›Hungerpastor‹, zu dem er schon des Titels wegen eine besonders innige Beziehung hatte. Auch Remarques ›Im Westen nichts Neues‹ und Ludwig Renns ›Krieg‹ habe ich, nun schon Primaner, auf diese Weise kennengelernt, gelegentlich mit dem Hinweis, daß es genauso gewesen sei.

Sonst, wie gesagt, sprach er kaum von seinen Jahren im Westen. Seine Auszeichnungen waren in einer Schublade des Wohnzimmerbüffets eingesargt. Er hat sie nie getragen.

Überhaupt: den Staat mochte er nicht. Uniformen waren ihm zuwider, Strammstehern und Hurrapatrioten ging er aus dem Wege, auch auf die alten pensionierten Obristen, die in meiner Heimatstadt gleichsam kolonnenweise den Tag totschlugen, war er schlecht zu sprechen. Und wenn ihm das Thema »Staatsdiener« unterkam, ließ er geradezu ein Donnerwetter vom Stapel, nicht immer zum Vergnügen derer, die ihm dann zuhören mußten. In der staatlichen Bürokratie sah er schon in den zwanziger Jahren eine Hydra heranwachsen, deren Gefräßigkeit ihm Angst machte.

Während er allem, was nach Staat roch, zutiefst mißtraute, war er voller Vertrauen zu Herrn Jedermann; allzu vertrauensvoll, wie meine Mutter häufig klagte. Denn er wurde immer wieder hereingelegt. Er bürgte bald hier, bald da, meist war er am Ende der Dumme. Er mußte dann für andere geradestehen und hatte schlechte Tage zu Hause. Aber er konnte nicht aus seiner Haut heraus. »Wohlzutun und mitzuteilen« (mit seinen eigenen Worten zu sprechen) war ihm ein elementares Bedürfnis. Er schenkte und spendete, wo er konnte. Fast immer hatte er ein gefülltes Zigarrenetui bei sich, um die vielen Nassauer zu versorgen, die ihm auf Schritt und Tritt folgten, später, in den Jahren des Zweiten Weltkrieges, in ganzen Rudeln. Er selbst rauchte kaum.

In all seiner Güte und Gutwilligkeit war er aber hellwach, wenn es um Politik ging. Die Nazis hat er nie an sich herankommen lassen. Da ihm Fahnen, Aufmärsche und Kundgebungen zuwider waren, begegnete er ihnen von Anbeginn mit Skepsis. Als sie anfingen, ihre Gegner zu verprügeln, einzusperren oder anderweitig verschwinden zu lassen, hatten sie endgültig bei ihm verloren. Fortan vermied er keine Gelegenheit, ihnen seinen Unmut oder gar seine Verachtung zu zeigen. Er ließ sich öffentlich mit Juden sehen, er schaffte keine Hakenkreuzfahne an, er wurde Mitglied der Bekennenden Kirche, er arbeitete, wenn »der Führer sprach«, demonstrativ im Garten, und er grüßte einen früheren Kollegen noch mit dem herkömmlichen »Guten Tag«, als dieser bereits Ortsgruppenleiter war.

Den Krieg sah er kommen, und er bereitete sich hellsichtig auf ihn vor, indem er spätestens 1938 methodisch damit begann, Vorräte anzulegen. Die gesamte Sippe hat später davon profitiert. Denn als wir Überlebenden – und wir hatten viel Glück gehabt, kaum Abgänge – 1945 in der Kronprinzenstraße wieder vor Anker gingen, brauchten wir nicht, wie viele andere, beim Punkt Null anzufangen.

Fast über Nacht wurde das Elternhaus wieder der rettende Hafen, in jeglicher Beziehung. Wir fanden in ihm Platz und ein Dach über dem Kopf, es ernährte uns, gab uns Halt und Stehvermögen, es war inmitten chaotischen Neubeginns eine Insel der Ordnung und Zuversicht, es schenkte uns alles, was man in dieser Zeit benötigte, um noch einmal zu den Überlebenden zu gehören und langsam, aber sicher wieder Boden unter den Füßen zu gewinnen.

Ich bewundere noch heute, mit welcher Selbstverständlichkeit meine Eltern, beide nun schon um die Sechzig, die Aufgabe übernahmen, für eine Großfamilie zu sorgen: für Sohn und Tochter, Schwiegertochter, drei Enkel, die Mutter der Schwiegertochter, gelegentlich noch einige hungrige Münder mehr. Sie stellten sich dieser Verantwortung, ohne zu zögern, ohne ein Wort der Klage, sie verlangten nicht einmal Dank, allenfalls Verständnis dafür, daß nicht jeden Tag Sonntag sein konnte. Sie besorgten und beschafften unentwegt und waren glücklich, wenn »es wieder gereicht« hatte.

Wie schon einmal, in den Jahren nach dem Ersten Weltkrieg, entwickelte mein Vater einen geradezu sportiven Ehrgeiz, jeglichem Notstand beizeiten zu wehren. Er war fast ständig unterwegs, um hier einen Zentner Roggen, dort eine Sonderzuteilung Kohlen, hier einen Liter Öl, dort ein paar Kohlköpfe zu organisieren. Was er damals geleistet und allein an physischer Kraft aufgebracht hat, setzt mich noch heute in Erstaunen. Da »die Firma« verlagert war (Bad Oeynhausen war nun Hauptquartier der Britischen Rheinarmee, stacheldrahtumzäunt), mußte er täglich allein vierzig Kilometer mit dem Fahrrad zurücklegen, die Hamstertouren und nächtlichen Beschaffungsunternehmen nicht mitgerechnet.

Und auch diese waren keine reine Freude, selbst wenn man Erfolg hatte. Das erste »schwarze« Schwein karrten wir zehn Kilometer weit heran, ehe wir es in Mutters Waschküche zur Strecke brachten. Mit einem Hammer, einem schartigen Messer und einem alten Küchenlöffel, den wir als Schaber benutzten. Anderes Gerät hatten wir leider nicht.

Dabei blieb er der redliche, gütige, auf Ordnung bedachte Mensch, der er zeitlebens gewesen war. Unerschüttert auch in seinen moralischen Vorstellungen. Die Gesetze der Besatzungsmächte zu umgehen, hielt er für sein gutes Recht. Eine Obrigkeit, die ihre Schutzbefohlenen zwang, unter Ausnahmebedingungen zu leben, war für ihn keine sittliche Instanz. Während er ihre Vorschriften als Makulatur abtat, achtete er jedoch die Rechte seiner Mitmenschen wie eh und je, penibel wie ein Buchhalter, auch als Hemdsärmeligkeit längst Mode geworden war.

Einmal erhielt auch ich einen strengen Verweis. Kurz hintereinander waren mir zwei Fahrräder gestohlen worden, ohne meine Schuld, aber ich fühlte meine Cleverness doch ernsthaft in Frage gestellt und schwor Stein und Bein, bei der nächsten Gelegenheit auch meinerseits zuzulangen. Mein Vater nahm diese Äußerung zunächst schweigend zur Kenntnis. Später, im Garten, nahm er mich beiseite und sagte ruhig, aber sehr bestimmt: »Diesen Unfug will ich überhört haben. Für einen Fahrraddieb solltest du dir zu schade sein.«

Ja, die Welt meines Elternhauses blieb auch in den Jahren des Ausnahmezustandes eine Welt der Gesittung und des Maßes. Es war eine schlimme Zeit, wir mußten uns mächtig in die Ruder legen, aber der Kurs blieb markiert. Und das hieß immer noch: für andere dazusein, zu helfen, zu teilen, das Gehörige zu tun – auch wenn man am eigenen Leibe erfuhr, daß Anständigkeit sich nicht auszahlte.

Merkwürdig, wenn ich heute an mein Elternhaus zurückdenke, dann vor allem an diese Jahre nach dem Krieg, wo es alles war, was es überhaupt sein konnte: Zuflucht, sicherer Hafen, Kraftfeld unverdrossenen Weitermachens – und ein Hort der Nächstenliebe und des Verzeihens. Mein Vater schrieb unaufhörlich Persilbriefe, auch für diejenigen, die während der Nazijahre sein Haus nicht mehr betreten hatten.

So überstanden wir die Jahre danach, unbeschadet an Leib und Seele, bis wir, einer nach dem andern, das kleine, zeitweise recht eng gewordene Haus in der Kronprinzenstraße wieder verließen, das im Sommer noch immer so verschwenderisch mit seinen Blumen prunkte. Und irgendwann begannen sie ihren Lebensabend zu zweien.

Aber erst um die Siebzig herum hängte mein Vater die Arbeitshandschuhe an den Nagel. Als er Mitte der fünfziger Jahre aus »der Firma« ausschied, hatte er, wie ich annehme, einen bemerkenswerten Weltrekord aufgestellt. Mehr als fünfundfünfzig Jahre war er in den Lückingschen Zigarrenfabriken aktiv gewesen, und er hatte in dieser Zeit nicht einen einzigen Tag wegen Krankheit gefehlt und seine Tätigkeit nur dreimal unterbrochen: dreieinhalb Jahre im Ersten Weltkrieg, drei Wochen zu Beginn der zwanziger Jahre, als meine Mutter nach einer schweren Operation dringend einen Erholungsurlaub benötigte, und drei Tage zur Silberhochzeit, als sich das Ehepaar Pörtner eine Reise zu Freunden nach Bremen geleistet hatte, hundert Kilometer mit dem Fahrrad. Zu mehr reichte das Geld leider nicht, da der Sohn im Studium war.

Die nächsten zehn Jahre haben sie, wie sie mir häufig versichert haben, sehr genossen. Sie waren gut auf den Beinen, die Rente reichte aus, nicht nur für den eigenen Bedarf, sondern auch für die Geburtstags- und Weihnachtsgeschenke, die für meine Mutter wahrscheinlich mehr bedeuteten als für den Empfänger, sie waren nun die Patriarchen der weitverzweigten Familie und feierten die Feste, wie sie kamen. Und Ruhe gönnten sie sich noch immer nicht.

Noch in den hohen Siebzigern stieg mein Vater auf den großen Birnbaum vor der Haustür, einen der dreißig Obstbäume, die er gepflanzt und herangezogen hatte, und turnte in seinem Gezweig herum – ein ziemlich halsbrecherisches Unternehmen, zumal die Drähte einer Stromleitung mitten durch das Astwerk hindurchliefen. Und Mutter ließ noch immer nichts verkommen und gönnte weder sich selbst noch ihren Einkochtöpfen und Einmachapparaten die längst verdiente Abendruhe.

Kurzum: sie waren tätig wie eh und je, vollauf damit beschäftigt, ihre Blumen zu pflegen, Haus und Garten zu versorgen, Pakete für die Kinder zu packen (die die »Fünfzig« nun auch schon hinter sich hatten), den nach dem Abzug der Engländer wieder frei gewordenen Kurpark wohlwollend-kritisch zu mustern. Verwandte und Freunde zu besuchen – nein, einsam waren sie nicht, obwohl sie gelegentlich klagten, daß es immer leerer um sie werde.

Als sie die Achtzig überschritten hatten, kippten sie um. Mutter machte den Anfang. Nach einem Vierteljahr war sie wieder auf den Beinen, die alte Fröhlichkeit kehrte zurück, aber ihre Arbeitskraft war dahin. Dann traf auch Vater der Schlag, im Mai 1967, aus heiterem Himmel, und als ihn die Ärzte zehn Wochen später wieder aus den Händen gaben, war auch er nicht mehr der Alte. Er rappelte sich zwar wieder hoch, nicht ohne sein schlotterndes Gebein sarkastisch, aber bibelfest zu bewitzeln, aber er zog sich in sich selbst zurück, mißtrauisch und kontaktscheu; der Welt nicht gerade abgewandt, aber auch nicht mehr zugetan.

Es hatte sie beide schwer erwischt, und da sie ihren Kindern, wie sie sagten, nicht zur Last fallen wollten, verkauften sie das Haus, für das sie soviel Schweiß vergossen hatten, und mieteten sich in einem Heim in Godesberg ein; in meiner, in unserer Nähe.

Sie brachten auch das damit beginnende letzte Kapitel mit Haltung hinter sich, angeschlagen, aber zäh; entwurzelt, aber unglaublich tapfer, und als sie ihre diamantene Hochzeit feierten, zu Hause in Löhne-Königlich, genannt Falscheide, und ihre Freunde und Verwandten noch einmal in denselben Räumen begrüßen konnten, in denen sie die »grüne« gefeiert hatten, waren sie für Stunden wie früher. Mutter strahlte wie eine Silberbraut und sah auch so aus.

Danach wurden ihre Schritte immer langsamer und immer unsicherer. Aber die Fähigkeit, sich zu freuen, blieb ihnen erhalten. Wenn ich sie sonntags geholt hatte, gingen wir zusammen durch den Garten, und Vater zählte wie in der Kronprinzenstraße die Knospen, und Mutter nahm sich ein paar Rosen für die Vase mit. Das Heranwachsen der Urenkel beobachteten sie mit andächtigem Staunen.

Nach und nach erloschen sie. Aber sie nahmen sich Zeit. Sie starben langsam, hartnäckig Widerstand leistend, doch klaglos und gefaßt. Vater meldete sich drei Wochen vor seinem sechsundachtzigsten Geburtstag ab, aber es dauerte Stunden, bis sein kräftiges und so gutes Herz den Kampf aufgab. Mutter wurde fast neunzig.

Als ich sie kurz vor ihrem Tod fragte, woran sie am liebsten zurückdächte, nannte sie, ohne zu zögern, das Haus in der Kronprinzenstraße; den Garten, die Baumblüte im Frühjahr, den feuerroten wilden Wein im Herbst, die Arbeit, die das eigene Stück Erde bereitet, die Freude, die es geschenkt hatte.

Dann gab sie mir Grüße auf. Leider konnte ich nur noch wenige ausrichten. Die meisten Adressaten gab es schon nicht mehr.

Werner Höfer wurde am 21. März 1913 in Kaisersesch geboren. Nach dem Abitur studierte er Theater- und Zeitungswissenschaften in Köln und war anschließend Redakteur in Köln und Berlin. Von 1946 bis 1961 leitete er die Aktuelle Abteilung des NWDR bzw. des WDR in Köln. Von 1964 bis 1977 war er Direktor des dritten Fernsehprogramms des WDR, 1972 wurde er Fernsehdirektor des WDR. Von 1952 bis 1987 war er Gesprächsleiter der Journalisten-Diskussionsrunde ›Internationaler Frühschoppen‹.

Werner Höfer
Die VOSS und der tönende Zauberkasten

Obwohl ich kein Waisenkind bin, hatte ich kein »Elternhaus«, wenn der zweite Teil des Begriffs wörtlich verstanden werden soll. Mein Vater, als Beamter eher zu den Unsteten der Gesellschaft gehörend, konnte Frau und Kindern immer nur eine Wohnung, eine gemietete Behausung, bieten. Ich habe in den Elternwohnungen eine Bilderbuchkindheit verlebt.

Das Kindheitserlebnis, das für mein ferneres Leben, für mein Arbeitsleben und meine Lebensarbeit, für das Glück meines Lebens, entscheidend wurde, war die Inspiration durch eine Art von Zauberkasten, der heute, mehr als ein halbes Jahrhundert später, jeden Zauber verloren hat, weil er so alltäglich geworden ist wie Wasserleitung oder Telefonanschluß: mein Zauberkasten war ein Radioapparat.

Meine Knabenjahre verlebte ich in dem Eifelstädtchen Mayen, zwischen Rhein und Mosel. Mein Vater stand in Diensten der Provinzialverwaltung der Rheinprovinz, Sitz Düsseldorf. Als Straßenbaumeister war er zuständig für Unterhalt und Ausbau des Straßennetzes ringsum. Er verrichtete seine Arbeit weniger am häuslichen Schreibtisch als unter freiem Himmel, per pedes, per Pedale, zuletzt per Automobil. Er war glücklich, weil keiner ihm Bürostunden oder Wegestrecken vor- oder nachrechnen konnte: ein freier Mann mit Beamtenstatus, der seine Freiheit als Aufforderung zu besonderer Gewissenhaftigkeit verstand.

Ich war auf dem örtlichen Gymnasium nicht eben der dümmste und der faulste Schüler, hütete mich aber, auch nur durch den Anschein von Strebertum den Anschluß an die tonangebende Clique der Klassenstars zu verlieren. Kecke Streiche zählten im Ansehen der Mitschüler mehr als gute Noten. Alles riskieren, nur nicht auffallen – das war die Parole der Pennäler.

Ein wenig gelittener Lehrer (Spezialfach: Geographie; Spezialslogan: »Selbst da gewesen!«) bestellte mich eines Tages nach der Unterrichtsstunde zu einem Gespräch, einem Privatissimum unter vier Augen. Was hatte ich verbrochen, wobei hatte man mich erwischt? Das befürchtete Verhör verwandelte sich jedoch flugs in ein Angebot: Ob ich im Hause eines ortsansässigen Arztes den Söhnen, Problemkindern, täglich bei der Bewältigung der Schularbeiten helfen wolle – gegen angemessenes Sonntagsgeld?

Ich bat mir Bedenkzeit aus, um mit den Eltern über den Vorschlag sprechen zu können. Vater und Mutter hatten keine Einwände, sofern ich über der Hilfe für andere die eigene Arbeit nicht vernachlässige – eine Besorgnis, die ich durch das Argument entkräftete, ich würde bei dieser Lernhilfe selber auch dazulernen.

Ich habe in der Tat viel gelernt in diesem »Job«, mehr als auf der unteren, höheren oder hohen Schule. Denn in diesem Haus, das ein Bauhausschüler gebaut hatte unter Verwendung von Beton, Glas und Stahl – im Kernland von Steinen und Erden! –, in diesem aufregend modernen Haus begegnete ich aufregenden Zeugnissen zeitgenössischer Kunst jener wilden zwanziger Jahre: Bildern, Büchern, Platten. Dort verkehrten auch richtige Künstler mit ungewöhnlichen Ansichten, mit der Aura von Genialität.

Täglich brachte der Postbote eine schon im Format auffällige Zeitung. Diese ihrer Bedeutung nach große (wie ich später erkannte) Zeitung war in den Abmessungen bescheidener als das heimische Blättchen. Das mir bis dahin unbekannte Blatt trug im Kopf ein ehrwürdiges Wappen und einen zunächst unverständlichen Titel: Vossische Zeitung. Man erklärte mir, daß dieser Name auf die Gründerfamilie zurückgehe.

Ich habe Tag für Tag dieses Blatt aus Berlin, das von der Aufmachung her mehr sein als scheinen wollte, verschlungen wie die Schulbuben von heute ihre Comic-Hefte und Computerspiele. Daß ich

Journalist werden wollte und etliche Jahre später tatsächlich im Verlag der ›Voss‹ in der Berliner Kochstraße arbeitete, verdanke ich dem aufklärerischen Geist dieses Mayener Hauses, das nicht mein Elternhaus, nur ein Nachbarhaus war.

In diesem Haus gab es auch ein Geheimnis, einen Raum, den man mit einem Fingerdruck verdunkeln konnte, weil der Hausherr Spezialist für Augenleiden war. Die Frau des Hauses, der die Betreuung der Söhne anvertraut war, führte mich eines Tages in diese Dunkelkammer, zwang mich in einen Stuhl und stülpte mir merkwürdige Muscheln über Kopf und Ohren.

Dann drehte sie an einem im Halbdunkel eben noch zu erkennenden schwarzen Kasten mit seltsamen Spulen und Skalen, Knöpfen und Zeigern. In meinen Ohren begann es zu rauschen, zu zischen, zu pfeifen, in einer wilden Kakophonie wie auf dem Rummelplatz, bis mit einemmal das Chaos der Töne sich harmonisch entwirrte und anschwoll zu einem kunstvoll gegliederten Klanggebilde aus Stimmen und Instrumenten. Die Hausfrau, meine Verwirrung, meine Verzückung wahrnehmend, flüsterte: »Das ist Musik.« Und beiläufig fügte sie an: »Carmen, eine Oper, die schönste, die es gibt.«

Zum erstenmal hatte ich etwas gehört, mit eigenen Ohren, was ich nur in der Vorstellung, nur aus der Beschreibung kannte, richtige Musik, große Musik – nicht bemühte Musik vom Schulorchester oder der Feuerwehrkapelle, nicht von kratzenden Platten oder dem wimmernden Harmonium, auch nicht vom eigenen Klimpern auf dem elterlichen Klavier.

Was aus den Muscheln über die Membrame des Trommelfells mir ins Gemüt drang, war ein unwirklicher Klang aus dem All, aus dem Nichts, aus den Sphären, ein Ätherrauschen, von weit her und ganz nah. Der Äther – das war der Stoff, aus dem das Wunder kam: Rundfunk, Radio.

Warum es bei dieser ersten Musikstunde aus dem Radio so geheimnisvoll zuging? Was sich hier zutrug, war im wahrsten Sinne des Wortes ein Fall von Schwarzhören. Denn zu jener Zeit – der Erste Weltkrieg war gar so lange noch nicht vorbei – waren etliche Bestimmungen der Besatzungsmächte noch in Kraft, darunter auch die, daß die Zivilbevölkerung keinen »drahtlosen Empfang« betreiben dürfe.

Dennoch, fasziniert durch dieses Welterlebnis, wollte ich meinen Vater bitten, auch für mein Elternhaus solch einen Apparat anzuschaffen. Als pflichtbewußter Beamter konnte er das jedoch nicht wagen. Die Mutter tröstete mich und drängte ihn: diese dumme Bestimmung würde sicher bald aufgehoben.

Damit hat sie, ein ahnungsvoller Engel in der Mutterrolle, recht behalten. In meines Vaters Wohnung nahm bald der erste Radioappa-

Werner Höfer bei seinem Schuleintritt im Jahre 1919.

rat, nun schon mit eingebautem Lautsprecher statt mit unbequemen Kopfhörern ausgestattet, seinen Einzug.

Von Stund an vollzogen sich meine Hausarbeiten, sofern sie nicht mit Schreiben verbunden waren – jener Kunst, die ich so unvollkommen beherrschte, daß mir für die Niederschrift von Hausaufsätzen die Benutzung einer Schreibmaschine nicht nur erlaubt, sondern sogar empfohlen wurde (Lehrerwort: Wir wollen auch was davon haben...) –, die Erledigung von Hauslektüre also vollzog sich fortan mit Musikbegleitung: music while you work.

Ich saß in einem mäßig bequemen Sessel vor einem an die Wand gelehnten Beistelltisch, auf dem der Radioapparat stand. Zur Nachmittagsstunde, zum Fünfuhrtee, tönte aus dem Lautsprecher Tanzmusik, vielleicht von Jack Hylton, aus London, aus dem Savoy Hotel, live. Sogar das Schlurfen der Schritte, das Flüstern der Tanzenden, Privilegierte einer fernen, feinen Welt, waren zu vernehmen. In Fox- und Tangorhythmen paukte ich Vokabeln, überflog ich Dramen, lernte ich Gedichte. Ich erfuhr am eigenen Leibe, was ich später bis zum Überdruß hörte: Mit Musik geht alles besser.

Am Abend wurde es dann ernst. Da war ich, der Junge vom Lande, aus der Provinz, ein Weltkind, in dessen Macht es lag, eine Reise rund um den Globus zu unternehmen, mit einer Handbewegung, einem Fingerdruck. Damals war der Äther noch nicht verseucht von Wellensalat und Frequenzwirrwar. Die Kurzwelle reichte bis zu den Sternen. Die Langwelle holte die weiteste Ferne ins Haus. Die Mittelwelle schuf die Verbindung quer durch Europa. An die Ultrakurzwelle, des Nachkriegswunders liebstes Kind, dachten damals, nach dem Ersten Weltkrieg, als noch keiner an seine zweite, verschlimmerte Auflage denken mochte, höchstens unbekannte Forscher in ihren Laboratorien.

Die Sender, die ich täglich anpeilte, wurden nicht nach ihrer Länderbasis, sondern nach ihren Standorten benannt. So stand Daventry für England, Beromünster für die Schweiz, Lahti für Finnland und Königswusterhausen für Deutschland. Mein Lieblingssender, über Mittelwelle nach Sonnenuntergang bei mir daheim so leicht zu empfangen, als grenze die Eifel ans Riesengebirge, war Breslau.

Diese ferne schlesische Station war nach meinem frühreifen Urteil der fortschrittlichste Sender und der aktuellste zugleich. Er brachte, längst vor Köln, aber auch vor Berlin, die jüngsten Stücke, von denen man sprach, die neuesten Schlager, die man mitsummte, die interessantesten Namen, die in aller Munde waren. Einige Jahre später waren zwei der alten Breslauer, Edmund Nick und Franz Marszalek, meine Kollegen beim wieder entstandenen WDR in der Kölner Dagobertstraße.

Die Schreibmaschine, die mir mein Deutschlehrer verordnet, und meine Eltern zu Weihnachten geschenkt hatten, ist in Berlin, in einer Bombennacht, verbrannt. Die ›Vossische Zeitung‹, die mir die erste Bekanntschaft mit großem Journalismus geboten hat, ist nach dem Krieg nicht wieder zum Leben erweckt worden.

Der Rundfunk, der mich als Pennäler im Eifelstädtchen Mayen in der Dunkelkammer des Arzthaushalts und am Studierplatz in meinem Elternhaus verzauberte, hat mein Leben begleitet – in vielen Spielarten, bis hin zum Fernsehen. Ich habe damals mit dem Radio mein Fernseherlebnis genossen – auf den Flügeln der Phantasie.

Vor Jahren habe ich meine jüngere Tochter in ihrem Zimmer, in ihrem Elternhaus, in einem Sessel hocken sehen, weltabgewandt, versunken in Lauschen, auf den Ohren ein monströses Paar jener Muscheln, wie sie in kleinerem Format die Arztfrau in Mayen einst über meine Ohren gestülpt hatte, als ich zum erstenmal erlebte, was das ist: Musik und Welt.

Eduard Pestel wurde am 29. Mai 1914 in Hildesheim geboren. Von 1935 bis 1939 studierte er Bauingenieurwesen in Hannover. Danach studierte und arbeitete er in den USA, in Mexiko und in Japan. 1947 kehrte er nach Deutschland zurück. Seit 1957 ist er Inhaber des Lehrstuhls für Mechanik an der Technischen Universität Hannover. Er ist Gründungsmitglied des »Club of Rome« und Mitverfasser der Studie über die Gefahr des Zusammenbruchs der Lebensgrundlagen. Von 1977 bis 1981 war er niedersächsischer Minister für Wissenschaft und Kunst. Seit 1976 ist er Leiter des von ihm gegründeten Instituts für Systemforschung und Prognose in Hannover.

EDUARD PESTEL
Uns fehlte der geistige Kompaß . . .

»Junge, kämm dich!« war eine oft gehörte Mahnung meiner Mutter, deren außerordentliche Ordnungsliebe vor nichts haltmachte. Selbst die Sofakissen bekamen sie zu spüren, indem sie artig mit Knick in der Mitte auf dem Kanapee zu sitzen hatten. Um der Wahrheit die Ehre zu geben, diese Drei-Worte-Mahnung bekam ich erst vom vierzehnten Lebensjahr an zu hören, als ich im Hinblick auf die nach der Konfirmation obligate Tanzstunde nicht länger mit einem auf Zehntelmillimeter kahlgeschorenen Kopf herumlaufen mochte und mir einen – fürs erste auf die Ansichtsseite beschränkten – Kurzscheitel bei weiterhin kahlen Schläfen und Hinterkopf zugelegt hatte: eine sparsame Haartracht, wie sie auch mein Vater – wenn ich mich recht erinnere – bis in seine vierziger Jahre getragen hat.

Mein Vater stammte aus dem Dorf Lauterbach im Voigtland, wenige Kilometer außerhalb der kleinen Textilindustriestadt Ölsnitz, nahe dem Schnittpunkt der Grenzen von Böhmen, Bayern und Sachsen. In

der hügeligen Landschaft, wo das Erzgebirge endete und das Fichtel-
gebirge nicht weit war, verlebte ich bis zum Abitur regelmäßig Jahr
für Jahr die Sommerferien und zumeist auch die Weihnachtstage.
Mein Großvater betrieb außerhalb der Stadt an der nach dem bayerischen Hof führenden Straße eine Gastwirtschaft mit großen Terras-
sen, Kegelbahn, einem gewaltigen polternden Ungetüm von Wäsche-
mangel, viel Kleinvieh und etwas Landwirtschaft. Über die Hofer
Straße hinweg lagen Wiesen, die meinem Großvater gehörten und auf
denen meine etwas jüngere Schwester und ich gerne die Ziegen hüte-
ten. Die Grünflächen dienten natürlich auch der Sonnenbleiche für
die viele Wäsche, die in dem Gastwirtsbetrieb anfiel. Auch dabei
halfen wir, und es machte viel Spaß, die Laken und Tischdecken auf
der Wiese auszubreiten und mit Wasser zu besprengen.

Höhepunkt der Ferien waren die Ausflüge zur zwei Stunden entfernt in einem kleinen romantischen Tal liegenden Fuchsmühle, wo
riesige Wasserräder eine Mehlmühle und ein Sägewerk antrieben.
Meine Großmuttter, deren ganze Liebe sich auf mich zu konzentrie-
ren schien, war hier als Tochter des Fuchsmüllers noch vor der
Reichsgründung geboren. Mein Vater war ihr sehr ähnlich, im Aussehen wie im Wesen. Beide haben wohl sehr unter der dominierenden
Art meines Großvaters gelitten. Das war dann auch der Grund dafür,
daß mein Vater nach Abschluß der kaufmännischen Lehre in Ölsnitz
seine erste Stellung in der für damalige Verhältnisse fernen Provinz
Hannover antrat.

So kam er 1908 als Achtzehnjähriger nach Hildesheim, wo er bis zu
seinem Tod im Jahre 1973 wohnte. Hier lernte er 1912 meine Mutter
kennen, eine sehr attraktive, unternehmungslustige und temperamentvolle Frau, die er nach kurzer Verlobungszeit ehelichte. Mein
wohlhabender Großvater soll ob dieser Eheschließung mit einer Mit-
tellosen ohne Mitgift nicht glücklich gewesen sein.

Meine Mutter hatte mit vier Jahren ihre beiden Eltern verloren.
Auch ihre Adoptiveltern starben 1912 kurz nacheinander, so daß sie
mit zwanzig Jahren zum zweiten Male Vollwaise wurde. Zwischen
meinen Eltern muß es Liebe auf den ersten Blick gewesen sein; denn
meine Mutter war zuvor mit einem Adligen verlobt, dem sie nach
Kennenlernen meines Vaters kurzerhand den Verlobungsring zu-
rückreichte – eine fast heroische Tat, wenn man ihre ehrfürchtige
Hochschätzung des Adels berücksichtigt, von der sie zeitlebens erfüllt war. Ihre Persönlichkeit war eben noch in der Kaiserzeit vor dem
Ersten Weltkrieg geformt worden; so hatte sie, ohne daß ihr Selbstbewußtsein darunter litt, ganz klare Vorstellungen von gesellschaftli-
cher Hierarchie.

Ich wurde im Mai 1914, wenige Monate vor Ausbruch des Ersten
Weltkrieges, in einer tristen Straße in der Nähe des Güterbahnhofs

von Hildesheim geboren. Kurz danach siedelten meine Eltern in eine große Wohnung an der Steingrube um, dem Exerzierplatz der 79er, die sie aber trotz Abvermietens nicht halten konnten, und so zogen wir bald nach der Geburt meiner Schwester in eine nicht weit davon entfernte kleinere Vierzimmerwohnung im Immengarten, wo wir bis zum Ende meiner Schulzeit wohnten. Die Wohnung lag günstig: zwanzig Meter weiter an der Ecke befand sich der Fleischerladen von Marheinecke, einer gut katholischen Familie, wo meine Mutter, weil strikt evangelisch-lutherisch, allerdings nur ungern kaufte – »das gute Fleisch geht ja doch alles ans Bernward-Krankenhaus« –, daneben auf der gegenüberliegenden Straßenseite der Laden von Bäcker Hahn, der immer sehr mürrisch dreinschaute, wahrscheinlich, weil er jeden Morgen um vier Uhr zum Brötchenbacken aufstehen mußte, und etwas weiter der »Tante-Emma-Laden« von Therese Lange. Auch der Friseur Fobbe, bei dem ich allmonatlich meinen Totalhaarschnitt für 30 Pfennig erhielt, war keine hundert Meter weit entfernt.

Damit ich der ab 1921 eingeführten vierjährigen Volksschulpflicht entgehen konnte, wurde ich bereits Ostern 1920, noch nicht sechsjährig, in der Mittelschule am Paradeplatz unweit unserer Wohnung eingeschult, beim ersten Schulgang natürlich in elterlicher Begleitung mit einer Zuckertüte, größer als ich selbst. Wir waren wohl vierzig Abc-Schützen; doch hatten wir nur einen Lehrer, der uns drei Jahre lang in allen Fächern, das heißt Deutsch, Rechnen, Heimatkunde und Turnen unterrichtete. Heinrich Ihde, so hieß er, verließ sich nicht nur auf sein pädagogisches Talent, sondern vertraute auch der Wirkung seines gelben Rohrstocks, und dies nicht selten. Unsere Eltern fanden das in Ordnung. Sie waren sicherlich davon überzeugt, daß unsere Angst vor dem Rohrstock den Lerneifer erhöhte. Auf dem Gymnasium Andreanum gab es solche Prügelstrafen nicht mehr; doch griff zuweilen unser Klassenlehrer in den letzten vier Jahren des Gymnasiums zum Disziplinierungsmittel der Ohrfeige. Heutigen Schülern mag es absurd erscheinen, daß die ganze Klasse gerade diesem Klassenlehrer so zugeneigt war, daß wir ihn zu Beginn der Oberstufe baten, weiterhin »du« zu uns zu sagen. Diese Freundschaft währte sein Leben lang bis zu seinem Tod vor wenigen Jahren.

Mein Vater, obwohl er selbst keine höhere Schule hatte besuchen dürfen, nahm etwa bis zu meinem zehnten Lebensjahr lebhaften Anteil an meiner Schulausbildung, vor allem in den Fächern Rechnen und Naturkunde, deren Unterricht während der ersten beiden Gymnasialjahre in den Händen von »Papa Gandert« lag. Dieser schon greise Oberlehrer lud häufig interessierte Schüler zu Sonntagsausflügen in die nähere Umgebung Hildesheims ein, um ihnen in der Natur botanischen Anschauungsunterricht zu erteilen. Zu den wenigen ständigen Teilnehmern an diesen morgendlichen Exkursionen gehörte auch mein Vater, der voller Begeisterung war, wenn er den seltenen Seidelbast oder einen orchideenartigen Frauenschuh in den Bergen um Hildesheim als erster entdeckte. Zusammen mit ihm stellte ich ein Herbarium zusammen, in dem die Pflanzenwelt meiner engeren Heimat erfaßt und deutsch-lateinisch katalogisiert wurde, wobei mein Vater mit großem Eifer die Hauptarbeit leistete. Hier wurde der Grund für meine Liebe zur Natur und zum Wandern gelegt; einige Jahre danach gründete ich mit einigen Mitschülern den »Waldclub«, der es allerdings nie auf mehr als ein halbes Dutzend Mitglieder brachte, die überdies von den anderen als »Waldheinis« abqualifiziert wurden.

Das Schulgeld für meinen und meiner Schwester Besuch der höheren Schule betrug in den ersten Jahren mehr als zehn Prozent der Einkünfte meines Vaters. Dazu kamen jedes Jahr die vielen Schulbücher, die natürlich neu und nicht im Antiquariat gekauft wurden. Wir Kinder wußten, daß es unseren Eltern nicht leichtfiel, uns zur höheren Schule zu schicken, obwohl sie nie darüber klagten. Dazu kam, daß die Inflation nach dem Ende des Ersten Weltkrieges ihre ganzen Ersparnisse vernichtet hatte. Doch bei allen materiellen Einschränkungen bestimmte Frohsinn das Familienleben. Wenn wir aus der Schule kamen, war die Mutter immer zu Hause, singend bei ihrer Hausarbeit.

Nachdem mein Vater in der Landmaschinenfirma, aus der er 1958 nach fünfzig Jahren ausschied, reisender Kaufmann geworden war und immer erst spätabends von der »Tour« heimkehrte, trug meine Mutter auch die Hauptlast unserer Erziehung, die sie mit Liebe und Strenge zugleich wahrnahm. Jedenfalls verging kaum ein Tag, an dem wir streitbaren Geschwister nicht ihre lockere Hand zu spüren bekamen. Bei all ihrer natürlichen Intelligenz hatte sie nur wenige geistige Interessen; sie konzentrierte sich voll auf das leibliche und seelische Wohl ihrer Familie. Not hatte sie Vorsorge gelehrt; noch, als sie schon achtzig war und es alles reichlich gab, zeigte sie mir jedesmal, wenn ich von Hannover zu kurzem Besuch nach Hildesheim kam, voller Stolz die harten Mettwürste, die in ihrer Speisekammer hingen. So muß es ihr wohl weh getan haben, wenn sie uns Kindern in den ersten Schuljahren zum Frühstück häufig nur alte Brotbrocken, eingeplockt in Malzkaffee und mit Streuzucker versüßt, vorsetzen konnte.

Die Inflation hatte besonders den Mittelstand getroffen, der weder große Sachwerte besaß noch sich aufs Spekulieren verstand, der keinen Zugriff zu fremder Valuta hatte, um auf billige Weise Grundstücke oder andere bleibende Werte zu erwerben. Kein Wunder, daß die Weimarer Republik hier keine Begeisterung auslöste. Die Deutschnationalen, für die die deutsche Flagge immer noch schwarzweißrot wie

Links: Der vierjährige Eduard Pestel mit seiner Schwester. *Rechts:* Die Großeltern (sitzend), zwischen ihnen Eduards Schwester, dahinter (rechts) der Vater und dessen Bruder (links).

im Kaiserreich war, hatten im Mittelstand ihren wesentlichen Rückhalt. Als »der rote Koch«, wie unsere Eltern ihn nannten, Oberstudiendirektor des Gymnasiums Andreanum, uns ein Gedicht zur Verherrlichung der Fahne Schwarz-Rot-Gold zu lernen aufgab, waren sich fast alle Eltern darin einig, uns zu untersagen, ein derartiges Gedicht auswendig zu lernen. Die Weigerung führte zur Strafe des Nachsitzens, die wir auf Weisung unserer Eltern nicht antraten. Ich wußte also genau, wo meine Eltern standen, obwohl zu Hause über Politik nicht – zumindest nicht mit uns Kindern – gesprochen wurde.

Auch unsere Lehrer bewiesen eine bemerkenswerte politische Abstinenz. Sie waren durchweg Kriegsteilnehmer gewesen, doch verloren sie darüber nie ein Wort, weder im Unterricht noch beim geselligen Zusammensein. Selbst der riesige Erfolg von Remarques Kriegsroman ›Im Westen nichts Neues‹ führte zu keinen Diskussionen mit unseren Lehrern, die ja – einige mit erheblichen Verwundungen zeitlebens gezeichnet – die Schrecken des Krieges am eigenen Leibe erfahren hatten. Ebenso waren Debatten über politische Parteien und ihre Programme in der Schule tabu. Das galt aber auch für allgemeine Fragen der Gegenwartspolitik. Ich kann mich an keine Geschichtsstunde erinnern, in der die Rechte und Pflichten des Bürgers in dem freiheitlichen Rechtsstaat, der die Weimarer Republik fraglos war, im Vergleich zu früheren Zeiten mit uns erörtert worden wäre.

Wir lernten viel, zum Beispiel weit über den normalen Deutsch- oder Griechischunterricht hinaus über die Entwicklung der bildenden Kunst und der Philosophie. Jedoch geschah dies nur unter ästhetischen und geistesgeschichtlichen Gesichtspunkten, ohne daß dabei Fragen der sozialen oder politischen Moral angesprochen wurden. Wir wurden eben noch im Geiste des Bildungsbürgers der Vorkriegszeit »gebildet«. Sie blieb »die gute alte Zeit«. Daß Freiheit, Menschenwürde und Gerechtigkeit große Werte darstellten, erfuhren wir natürlich. Daß wir sie besaßen, erschien uns ebenso wie unseren Lehrern und unseren Eltern aber so selbstverständlich, daß die Einsicht, diese Werte könnten uns nur durch die ständige Bereitschaft, sie notfalls auch zu verteidigen, erhalten bleiben, völlig fehlte, zumal sie uns auch in der Schule und im Elternhaus nicht vermittelt wurde.

Rückblickend finde ich es geradezu erstaunlich, daß ich mich an keine Auseinandersetzungen unter meinen Mitschülern in dieser politisch so bewegten Zeit erinnern kann. Bemerkenswert mag höchstens die Tatsache sein, daß ich, fasziniert von dem ›Weißen Manifest‹ von Arthur Mahraun, dem Gründer des Jungdeutschen Ordens, mit einigen Freunden des »Waldclubs« seiner Jugendorganisation beitrat. Ich zog mich allerdings keine zwei Jahre später enttäuscht zurück, als Mahraun 1930 eine Partei mitgründete, die »Staatspartei«, die sich knapp links von der Mitte ansiedelte.

In diese Zeit fiel die große Weltwirtschaftskrise. Nach dem Ende der Inflation waren der Weimarer Republik nur fünf Jahre geblieben, in der sie sich – allerdings schwer belastet durch die ihr von den Siegermächten auferlegten Reparationszahlungen – etwas erholen konnte. Dann begann ein wirtschaftlicher Niedergang ohnegleichen, in dem die Arbeitslosenzahl ständig anschwoll und 1932, dem Jahr meines Abiturs, die Sechs-Millionen-Marke überschritt. Für die Tatsache, daß diese katastrophale Entwicklung die Schüler meiner Klasse – mit vielleicht einer Ausnahme – kalt ließ und keiner von uns, obwohl bereits sechzehn bis achtzehn Jahre alt, politisch links oder rechts aktiv wurde, waren wohl hauptsächlich zwei Faktoren verantwortlich: die politische Sterilität unserer bürgerlichen Elternhäuser, die sich politischer Aktivität enthielten trotz ihrer Furcht vor dem Anwachsen der durch Sozialdemokraten und Kommunisten gebildeten Volksfront, und die aufs Ästhetische gerichtete zeitlose, ja der Gegenwart geradezu abgewandte humanistische Bildung, deren Maximen – obwohl durchaus dazu geeignet – in der Schule keine Anwendung auf unsere soziale und politische Bildung in diesen Jahren fanden.

Als dann Hindenburg am 30. Januar 1933 den ihm nur wenige

Monate zuvor bei der Reichspräsidentenwahl unterlegenen Hitler zum Reichskanzler berief – ich erinnere mich noch deutlich an diesen Tag –, herrschte bei uns zu Hause zwar keine Begeisterung, aber eine gewisse Erleichterung darüber, daß nun dem Vormarsch des Kommunismus Einhalt geboten war; von einer Vorahnung, daß an diesem Tag die Weimarer Republik bereits kurz vor ihrem Ende stand, konnte keine Rede sein, und hätte man sie gehabt, die wenigsten wären darob bekümmert gewesen. Daß danach zwangsläufig alles so kommen mußte, wie es schließlich kam, dafür fehlte uns das geistige Gespür. Ich glaube, man kann wohl behaupten, daß damals die Mehrheit des deutschen Volkes der Zukunft mit neuer Hoffnung entgegenblickte.

Nicht nur uns jungen Menschen fehlte der geistige Kompaß, der uns gezeigt hätte, daß wir soeben die Reise ins Verderben angetreten hatten. Als ich im Juli 1933, im zweiten Jahre meiner Maurerlehre, die ich zur praktischen Vorbereitung auf den Bauingenieurberuf wenige Tage nach dem Abitur im März 1932 angetreten hatte, von meinem Meister »auf Flick« zum Einsetzen herabgefallener Fliesen in die Wohnung eines armen jüdischen Schneiders geschickt wurde, machte ich eine merkwürdige Erfahrung. Während ich meine Arbeit verrichtete, begann der Schneider ein Gespräch mit mir, in dem er meinte, nun, da Hitler die Regierungsgeschäfte übernommen habe mit so tüchtigen Leuten wie Hjalmar Schacht, der ja auch die Inflation vor zehn Jahren besiegt habe, würde es bald wieder bergauf gehen. Ich stutzte, versuchte dann, mit vorsichtigen Worten ihm klarzumachen, daß er als Jude doch nicht viel Gutes von dieser Regierung zu erwarten habe. Der Schneider winkte ab: Hitler würde sich nur die reichen Juden vorknöpfen; dem kleinen Juden wie ihm aber würde es in Zukunft ebenso viel besser gehen wie den Arbeitslosen, die Hitler in Arbeit und Brot bringen würde.

Ich habe nie erfahren, ob dieser einfache Mann noch früh genug erkannt hat, daß sein einziges Heil in der Flucht aus Deutschland bestand. Ich fürchte, auch ihm hatte die unmittelbare Not, in der er lebte, den Blick auf die Wahrheit des Hitler-Staates verstellt.

So ging nun meine Kindheit und frühe Jugendzeit zu Ende. Das Elternhaus verließ ich endgültig 1935 nach Ablegung meiner Maurergesellenprüfung und nach Abschluß des Studiums an der Höheren Technischen Staatslehranstalt in Hildesheim, um im nahen Hannover Bauingenieurwesen an der Technischen Hochschule zu studieren. Für die Eltern wie für mich war die Trennung kein Problem, auch als ich 1938 als Austauschstudent in die Vereinigten Staaten ging, danach 1941 nach Japan, von wo ich erst 1947 heimkehrte. In Erwiderung der Liebe und Fürsorge, die ich in so reichem Maße von meinen Eltern empfangen hatte, war es mir immer ein starkes Bedürfnis gewesen, ihnen Freude zu machen und möglichst Kummer zu ersparen, ebenso wie unsere Eltern stets alles ihnen Mögliche getan hatten, auf daß ihre Kinder einen besseren Start fürs Leben haben würden, als es ihnen vergönnt war.

So trugen beide, die Eltern wie ich, in uns die Gewißheit inniger dauerhafter Verbundenheit, die Zeit und Raum standhalten würde.

Ernst Ney wurde am 14. Mai 1916 in Hamburg-Wilhelmsburg geboren. Von 1934 bis 1936 machte er eine Ausbildung als Journalist in Goslar und Hannover und arbeitete danach zunächst in Hannover und dann in Berlin. Im Zweiten Weltkrieg geriet er in englische Gefangenschaft. 1948 wurde er Reporter bei der ›Welt‹, 1950 bei der ›Westdeutschen Allgemeinen Zeitung‹, deren Korrespondent er 1956 wurde, 1962 deren Chefreporter in Bonn. Ab 1982 arbeitete er als freier Journalist. Er produzierte Fernsehsendungen, u. a.: ›Der Staat als Unternehmer‹ und ›Der Traum vom deutschen Öl‹. Er starb am 27. August 1985 in Bonn.

ERNST NEY
Der Sonntagsjunge und die große Krise

Damals dauerte alles etwas länger. Der Hausarzt hatte ausgerechnet, ich würde am Freitag geboren. Es wurde Sonntag. Ein Maiensonntag. Der 14. Mai 1916. Auch der Krieg dauerte schon etwas länger. Als mein Vater im August 1914 »ausgerückt« war, wollte er Weihnachten wieder zu Hause sein. So hatte er es von seinem Kaiser gehört.

Kein Wunder, daß es auch mit der Geburtsanzeige etwas länger dauerte. Papiermangel. Personalmangel. Erst mit einiger Verspätung konnte vermeldet werden, daß dem Ingenieur und Leutnant der Reserve Ernst Georg Ney, zur Zeit »im Felde«, und seiner Ehefrau Elsa Catherina geb. Carstens ein strammer Junge »geschenkt« worden sei, die zwei Jahre alte Schwester Ilse Thea freue sich, nun ein Brüderchen zu haben.

Meine Geburt verschaffte meinem Vater im Grauen vor Verdun eine kleine Pause. Seit Februar 1916 rannten die Deutschen in immer neuen Wellen gegen das stärkste Bollwerk der Franzosen an. Der

Kompanieführer Ernst Georg Ney immer mittendrin. Der Urlauber war nicht der »stolze Vater«, als den die Nachbarn ihn begrüßten und beglückwünschten; er war hohlwangig, verdreckt und verlaust. Sein erster Blick in die Wiege war nur kurz. Meine Mutter, wenn auch mit schwacher, leiser Stimme, dirigierte vom Wochenbett aus ihren Mann erst mal in die Badewanne.

Kurze Zeit später gab der Urlauber ein besseres Bild ab. Rasiert, gebadet, nach »Kölnisch« duftend, in eigener Uniform; feinste Friedensware. Jetzt war er zu längerem Aufenthalt an Wiege und Wochenbett zugelassen. Große Überraschung – ein älterer, knorriger Bauer aus der ländlichen Umgebung brachte dem Herrn Leutnant, leihweise, versteht sich, einen für das Kriegsjahr 1916 noch recht passablen Gaul. Alsbald klapperten dessen Hufe auf dem Straßenpflaster. Fast war es noch einmal so, wie es früher gewesen war. Hoch zu Roß. Ein kleiner Ausritt in den blühenden Maientag hinein. Dann kam der Rückruf. An der Westfront wurde jeder Mann gebraucht. Dem vergeblichen Anrennen gegen Verdun folgte für meinen Vater das Höllenfeuer der Sommeschlacht.

Meine Heimat ist die von der raueren Norderelbe und der sanfteren Süderelbe umschlungene Elbinsel Wilhelmsburg, zwischen Hamburg und Harburg gelegen, in jenen Jahren noch zu Preußen gehörend, später nach Hamburg eingemeindet. Die Wilhelmsburger fühlten sich der Freien und Hansestadt Hamburg, nicht dem preußischen Harburg zugehörig. In allem waren sie nach Hamburg orientiert: Schule und Beruf, Einkauf und Vergnügen, Theater und Konzert, Rathauspolitik und Wirtschaftsleben, Hafen und Schiffahrt. Nur wer Behördenkram zu erledigen hatte, der fuhr – knurrend – nach Harburg.

Der Hamburg zugekehrte Norden Wilhelmsburgs ist Industriegebiet. Fabrik- und Wohnviertel durcheinander. Reichlich häßlich. Unorganisch. Das grüne Viertel, in dem wir wohnten, war wie eine Oase: stattliche Miethäuser mit weitläufigen Wohnungen, einige Dutzend recht brave Privatvillen, Haus bei Haus blumenreiche Vorgärten; das Ganze um die spitztürmige, backsteinrote evangelische Kirche gruppiert. Das Oval um die Kirche bekam als erstes Straßenstück im Viertel eine Teerdecke; jetzt hatten wir Kinder eine Radrennbahn. Sonst war noch überall Steinpflaster, mit Teer vergossen.

In meiner Kinderzeit schickten die an einem Stichkanal gelegenen Zinnwerke, ein mächtiger, düsterer Gebäudekomplex, dicken, giftgelben Qualm gen Himmel. Wie lange Fahnentücher wehte der über den Stadtteil. Oftmals »schneite« es von den Zinnwerken her körnige Rückstände, weiß wie trockener Pulverschnee. Das verursachte Hustenreiz.

Der Harburg zugekehrte Süden war vergleichsweise ländlich zu nennen. Die Elbe zog ruhig dahin. Keine dicken Schiffe. Hinter dem Deich duckten sich alte, strohgedeckte Häuser. Auf den saftigen Wiesen weideten stattliche Kuhherden. In den weiten Koppeln hatten Pferde und Fohlen freien Auslauf. Schafe hielten das Deichgras kurz. Es gab eine Windmühle, die noch auf alte Art Korn mahlte. Der Müller ließ uns zusehen. Hier lagen auch weite weiße Sandflächen, Baggersand aus der Elbe, mit dem das tiefliegende Binnenland aufgefüllt wurde. Die auf schmalen Schienen laufenden Kipploren zählten zu unserem liebsten Spielzeug. In diese Gegend zog es uns Kinder, wenn die Pflichten in Schule und Haus erfüllt waren. Im Sommer radelten, im Winter schlitterten wir dorthin. Von unserer Wohnung aus war es eine ziemlich weite Strecke.

Der Stolz unserer Mutter war die »Zimmerflucht« unserer Wohnung: Herrenzimmer, Wohnzimmer, Eßzimmer, Musikzimmer, durch weißlackierte Schiebetüren verbunden. Die Räume waren nicht vollgestopft; das hätte unsere Mutter nicht gemocht. Alle Tische in der Wohnung waren rund; das liebte sie. Im Herrenzimmer eine stattliche Bibliothek, im Musikzimmer eine nicht minder umfangreiche Notensammlung. Hafen- und Seestücke, Beethoven, Chopin und Liszt an den Wänden. Die Möbel in dunklen Hölzern. Bodenlange Gardinen. Im Musikzimmer zierliche Goldstühlchen. Auf dem schwarzen Flügel eine weiße Decke mit langen Fransen. Seide. Deckenhohe Kachelöfen. Stuckgirlanden, wenn man nach oben blickte.

Der zweimal rechtwinklig geknickte Korridor war nicht gerade hell und deshalb auch tagsüber beleuchtet. Nach der einen Seite das üppig ausgestattete Elternschlafzimmer und die beiden Kinderzimmer; dort alles in weißem Schleiflack. Nach der anderen Seite die geräumige Wirtschaftsküche. Gemauerter Herd mit sechs Kochstellen. Geschirrwärmer. Warmwasserbassin. Umlaufende Wandborde mit Töpfen, Pfannen und sonstigem Küchengerät. Eine schmale Tür führte in die Vorratskammer, deren hinterer Teil durch eine Lattentür abgetrennt war, zu der unsere Mutter den Schlüssel hatte; dort hingen Schinken und Würste. Das Hausmädchen mußte jedesmal, wenn sie ihn brauchte, den Schlüssel erbitten.

Das war der äußere Rahmen, der Ernst Georg Ney empfing, als er 1918 heimkehrte – nur daß damals hinter der Lattentür keine Würste hingen. Der Hausherr war abgerissen, hungrig, deprimiert, wie er in späteren Jahren niederschrieb. Die silbernen Schulterstücke fehlten auf der schäbigen Uniform. Das Eiserne Kreuz erster Klasse, Verwundetenabzeichen, Hamburger Verdienstkreuz und andere Auszeichnungen trug er in der Tasche. Das Märchen vom unbesiegten Heer, vom Versagen der Heimat, vom roten Dolchstoß in den Rükken der Front: das konnte selbst diesem Schwarzweißroten keiner weismachen.

Er hatte es anders erlebt. Deutschland war unterlegen, er selbst war unterlegen. Trotz aller Anstrengung, trotz aller Tapferkeit. Die Kräfte hatten nicht gereicht; weder die gemeinsamen noch die eigenen. Dennoch wurde die »Revanche« gegen Frankreich zum beinahe täglichen Thema im Elternhaus. Und das war nicht nur bei uns, das war ringsum so. Nur stärker müßte Deutschland sein; und dann dem Franzmann mal zeigen, was eine Harke ist.

Der Heimkehrer widmete sich wieder dem Betrieb, in den er 1912 – mit Kapitaleinlage – »eingeheiratet« hatte, wie man das nannte. Schwiegervater Hermann Radke, stämmig und mit einem buschigen Schnauzbart, hatte die Firma Radke & Ney, Bauschlosserei, Eisenkonstruktion, Apparatebau, durch die Kriegsjahre gesteuert. Einbußen waren unvermeidlich gewesen. Jetzt sollte der Schwiegersohn, der Teilhaber, zeigen, was er konnte. Die einstigen Glanzzeiten sollten wiederkommen: volle Auftragsbücher, lärmende Maschinen. Doch es kam ganz anders.

Rückblende: Meine Großmutter mütterlicherseits, Anna Dorothea geb. Ramm, hatte den Hermann Radke in zweiter Ehe geheiratet. Tochter Elsa Catharina Carstens stammte aus erster Ehe. Hermann Radke »vergötterte« die Tochter. Jeder Wunsch wurde ihr erfüllt. Kleider, Reisen, Bälle. Das Klavierspiel ließ er sie bis zur Meisterklasse erlernen, was sie mit Bravour schaffte. Als sie mit Bestnote die Musikschule verließ, schenkte er ihr einen Flügel, beste Bauart, schönster Klang. Und: der Flügel hatte statt der üblichen runden, gedrechselten Beine kantige, glatte Beine, was damals noch selten war. Elsa Ney wies darauf hin, wenn Gäste kamen, wenn Hauskonzert war. Bis im Zweiten Weltkrieg, in einer Bombennacht, das Instrument zerschmettert wurde.

Als sein »Goldkind« heiratsfähig wurde, schrieb Hermann Radke in einigen Fachblättern für Ingenieure und Techniker die »Einheirat« aus. Die Wahl fiel auf Ernst Georg Ney, den aufstrebenden Ingenieur, der mit besten Referenzen versehen war. Was Hermann Radke besonders gefiel: sein künftiger Schwiegersohn war nicht nur Theoretiker, nicht nur ein »Studierter«, sondern hatte selbst den Meisterbrief als Schlosser; von der Pike auf gelernt. Kunstschlosser außerdem. In einem rühmenden Gesellenbrief bescheinigt. Vaterherz, was willst du mehr! So gingen Hamburg und Saarland die Ehe ein.

»Einheirat« und Liebesheirat. Zwei hitzige Temperamente. Der Saarländer katholisch, die Hamburgerin evangelisch. Aber das schaffte keine Probleme. Beide waren bemüht, im Alltag Gottes Gebot zu folgen, sonntägliche Kirchgänger waren sie nicht. Weitere Gemeinsamkeiten: weltoffen, gesellig, großzügig, hilfsbereit, fleißig: und beide mit ausgeprägtem Ordnungssinn. Einige Unterschiede: unser Vater blickte nach Westen: auf die Vogesen, nach Straßburg, nach Paris.

Unsere Mutter blickte elbabwärts: Helgoland, Nordsee, ferne Meere und Horizonte.

Ihr Bruder Albert war Schafzüchter in Neuseeland, ihr Bruder Carl fuhr als Proviantmeister zur See. Keine allzu gefährliche Sache, das darf man wohl sagen. Nur Schiffe von zwanzigtausend Tonnen aufwärts. Trotzdem wurden wir nachts von unserer Mutter geweckt, wenn ein Sturm oder gar ein Orkan über die Nordsee und über Hamburg hinwegfegte, Dachziegel sich lösten und auf die Straße knallten. Wir mußten uns im Bett aufsetzen und beten, wenn auch mit schläfriger Stimme: »Lieber Gott, mache bitte, daß unserem Onkel Carl nichts passiert, daß er heil in den nächsten Hafen kommt. Lieber Gott, mache bitte, daß der Sturm ...«

Wir wurden mit fester Hand und doch in großer Freiheit erzogen. Wir wuchsen nicht in der Enge auf, weder in geistiger noch in räumlicher Enge. Tagesfragen und Zeitereignisse wurden im Elternhaus offen besprochen. Auch unsere eigenen Probleme. Auf unsere Fragen bekamen wir Antworten. Unter den Büchern konnten wir herumstöbern nach Herzenslust, unter den Noten aussuchen, was wir gerne hören wollten. Das ›Hamburger Fremdenblatt‹ und andere Zeitungen wie Illustrierte waren auch für uns da. Unsere Eltern forderten eisern, daß wir aus der Schule in Fleiß, Ordnung, Betragen und Aufmerksamkeit – so begannen damals die Zeugnisse – Einsen nach Hause brachten. Rutschten wir in einer oder in mehreren fachlichen Benotungen ab, gab es nur selten Vorwürfe, aber immer wirksame Nachhilfe. Prügel bekamen wir nur, mit der bloßen Hand auf den bloßen Hintern, wenn wir die Unwahrheit sagten. Lügen, das haßten Vater und Mutter »wie die Pest«.

An der Hand meines Vaters lernte ich Rheinland, Saarland und Elsaß kennen. An der Hand meiner Mutter Nord- und Ostseeküste, die Seebäder, Inseln und Halligen. Mit sieben Jahren sah ich erstmals die Weißglut beim Abstich am Hochofen, ängstlich an meinen Vater gedrückt. Erschien über Hamburg ein Luftschiff, wurden aus dem Betrieb eiserne Steigleitern herbeigeschafft, damit wir aus der Dachluke dem Zeppelin zuwinken konnten. Mein Vater sagte immer, man müsse alles möglichst aus der Nähe erleben.

Als unser Hausarzt als erster Privatmann in Wilhelmsburg sich ein Auto kaufte, einen himmelblauen offenen »Chrysler«, machten wir gleich am ersten Sonntag eine Probefahrt. Als der Sohn von Gastwirt Günter Lütt am Ort die ersten beiden Taxen anschaffte, kam die Straßenbahnlinie 33, die Wilhelmsburg mit der Hamburger Innenstadt verband, bei uns aus der Mode. Wir gingen mit der Zeit. Als auf der Werft von Blohm & Voss im Sommer 1928 der Fünfzigtausend-Tonnen-Ozeanliner »Europa« vom Stapel lief, hatten wir »Logenplätze«.

Vater Ernst Georg Ney, als Leutnant der Reserve 1915 in Hamburg auf Urlaub, mit Mutter Elsa Catharina Ney und Töchterchen Ilse Thea.

Mein Vater versäumte auch keine Vorstellung im Zirkus Busch, der damals in Hamburg ein festes Haus hatte. Im Hansa-Theater, dem führenden Varieté, sahen wir jedes Programm. Unsere Eltern brachten uns bei, »Rollen« auswendig zu lernen und zu sprechen: Froschkönig, Prinzessin, Hänsel und Gretel. Auf den Weihnachtsfeiern des

»Stahlhelm, Bund der Frontsoldaten«, in dem unser Vater aktiv war, sprachen wir nationale Prologe und Gedichte. Als der hochbetagte Feldmarschall von Hindenburg 1925 als Reichspräsident kandidierte, ereignete sich etwas für uns Kinder ungemein Aufregendes. Auf dem Balkon vor dem Herrenzimmer wurde ein weißleinenes Transparent angebracht, das nach Einbruch der Dunkelheit, mittels mehrerer Glühbirnen und eines Zeitschalters, die Umrisse des massigen Dickschädels zeigte, dazu in steifer gotischer Schrift die Parole: »Wählt Hindenburg!«

Unser Vater war ein Deutschnationaler. Keiner von der starrköpfigen Sorte. Nicht alles, was sein Parteioberer Hugenberg und die Stahlhelmführer taten, war wohlgetan. Und Hitler, den mochte er schon gar nicht. In der Familie war der Hausherr die oberste Autorität, und unser Vater gab auch die Marschrichtung an, wo es politisch längs ging. Mochten die Angehörigen seiner Frau traditionell »Sozis« sein, immer am Jahrestag der Unterzeichnung des »Schanddiktats von Versailles« zog er zum Abendessen den feierlichen Gehrock an, schmückte sich mit dem Eisernen Kreuz und der Ordensschnalle und hielt uns eine Ansprache, die sich auch das Hausmädchen, ein wenig seitwärts stehend, anhören mußte. Da nahm er vor allem bei den Franzosen Maß. Auch »Weimar« und »Berlin« kamen nicht gut weg. Das Ende blieb Jahr für Jahr gleich: »Für diesen Saustall haben wir nicht gekämpft!« Der Reichstag? »Quatschbude!«

Gehrock, Orden und Ansprache waren noch einmal fällig, wenn der Jahrestag kam, an dem »so ein Dreckskerl von Franzose« dem Leutnant der Reserve Ney jenen Lungenschuß beigebracht hatte, der seine schwerste und nachhaltigste Verletzung hervorgerufen hatte. In einer hölzernen, feldgrauen Offizierskiste, die auf dem Dachboden stand, wurde neben anderen Requisiten aus den Kriegsjahren auch der Hosenträger aufbewahrt, der durch das Geschoß arg versengt worden war. Jedes Jahr mußten wir ihn respektvoll betrachten, den Hosenträger. Und schon als Junge empfand ich die gewisse Komik, die darin lag, daß so mancher Streit im Betrieb, was ja schon mal vorkam, damit endete, daß mein Vater den jungen Lehrling oder Gesellen anbrüllte: »Halten Sie den Mund! Ich habe bereits vor Verdun gelegen, als Sie noch in die Windeln gesch ... haben!«

Konnte ja gar nicht anders sein, dachte ich und verkroch mich in eine dunkle Ecke, damit er mein Grinsen nicht sah, mein Kichern nicht hörte. Wenn unser Vater jemanden so anbrüllte, selbst den ärgsten Betriebslärm übertönend, nannten wir Kinder das – spöttisch – seine »Verdun-Stimme«. Ohne solche Erinnerungen und Schilderungen geht es nicht, will man das schlimme Schicksal der Weimarer Republik, das Heraufziehen des Nationalsozialismus begreifen.

Die Wirtschaftskrise griff auch nach uns, nach der Firma Radke & Ney, nach unserem Kinderglück, nach unserem Wohlstand. Kampfesmutig wie einst »im Felde« stellten die Männer vom Schlage unseres Vaters sich dem drohenden Verhängnis, dem abermaligen Unterliegen, entgegen. Und abermals vergeblich. Im Freundeskreis unserer Eltern und im Kreise der bis dahin festen Auftraggeber ging einer nach dem anderen in Konkurs, in die Pleite. Ich sehe sie heute noch vor mir: den Bauunternehmer Konow, den Installateur Kampmann, den Hafenbauspezialisten Bostelmann, den Ingenieurberater Efferz, viele andere noch. Alles tüchtige Leute.

Auch der tüchtige Ernst Georg Ney schaffte es nicht. Was war mit der Bauschlosserei? Wohnhäuser und Wohnblocks wurden kaum noch gebaut. Eisenkonstruktionen? Leerstehende Werkhallen, Betriebsstätten jeder Art und Größe waren in Hülle und Fülle zu haben. Ob Hamburg oder Harburg. Apparatebau? Wer wollte denn neue Produktionsanlagen, wo schon die vorhandenen nicht ausgelastet waren. Und wenn mal ein größerer Auftrag winkte, war oftmals das Geld nicht zu beschaffen, das benötigte Material einzukaufen.

Der vierte Betriebszweig, die Kunstschlosserei, ohnehin eher eine Liebhaberei meines Vaters, brachte ebenfalls nichts mehr ein. Vorbei war es mit der Anfertigung kunstvoller Gartentore, Eingangstüren, Parkgitter und Kandelaber für die Hamburger Villenviertel. Ein trivialer Staketenzaun für einen Bauern in Winsen an der Luhe war das letzte Stück, das die einstige Kunstschlosserei lieferte. Bezahlung in Naturalien.

Uns Kinder brachte das um das faszinierende Schauspiel, unserem Vater dabei zuzusehen, wie er aus glühendem Stabeisen erst Rosenstiele, dann Rosenblätter trieb, auch andere Blumen, verschlungene Ornamente. Unzählige Hammerschläge und »Sticheleien« mit den verschiedensten Formeisen waren dazu nötig. Mit ganz leichter Hand mußte das gemacht werden, und dabei hatte unser Vater doch richtige »Pranken«; das sagte er selbst.

Bis tief in die Nacht saß er in dem kleinen Kontor, unter dem grünen Lampenschirm, schrieb Offerten, rechnete Mengen und Preise aus, prüfte statische Berechnungen. Tagelang war er verdrossen und nicht anzusprechen, wenn es wieder einmal unvermeidlich wurde, einigen Leuten die Papiere zu geben, ihren letzten Lohn, bevor sie am Arbeitsamt Schlange stehen mußten. Die Älteren, die er mit »Kamerad« anredete, die »Frontkämpfer«, die wurden bis zuletzt gehalten.

Als es mit dem Betrieb zu Ende ging, entwickelte unsere Mutter ungeahnte Energien. Es müssen wohl die seefahrenden Vorfahren, die Carstens und Ramms gewesen sein, von denen mehr als nur einer draußen »geblieben« war, die ihr die Kraft und den Mut einbliesen, dem bedrohlich aufziehenden Wetter zu trotzen. Das Klavierspiel, einst zum Vergnügen erlernt, wurde jetzt zum Erwerb. Zunächst ging das ganz gut. Unsere Mutter spielte in Hamburger Kinoorchestern. Zwar hatte der Tonfilm seinen Siegeszug schon begonnen, doch war der Stummfilm noch nicht tot.

Das änderte sich leider rapide. Die Orchester wurden aufgelöst, die Kinos, in denen es noch Stummfilm gab, kleiner und schäbiger. Immer noch elegant, denn sie hatte ja nur Elegantes, suchte die Elsa Catharina Ney, das verhätschelte »Goldkind« des Hermann Radke, in der Tristesse der Hamburger Musiker- und Künstlerbörse neue Chancen, als der Tonfilm die Alleinspielerin aus ihrem letzten Vorstadtkino vertrieb. Es folgten Cafés und Teestuben, einmal auch eine Nachtbar; mal allein am Klavier, mal mit Stehgeiger und Cellist. Tägliche Kündigung war das Normale. Feste Verträge gab es nicht. Mancher Gastronom beteiligte die Musiker an der Tageseinnahme. Die wurde nach dem Schlußmarsch oder dem letzten Walzer auf den Tisch geschüttet. Das war's denn.

Der Boden wankte uns unter den Füßen. Wir hatten Familienrat gehalten. Sollten wir die große Wohnung halten, solange es nur irgend ging, oder sollten wir uns kleiner und billiger einrichten? Wir wollten bleiben. Unser langjähriges Hausfaktotum Bertha mußte gehen; das geschah unter Tränen beiderseits. Ein Zweitmädchen gab es schon lange nicht mehr. Großmutter Dorothea Radke übernahm das Kommando. Ihr Hermann war einige Jahre zuvor ums Leben gekommen, als eine Schmirgelscheibe zersprang, an der er einen Meißel schärfte. Nun hatte die vollbusige, sanftmütige Frau, die wir Kinder herzlich liebten, eine neue Aufgabe. Auch wir mußten mit anfassen, das Haus in Ordnung zu halten.

Wie viele Jahre ist das her! Und doch: Wenn ich heute gelegentlich mir eine stumpf gewordene Stelle des Parkettbodens vornehme, höre ich meine Großmutter sagen wie damals: »Ernstchen, wenigstens fünfzehn Striche hin und her, sonst brauchst du den Bohnerbesen garnich' ers' anzufassen.«

So blieb unsere Kinderwelt halbwegs erhalten. Halbwegs. Nur noch ein Fahrrad für beide. Geburtstage wurden kleiner gefeiert. Für die Eisenbahn gab es weder neue Waggons noch Schienen. Oft fehlten die vierzig Pfennig, unsere Kinohelden zu sehen, den urkomischen Charlie Chaplin, den Spaßmacher Harald Lloyd oder den Detektiv Frank Allan, den »Rächer der Enterbten«, der immer auf der Seite des Schwächeren war.

Schlimmer als mit dem Kinogeld war es mit dem Schulgeld. Der Klassenlehrer sammelte es auf der fordernd vorgestreckten flachen Hand ein. Und dann stand man da mit hochrotem Kopf: es fehlten fünf Mark. »Nächsten Dienstag, bestimmt – sagt meine Mutter.«

Gottlob: anderen ging es nicht anders. Aber wer tiefer in Rückstand kam, der »flog«, da konnte er ein noch so guter Schüler sein.

Die wachsenden häuslichen Schwierigkeiten und der zunehmende Verfall der Republik machten das Leben aufregender, als es früher gewesen war. Wir Kinder saßen mit am Tisch, wenn über das Familienbudget beraten wurde; es reichte nie. In der Schule mußte politisch Farbe bekannt werden. Es gab Schlägereien. Großen Ärger hatte ich mit einem Aufsatz, der den »Panzerkreuzer A«, das spätere Schlachtschiff »Deutschland«, behandelte. Dem Deutschlehrer war das zu nationalistisch. »Hast du wohl alles von deinem Vater, was, Ney?« Wütend kam ich nach Hause. Und nun kam Ernst Georg Ney in Wut. Tags darauf stürmte er zur Schule und brüllte den Pauker mit seiner »Verdun-Stimme« an. Stockwerkehoch schallte das durch die Korridore.

Und mehrfach mußten wir sonntags, wenn wir im roten Stadtteil Hamburg-Barmbek unsere über neunzig Jahre alte Urgroßmutter Elsabe Ramm besuchten, aus der Straßenbahn heraus in die nächstliegenden Häuser flüchten: Kommunisten und Nationalsozialisten lieferten sich mal wieder eine Straßenschlacht.

Eines Tages kam unsere Mutter von der »Börse« mit einer Nachricht nach Hause, die wir zunächst gar nicht glauben mochten. Sie hatte ein Engagement! Für mindestens ein Jahr. Und was für eines! Einen Vertrag als Pianistin in einem der russischen Emigrantenorchester, die damals in Mode waren. Wir waren platt, wie man in Hamburg sagt. Elsa Ney hatte eine Monatsgage im voraus bekommen, in Hamburgs feiner Konditorei Vernimp die dicksten Tortenstücke ausgewählt, und für die Heimfahrt hatte sie ein Taxi genommen.

Letzteres nicht nur des Kuchenpaketes, sondern auch eines uns unbekannten, etwas abgeschabten Koffers wegen, der ihr Kostüm enthielt. Ihr Kostüm – nicht zu fassen! Wir durften auspacken: ein weiter grüner Seidenrock, mit roter Borte besetzt; ein passendes Mieder mit Spitzeneinsatz und Perlenstickerei; zierliche, sammetweiche Stiefelchen, auch diese grün. Und die Krönung: ein Diadem, von Perlen übersät und mit grünen, roten und silbrigen Bändern daran.

Nicht zu glauben: diese kleine, verwöhnte Person. Unsere Mutter! Auf Gastspielreise durch ganz Deutschland. Und in Hamburg ging es los. Auf den Elbterrassen in Blankenese. Wir durften hin! Und es klappte. Sie setzte ihre ganze Kraft ein: »Die Hände von Franz Liszt.« Hatten wir es nicht oft gehört? Und es war so. Scheinbar mühelos setzte das Klavier sich gegen die mehr als zwanzig Geigen, Celli, Banjos, Gitarren und Klarinetten durch. Rhytmus, Rhythmus! Perlende Läufe, kühne Kaskaden. Und die Leute klatschten wie verrückt.

Unsere Mutter war die einzige Deutsche auf dem Podium. Die

einzige Frau. Die Männer alle Russen. Einige besuchten uns zu Hause, solange das Orchester in Hamburg war. Die meisten waren Offiziere gewesen, einst beim Zaren. Sie bewegten sich elegant, obwohl ihre Garderobe abgetragen, der Zuschnitt von vorgestern war.

Nachdem unser Vater in Hamburg »gestrandet« war, kamen ihm einige seiner Brüder zur Hilfe, die in ihrer Saarheimat geblieben, nicht »ausgewandert« waren. Angesehene Leute in respektablen Positionen. Da gab es Möglichkeiten, einen wieder auf die Beine zu bringen. Der Ingenieur Ernst Georg Ney wurde bei den Röchling'schen Eisen- und Stahlwerken, auf der Völklinger Hütte, Chef der Betriebsabteilung 56, die für die Betriebsbereitschaft und Instandhaltung der auf dem weitläufigen Werkkomplex rollenden Eisenbahnwaggons zu sorgen hatte.

Die jetzt – 1984 – um ihre Existenz ringende Hütte war damals, trotz der Krise, ein blühendes Unternehmen mit zehntausend Beschäftigten. Tag und Nacht rollten Erz, Koks, Roheisenpfannen, Halbzeuge und fertige Walzwerkprodukte über die weitverzweigten Schienenwege. Häufig wurden die Waggons beim Be- und Entladen schwer mitgenommen. Das gab viel Arbeit.

Vom Schicksal gebeutelt, von einem Gallenleiden gepeinigt, waren Arbeitslust und Ordnungssinn des Ernst Georg Ney dennoch ungebrochen. In der Betriebsabteilung 56 wurde alles präzise den Arbeitsabläufen angepaßt: Vorrichtungsbau, Werkzeughaltung, Stapelung der Ersatzteile; auch Ölkannen und Schmierfette standen akkurat da, wo sie gebraucht wurden. Bald meldete sich im neuen Betriebsleiter auch der Konstrukteur. Mein Vater begann, für bestimmte Transportvorgänge spezielle Waggons zu bauen, die den hütteninternen Bedürfnissen besser entsprachen als andere Typen.

1935 kam das Saarland, das bis dahin unter französischer Verwaltung gestanden hatte, wieder zu Deutschland. Hitler rüstete auf. Die Stahlindustrie hatte Hochkonjunktur. Auch die Röchling'schen Eisen- und Stahlwerke, die Völklinger Hütte. Ebenso wie der Kommerzienrat Hermann Röchling, der legendäre Seniorchef des Unternehmens, stand auch sein Betriebsleiter Ney auf der Straße, um für das NS-Winterhilfswerk zu sammeln. War mein Vater ein Anhänger Hitlers geworden?

Nein, war er nicht. Er hatte andere politische Auffassungen. Vor dem Kriegsgeschrei Hitlers wurde ihm bange. Der ältere Ernst Georg Ney war auf die Revanche gegen Frankreich nicht mehr scharf. Die Jahre hatten ihn gelehrt, andere Maßstäbe anzulegen als die des Verdunkämpfers.

Und dann gab es für ihn noch zwei eher komische Gründe, sich von Hitler zu distanzieren. Der Leutnant der Reserve rümpfte die Nase über den Gefreiten der Reserve. Und als Ingenieur und Konstrukteur rümpfte er sie abermals, weil dieser Hitler es doch nur zum »Anstreicher« gebracht hatte. Und einem »Nur«-Gefreiten und einem »Nur«-Anstreicher, so die Meinung meines Vaters, wäre das Schicksal des Vaterlandes besser nicht anvertraut worden.

Der Sonntagsjunge vom 14. Mai 1916 ging eigene Wege, wie das so ist. Das Elternhaus wurde Erinnerung. Manche der Prüfungen, die dem Sohn auferlegt wurden, glichen ganz denen, die der Vater hatte bestehen müssen. Es gab 1939. Es gab 1945. Es gab Zusammenbruch, Arbeitslosigkeit, Neubeginn. Das Leben ist Kampf. Es muß ja nicht immer Verdun sein.

Philip Rosenthal wurde am 23. Oktober 1916 geboren. Er studierte Philosophie, Politik und Volkswirtschaft in Oxford. Bei Beginn des Zweiten Weltkriegs meldete er sich als Freiwilliger und diente in der Fremdenlegion in Nordafrika. Nach der Besetzung Frankreichs 1940 war er Gefangener in Konzentrations- und Arbeitslagern; er floh 1942 nach Gibraltar, arbeitete als Bäckerlehrling, Sprachlehrer, Journalist und im Political Intelligence Department des britischen Außenministeriums. 1952 übernahm er die Produktgestaltung, wurde 1958 Vorstandsvorsitzender und ist heute Aufsichtsratsvorsitzender der Rosenthal-AG. Er ist Mitglied der SPD, war Parlamentarischer Staatssekretär im Bundeswirtschaftsministerium, im Fraktionsvorstand und viele Jahre Bundestagsabgeordneter.

PHILIP ROSENTHAL
Mein Vater fuhr vierspännig zum Erfolg

Im Jahre 1811 siedelte mein Urgroßvater Philipp Abraham Rosenthal, siebenunddreißig Jahre alt, aus dem nahe gelegenen Dorf Westönnen nach Werl um, eine Ackerbürgerstadt in der Soester Börde, die dereinst Sitz einer vom Sauerland bis zur Emsmündung reichenden Großgrafschaft gewesen war.

Philipp Abraham Rosenthal eröffnete in Werl eine Handlung mit »Ehlen- und Spetzereywaren« und verdiente mit seinen Tuchen und Gewürzen nach den Napoleonischen Kriegen immerhin so viel, daß sein Vermögen 1826 »amtlicherseits« auf dreitausend Thaler geschätzt wurde; zu dieser Zeit hatte er, von seiner Frau Sara, geborene Rosenberg aus Geseke, tatkräftig unterstützt, sein Geschäft bereits um eine kleine Weberei erweitert.

Dieser Weberei nahm sich später vor allem sein Sohn Abraham an, mein Großvater, der 1821 das Licht der Welt erblickte. Er brachte sie in Schwung, vergrößerte die Produktion, suchte und fand neue Märkte, fuhr alljährlich nach Leipzig zur Messe und heiratete 1849 eine gewisse Emilie Meyer aus Altenbüren. Sieben Jahre später, 1856, gab er aus Gründen, über die die Familienchronik nichts vermeldet, die Weberei auf und begründete eine »Manufaktur-, Porzellan- und Glaswarenhandlung«.

Auch diese hat ihren Inhaber ausreichend ernährt. Im Jahre 1866 führte er Steuern in Höhe von siebenundachtzig Thalern, sechs Silbergroschen und neun Pfennigen ab, damals eine respektable Summe, 1876 wird er als Besitzer mehrerer Häuser, Gärten, Wiesen und Äkker genannt. Er zählte daher auch zu den Honoratioren der jüdischen Gemeinde in Werl, in deren Synagogenvorstand er jahrelang tätig war. Auch seine Ehe mit der geborenen Meyer aus Altenbüren war sichtlich gesegnet. Sechs Kinder entsprossen ihr, drei Töchter und drei Söhne. Einer von ihnen war mein Vater Philipp Rosenthal, dessen Ankunft für den 6. März 1855 ausgewiesen ist.

Über meinen Großvater Abraham ist dann nur noch zu berichten, daß er 1877 in Werl verstarb, wahrscheinlich jedenfalls, denn in diesem Jahr übernahm meine Großmutter Emilie Besitz und Führung des Rosenthalschen Ladens. Um so mehr ist noch über meinen Vater Philipp zu sagen.

Kaum siebzehn Jahre alt, wurde ihm das Leben in Werl zu eng wie vor ihm schon seinem älteren Bruder Max. Er ging nach Amerika und schlug sich dort nach bekanntem Muster zunächst als Laufbursche, Tellerwäscher und Fahrstuhlführer durch. In Fredericksburg im Staate Texas, einer Gründung des Barons John Otfried von Meusebach, die er als eine »urdeutsche Stadt mitten in der Prärie« in Erinnerung behielt, war er Cowboy und Postreiter, ehe er eine vierspännige Kutsche der »Butterfield San Diego Line« übernahm – vierspännig ist er bei festlichen Anlässen auch später gern gefahren.

Wie lange die Wildwestjahre meines Vaters gedauert haben, weiß ich nicht. Zu einem mir unbekannten Datum ist er jedenfalls in die Dienste der Porzellanimportfirma »Jacob Meyer Brothers« getreten, und als Einkäufer dieser Firma kehrte er 1879 nach Deutschland zurück: ein modisch gekleideter junger Herr, selbstbewußt und unternehmungsfreudig, bereit, die Welt zu erobern – zumindest einen Teil von ihr.

Als er das erste Mal als Porzellaneinkäufer nach Deutschland gereist sei, erzählte er mir später, habe der Vater zu ihm gesagt: »Viele Leute gehen nach Amerika und machen dort Karriere, warum versuchst du es nicht einmal umgekehrt?«

Er reise nach Selb, ins Zentrum der deutschen Porzellanindustrie, sah sich beim alten Hutschenreuther kritisch um, fand aber nicht das Rechte, stellte fest, daß vor allem das Angebot an bemaltem Porzellan völlig unzureichend war, und richtete kurzerhand eine eigene Porzellanmalerei ein. Im ehemals markgräflichen Schloß Erkersreuth, drei Kilometer von Selb entfernt, fand er ein geeignetes Domizil, in seiner jungen Frau Mathilde, einer geborenen Auerbach, eine fleißige und überaus begabte Gehilfin, die auch seine erste Expedientin wurde. Sie war es nämlich, die in bestimmten Abständen die fertiggestellte Ware mit einem vierrädrigen Handkarren zum Bahnhof Plössberg fuhr.

Der Anfang war schwer. Die Goldthaler regneten nicht vom Himmel. Es hätte nicht viel gefehlt, und mein Vater Philipp Rosenthal wäre in die USA zurückgekehrt, oder er hätte den Vorschlag seines Quartiergebers in Selb angenommen, eines Konditormeisters, der ihn in die Geheimnisse der Feinbäckerei einführen wollte. Dann aber hatte er plötzlich einen Verkaufsschlager, der ihn für alle Mühsal und enttäuschten Hoffnungen entschädigte. Es war jener sagenhafte, ein wenig kitschige Aschenbecher, der sich dem geneigten Publikum als »Ruheplätzchen für brennende Cigarren« empfahl, mit überwältigendem Erfolg. Er wurde in riesiger Auflage an den Mann gebracht.

Mein Vater Philipp blieb also in Selb und plagte sich redlich. Und kam Schritt um Schritt weiter. Trug er im ersten Jahr die Weißware von Hutschenreuther noch auf den eigenen kräftigen Schultern ins Schloß, so konnte er sich im zweiten Jahr bereits ein Hundegespann leisten; ein Jahr später reichte es schon zu Pferd und Wagen. Aber in der Kasse herrschte noch lange Zeit Ebbe. Häufig genug kam es vor, daß er am Freitag oder Samstag, wenn der Wochenlohn fällig war, seinen späteren Prokuristen Thüring, den ersten Lehrling des Hauses Rosenthal, zu den umwohnenden Bauern schickte, um ein paar Thaler lockerzumachen.

Aber schon in diesen Gründerjahren zeigte sich, daß er ein guter Verkäufer war, ja geradezu ein Matador der Verkaufspsychologie. Als er sich zum erstenmal auf der Leipziger Messe umtat (die ihm später noch so viel verdankte) und sein bescheidener Stand – ein inoffizieller Stand in einer gleichsam okkupierten Toreinfahrt – von den meisten Besuchern souverän übersehen wurde, dekorierte er ihn mit dem selbstgeschriebenen Schild: »Wegen starken Andrangs geschlossen.« Ein Jahr danach, als er sich bereits eine kleine Verkaufsfiliale in einem Hotel leistete, entwarf er ein Plakat mit der Aufschrift: »Wegen Überfülle der Ordres können keine weiteren Aufträge entgegengenommen werden.«

Offenbar hat er mit solchen Eulenspiegeleien Erfolg gehabt. Die Einkäufer wurden auf ihn aufmerksam, und da er mit seiner bemalten Ware den Geschmack der Zeit ziemlich genau traf, füllten sich seine Auftragsbücher von Mal zu Mal mehr. Eines Tages hatte er einen derart dicken Fisch an der Angel, daß es schwierig wurde, die notwendige Weißware zu beschaffen. Also entschloß er sich, seinem

Malbetrieb eine eigene Fabrikation anzugliedern. Im Jahre 1891 entstand die Porzellanmanufaktur Philipp Rosenthal in Selb – zu einer Zeit, als in der »Dekoration« bereits hundert Maler und Malerinnen beschäftigt waren.

Und nun ging es Schlag auf Schlag. 1896 zählten die Rosenthalschen Betriebe bereits vierhundert Mitarbeiter. 1897 wurde mein Vater Mitbegründer der Porzellanfabrik Bauer, Rosenthal und Co. KG in Kronach. Im selben Jahr wandelte er den Stammbetrieb in Selb unter Beteiligung der Dresdner Bank in eine mit 1,5 Millionen Mark ausgestattete Aktiengesellschaft um, die bereits im ersten Jahr eine Rekorddividende von achtzehn Prozent zahlte. Um 1900 nahm er die Herstellung von elektrotechnischem Porzellan in sein Fabrikationsprogramm auf. Statistische Bestätigung dieses unaufhaltsamen Aufstiegs – als 1904 das fünfundzwanzigjährige Betriebsjubiläum über die Bühne ging, zählten die verschiedenen Rosenthal-Betriebe bereits eintausendzweihundert Mitarbeiter.

Doch ich will hier nicht die Geschichte des Hauses Rosenthal erzählen, sondern von meinem Vater berichten. Er war nämlich mehr als ein erfolgreicher Unternehmer, dem alles gelang, was er anfaßte. Er wuchs – anscheinend mühelos – in die Aristokratie der deutschen Wirtschaftsführer hinein. Er wurde Vorsitzender des Verbandes Keramischer Werke, er war unter den Gründern der Kaiser-Wilhelm-Gesellschaft, er war einer der maßgeblichen Förderer der Leipziger Messe und wurde »der zweite Gründer« dieser Messe genannt, (noch heute, unter volksdemokratischem Kommando, heißt die »zur Technik« hinausführende Straße die Philipp-Rosenthal-Straße), er wurde Geheimrat, Ehrenbürger von Selb, Dr.-Ing. h. c., Minister und Präsidenten schätzten sich glücklich, von ihm eingeladen zu werden.

Kurzum, er war auf der Höhe seines Lebens nicht nur ein tüchtiger Porzellanfabrikant, sondern auch ein Mann, auf dessen Wort man hörte, auf dessen Wirkung man setzte. Ein Weltmann, ein Grandseigneur der Wirtschaft. Seigneural auch in seinem Privatleben.

Seine erste Ehe mit der Porzellanmalerin Mathilde Auerbach, der Gefährtin der ersten Stunde, ging zu Bruch. Anno 1916 heiratete er ein zweites Mal, und zwar die Tochter seines Justitiars Josef Frank, die zuvor einige Jahre mit dem Sanitätsrat Dr. Franck in München verheiratet gewesen war. Fünfunddreißig Jahre jünger als mein Vater, der zu dieser Zeit die Sechzig schon um ein Jahr überschritten hatte – und eine schöne, sehr attraktive Frau. Meine Mutter.

In Berlin habe ich das Licht der Welt erblickt. Allerdings mehr aus Zufall. Nicht gerade auf der Durchreise, aber während eines kurzfristigen Aufenthaltes. Normalerweise lebten meine Eltern in einer herrschaftlichen Villa am Starnberger See, und hier habe auch ich den größten Teil meiner Kindheit verbracht, in einem schloßähnlichen

Die Mutter Philip Rosenthals.

Haus, das inmitten eines weiten, gepflegten Parks lag. Ein reicher Junge, wohlversorgt und privilegiert, mit allen nur denkbaren Annehmlichkeiten ausgestattet – aber auch ein wenig abseits, ohne Kontakt mit Gleichaltrigen, es sei denn mit der Nachbarstochter Katharina, die mehr als mein Stiefbruder Udo mein Freund und Vertrauter war.

Wenn ich mich selbst auf Bildern aus meinen frühen Jahren betrachte, finde ich mich eigentlich recht treffend wiedergegeben – das ist unverkennbar ein junger Herr aus reichem Hause: gepflegter Bubikopf, schicker weißer Kittel und scheinbar sehr sicher und selbstbewußt.

Aber ich habe früh angefangen, gegen das Leben im goldenen Käfig zu rebellieren. Ich trieb mich gern am Seeufer herum und kehrte meist ziemlich verschmutzt heim. Häufig in Begleitung von Landstreichern und Tagedieben, die ich dann in unserer Küche verköstigen ließ. Oft hab' ich mit den Bauern der Umgebung Jauche oder Mist gefahren. Wenn ich mir dann so einen richtigen, kräftigen Stallgeruch angeeignet hatte, bin ich zu meiner Mutter gegangen, am liebsten, wenn sie Besuch hatte.

Und sie hatte viel Besuch. Sie führte ein großes Haus. Sie gab ausgiebig Gesellschaften, je prominenter, um so besser, Prominente wie der spätere Prinz Bernhard der Niederlande, und sie genoß dieses Leben einer Dame von Welt wie ein berauschendes Getränk. Sie spielte ihre Rolle virtuos und mit höchster Perfektion. Sie war nicht nur schön und elegant, sie hatte auch einen unfehlbaren Schönheitssinn, der dem noblen Ambiente, das sie erstrebte, sichtlich zugute kam.

Mir gefiel das alles nicht. Ich distanzierte mich schon in meinen Knabenjahren von diesem Dasein, das mir leer und nichtssagend erschien, ein Leben ohne tieferen Sinn. Es hat daher auch nie zu mehr als einem distanziert-freundlichen Verhältnis zu meiner Mutter gereicht.

Auch der Vater war ein Weltmann. Aber von gänzlich anderer Art. Der Prototyp des tätigen, zufassenden, dynamischen Erfolgsmenschen. Kein Gesellschaftslöwe, kein Schönschwätzer, kein ästhetisierender Genießer. Immer aktiv, immer unter Dampf, aber im Sinne eines wohlgeplanten, durchregulierten, sehr disziplinierten Lebens. Er ging zeitig zu Bett, schlief wie ein Bär, stand früh auf, nahm ein erfrischendes Bad und betrieb eine Viertelstunde Gymnastik, Tag um Tag, nackt auf dem Balkon. Dann folgte ein mäßiges Frühstück. Er lebte überhaupt sehr mäßig. Da er zuckerkrank war, ohne Brot und Kartoffeln, nach einer genau festgesetzten Diät. Auch im Trinken übte er Zurückhaltung. In der Regel begnügte er sich mit Mineralwasser. Abends stand allenfalls ein Glas Wein auf dem Programm. Wenn er rauchte, dann eine leichte Zigarre.

So hielt er sich in Form, so wirkte er noch mit Siebzig austrainiert, sportlich, frisch und geschmeidig. Dem entsprachen seine, wie ich zugeben muß, noblen Passionen. Der texanische Postreiter war noch in seinen späten Jahren ein passionierter Reiter. Und wie in seiner Wildwestzeit fuhr er, wie gesagt, noch immer mit Leidenschaft vierspännig, im Kavaliersdreß mit blankem Zylinder. An schönen Pferden konnte er sich, nach eigenem Geständnis, genauso wenig sattsehen wie an schönen Frauen. Es kam durchaus vor, daß er im Reitanzug mit weißer Plastron-Krawatte im Werk erschien. Als engagierter Jäger hielt er sich auch ein Rudel rassiger Hunde. Im Winter setzte er sich gern ans Steuer seines windschnittigen Bobschlittens. Daß er sich dabei einige Arm- und Beinbrüche holte, nahm er mit philosophischer Gelassenheit hin.

Aber er las auch viel, am liebsten Philosophisches und Originaltexte. Besonders hatte es ihm Spinoza angetan, über den Pantheismus oder die rationale Psychologie des Amsterdamer Brillenmachers konnte er sehr sachverständig sprechen. Aber er schlug sich auch mit Eduard von Hartmann herum, vielleicht weil er sich in dessen Vitalismus und kritischem Realismus selbst wiedererkannte.

All seine vornehmen Passionen hinderten ihn aber nicht, sein Unternehmen straff zu führen. Er hatte auch dabei seine eigenen, nicht eben branchenüblichen Methoden. Da er sehr viel unterwegs war – er war zeit seines Lebens sein bester »Reisender« und sein bester Verkäufer –, blieb ihm »für Selb« meist nur eine Woche im Monat. In dieser Woche aber ließ er die Puppen tanzen, legte er ein Tempo vor, das im gesamten Betrieb gefürchtet war, auch bei seinen Direktoren.

Morgens um zehn tauchte er auf der Kommandobrücke auf, wie aus der Frischhaltepackung, frostklar und energiegeladen, rief das Korps seiner leitenden Angestellten zusammen, ließ vortragen, Bericht erstatten, gab Anweisungen und fällte Entscheidungen: ein Parforceritt, der sich normalerweise weit über die geheiligte Mittagszeit ausdehnte, drei bis vier Stunden lang, fast ununterbrochen Galopp. Am späten Nachmittag ging es weiter, meist bis in den Abend hinein, in unvermindertem Tempo.

In der Firma nannte man diese Chefwoche das »Selber Sechstagerennen«. Einen der hochgeschätzten Mitarbeiter meines Vaters, den Prokuristen Dr. Eugen Altmann, hat es zu Versen inspiriert, die sehr detailliert wiedergeben, was alles fällig war, wenn Jupiter selbst regierte:

Die Lehrlinge flitzen,
die Buchhalter spritzen,
die Prokuristen fertigen Listen,
die Direktoren spitzen die Ohren,
die Stenogramme sind Kilogramme,
ein Telefonieren,
ein Konferieren,
ein Briefediktieren,
das geht an die Nieren.

Der Hausherr selbst aber blieb putzmunter, im Gegensatz zu seinen Paladinen, denen oft genug der Atem wegblieb.

Wir schuften zehn Stunden
und gehn dann ins Bett.
Er schuftet zehn Stunden
und geht dann, ich wett,
nachdem er zuvor auch das Essen vergaß,
zu Charleston und Shimmy –
das ist ihm ein Spaß.

Die Bilanz war jedoch positiv, auch in der Erinnerung des dichtenden Eugen Altmann:

So geht wie im Fieber
die Woche vorüber.
Der »Alte« reist weiter,
der Himmel wird heiter.

Das hört sich nach frühem Manchestertum an, nach patriarchalisch-hemdsärmliger Geschäftsführung, und fraglos war für meinen Vater das Herr-im-Haus-Prinzip eine Selbstverständlichkeit. Aber die Angehörigen des Betriebes fuhren gut dabei. Sie waren die bestbezahlten der gesamten Branche. Seine Porzellanmaler gingen in Bratenrock und Zylinder und waren gefragte Kunden, beispielsweise im »Gasthaus zum grünen Baum«. Und schon 1905 gab es bei Rosenthal in Selb bezahlten Urlaub, damals eine unvorstellbare Neuerung, von der die Gewerkschaften noch nicht einmal zu träumen wagten. Auch werdende Mütter erhielten bezahlten Urlaub, Jahrzehnte vor den heute gültigen gesetzlichen Regelungen, für ihre Sprößlinge wurden Kinderkrippen geschaffen. Und schon Jahre vor dem Ersten Weltkrieg entstanden Wohnsiedlungen für die Arbeiter des Betriebes, einfach, aber billig. Auch wenn ein Werksangehöriger sich einen Schrebergarten anlegen wollte, durfte er finanzieller Unterstützung durch die Firma sicher sein.

Das alles hat sicher dazu beigetragen, daß er – noch in den hohen zwanziger Jahren – weit über die Branche hinaus als einer der fortschrittlichsten deutschen Unternehmer galt.

Mein Vater hat seinen Ruhm fraglos genossen, aber er hat sich nicht nur in ihm gesonnt, er hat auch verstanden, ihn umzumünzen. Er wußte, daß es letztlich seinem Unternehmen zugute kam, wenn man über ihn sprach. Die Öffentlichkeit zu beeindrucken, hat er zu einer hohen Kunst entwickelt, längst vor Begriffe wie »Publicity« oder »Public Relations« in unseren Sprachschatz und unser Denken eingingen.

Ja, er zeigte gern, daß er etwas geworden war – und daß er sich nun etwas leisten konnte. In seinem Snobismus schwang allerdings auch eine kindliche Freude an technischen Neuerungen und eine natürliche Lust am Repräsentieren mit. Schon in seinen mageren Gründerjahren auf Schloß Erkersreuth ließ er sich ein Telefon installieren, zu einer Zeit, da es kaum praktischen Wert hatte. Und bereits 1893 erwarb er einen »Benz Motorwagen« (mit Jagdwagen-Karosserie), mit dem er im stillen, abseitigen Selb geradezu Furore machte. Und als einer der ersten fuhr er mit einem derartigen Vehikel über die Alpen nach Italien.

Aber dieser Mann, der mit Kanzlern und Ministern wie selbstverständlich zu Tisch ging, dessen Wort gehört und registriert wurde, der sich mancherlei kostspieligen Luxus leistete, etwa ein mitten in einem Weinberg gelegenes wunderschönes altes Bauernhaus in Bozen-Gries, der überhaupt, fast über Nacht, gelernt hatte, seinen Erfolg und seinen Reichtum auszukosten, dieser Mann konnte auch, ich muß schon sagen, ein mitreißender Vater sein. Er veranstaltete Kissenschlachten mit mir, war für jeden Spaß zu haben und machte sich ein Vergnügen daraus, mit mir zu blödeln. Andererseits sprach er schon mit dem achtjährigen Sohn wie mit einem Erwachsenen, mit einem gleichberechtigten, gleichgestellten Partner.

Natürlich ließ er sich meine Erziehung einiges kosten. Ich wurde zunächst von zwei Privatlehrern unterrichtet. Als Zehnjähriger vertrauten meine Eltern mich dann dem Lyzeum Alpinum in Zuoz bei St. Moritz an, einem hochvornehmen schweizerischen Internat. Mein Aufenthalt in Zuoz war aber nur ein kurzes Intermezzo. Ich zog mir eine Angina zu, bekam Gelenkrheumatismus und lag sechs Monate mit einem schwer geschädigten Herzen im Krankenhaus. Als ich entlassen wurde, gaben mir die Ärzte die beklemmende Prognose mit auf den Weg, daß ich froh sein müsse, wenn ich eines Tages wieder eine Treppe steigen könne – was mich nach meinen diversen »Siebentausendern« und den schweren Jahren in der Fremdenlegion heute noch rührt.

Ich ging dann ins Wittelsbacher Gymnasium in München, standesgemäß in eine der renommiertesten Schulen Bayerns. Von der Lehrerfamilie Leistner in der Dörfleinstraße zusammen mit einigen anderen Buben vorbildlich betreut, wurde ich ein Schüler, der die vorgegebenen Klassenziele zwar immer gerade erreichte, wobei mir nur die Mathematik einige Mühe bereitete. Im übrigen war ich ziemlich auf mich gestellt, so daß ich 1930, ohne jemand zu fragen, der Hitler-Jugend beitrat. Wie viele im damaligen Deutschland, in einer Zeit auch der geistigen Depression, sehnte ich mich danach, mich aktiv für ein Ideal einzusetzen. Daß man damals aus der Schule flog, wenn man in die Hitler-Jugend ging, war ein zusätzlicher Reiz. Daß ich aus einer halbjüdischen Familie stammte, spielte in meiner Vorstellungswelt überhaupt keine Rolle, ich wußte nichts davon. Ich wußte nur, daß mein Vater Protestant und meine Mutter Katholikin war.

Als mir ein Verwandter von meinen jüdischen Ahnen erzählte, war ich zuerst entsetzt. Aber das ist mir eine gute Lehre gewesen. Ich habe später nie junge Deutsche als böse Nazis gesehen.

1933 schickte mich mein Vater auf eine Schule in England, mit der ausdrücklichen Order, mir den Wind eines anderen Landes um die Nase wehen zu lassen und das eigene Land von draußen zu sehen. Zwei Jahre später war ich Student in Oxford. Ich kehrte nicht zurück, und so blieb mir das traurige Finale erspart, das dann über Philipp Rosenthal sen. und die von ihm gegründete und mehr als ein halbes Jahrhundert souverän geführte Firma hereinbrach. 1934 legte er den Vorsitz im Vorstand der Rosenthal AG nieder, 1936 wurde er, einundachtzigjährig, gerichtlich entmündigt – wobei nicht nur eifrige »Arisierer«, sondern auch Verwandte die Hand im Spiel hatten. Im Frühjahr 1937 verschied er in einem Bonner Sanatorium; in Bozen wurde er begraben. Die Hoffnung hat er nicht verloren. Eines seiner

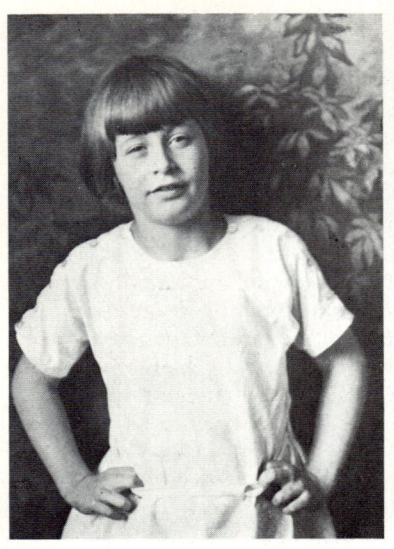

Links: Der junge Philip Rosenthal. *Rechts:* Der Vater Philip Rosenthals bei dessen 5ojährigem Jubiläum als Unternehmer.

letzten Worte zu meiner Tante war: »Macht nichts, Bertele, in zwanzig Jahren bin ich wieder berühmt.«

Meine Mutter, damals siebenundvierzig Jahre alt und noch immer eine schöne Frau, setzte sich nach Frankreich ab, nach Juan les Pins, und heiratete ein drittes Mal, diesmal einen französischen Grafen.

Bleibt noch eine Frage: In welchem Maße haben mich Vater und Mutter, hat mich mein Elternhaus geprägt? Eine Gewissensfrage. Ich will trotzdem versuchen, sie zu beantworten.

Zweifellos bin ich eine merkwürdige, etwas bizarre Mischung. Der Großvater Jude und Geschäftsmann. Die Großmutter aus dem ländlichen Westfalen. Die Mutter aus einem verarmten oberfränkischen Adelsgeschlecht, in dem slawische Blutbeimischungen wirksam waren; im übrigen katholisch, im Gegensatz zum Vater, der sich protestantisch taufen ließ. Da kommt mancherlei zusammen. Dann die äußeren Einflüsse und Eindrücke. Die herrschaftliche Villa am Starnberger See; die Nähe von München mit seinen Museen, Theatern, Konzertsälen, seinem gesellschaftlichen Leben, seiner politischen Ausstrahlung. Aber auch die ländliche Umgebung, das damals noch bäuerliche, mistgedüngte, jauchegetränkte Umland. Pferde, Hunde, Autos. Der alte Hof in Bozen. Die Fabriken in Selb. Das schweizerische Internat. Die »Fürstenschule« in der Landeshauptstadt. Nach behüteter Kindheit und Jugend frühzeitig in die Welt entlassen. Das alles mußte verkraftet werden, hat seine Spuren hinterlassen.

Am stärksten hat mich trotzdem mein Vater geformt, auch am unmittelbarsten. Er nahm mich hart ran, beim Reiten zum Beispiel, wo er mir alles abverlangte, was der einstige Cowboy mit dem Begriff »Reiten« verband. Er hat mir beigebracht, Disziplin zu üben, Schmerzen zu ertragen und den inneren Schweinehund an die Kandare zu nehmen – was mir später, vor allem in der Fremdenlegion, vielfach zugute gekommen ist. Ihm verdanke ich auch eine gute körperliche Ausbildung und die im Sport erworbene Fähigkeit, sich im Kampf Mann gegen Mann zu behaupten oder in einer Gruppe sich dem Gruppenwillen unterzuordnen.

Von meinem Vater habe ich auch gelernt, was es heißt, Unternehmer zu sein, das heißt: Verantwortung zu tragen, nach vorn zu denken, Risiken einzugehen, ständig am Ball zu bleiben und – wo auch immer – mit seinem Pfund zu wuchern. Und nicht nur eine marktgerechte Ware zu produzieren, sondern sie auch zu verkaufen. Mein Vater war in dieser Beziehung nie Privatmensch. Ob er sich in Bozen erholte, in Karlsbad zur Kur weilte, ob er über den Wiener Ring oder die Fifth Avenue in New York flanierte, immer war er im Dienst, immer hatte er die Schaufenster der einschlägigen Läden und Magazine im Blick. Und er konnte fuchsteufelswild werden, wenn keine Rosenthal-Ware ausgestellt war. Auch mir ist die Art von Inspektionstätigkeit längst zur zweiten Natur geworden. Selbst auf Wahlreisen nutze ich jede Gelegenheit, mir die örtlichen Fachgeschäfte anzusehen und, wenn nötig, wie Harun al Raschid aufzutauchen und nicht in Berichten zu lesen, wie unsere Ware im Handel steht.

Der Vater hat mir auch sein Abenteuerblut vererbt; mit ihm die unausrottbare Lust am Ausbrechen, die ja auch bei ihm ständig virulent war. In Fleisch und Blut ist bei mir eingegangen, was er immer wieder gepredigt hat: »Spiel nicht den feinen Jungen, laß dir den Wind um die Nase wehen, erobere dir selbst deine Welt.«

Seine Texasjahre, meine Fremdenlegionärszeit (in der mir nichts erspart blieb, ich aber vielleicht mehr als in Oxford gelernt habe), seine Liebe zu schnellen Autos und gefährlichen Bobfahrten, meine Bergsteigerleidenschaft, sein nie ganz erloschenes nomadisches Temperament, meine Freude am Wandern und überhaupt: am Unterwegssein, das alles zeigt ja, daß auch »bei Rosenthals« der Apfel nicht weit vom Stamm gefallen ist.

Und noch etwas hat er mir mitgegeben – er hielt nichts von unverdienten Privilegien. Er kostete seinen Reichtum aus, und er leistete sich mancherlei kostspielige Extravaganzen. Doch ließ er Reichtum nur gelten, wenn er erarbeitet und redlich erworben war. Es war einer seiner Glaubenssätze, daß man ein Erbe erst antreten darf, wenn man durch eigenes Schaffen nachgewiesen hat, daß man es verdient. Deshalb wollte ich ursprünglich auch nicht in das Unternehmen eintreten, das schon zu meines Vaters Zeiten nur noch zu zwanzig Prozent der Familie gehörte, sondern in England Dozent für die mongolische Sprache und Geschichte werden, denn für Sinologie war die Konkurrenz zu groß. Da fühlte ich mich nicht intelligent genug. Und nach dem Krieg war ich ganz zufrieden als Beamter im britischen Außenamt, der versuchte, sich an einem vernünftigen und gerechten Wiederaufbau Deutschlands zu beteiligen. Erst als ich zufällig sozialdemokratische Exilpolitiker nach Deutschland begleitete und einen alten Freund in Selb besuchte, kam ich darauf, daß ich im Unternehmen vielleicht mehr Chancen hätte, ästhetisch und sozial etwas zu bewerkstelligen.

Meine Mutter hat mir weniger gegeben. Sie lebte in einer Welt, die nicht die meine war, ja, gegen die zu rebellieren mir schon in meinen Kinderjahren innerstes Bedürfnis war. Aber sie war eine vollendete Dame: interessant, attraktiv, gescheit. Schönheit und Charme hatten sich in ihr zu einer untrennbaren Legierung verbunden.

Außerdem war sie hochmusikalisch. Ihr Lehrer, Professor Hermann Zilcher, zu Beginn der zwanziger Jahre Direktor des Staatskonservatoriums in München, schwor Stein und Bein, daß sie eine weltberühmte Sängerin geworden wäre, wenn sie die Ehe nicht der Oper vorgezogen hätte. Es mag sie bekümmert haben, daß ich, ihr Sohn, unterdurchschnittlich musikalisch war.

Ihr Gefühl für Ästhetik, ihr Sensus für schöne Dinge, ihr Faible für Schick aber wirken auch in mir weiter. Ich muß ihr noch einmal bestätigen, daß die Villa am Starnberger See dank ihres untrüglichen Geschmacks so etwas wie ein Kunstwerk geworden war: ein hinreißendes Ambiente. Da war sie unheimlich sicher, ganz Tochter eines altadligen Geschlechtes, und mit einem Sinn für Echtheit ausgestattet, den ich bis heute an ihr bewundere.

Viele Besucher haben das Haus der Rosenthals am Starnberger See ein Museum genannt. Mag sein, daß sie nicht ganz unrecht hatten. Mir selbst erscheint es bis heute als ein kostbares Gehäuse, in dem noch im unauffälligsten Detail die ordnende, feinfühlige Hand meiner Mutter spürbar war. Was mir mein Elternhaus an ästhetischem Empfinden und kunsthistorischen Kenntnissen mit auf den Weg gegeben hat, ist mir später einmal in einem sehr profanen Sinn nützlich gewesen; vielleicht hat es mir sogar das Leben gerettet.

Es war in Casablanca, in meiner Fremdenlegionärszeit. Wir – mein Freund Dicky und ich – hatten uns aus dem Lager gestohlen und saßen nun einer Dame gegenüber, die als Fluchthelferin ihre Fäden spann. Wir nannten sie Mamie, aber sie war eine Aristokratin von Geblüt, vornehm, distanziert und sehr klug.

Total verdreckt stand ich vor ihr, in einer abgetragenen, zerschlissenen Uniform. Da entdeckte ich ein Terrakottarelief über ihrem Diwan. Ich blinzelte sie an und fragte: Ein Luca della Robbia? Sie sah mich verwundert an und nickte. Auch »zu Haus« hing ein Luca della Robbia. Ich hatte immer über ihn plappern gehört.

Ich bin sicher, daß ich Mamie deshalb auffiel und einige Wochen später für würdig befunden wurde, bei Nacht und Nebel mit einem Fischerboot nach Gibraltar gebracht zu werden.

Zufall, Glück, Schicksal?

Ich hab's immer so gesagt: Erfolg im Leben ist etwas SEIN, etwas SCHEIN und sehr viel SCHWEIN!

Karl-Günther von Hase wurde am 15. Dezember 1917 in Wangern/Schlesien geboren. Er machte 1935 Abitur. Er nahm als Offizier am Zweiten Weltkrieg teil und kam in sowjetische Kriegsgefangenschaft. Von 1950 bis 1951 besuchte er die Diplomatenschule in Speyer, wurde dann Gesandtschaftsrat an der Deutschen Botschaft in Ottawa; 1958 war er Sprecher des Auswärtigen Amtes, 1962 Staatssekretär und Leiter des Presse- und Informationsamtes der Bundesregierung. Unter den Regierungen Adenauer, Erhard und Kiesinger war er Regierungssprecher. 1970 wurde er deutscher Botschafter in London, von 1977 bis 1982 war er Intendant des ZDF.

KARL-GÜNTHER VON HASE
Schwarzweiß, schwarzweißrot, schwarzrotgold ...

Meine Eltern, die sich im Mai 1914 verlobt hatten, wurden am 2. August 1914 kriegsgetraut. Mein Vater, Günther von Hase, war Oberleutnant im 5. (Preußischen) Garde-Grenadier-Regiment in Berlin, meine Mutter, Ina von Hase, geb. Hicketier, lebte bei ihren Eltern in Schlesien auf dem Gut Wangern im Kreis Breslau. Beide Elternteile waren miteinander verwandt, aber »nicht gefährlich nahe«, wie mein in Berlin-Charlottenburg lebender Großvater, Dr. med. Paul von Hase, in einem Familienbrief aus Anlaß der Verlobung fachmännisch feststellte.

Derselbe Brief (Mai 1914) enthielt über meine Mutter den Satz: »Ina ist keines der modernen Mädchen, wie sie hier herumlaufen.« Man sieht daraus, daß die kritische Betrachtung der Jugend durch die ältere Generation keine Erfindung unserer Zeit ist. Die Alten halten die Jungen immer für zu modern, fortschrittlich, leichtsinnig und avantgardistisch.

In unserer Familie, bis hinein in mein Elternhaus, spielte das Andenken an meinen Urgroßvater eine besondere Rolle. Sein Bild hängt noch heute in unserem Wohnzimmer. Er war ab 1830 – noch von Goethe berufen – Professor für Kirchengeschichte an der Universität Jena. In den von ihm 1878 geschriebenen ›Annalen meines Lebens‹ hat er über unsere Familie gesagt: »Es ist auch eine Gottesgabe, einer Familie anzugehören und ihre Geschlechter zu übersehen, die seit vier Jahrhunderten in ihrer bürgerlichen Einfachheit sich ehrlich durchgeholfen hat.« Ähnliches gilt von der Familie meiner Mutter, die, ursprünglich auch aus Thüringen kommend, in Schlesien auf dem Lande seßhaft wurde.

Da mein Vater sofort nach der Kriegstrauung »ins Feld« zog – alle dachten, der Krieg würde nicht länge dauern –, blieb meine Mutter in ihrem Elternhaus in Wangern. Dort wurde ich am 15. Dezember 1917, im letzten Kriegswinter, geboren. An meine ersten Kinderjahre habe ich keine eigenen Erinnerungen, wuchs aber, im Verhältnis zu vielen anderen Kriegskindern meiner Generation geborgen und ohne Not, zusammen mit meiner zwei Jahre älteren Schwester auf. Von meiner Mutter und unbewußt durch die ersten, ganz auf dem Lande verbrachten Jahre meines Lebens habe ich mir bis heute eine große Liebe zur Natur und zum Landleben bewahrt.

Ich fühle mich auch ganz als Schlesier, obwohl ich seit meinem vierten Lebensjahr nicht mehr ständig in Schlesien gelebt, sondern nur fast alle Ferien dort verbracht habe; 1982 habe ich mein Geburtshaus, das heute als Schule genutzt wird, wiedergesehen.

Mein Vater kämpfte nach dem Waffenstillstand 1918 noch weiter im Baltikum und im Schlesischen Grenzschutz. Im Herbst 1919, nach der durch Versailles erzwungenen Verminderung auf ein Hunderttausend-Mann-Heer, mußte er seinen Abschied nehmen. Meine Eltern zogen 1920 nach Berlin, und mein Vater trat als Major in die im Aufbau befindliche preußische Schutzpolizei ein. Wegen der großen Wohnungsnot fand die Familie zunächst nur in der alten Garde-Kürassier-Kaserne am Tempelhofer Feld ein Unterkommen, bis eine bescheidene Wohnung in Tempelhof bezogen werden konnte. Hier setzt meine eigene Erinnerung ein. Trotz aller Schwierigkeiten, die die ersten Nachkriegsjahre für fast jeden Deutschen mit sich brachten, kann ich nur voller Dankbarkeit über eine glückliche, ohne jede Einschränkung harmonische und unbeschwerte Kindheit im Elternhaus berichten.

Es ging sehr einfach zu, aber sobald die Ausbildung der Kinder betroffen war, wurde nicht gespart. Unsere Eltern hatten stets Zeit für uns und setzten, gerade nach dem unglücklichen Ausgang des Krieges und der damit verbundenen Nichterfüllung eigener Wünsche, ihre ganze Kraft dafür ein, uns durch Liebe, Güte, Vorbild und Ge-

Links: Die Mutter Ina von Hase. *Rechts:* Der Vater Günther von Hase.

rechtigkeit auf das Leben vorzubereiten. Elternhaus, Schule und Freunde sind nach meiner Rückerinnerung und Erfahrung die wichtigsten Faktoren, die in den prägenden Jahren auf ein heranwachsendes Kind erwirken. Auch die Umwelt und die begleitenden Zeitumstände spielen ihre Rolle. Hier habe ich vielerlei frühzeitig in mich aufnehmen können.

Die Inflation – ich war auf ihrem Höhepunkt 1923 etwa fünf Jahre alt – verbindet sich in meiner Erinnerung mit einem freundlichen Hauswirt, der das Mietgeld mit einem Waschkorb einkassierte. Das nahe Tempelhofer Feld – bis zum Kriege Schauplatz der jährlichen Kaiserparaden – diente nun, lange vor dem Anwachsen des Nationalsozialismus, den politischen Parteien und ihren uniformierten Verbänden für Aufmärsche und Kundgebungen. So bestaunten wir Kinder in einem Umzug der Linksparteien für die entschädigungslose Enteignung der ehemals regierenden Fürstenhäuser einen offenen Lkw, auf dem das »Fürstenleben in Saus und Braus« dargestellt war. Höhepunkte und erste Ansätze für einen sich wieder regenden Nationalstolz waren aber die Flugtage auf dem Tempelhofer Feld mit Kunstflügen der legendären Jagdflieger aus dem Weltkrieg (Ernst Udet), Landung von Zeppelinen (Dr. Hugo Eckener) und Empfang für die Ozeanflieger (Köhl, Hünefeld und Fitzmaurice).

Im übrigen spielten wir viel mit Kindern der Nachbarschaft auf den nicht sehr verkehrsreichen Straßen. Meistens waren wir »Räuber« und »Schutzmann«. Sehr gern halfen wir den Kutschern der damals noch üblichen Pferdefuhrwerke beim Füttern und Tränken. In der »Hasenheide« bei Tempelhof hatten meine Eltern einen kleinen Garten gepachtet, da meine Mutter als Landkind ein Stück Erde brauchte. Wir – meine Schwester und ich – liebten unser kleines Laubengrundstück sehr und waren selig, wenn wir unser Kastenwägelchen, manchmal hoch beladen, nach Hause ziehen konnten.

Der Beruf meines Vaters als Polizeioffizier in Berlin brachte hier und da auch etwas Politik in das Kinderzimmer. So steht mir besonders deutlich der Flaggenstreit – lange vor Erscheinen des Hakenkreuzes – um Schwarzrotgold oder Schwarzweißrot vor Augen. Meine Sympathien waren klar bei Schwarzweißrot, die meiner Eltern auch. Mein Vater nahm aber seinen Eid auf die Weimarer Verfassung und seine Verpflichtung *allen* Staatsbürgern gegenüber so ernst, daß er uns nur gestattete, wenn geflaggt wurde, die schwarzweiße preußische Fahne zu hissen. Auch vom Glanz des kulturellen Berlins der zwanziger Jahre fiel gelegentlich ein Schimmerchen auf uns. Ich durfte die große Stummfilmschauspielerin Asta Nielsen bei einer Aufnahme in der Hasenheide begrüßen und war auf einer Hundeausstellung im Ufa-Palast am Zoo mit vier großen, weißen Pudeln einer Tante fast ebenso erfolgreich wie der Ufa-Star Lilian Harvey mit einer deutschen Dogge. Mein Vater war so stolz, daß er den Bleisatz des in der ›Nachtausgabe‹ erschienenen Bildes als Andenken erwarb. Meine Mutter hat die für sie entbehrungsreichen sieben Jahre von 1920 bis 1927 stets als die glücklichsten in ihrem Leben angesehen.

Im Jahre 1927 zogen wir von Tempelhof nach Berlin-Schöneberg in eine größere Wohnung. Ich kam in die Sexta des staatlichen Prinz-Heinrich-Gymnasims. Dieser erst 1890 gegründeten, im Vergleich zu anderen Berliner Schulen also nicht besonders traditionsreichen Schule verdanke ich unendlich viel. Ich habe das große Glück gehabt, die angesehene Schule ohne Unterbrechung von der Sexta bis zum Abitur besuchen zu können. Diese Stetigkeit hat dazu beigetragen, »zu lernen, wie man lernt«, und mir einen dauernden Respekt vor den Idealen der humanistischen Bildung vermittelt. Noch heute ist diese Schule – sie besteht nicht mehr – ein starkes Bindeglied für die Ehemaligen. Sie zählte so unterschiedliche Persönlichkeiten und Begabungen wie Ulrich von Hassell, Heinz Nordhoff, Hans Zehrer, Heinz Oestergaard und Hans-Joachim Marseille zu ihren Schülern.

Man sagt, die Liebe zur Schule wachse mit dem Quadrat der Entfernung. Man neigt dazu, die Schulzeit in einer gewissen nostalgischen Verklärung zu sehen. Aber ich bin fest davon überzeugt, daß neben oder nach dem Elternhaus für mich die Schule eine der bestimmenden Größen in meinem Leben gewesen ist. Ein tüchtiger Pädagoge und hervorragender Altsprachler war in den letzten drei Jahren unser Klassenlehrer. Er hat uns in die Gedankenwelt der Griechen und Römer eingeführt, uns mit den abendländischen Maßstäben für menschliche Größe, Sittlichkeit, Schönheit und Qualität vertraut gemacht und uns auch die moderne Literatur vorgestellt. Wir haben bei ihm rechtzeitig begreifen können, daß man in der Schule für das Leben arbeitet.

Dieser inhaltsschwere Satz soll aber nicht den Eindruck erwecken, als hätten wir unser Soll an Schulstreichen und Lausbubenfrechheit vernachlässigt. Wenn ich versuche, mir heute darüber Rechenschaft abzulegen, ob auch wir, als Schüler, vom heute so oft zitierten Streß geplagt waren, so kann ich das wohl verneinen. Einschränkend muß ich aber hinzufügen, daß die Umwelteinflüsse sich in den seither vergangenen fünfzig Jahren so grundlegend verändert haben, daß realistische Vergleiche fraglich geworden sind.

Eine kreative Belebung der Schulzeit waren zahlreiche Theateraufführungen, die unsere Lehrer mit uns inszenierten. Meist spielten wir griechische, römische oder deutsche Klassiker und natürlich Shakespeare. Meine »Glanzrolle« war die Königinmutter Atossa in dem Drama ›Die Perser‹ von Aischylos. Mein Kostüm war ein vergoldetes Nachthemd meiner Schwester. Auch moderne Stücke fehlten nicht in unserem Repertoire. Im Jahre 1930 wurde ›Die andere Seite‹, ein Schauspiel des Engländers Sheriff über den Grabenkrieg des Weltkrieges, aufgeführt. Das sachliche, tendenzlose Stück hat uns mit der Darstellung der Furchtbarkeit des Krieges, verbunden mit einfachem Heldentum und treuer Pflichterfüllung stark beeindruckt.

Der verlorene Krieg, insbesondere der durchweg als Schmach empfundene Versailler Vertrag, hat eine große Rolle bei der allmählichen politischen Bewußtseinswerdung meiner Generation gespielt. Die immer größer werdende Not, hervorgerufen durch Reparationszahlungen, Arbeitslosigkeit und echte oder vermeintliche Mißwirtschaft, tat das ihre dazu. Wir konnten uns unter der Kaiserzeit nicht viel vorstellen, sie lag weit weg hinter dem dunklen Graben des Krieges, auch meine Eltern erzählten relativ wenig davon.

Im Geschichtsunterricht, der in der Unterstufe, Mittelstufe und Oberstufe immer wieder in der Antike ansetzte, kamen wir eigentlich nie über die Wende zum zwanzigsten Jahrhundert hinaus. Von der Weimarer Republik waren wir nicht begeistert. Man konnte sie ja auch noch nicht an dem messen, was später über uns hereinbrach. Die Republik verstand es nicht und hatte es auch zu schwer, breite, grundsätzliche Zustimmung in der Bevölkerung zu finden. Spitzenleistungen bot Berlin in den zwanziger Jahren für Theater-, Musik- und Filmfreunde.

Im Jahre 1929, mit zwölf Jahren, wandte ich mich, geworben durch Freunde und ermutigt durch meine Eltern, die den Prozeß des »Abnabelns« wohl etwas fördern wollten, der »Bündischen Jugend« zu. Ich trat als »Wölfling« in den Deutschnationalen Jugendbund des Admirals von Trotha ein. Unser Bundesabzeichen war der preußische Gardestern mit den Farben Schwarzweißrot. Unsere zum Gau »Hansa« gehörende Gruppe trug den Namen des Nibelungenhelden Rüdiger von Bechelaren.

Die Jugendbewegung nach dem Kriege bot ein sehr vielseitiges, religiös, politisch und sozial unterschiedliches Bild. Ich habe mich in unserer kleinen, aber homogenen Gemeinschaft wohl gefühlt, viele schöne Fahrten, Lagerfeuer- und Liederabende, Geländespiele und Sportnachmittage mitgemacht. 1930 wurde ich an nächtlichem Lagerfeuer in einer aus romantischen, freiheitlichen und soldatischen Elementen gemischten Zeremonie zum »Knappen« geschlagen. Als Spruch wurde mir mit auf den Weg gegeben: »Wer auf die preußische Fahne schwört, hat nichts mehr, was ihm selber gehört.« Verstanden habe ich diese anspruchsvolle Forderung aus der Zeit des alten Preußen erst später.

Der Deutschnationale Jugendbund schloß sich 1931 mit anderen Verbänden zur »Freischar Junger Nation« zusammen. Der Gardestern wurde durch den Schild des Deutschritterordens ersetzt. Wenig später entstand durch weitere Fusionen der Großdeutsche Jugendbund, dem aber nur eine kurze Lebensdauer beschieden war. Er wurde 1933 nach einem letzten Bundestreffen in Munsterlager unter uns empörenden Umständen (Beschlagnahme des Vermögens, Verbot des Tragens der »Kluft«) aufgelöst.

Meine Zeit in der Jugendbewegung möchte ich nicht missen. Es war eine leicht konservativ-politisierte, naturverbundene Landsknechtsromantik, die bei mir wohl mitgewirkt hat, meine spätere aktive Offizierslaufbahn vorzubereiten.

Die Ferien pflegte ich zusammen mit meiner Schwester und meinen Eltern bei unseren Verwandten in Schlesien oder, seltener, in den Ostseebädern Bansin und Warnemünde zu verbringen. Mein Vater konnte oft nur für kurze Zeit mit uns fahren, da die zunehmende Schärfe der innenpolitischen Auseinandersetzungen der preußischen Polizei ständigen Einsatz abverlangte. Wir Kinder waren aber unbeschwert, vertrugen uns gut mit unseren Vettern und Cousinen und genossen das gegenüber unserem einfachen Berliner Beamtenhaushalt üppigere Leben auf dem Lande.

Es ist schwer, sich heute in die sozialen Verhältnisse des Landlebens im Schlesien der zwanziger und dreißiger Jahre zurückzudenken. Wir spielten völlig unbefangen mit den, wie man damals sagte, »Hofe-Kindern«, das heißt den Kindern der »Ackerkutscher« und Landarbeiter. Die Rollen im Spiel wurden gerechterweise nach Eignung und nicht nach Stellung verteilt. Gleichwohl begann sich in mir angesichts der heute unvorstellbaren Armut der »Landarbeiter« so etwas wie ein soziales Gewissen zu regen.

Im Elternhaus der damaligen Zeit spielten Großeltern, Onkel und Tanten eine größere Rolle als heute. Meine Großmutter – väterlicherseits – und eine Schwester meines Vaters, die Kriegerwitwe war, kamen uns jeden Sonntag in Berlin besuchen. Wir liebten beide heiß, flogen nach dem vertrauten dreimaligen Klingelzeichen an die Haustür und stellten immer wieder als erstes die uns streng verbotene Frage: »Hast du mir was mitgebracht?« Sie »hatten« immer, obwohl beide nur auf kleine Pensionen angewiesen waren.

Sonntags – wir hatten kein Auto – durften wir nach dem Mittagessen zur Jugendvorstellung in das nächstgelegene Kino gehen. Es gab fast nur Wildwestfilme oder Pat und Patachon und Charlie Chaplin, alles Stummfilme, begleitet von einem phantasievollen Klavierspieler. Später kamen die frühen Ufa-Filme mit Otto Gebühr in der Rolle des »Alten Fritz« und patriotische Kriegsfilme, zum Beispiel über die Ruhmestaten des Kreuzers Emden, über Verdun (›Das Heldentum zweier Völker‹) und ähnliche Themen. Mich haben diese Filme seinerzeit stark beeindruckt. Heute würde man sie wohl unter der Rubrik »Kriegsverherrlichung« einordnen. Wir Deutsche tun uns immer schwer, das rechte und gerechte Maß zu finden.

Das »Wunder des Radios« kam, da mein Vater an technischem Fortschritt interessiert war, als Radiodetektorapparat früh in unser Haus. Gehört haben wir Kinder aber sehr wenig. Neben dem Radio gab es noch ein Grammophon und eine Tageszeitung. Damit war die »Medienvielfalt« des Elternhauses bereits erschöpft. Ich las aber sehr viel in Büchern und habe – trotz geringer Begabung – Freude am Klavierunterricht gehabt.

Etwa alle zwei bis drei Jahre hielt der »Hasesche Familienbund«, der von meinem Großvater und seinen beiden Brüdern nach dem Kriege von 1870 begründet worden war, einen Familientag ab, zu dem – meist in Leipzig – etwa hundert Verwandte zusammenkamen. Leipzig war der Sitz des mit unserer Familie eng verbundenen Musikverlages Breitkopf & Härtel. Von meinem Ururgroßvater, Gottfried-Christoph Härtel, verzeichnet die Familiengeschichte, daß er den Rufnamen Gottfried erhalten habe, weil am Tage seiner Taufe, dem 28. Januar 1763, durch die Stadt reitende Trompeter nach dem Siebenjährigen Krieg den langersehnten Frieden verkündeten, der dann am 15. Februar 1763 zu Hubertusburg beurkundet worden ist. Die Familientage halfen den sonst auf Berlin und Schlesien begrenzten Blick zu erweitern.

Der größte Einschnitt in meiner Jugendzeit war die Machtübernahme durch die Nationalsozialisten. Zuerst wurde mein Elternhaus betroffen. Mein Vater wurde Ende 1933 als Polizeioberst verabschiedet, da, wie es hieß, der preußische Ministerpräsident Göring mit seiner politischen Einstellung nicht einverstanden war. Es war nicht leicht für meinen Vater, im Alter von 52 Jahren und in einer Zeit, in der viele ehemalige Kameraden reaktiviert wurden und später ein schnelles Avancement durchliefen, seine Laufbahn zu beenden. Er hat diese Situation, die auch finanzielle Einschränkungen für die Familie mit sich brachte, mit bewundernswerter Haltung getragen. Ich fühlte mich zu meinem Vater in seiner Enttäuschung hingezogen. Andererseits konnte ich nicht verstehen, daß mein so national und patriotisch gesinnter Vater in dieser Zeit des »allgemeinen Aufbruchs« nicht gebraucht wurde. Ich weiß noch, daß es mir damals beinahe peinlich war, in der Schule für die im Klassenbuch eingetragene Berufsbezeichnung des Vaters die Versetzung in den Ruhestand anzugeben.

Auch an meiner Schule sollten wir bald merken, daß das Lehrerkollegium fortan mehr nach parteipolitischen Gesichtspunkten besetzt wurde. Unser sehr fähiger, im Weltkrieg als Frontoffizier hoch dekorierter Direktor, der einer Partei des linken Spektrums nahestand, wurde zum Studienrat degradiert und durch einen zwar gutmütigen, aber unfähigen Parteigenossen ersetzt. Die Spannung im Lehrerkollegium mit mancher unschönen Intrige und mangelnden Zivilcourage verunsicherte auch das Zusammengehörigkeitsgefühl der Schüler. Außerdem wurde durch Einführung des Staatsjugendtages und Änderung des Lehrplans zu Lasten der wissenschaftlichen Fächer immer weniger gelernt und immer mehr marschiert.

Im Sommer 1933 nahm ich auf dem Truppenübungsplatz Munsterlager an einem Wehrsportlehrgang teil, der vom Reichskuratorium für Jugendertüchtigung organisiert war. Wir wurden durch Offiziere und Unteroffiziere eines Infanterieregiments der Reichswehr vier Wochen lang ausgebildet. Ich war stark beeindruckt von der Qualität dieses Lehrpersonals, das uns die Grundlagen des Militärdienstes in sehr verständiger Weise beibrachte. Dieser Lehrgang hat meine spätere Berufswahl mitbestimmt.

Nach der schon erwähnten Auflösung des Großdeutschen Jugendbundes wurden wir – im Herbst 1933 – auf die nach Wohnsitz zuständigen Hitler-Jugend-Einheiten verteilt. Ich kam zu einer Kameradschaft in Berlin-Schöneberg. Wir Mitglieder der ehemaligen Bündischen Jugend maßen den Dienst in der HJ an unseren früheren Eindrücken und Erfahrungen. Da gab es jetzt natürlich sehr vieles auszusetzen, aber es erscheint mir zu billig, die HJ der ersten Jahre nach 1933 mit der Elle der heutigen Erkenntnisse zu messen. Überwiegend war das jugendliche und unbekümmerte Bemühen vorhanden, sich für eine damals von einer großen Mehrheit getragene Sache einzuset-

zen. Ein wichtiger Unterschied zwischen HJ und der mehr elitären
»Bündischen Jugend« war natürlich auch die Tatsache, daß junge
Menschen aller Stände und Berufsklassen in der Hitler-Jugend vertre-
ten waren. Der im Kaiserreich und auch in der Weimarer Republik
teilweise geschürte und fraglos bestehende »Klassenunterschied« ver-
lor an Schärfe. Man hoffte – und diese Hoffnung und die ersten
Erfolge des Regimes trugen so viele Deutsche über Zweifel und man-
che Enttäuschung hinweg –, daß Hitler das deutsche Volk aus den
Fesseln des Versailler Vertrages befreien und Arbeitslosigkeit und
Not und Elend beseitigen würde.

Mein Vater und meine Mutter haben alles vermieden, was sich für
mich zu einer Spannung zwischen meiner Zugehörigkeit zur Hitler-
Jugend und der gedrückten Stimmung im Elternhaus nach der Pensionierung meines Vaters hätte entwickeln können.

Im Laufe des Jahres 1934 entschloß ich mich endgültig, Berufssoldat zu werden. Im Januar 1935 stellte ich mich als Unterprimaner bei
meinem zukünftigen Regiment in Hannover vor und wurde zum
Eintritt als Fahnenjunker im April 1936 vorgemerkt. Ich habe diesen
Berufsentschluß nie bedauert. Wir künftigen Fahnenjunker mußten
das Abitur statt Ostern 1936 bereits Weihnachten 1935 absolvieren,
um noch drei Monate Arbeitsdienst ableisten zu können. Hierzu verließ ich – das Arbeitslager war im Rhinluch bei Berlin – am 2. Januar
1936, kurz nach meinem achtzehnten Geburtstag, mein Elternhaus.

Ich bin ihm, solange mir das Schicksal die Eltern erhalten hat, auf
das engste und innigste verbunden geblieben.

Otto Wolff von Amerongen wurde am 6. August 1918 in Köln geboren. Nach dem Abitur machte er eine kaufmännische Lehre. Er ist Vorstandsvorsitzender der Otto Wolff AG, Präsident der Industrie- und Handelskammer in Köln und Vorsitzender des Ost-Ausschusses der Deutschen Wirtschaft. Von 1969 bis 1988 war er Präsident des Deutschen Industrie- und Handelstags. Er hat zahlreiche Aufsichtsratsmandate.

OTTO WOLFF VON AMERONGEN
Der Blick auf den Rhein: Die Herzarterie Europas

Eigentlich hatte ich zweieinhalb Elternhäuser, und zwar zwei in Köln aufgrund etwas komplizierter Familienverhältnisse und ein halbes in Bad Reichenhall, wo ich auch eine Zeitlang zur Schule ging.

Wenn ich von letzterem zuerst spreche, so deswegen, weil ich glaube, daß mich die Jahre dort stark geprägt haben. Diesem kleinen Fleckchen Erde, das vor und während des Krieges im sogenannten Ruperti-Winkel oder Deutschen Eck lag, dann in der Nachkriegszeit wieder ein wenig über der Landesgrenze im Salzkammergut am Wolfgangsee, bin ich treu geblieben.

Ich bin in Reichenhall als Protestant auf ein Gymnasium gegangen, das von Maristen-Brüdern geleitet wurde. Ich habe noch heute deren kluge und weitsichtige Warnungen vor dem Hitler-Regime, insbesondere nach der Septemberwahl 1931, im Ohr. Gleichzeitig war ich Zeuge des zunehmenden Hitler-Kults, nämlich wenn Adolf Hitler in der Nähe von Reichenhall landete, um auf den Obersalzberg zu fahren. Es mehrte sich die Zahl der Kinder, die, von ihren Eltern an der Hand geführt, auf der Strecke zwischen Reichenhall und Berchtesgaden, an der Landstraße stehend, dem Führer zuwinken sollten, weil er »Kinder so liebte«.

In Reichenhall habe ich eine Tätigkeit begonnen, die mir mein ganzes Leben bis heute große Freude gemacht hat, und ich bin dankbar, daß ich von den Früchten dieser Fertigkeit noch heute zehren kann, nämlich das Skilaufen.

Meine Mutter und ich wohnten zu dieser Zeit in einem von ihr Anfang der zwanziger Jahre erworbenen Landhaus, sehr nahe der österreichischen Grenze, mit Blick in das Salzburger Land im Nordosten und auf die Loferer Steinberge im Südwesten. Die Nähe der Grenze hat mich nicht davon abgehalten, sie jederzeit zu überschreiten, auch als die Nazis die sogenannte Tausend-Mark-Sperre gegen das unabhängige Österreich errichtet hatten – dann allerdings schwarz über den Grenzfluß irgendwo zwischen Österreich-Gmain und Hallthurn.

So habe ich wohl Grenzen kennengelernt, aber für mich war es klar, daß sie nicht dafür da waren, Menschen zu trennen. Schon als Junge habe ich verstanden, Grenzen zu überwinden oder zu ignorieren. Genauso wie die geographische Situation auf dem linken Rheinufer mit den starken Einflüssen aus dem Westen Europas ein ähnliches Anschauungsbild auch heute noch bietet, daß Grenzen, wie wir sie immer wieder in den Jahrtausenden vorher gehabt haben und heute trotz des gemeinsamen Europas leider immer noch haben, überwunden werden müssen.

Insofern waren meine Heimatstadt Köln und mein zeitweises Elternhaus in Reichenhall bestimmend für mein weiteres Leben – vor, während und nach dem Kriege. Ich habe dort gelernt, Grenzen zu mißachten und sie als künstliche Hindernisse im nationalstaatlichen Interesse zu sehen. Wer an der Grenze lebt, spürt zu deutlich, welche wirtschaftlichen Nachteile und welches menschliche Leid Grenzen schaffen können. Das reizende Kur- und Kleinstädtchen Reichenhall hat mich auch gelehrt, daß Religionen nebeneinander nicht nur existieren müssen, sondern auch sehr wohl nebeneinander bestehen können. Ich habe selten eine größere Liberalität in Fragen des Glaubens erlebt als bei meinen ehemaligen Lehrern, den Maristen-Brüdern. Das benachbarte Salzburg auf der anderen Seite der Grenze war für mich schon als Kind ein Beweis dafür, daß diese Gegend so etwas wie eine Landkarte Europas in Kleinstmaßstab war, wie es Stefan Zweig einmal so eindrucksvoll – ich glaube, es war in seinem brasilianischen Exil – mit Wehmut beschrieben hat.

Aber nun zu Köln. Wenn man aus familiären Gründen das »Unglück« hat, sozusagen in zwei Elternhäusern groß werden zu müssen, wie man das gemeinhin annimmt, so traf diese Standardvorstellung für mich nicht zu. Im Gegenteil, im Hause meiner Mutter bin ich groß geworden als Sohn aus typisch mittelständischen Verhältnissen, in einem westlichen Vorort Kölns, in dem »gutsituierte« Bürger lebten. In diesem Vorort gab es keine dicken Nachbarschaftsfreundschaften, eher lernte sich die Jugend durch gemeinsame Straßenbahnfahrten zur Schule kennen, denn damals dachte doch niemand daran, seine Kinder mit dem Auto in die Schule zu bringen, und Mopeds waren unbekannt.

Diese Jugend ging auf die verschiedenen Kölner Schulen, traf sich aber beim Umsteigen am Rudolfplatz. Dort war die große »Börse« der Schüler und Schülerinnen; sie erschienen dann zum Leidwesen der Eltern oft zu spät zum Mittagessen zu Hause. Das natürliche Verlangen nach Information siegte meistens über die vom Elternhaus erwartete Disziplin. An den Nachmittagen war es genauso. Da ging man lieber zum Fußballspielen, Tennis oder Hockey.

Dieser westliche Vorort lag an der für mich immer noch wichtigsten Straße von Köln, der Aachener Straße, jener von Napoleon erweiterten Straße, auf der viele Armeen marschiert sind, an der viele Geschäftshäuser stehen und die großen Friedhöfe Kölns liegen; auch meine Eltern sind hier beerdigt. Diese Straße, schnurgerade in den Westen führend, war symbolisch für Köln, und sie ist es auch heute noch. Köln ist seit vielen Jahrhunderten das große Verkehrskreuz im Westen Europas, weit offen gegenüber unseren westlichen Nachbarn. Ist Aachen die Grenzstadt, so ist Köln jahrhundertelang das Tor nach dem Westen gewesen, wovon Bonn heute als Bundeshauptstadt sehr wohl profitiert. Nicht umsonst wurde auf den Kölner Gymnasien nach Latein als erste Fremdsprache Französisch gelehrt. Ich füge hinzu: Wenn für viele Deutsche der Name Napoleon noch immer an einen Eroberer denken läßt, so gilt er auf dem linken Rheinufer, ohne diese negative Eigenschaft beschönigen zu wollen, als der Bringer vieler Freiheiten, unter anderem der Koalitionsfreiheit der Kaufleute. Im Rheinland sind viele Handelskammern zu seiner Zeit gegründet worden.

Das andere Elternhaus, das Haus meines Vaters, unmittelbar am Rhein gelegen, von der Familie Stollwerck in den neunziger Jahren des vergangenen Jahrhunderts gebaut, hatte eine andere Atmosphäre. Hier war im Gegensatz zum mütterlichen Haus rheinische Liberalität zu spüren, obwohl meine Großeltern alles andere als typische rheinische Liberale waren. Sie kamen eher aus dem unteren Mittelstand.

Mein Vater war dank seiner Geschäftstüchtigkeit sehr schnell in die Welt des internationalen Handels aufgestiegen. In seinem Haus gingen Kaufleute, Diplomaten und Politiker aller Couleur ein und aus. Das Haus war nach Beendigung des Ersten Weltkrieges Wohnhaus

Der sechsjährige Otto Wolff von Amerongen am Königssee.

des britischen Kommandanten, bei Beginn des Zweiten Weltkrieges wurde es beschlagnahmt und Sitz des Generalobersten von Hammerstein-Equord, der als ehemaliger Oberbefehlshaber der Reichswehr nach Ausbruch des Krieges für ein paar Wochen reaktiviert wurde, dann aber als bekannter Hitler-Gegner sehr schnell wieder von der Bildfläche verschwand – wobei die Generalobersteninflation nach dem Sieg über Polen wahrscheinlich ebenfalls eine Rolle gespielt hat. Das väterliche Haus blieb dann bis zum Beginn des Frankreich-Feldzuges Sitz des Generalobersten von Kluge; und nicht ganz zufällig wurde es nach dem Kriege, obwohl zu dreiviertel zerstört, Zentrale der Auslandsorganisation meiner Firma.

Der Blick auf den pulsierenden Schiffsverkehr auf dem Rhein führte jedem ausländischen Besucher vor Augen, daß dieser Fluß die Herzarterie Europas ist, an dem die für die europäische Einigung wichtigsten Nationen Anrainer sind. Für Köln ist der Rhein Symbol der Internationalität der Stadt, so wie die Aachener Straße die Öffnung Kölns nach dem Westen bedeutet.

Die beiden Elternhäuser – je weiter ich Abstand nehme, um so mehr bin ich davon überzeugt – haben mir für mein späteres Leben etwas sehr Wichtiges vermittelt, die Erkenntnis nämlich, daß man in schwierigen Situationen durch viel Flexibilität Gemeinsamkeiten herstellen kann. Oft wird von Menschen, die zu Prinzipien neigen, Flexibilität als Opportunität ausgelegt. Ich kann nur sagen, daß ich meinen wenigen Grundsätzen, die ich hier nicht aufzählen will, gerade wegen der erlernten, vielleicht auch ein bißchen ererbten Flexibilität treu geblieben bin. Und es gibt in der Tat in meinem Leben eine Reihe von Grundsatzentscheidungen, die nur mit einem besonders hohen Maß an Flexibilität im Denken und Handeln möglich waren.

Das Haus, in dem ich mit meiner Mutter wohnte, lag ganz in der Nähe des Stadions, das der ehemalige Oberbürgermeister der Stadt Köln, Konrad Adenauer, als Mittelpunkt der großzügigen Grünanlagen rund um Köln geschaffen hat. Dort fand ich meine sportliche Heimat. Hier habe ich viel Zeit verbracht, um bei meinem alten Freund, dem Exweltmeister der Tennisprofis, Hanne Nüsslein, das Tennisspielen zu lernen. So wurde neben dem Skilaufen, das ich in Reichenhall begann, Tennis zur zweiten lebenslangen Investition.

Ja, so gehöre ich zu den wenigen Glücklichen, die noch in der Stadt, in der sie geboren wurden, leben. Ich habe das harte Schicksal vieler Vertriebener nicht erleiden müssen. Auch bin ich stolz auf Köln, wo meine beiden Elternhäuser standen. Aber ich gebe zu, es fiele mir leicht, auch woanders zu leben, ohne daß ich großes Heimweh nach meiner Vaterstadt bekäme. Das liegt vielleicht daran, daß ich schon als Kind gelernt habe, überall dort zurechtzukommen, wohin man mich stellte. Dafür bin ich dankbar.

Annemarie Renger wurde am 7. Oktober 1919 in Leipzig geboren und wuchs in Berlin auf. Nach der Schule machte sie eine Verlagslehre. Im Oktober 1945 wurde sie Privatsekretärin des SPD-Vorsitzenden Kurt Schumacher. Seit 1953 ist sie Bundestagsabgeordnete. Sie ist u.a. Mitglied des SPD-Präsidiums und des Europa-Rates und Vorsitzende des SPD-Frauenausschusses. 1972 wurde sie als erste Frau Präsidentin des Deutschen Bundestages, seit 1976 ist sie Vizepräsidentin.

ANNEMARIE RENGER
Die Berlinerin aus Leipzig

Ich bin in Leipzig geboren, aber als ich vier Jahre alt war, ging ein Teil meiner Familie nach Berlin zurück, woher wir eigentlich kamen. Diese Stadt habe ich immer als meine eigentliche Heimat empfunden.

Wir waren sechs Geschwister – eine Schwester war früh verstorben, ich habe sie nicht kennengelernt – vier Jungen und zwei Mädchen, von denen zwei Brüder in Leipzig blieben, so daß wir immer eine besondere Beziehung zu dieser Stadt und den Sachsen behielten.

Wie viele »Berliner« waren meine Eltern dort nicht geboren; mein Vater stammte aus der Lüneburger Heide, meine Mutter aus Schlesien. Aber dieses Berlin mit seiner großzügigen, kosmopolitischen Atmosphäre, seinen Theatern, der Scala und den Kabaretts, dem Tiergarten, wo ich im Winter Schlittschuh lief, oder dem Grunewald, wo wir sonntags wanderten, dem Müggelsee und »Treptow in Flammen« oder »Berlin bei Licht«, dem Tempelhofer Feld, wo Udet und Achgelis ihre Loopings drehten, an alles dies erinnere ich mich, und diese Stadt prägte die Menschen, von denen man sagte, sie hätten das Herz auf dem richtigen Fleck, wenn auch eine »große Klappe«!

Meine allerfrühesten Kindheitserinnerungen habe ich allerdings an

Leipzig. Es hat sich tief in meinen Kopf eingeprägt, daß jemand gerufen hat: »Fenster schließen, es wird geschossen!« Welchen politischen Zusammenhang das gehabt haben soll, weiß ich nicht. Das ist wohl auch nicht so wichtig.

Ganz bewußt habe ich natürlich meine Kindheit und meine Jugend erst in Berlin erlebt. Wir haben in verschiedenen Stadtteilen gewohnt: im alten Westen in der Kurfürstenstraße, in der Bülowstraße und später in Steglitz. In der Wohnung in der Bülowstraße, in der Nähe des Sportpalastes, hatte mein Vater zugleich seine Büroräume. Das ist wichtig für meine Erinnerungen und meine Entwicklung, denn in Hautnähe habe ich dort schon die brutalen politischen Auseinandersetzungen miterlebt, die besonders von den Nazis ausgingen.

Mein Vater, Fritz Wildung, Mitbegründer der Arbeitersportbewegung, war bis 1933 Geschäftsführer der Zentralkommission für Arbeitersport und Körperpflege sowie Herausgeber und Chefredakteur der Zeitschrift ›Sportpolitische Rundschau‹. Mein Vater hatte ursprünglich den Tischlerberuf erlernt, hat aber sein Handwerk nur in jungen Jahren ausgeübt. Sobald er nach Berlin gekommen war, war er in die politische Arbeit eingestiegen. Übrigens war schon mein Großvater väterlicherseits Sozialdemokrat.

Was ich sagen will: Dieses enge Beieinander von Wohnung und Büro, von Familie und Politik hat zur Folge gehabt, daß ich meine Kinderzeit und mein Elternhaus bis heute in diesem Zusammenhang sehe. Es bedeutete vollkommene Teilnahme am Leben, an den Aktivitäten, an der Gedankenwelt meines Vaters, an seiner politischen Aufgabe. Es gab kein Gespräch, beim Abendessen oder sonstwann, wenn wir alle zusammen waren, das sich nicht um politische Geschehnisse gedreht hätte. Ein bleibender Eindruck war für mich der Besuch des Reichstages 1932 anläßlich der letzten Verfassungsfeier.

Was ebenfalls ganz wichtig war für meine Entwicklung: Zwischen mir, der Jüngsten, und meinem ältesten Bruder war eine Spanne von zwanzig Jahren. Das heißt nicht nur zwischen Eltern und Kindern, auch zwischen uns Kindern lag fast eine Generation. Zwar lebte damals nicht der älteste, sondern der zweitälteste Bruder mit in der Wohnung, aber der brachte für meine Schwester und mich, die Jüngsten also, sozusagen den Fortschritt ins Haus – oder was man dafür hielt. Ob das nun der Foxtrott war oder das Radio, dieser Bruder war Radiotechniker, wir zwei Schwestern, so viele Jahre jünger, gingen mit der Zeit, wie man so sagt; wir waren immer auf dem Weg zum Neuen, zum Modernen, zum Aktuellen.

Ein Beispiel: Meine Schwester Lotte und ich trugen die Haare zu sogenannten Schnecken aufgerollt, ein rundes Zopfgeflecht, seitlich über den Ohren. Eines Tages nun meinte unser Bruder, kein Mädchen trüge mehr Schnecken in Berlin. Wir also zum Friseur, kamen mit glattem Kopf, mit Herrenschnitt, der damals große Mode war, nach Hause. Vater fiel fast in Ohnmacht. Er war nicht gefragt worden. Und das war schlimm. Denn er dominierte die ganze Familie.

Vater war das, was man später einen Selfmademan nannte. Er hatte nur eine Dorfschule besucht. Als er deren Lehrstoff beherrschte, sagte der Lehrer – oder war es der Pfarrer? – zu ihm: »Dir kann ich nichts mehr beibringen, Fritz. Du kannst jetzt mal die Klasse unterrichten.« Ja, das gab es damals noch auf dem Dorfe. Aber es gab auch schon die Arbeiterbildungsvereine, in der nächsten Stadt. Dahin ist mein Vater gegangen, als ihm die Dorfschule nichts mehr geben konnte, hat dort Französisch gelernt, in der Bibliothek gelesen, was er vorfand, was ihm in die Hände kam. Ob er alles begriffen hat, weiß ich nicht. Für uns aber war er ein ungemein belesener, gebildeter Mann. Und wer das Buch liest, das er über die Arbeitersportbewegung geschrieben hat, die ja nicht nur der Körperertüchtigung dienen, sondern als Kulturbewegung begriffen werden wollte, der kann dort finden, mit welcher Fülle von Themen er sich in jenen Jahren befaßt hat.

Der Vater war also in der Familie die zentrale Figur. Das große Vorbild. Wir wollten alle so sein wie er und um alles in der Welt vermeiden, daß er irgend etwas an uns finde, was von seiner Warte aus unkorrekt und daher nicht zu akzeptieren war. Natürlich haben auch wir unsere Dummheiten gemacht, wie die Kinder anderer Familien auch. Ich bin gern noch spätabends mit der Heilsarmee durch die Gegend gezogen, ihre »Soldaten« sangen so schön; da konnte es vorkommen, daß meine Eltern mich von der Polizei suchen lassen mußten. Aber irgendwie waren wir immer gebremst, haben wir uns Gewissensbisse gemacht. Sagte eine innere Stimme: Das hättest du nicht tun dürfen; der Papa, würde er es erfahren, fände das nicht gut.

Dennoch gab es auch in diesem Zusammenhang gelegentlich heitere Vorkommnisse. Wir Kinder hatten schon mal gehört, daß unser Vater von hübschen, jungen Frauen durchaus angetan sein konnte. Ob Freunde und Nachbarn das wirklich wußten, ich weiß es nicht. Jedenfalls: Ich hatte eine Cousine, drei Jahre jünger als ich, ein bildhübsches Mädchen, und da gab es nun keinen Zweifel, daß Vater richtig in sie verliebt war. Na ja, und die Cousine, die tat so manches, was uns nicht erlaubt gewesen wäre, doch Vater beschwichtigte: So ein junger Mensch ... Eines Tages wurde mir das zu bunt, und ich legte los: Bei der Cousine toleriere er immer alles, und wenn ich mal, vergleichsweise, etwas anstellte, dann rege er sich auf. Die Antwort meines Vaters war, und ich habe sie nie vergessen: »Du willst ja anders, willst ja besser, willst ja gescheiter sein – willst verantwortlich handeln.« Was sollte ich darauf erwidern?

Neben der starken Persönlichkeit des Vaters war die Mutter das ausgleichende Element in der Familie. Mit der Folge, daß wir Kinder unsere Wünsche, Probleme, Schwierigkeiten zuerst bei ihr abluden. Jedenfalls im Kindesalter, ich noch als Jugendliche. Erst später gingen wir damit direkt zum Vater. Mutter hatte mehr Verständnis für unsere Schwächen. Sie besprach dann die Dinge mit dem Vater, der hatte ja das letzte Wort; doch war sie es, die zu Milde und Nachsicht riet. Das wußten wir.

Mutter war im Vergleich zum Vater nicht nur der weichere, sondern auch der schlichtere Mensch. Sie hatte – bei ihren sieben Kindern – nicht soviel für ihre Bildung tun können wie er; in dieser Hinsicht hinkte sie hinterher. Aber sie hatte einen ganz natürlichen Verstand, genau das, was man den gesunden Menschenverstand nennt, und sie hatte eine praktische Art, die Probleme des Alltags zu meistern.

Ein Elternpaar also, das sich wunderbar ergänzte, das wir Kinder uns nicht besser wünschen konnten; folglich ein Elternhaus, in dem wir uns alle sehr glücklich fühlten.

Im übrigen: Ich wuchs in eine Zeit hinein, in der meine Eltern, für damalige Verhältnisse, bereits einer gehobenen Schicht angehörten. Vater bekam ein anständiges Gehalt. Wir hatten eine großzügige Wohnung. Ich konnte das Lyzeum besuchen. Fast hatte ich schon einen kleinen Dünkel, denn eine »Arbeiterfamilie« – ein politischer Begriff damals – im eigentlichen Wortsinn waren wir schon längst nicht mehr.

Aber wir lebten völlig in unserer sozialdemokratischen Umwelt. Die Sportbewegung, der Kulturkreis, der Bücherkreis, die »Roten Falken«, der Arbeiter-Schwimmverein! Die Verbindungen, wenn auch nicht unbedingt familiäre Beziehungen, reichten bis zu Paul Löbe und Carl Severing. Das brachte die Tätigkeit meines Vaters mit sich. Das war unsere Welt. Nazis und Kommunisten standen uns nicht nur gleich fern, sondern wurden heftig bekämpft, auch bereits in der Jugendbewegung.

An Festtagen kamen wir alle im Elternhaus zusammen. Das war immer ein großes Fest. Ich weiß gar nicht mehr, wie diese bis auf etwa zwanzig Menschen angewachsene Familie überhaupt dann untergekommen ist, denn die blieben alle ein paar Tage im Elternhaus. Aber das eben war der Punkt: Man nahm Unbequemlichkeiten in Kauf, schlief auf Matratzen, die auf dem Fußboden ausgebreitet wurden, und Mutter hatte riesige Töpfe auf dem Herd. Wir wanderten auch zusammen, wir hatten gemeinsame Urlaubsziele, die einen kamen dahin, wo die anderen schon waren, meist in Ferienhäuser der Naturfreunde-Bewegung. Im Winter fuhr man gemeinsam zum Skilaufen. Der Familiensinn, das Gefühl, zusammenzugehören, war ganz stark, ohne große Sentimentalitäten.

Mit der wachsenden Arbeitslosigkeit wurde der Rahmen etwas enger. 1932/1933 kam die Bestimmung: Wenn einer in der Familie ein Einkommen hatte, wurde ein anderes Familienmitglied nicht mehr »in Arbeit« vermittelt. Das traf zum Beispiel meine Schwester, der man beim Arbeitsamt sagte: »Was wollen Sie, Ihr Vater bezieht ja ein Einkommen.« Vorboten weitaus schlimmerer Ereignisse. In der Familie führten sie dazu, sich noch fester um das Elternhaus zu scharen, noch mehr als früher alle Sorgen hier abzuladen und zu besprechen.

1933 kam dann der große Bruch. Die Nazis waren an der Macht. Unser ganzes Lebensgefühl war verändert. Die Zukunft hatte sich verdüstert. Der große Bruch auch für den Vater. Seiner Arbeit war der Boden entzogen, die Arbeitersportbewegung wurde verboten, und plötzlich war er niemand mehr. Und er war ja noch nicht alt. Er kam kurze Zeit in Haft, wurde wieder freigelassen, unter Polizeiaufsicht gestellt. In bestimmten Zeitabständen mußte er sich bei der Polizeibehörde melden. Der Schwung war ihm genommen. Er hatte kein Aktionsfeld mehr.

Und was ganz merkwürdig war: Jetzt gab es auch Aufmüpfigkeit gegen ihn. Mutter wurde resoluter gegenüber dem Mann, dem sie sich ein Leben lang bedingungslos untergeordnet hatte und der nun »tatenlos herumsaß«. Auch wir Kinder wagten uns weiter vor als früher. Trotzdem blieb der Vater auch in dieser Zeit geistig und moralisch der Mittelpunkt. Manchmal haben wir uns wohl gesagt, in dieser oder jener Frage – Familie, Erziehung, Verhalten – ist er ein wenig zu streng. Aber er hat uns alle davor bewahrt, daß wir mit dem Nazismus in Berührung kamen. Der war für uns keine Anfechtung. Und das haben wir dem Vater zu danken.

Ich will es nicht verschweigen – einem meiner Brüder, der in Leipzig geblieben und dort Beamtenanwärter war, hatte man erklärt, er müsse in die NSDAP eintreten, oder er könne nicht Beamter werden; er hat daraufhin den Dienst quittiert. Später ist er dann doch in die Hitler-Partei eingetreten, obwohl er inzwischen in eine Privatfirma übergewechselt war – und obwohl er nach Geist und Gesinnung sicher kein Nazi war. Als wir es hörten, waren wir alle ganz entsetzt. Aber es wäre falsch, so etwas zu unterschlagen, wenn man über das Elternhaus erzählt. Es gab eben auch in dieser waschechten SPD-Familie einen Opportunisten.

Auch die Schule gehört zum Thema Elternhaus. Unser Lyzeum in Berlin war demokratisch-deutschnational. Schulleiterin war eine Oberstudiendirektorin, eine bewundernswerte Frau. Am 30. Januar 1933 wehte auf unserem Schultürmchen Schwarz-Rot-Gold, und unsere Schulleiterin weigerte sich standhaft, die Fahne einzuziehen. Mit anderen Lehrkräften war das anders. Unser Deutschlehrer, was ich gar nicht für möglich gehalten hatte, erschien plötzlich in SA-Uniform. Wir wurden alle in die Aula gebeten, wo uns die Situation

Die Eltern Annemarie Rengers – das Ehepaar Wildung – mit den vier Söhnen.

erklärt wurde, aber diese Frau wich keinen Deut von ihrer Haltung ab. Als ob nichts geschehen wäre, begann sie den Tag mit einem Gedicht von Rainer Maria Rilke.

Einige Zeit später wurde jener Deutschlehrer, der uns mit seiner SA-Uniform überrascht hatte, kommissarischer Schulleiter. Das bekam ich zu spüren. Es hatte etwas mit der großen Prügelei zu tun, die 1932 im preußischen Landtag stattfand. Zwar nahm ich am Religionsunterricht nicht teil – Vater war evangelisch, Mutter katholisch –, doch in der sogenannten Freistunde machte es mir schon mal Spaß, da zuzuhören. Und da hatte der Religionslehrer diese von den Nazis im Landtag angestiftete Saalschacht verherrlicht, und ich war aufgesprungen und hatte mich empört: Ich fände es unglaublich, hier so etwas zu sagen, ausgerechnet im Religionsunterricht.

Das hatte man mir nicht vergessen. Und als nun mein Vater keine Arbeit mehr hatte, auf seine Arbeitslosenunterstützung angewiesen war und deshalb einen Antrag stellte, mir das Schulgeld zu erlassen, da zahlte man es mir heim. Der Antrag wurde abgelehnt, wobei es keinen Zweifel gab, daß dies politisch motiviert war. Ich mußte die Schule verlassen, denn für einen weiteren Schulbesuch reichte das Geld nicht mehr. Abgang, um nicht zu sagen: Rausschmiß aus Untertertia.

Ich will nicht sagen, daß es mir geschadet hätte, damals nicht, auch in meinem weiteren Leben nicht. Ich bin in eine Verlagslehre gegangen, habe Verlagskaufmann gelernt. Und doch war es ein gravierendes Ereignis, und dem damals ohnehin bedrängten Elternhaus wurde eine zusätzliche Sorge aufgebürdet, für die eine Lösung erst mal gefunden werden mußte. Immerhin, mit meinen neunundzwanzig Reichsmark »Entgelt« konnte ich die Familie unterstützen.

Unter dem härter werdenden Druck, auch der finanziellen Verhältnisse, gab es noch eine Episode, die ich erzählen muß. Nach und nach wurden alle Geschwister arbeitslos, das Geld immer knapper. Mein Vater ergriff jede Möglichkeit, die Familie durchzubringen. Und eines Tages übernahm er ein Lebensmittelgeschäft, das schon der Vorbesitzer wegen des schlechten Geschäftsgangs aufgegeben hatte; aber Vater hoffte es zu schaffen – obwohl er nicht die geringste Ahnung vom Lebensmittelhandel hatte. Zu dem Geschäft gehörte auch eine Wohnung, in die wir nun umzogen. Zu der Zeit waren noch vier Geschwister daheim; sechs Leute wollten also von dem Laden leben. Unmöglich. Die Menschen hatten ja kein Geld. Was wurde denn gekauft? Ein Pfund Salz oder Margarine. Immer nur das Nötigste. Kurzum, es ging nicht gut. Nach neun Monaten mußten wir beides aufgeben: den Laden und die Wohnung.

Was war zu tun? Wo sollten wir bleiben? Eine teure Wohnung, wie wir sie früher gehabt hatten, konnten wir nicht mehr bezahlen. Immer hatten wir im Westen Berlins gewohnt, in »guten« Gegenden, jetzt erwog Vater erstmals, eine Wohnung im Osten Berlins zu nehmen; dort waren die Mieten niedriger. Aber es gab noch eine andere Möglichkeit. Gegenüber, auf der anderen Straßenseite, war eine Wohnung frei. Aber das war eine geteilte Wohnung. Da waren »hinten« noch zwei Zimmer, die gehörten einer alleinstehenden Frau. Nicht unter uns zu sein in der Wohnung, das empfanden wir als grauenvoll. Doch was half's? Es war immerhin eine Adresse in einer gewohnten Umgebung.

Nachher ging es dann besser, als wir gedacht hatten. Der jüngste Bruder, Schneidermeister, machte sich selbständig, wurde der Wohlhabendste unter den Geschwistern, beschäftigte mehr als vierzig Schneiderinnen – und der mietete uns dann in eben diesem Hause eine Wohnung, in der wir wieder unter uns waren. Ich bekam die sogenannte Mädchenkammer, vorgesehen für das Hausmädchen, das es natürlich nicht gab. Ich war glücklich. Dorthin ging ich auch zurück, als 1939 der Krieg ausbrach. Ich hatte mit achtzehn Jahren geheiratet und war mit meinem Mann, der 1944 gefallen ist, nach Hoppegarten gezogen.

Aber das Elternhaus hatte, was immer sich auch ereignete, seine Anziehungskraft behalten, und es stand jedem von uns jederzeit offen. Welche Wohnung, welche Straße, welcher Stadtteil in Berlin auch immer: Es blieb die gewohnte Atmosphäre.

Schon im Kindesalter hatten wir einen ausgesprochenen Bildungshunger. Wir haben das, was es da an Büchern gab, geradezu aufgesaugt; und der Bücherschrank enthielt eine reiche Auswahl Klassiker, zeitgenössische Literatur, anspruchsvolle Sozialkritik. Klabund ist noch heute einer meiner Lieblingsschriftsteller. Schillers Dramen lernte ich beinahe auswendig. Wenn ich das bedenke! Heute kann kaum ein Jugendlicher noch fünf Zeilen eines Gedichts aufsagen. Der sozialdemokratische Bücherkreis, die schon in jungen Jahren fleißig besuchte Volksbühne, der Arbeitersportverein, die Falken – das war das Geflecht unserer Bildung und Erziehung. In dem Wort Körperkultur, so brachte es uns der Vater bei, sahen wir vor allem eine kulturelle Aufgabe, die Forderung und Aufforderung, sich weiterzubilden, weiterzuentwickeln.

In der Volksbühne habe ich noch vor 1933 Heinrich George und Bertha Drews erlebt. Aber vor allem waren wir Piscator-Anhänger, über dessen Ideen zu Hause viel diskutiert wurde. Piscator war der Vorkämpfer für eine neue Kulturauffassung. Seine Arbeit, seine Vorstellungen waren für uns ein Aufbruch zu neuen Zielen – und wir fühlten uns als Teil dieser Bewegung.

Die heutigen Hausbesetzungen: So neu ist das doch gar nicht. Unsere Parole von »Licht, Luft und Sonne«, sie war doch auch ein Anrennen gegen die Bausünden der Vergangenheit, gegen die Hinterhöfe. Da waren wir uns mit Käthe Kollwitz und Heinrich Zille, mit den meisten Sozialdenkern und -kritikern der Zeit einig. Raus aus den Hinterhöfen – das war unser Ansatz. Im Berliner Grunewald, bei »Onkel Toms Hütte« oder in Britz wurden die neuen Arbeitersiedlungen gebaut, nach dem Muster des »Bauhauses«; das war ein Teil unserer Kulturauffassung.

Oder der 1. Mai, der Feiertag der Arbeiter, bevor die Nazis ihn okkupierten. Morgens ging es in den Wald, der Vater war ja Naturfreund, wir sangen unsere Lieder, ein wenig Romantik war auch dabei, die gehörte dazu. Alle meine Geschwister spielten ein Instrument: Gitarre, Mandoline, Laute. Nach dem Waldspaziergang ging es zur Maikundgebung. Das sind bleibende Erinnerungen für mich. Und als der 1. Mai erstmals auf Nazi-Art gefeiert wurde, mußten wir einen Schulaufsatz darüber schreiben. Damals habe ich so etwas wie meine erste »Widerstandshandlung« begangen: Ich schilderte den 1. Mai »in einer Familie«, wie wir es gewohnt waren. Meine Klassenlehrerin schrieb unter den Aufsatz: »Weicht vom Thema ab, inhaltlich sehr stimmungsvoll.« Sie hatte verstanden, was gemeint war.

Unser Zuhause, das für die damalige Zeit modern war, wirkte auf uns ausgesprochen stilbildend. Keine Schnörkel, sondern klare Linien, keine »gute Stube«, aber eine Wohnung zum Wohnen. Es wurden zeitgenössische Bilder gekauft, nicht nur, um die Künstler zu unterstützen, sondern auch, um unseren Kunstverstand zu wecken. Diese Modernität und Weltoffenheit meiner Eltern, der gegenseitige Respekt, auch vor der Meinung von uns Kindern, haben uns geprägt, zusammen mit dem kosmopolitischen Berlin. Wir kannten keine Unterwürfigkeit, keinen Untertanengeist. Ein bißchen fühlten wir uns sogar anderen, den »Kleinbürgern«, überlegen. Das Leben hat das dann wieder geradegebogen. Der Tod der Eltern – der Vater wurde achtzig Jahre alt, er war lange krank, aber er hatte ein erlebtes, ein erfülltes Leben hinter sich. Ich war selbst schon Witwe, als ich meine Mutter zu mir nahm. Als auch sie starb, das war die eigentliche Abnabelung, das absolut Unwiederbringliche. Der Verlust des Zentrums, aber es bleibt eine ewige Quelle der Erinnerung.

Meine heutigen Gefühle, rückblickend, zum Elternhaus? Das Gefühl der Geborgenheit, das Gefühl, aus einem Elternhaus zu kommen, in dem die Atmosphäre gut war, wo alles harmonisch war, wo die Eltern sich nicht nur vertrugen, wo es Liebe gab – dieses Gefühl ist geblieben, auch wenn es dieses Elternhaus nicht mehr gibt. Sicher, auch wir haben manchmal Streit gehabt, aber der wurde abgefangen, immer war einer da und dazu bereit, zu vermitteln, zu schlichten, weil eben immer auch einer da war, der die Probleme des anderen verstand. Und so blieb die Grundstimmung harmonisch. Ob ich das in der Rückschau zu verklärt sehe? Nein, so sind meine Gefühle.

Ich habe später versucht, etwas davon weiterzugeben, in unserer kleinen Familie, in der ich nun eine Art Mittelpunkt geworden bin. Seit vielen Jahren ist der Sonntag unser Familientag, an dem die drei Enkelkinder zusammen mit den Eltern zu mir kommen. Da geht es manchmal hoch her, denn selbstverständlich sind wir nicht alle einer politischen Meinung, aber die Richtung stimmt doch. Und wenn einer richtige Sorgen hat, weiß er, daß er zu mir kommen kann. Das Wichtigste für uns alle aber ist das Gefühl der Geborgenheit und der Zusammengehörigkeit.

So war es auch in meinem Elternhaus; dafür bin ich dankbar.

Loki Schmidt wurde am 3. März 1919 in Hamburg geboren. Nach dem Abitur 1937 absolvierte sie ein pädagogisches Studium in Hamburg und arbeitete von 1940 bis 1972 als Lehrerin an Volks- und Realschulen. Sie ist verheiratet mit Bundeskanzler a. D. Helmut Schmidt. Sie gründete die Stiftung zum Schutze gefährdeter Pflanzen, deren Vorsitzende sie ist. Außerdem ist sie Mitglied des Naturschutzrates der Behörde für Bezirksangelegenheiten, Naturschutz und Umweltgestaltung Hamburg. Seit 1984 ist sie Vorsitzende des Vereins Freiluftschulen Hamburg.

LOKI SCHMIDT
Der Pfefferfresser, der die Banane brachte

Meine Kinderzeit habe ich mit Eltern und Geschwistern in drei verschiedenen Mietwohnungen verbracht. Diese drei Wohnungen waren typisch für eine Arbeiterfamilie zwischen den beiden Weltkriegen.

Geboren bin ich in der Schleusenstraße in Hamburg. Das Haus war in der Gründerzeit gebaut und vier Stockwerke hoch. In der dunklen Straße wuchs kein Baum. Aber die Wohnung war groß – sechseinhalb Zimmer. Hier wohnten nun meine Großeltern mit ihren vier erwachsenen Töchtern. Meine Mutter war die älteste.

Meine Großeltern hatten alle vier Töchter einen Beruf lernen lassen – ungewöhnlich für die Jahrhundertwende und für die Töchter eines Kontorboten und einer Köchin. Meine Mutter war Schneiderin, ihre drei jüngeren Schwestern Kontoristinnen.

Ende Februar war der Umzug in die Schleusenstraße gewesen. Meine Eltern, Hermann und Gertrud Glaser, bekamen zwei Räume. Am 2. März war die große Einweihungsfeier. Und am nächsten Morgen kam ich auf die Welt. Frau Backhaus – die Hebamme – half auch, als 1920 mein Bruder Christoph zur Welt kam, und 1922, als meine Schwester Linde geboren wurde.

Ich erinnere kaum etwas aus diesen ersten Jahren. Ich weiß, daß immer viele Menschen im Haus waren. Außer meinen Großeltern und meinen Tanten kamen viele Freunde in die Wohnung. Jede Gelegenheit wurde benutzt, um irgend etwas zu feiern mit selbstgedichteten Theaterstücken und viel Krepp- und Seidenpapierdekoration.

Ich sehe auch noch meine Mutter lächelnd in ihrem Eisenbett liegen nach der Geburt meiner Schwester Linde. Ich brachte ihr einen Strauß Wicken und meine Tante ein paar große goldgelbe Sonnenblumen.

Langsam wurde die Schleusenstraßenwohnung zu klein, denn auch die jüngeren Schwestern meiner Mutter heirateten. Und so atmeten alle auf, als meine Eltern Ende 1922 eine eigene Wohnung fanden. Auf einem Handwagen zogen mein Vater und Freunde unsere Habseligkeiten durch die halbe Stadt vom Hafen nach Hamm.

Die neue Wohnung war Ende des vorigen Jahrhunderts gebaut – eine sogenannte Terrassenwohnung – und so primitiv, daß das Wohnungsamt sie nicht vermieten konnte. Aber sie war billig. Die Sonne schien nur selten in die Vorderzimmer, das Hinterzimmerchen und die Küche waren noch düsterer, denn die nächste Häuserreihe war nur vier Meter entfernt.

In dem einen Vorderzimmer stand ein ovaler Tisch mit einem schwarzgrün gestreiften Sofa und drei Stühlen. Der vierte Stuhl stand vor der Nähmaschine, die ihren Platz am Fenster hatte. Außerdem gab es einen Wohnzimmerschrank mit Glastüren, den mein Vater gebaut hatte, und ein Bücherbord. In der Ecke stand ein eiserner Ofen – der einzige in der Wohnung.

In dem zweiten Vorderzimmer waren unsere drei Kinderbetten und ein großer Kleiderschrank untergebracht. Auf dem winzigen Freiraum in der Mitte zwischen den Betten hatte ein Stuhl Platz, auf den wir nachts unser Zeug legten. Die Wände hatte mein Vater hellocker gestrichen, damit der Raum sonniger wirkte. Als wir Kinder zwischen fünf und acht Jahre alt waren, malte mein Vater einen üppigen Urwald an die Wand mit einem großen Pfefferfresser auf einem Zweig. Als wir das Zimmer zuerst besehen durften, lag auf jedem Bett eine Banane. Unsere Eltern erzählten, der Pfefferfresser habe sie dorthin gelegt. Wir waren glücklich, jeder hatte eine ganze Banane für sich.

Das kleine Zimmerchen nach hinten – das Schlafzimmer meiner Eltern – war zur Hälfte mit einem Bett ausgefüllt, dessen Rahmen mein Vater nach Maß gearbeitet hatte. In der Vorderhälfte des Zimmers war eine Glasvitrine mit drei Glasböden – auch von meinem Vater gemacht. Auf dem obersten Bord thronte die Venus von Milo in Gips – meine erste Begegnung mit der Kunst –, im zweiten Fach war eine Teepuppe aufgestellt. Sie hatte einen feingearbeiteten Holzkopf und schmale, lange Hände. Beides hatte mein Vater geschnitzt. Ihren weinroten Reifrock und die passende Bluse nähte meine Mutter.

In der dunklen Küche war ein großer Kohlenherd, der nur im Winter und gelegentlich zum Backen benutzt wurde. Obendrauf stand ein kleiner Gasherd. Vor dem Fenster befand sich ein Arbeitstisch und in einer abgetrennten Ecke eine Speisekammer. An die Tür zur Speisekammer war eine Steingutkaffeemühle mit einer blauweißen holländischen Landschaft mit Windmühle geschraubt. Mit einer Handkurbel konnte man den Kaffee mahlen. Kaffee war der einzige Luxus, den sich meine Eltern, solange ich denken kann, erlaubten. Sie tranken täglich viele Tassen Kaffee und verbrauchten jeden Tag ein Viertelpfund. Unter dem Arbeitstisch befand sich die große Zinkwanne, in der wir jeden Sonnabend gebadet wurden – alle im selben Wasser. Neben der Haustür war ein großer Ausguß mit einem Wasserhahn. Einen Flur gab es nicht. Das Wohnzimmer und die Küche hatten eine Gaslampe zur Beleuchtung. Leider gingen die Topfpflanzen, die mein Vater häufiger vom Blumenmarkt mitbrachte, bei der Gasbeleuchtung und dem geringen Licht bald ein. Daß die Gasdämpfe auch für uns schädlich waren, spielte keine Rolle.

Die Wohnung hatte kein WC und natürlich kein Badezimmer. Im Treppenhaus befand sich zwischen uns und den Nachbarn auf derselben Etage ein fensterloses WC.

Das war die erste eigene Wohnung, die meine Eltern mit damals drei Kindern bewohnten. Sie hatte sicher nicht mehr als fünfundzwanzig Quadratmeter Fläche. Aber sie war billig: siebenundzwanzig Mark im Monat. Etwa ein Wochenlohn meines Vaters.

Wir lebten sehr bescheiden, Fleisch gab es höchstens einmal in der Woche und dann kleingeschnitten. Aber es gab viel gedünstetes Gemüse. Meine Mutter beschäftigte sich früh mit Ernährungslehre in der Volkshochschule. Und so gab es bei uns als Brotbelag viel frische Gurken- und Bananenscheiben, getrocknete Feigen und Weißkäse, eine festere Form unseres heutigen Quarks.

Überhaupt spielte die Volkshochschule für unsere Eltern eine große Rolle. Sie besuchten zwei- bis dreimal in der Woche einen Kursus. Sie hörten Vor- und Frühgeschichte bei Schwantes, sie lernten vieles über moderne Backsteinbauten von Schumacher und Höger in Hamburg, sie hörten von Wasservögeln und von Pflanzen, vom französischen Impressionismus und deutschen Expressionismus. Mein Vater begann, Geige zu spielen, und malte. Durch einen glücklichen Zufall

Loki Schmidt und ihre Geschwister mit ihren Spielkameraden: Loki ist die größte, links neben ihr Schwester Linde und Bruder Christoph.

habe ich noch heute eins seiner ersten Ölbilder, das er in der Neugrabener Heide malte, als ich etwa ein halbes Jahr alt war.

Wir Kinder lernten Kunstgeschichte von ihm durch Kunstpostkarten, die erschwinglich für ihn waren und die er uns zeigte und erklärte. Mit Freunden zusammen wurde auch in unserer kleinen Wohnung viel gesungen, meistens alte Madrigale.

Ich kam 1925 in die Schule, mein Bruder 1927 und meine Schwester Linde 1929. Eine Pflegeschwester meiner Mutter, die arbeitslos war, schlief bei uns auf dem Wohnzimmersofa und versorgte den Haushalt.

Meine Mutter ging tagsüber zum Nähen. Sie bekam fünf Mark pro Tag, gutes Essen und häufig noch ein paar Butterbrote. Vor allem brachte sie abgetragene Kleidung mit. So konnte sie uns drei Kindern immer etwas zum Anziehen nähen. Fertig gekaufte Kleidung gab es bei uns nicht. Alles wurde aus Altem genäht. Den ersten neuen Mantel kaufte mein späterer Mann mir zur Verlobung.

Mein Vater arbeitete damals als Betriebselektriker beim Arbeitsamt. Der Lohn war klein, aber mit dem Geld, das meine Mutter dazuverdiente, wurden die Eltern, die Pflegetante und wir drei Kinder satt, und es blieb noch etwas übrig, um ab und zu ein Buch zu kaufen und die Volkshochschulkurse zu bezahlen.

Meine liebsten Bücher waren die fünfzehn Bände ›Flora von Deutschland‹, die meine Eltern antiquarisch erstanden hatten. Schon vor der Schulzeit waren diese Bände meine Bilderbücher. Ich besitze sie heute noch. In einigen Bänden sind noch meine ersten Schreibversuche zu sehen.

Meine Eltern hatten mich und später auch meine Geschwister in eine der fünf Versuchsschulen, die es in Hamburg gab, eingeschult. Hier versuchten engagierte Pädagogen, neue Wege im Unterricht und der Erziehung zu gehen. Die Klassenräume hatten schon Tische und Stühle, für die damalige Zeit ungewöhnlich. Die Eltern hatten mitgeholfen, Tische und Stühle weiß zu lackieren. Überhaupt war eines der wichtigsten Dinge in unserer Schule Burgstraße 35 die enge Zusammenarbeit von Lehrern und Eltern. Es gab Nachmittage, wo alte Kleidung für bedürftige Schüler geflickt und geändert wurde. Nachmittags konnte man freiwillig Gymnastikstunden oder Werkkurse besuchen. Es gab einen Theaterkreis, in dem Eltern und Lehrer zusammenarbeiteten. Vor allem aber gab es das Schulheim an der Kieler Förde, für viele Kinder die einzige Möglichkeit, aus der Stadt zu kommen und zu verreisen.

Als mein Vater 1931 arbeitslos wurde, war er jeden Tag in der Schule und baute mit anderen arbeitslosen Vätern nach seinen Plänen eine zusammenschiebbare Bühne in die Turnhalle der Schule.

1929 hatte er aber noch Arbeit. Er arbeitete bei einer Privatfirma und installierte elektrische Anlagen in Neubauhäusern. In diesem Jahr wurde meine jüngste Schwester Rose geboren. Ich war zehneinhalb Jahre alt. Meine Mutter schickte nur die beiden jüngeren Kinder zu einer Tante. Ich blieb im Haus. Tante Mike, eine Schwester meines Vaters, war Hebamme. Sie kam nachmittags. Ich saß allein im Wohnzimmer und hörte das Hin- und Hergehen der Tante. Mir war etwas unheimlich. Dann vernahm ich kurzes Stöhnen meiner Mutter und das quäkende Gewimmer meiner neugeborenen Schwester. Tante Mike rief mich, und ich konnte meine kleine noch ungebadete, nur abgenabelte und noch ganz verknautschte Schwester betrachten. Es war eines der eindrucksvollsten Erlebnisse meiner Kinderzeit.

Nun war unsere Wohnung aber wirklich zu klein. Wir zogen in einen Klinkerbau, der für kinderreiche Familien gebaut worden war. Wir waren begeistert. Die zwanzig Quadratmeter große Wohnküche hatte eine Kochnische, Speisekammer, Loggia und einen Müllschlucker. Mein Bruder bekam ein sechs Quadratmeter großes Zimmer für sich allein. Aber in seinem Zimmer stand der große Familienkleiderschrank. Wir zwei größeren Mädchen bekamen das neun Quadratmeter große Zimmer.

Meine Eltern mit dem Baby schliefen in dem großen Zimmer, das sechzehn Quadratmeter hatte. Später zogen wir drei Mädchen gemeinsam in das große Zimmer, und meine Eltern behalfen sich mit dem kleineren. Endlich hatten wir auch ein richtiges Badezimmer mit Gasboiler, Badewanne und WC. Alle Räume hatten Zentralheizung. Vor dem Haus auf der anderen Straßenseite war ein schmaler Grasstreifen, begrenzt von einem Knick, und dahinter überall Schrebergärten. Für uns war das ein idealer Spielplatz. Die Sommerferien verbrachte die ganze Familie in der Heide. Dort hatten meine Großeltern sich vor der Stadt am Nordrand der Lüneburger Heide (heute gehört es zum Stadtgebiet Hamburg) ein Grundstück gekauft (zwei Pfennig pro Quadratmeter). Die Heidetrockentäler mit kleinen Moorlöchern waren unser Spielplatz.

Alle Kinder und Enkelkinder meiner Großeltern trafen sich im Sommer einige Wochen dort. Mein Vater, der alles konnte, baute eine kleine einfache Hütte für uns. Wir Kinder schliefen in Doppelbetten. Ein Sofa zum Schlafen für die Eltern mit einem Tisch davor und ein niedriger Schrank, auf dem ein Spirituskocher stand, waren die ganze Einrichtung. Auch zwei Tanten von mir hatten inzwischen so eine kleine Bude. Wasser holten wir uns aus einer Pumpe. Und auch das Haus mit dem Herz wurde von allen benutzt.

Der größte Festtag in der Sommerzeit war der 28. Juli, der Geburtstag der Großmutter. Kinder und Enkel versammelten sich um sie und führten ein selbstgemachtes Theaterstück oder Singspiel nach bekannten Melodien auf. Großmutter kochte einen Riesentopf saurer Suppe und viele Schüsseln voll roter Grütze. Denn mittlerweile bestand die Familie aus fünfundzwanzig Mitgliedern. Am schönsten war es, wenn beim Kohlenhändler Engelke ein Leiterwagen gemietet wurde und wir alle durch die Fischbeker Heide in den Rosengarten fuhren.

Als mein Vater arbeitslos wurde, fingen in unserer Familie viele Schwierigkeiten an. Unsere neue Wohnung gefiel uns zwar allen, aber sie kostete monatlich siebenundsiebzig Mark Miete. Viele Dinge hatten wir alle schon immer selbst gemacht, aber jetzt mußte noch mehr gespart werden. Mein Vater besohlte unsere Schuhe und machte alle Reparaturen, meine Mutter nähte unsere Kleidung, und wir halfen, wo es ging.

Taschengeld hatten wir schon vorher niemals bekommen. Wenn aber einer von uns Kindern von Nachbarn für eine Hilfeleistung einmal fünf Pfennig oder sogar zehn Pfennig bekam, wanderte alles in den Familientopf. Am schlimmsten war, wenn unsere Mutter weinte, weil wirklich kein Pfennig mehr im Haus war. Schlimm war auch das Einkaufen auf Pump.

Als die Pflegeschwester meiner Mutter ein zweites Mal arbeitslos wurde, zog sie wieder zu uns, versorgte den Haushalt, und meine Mutter ging wieder aus dem Haus zum Nähen. Kurze Zeit später bekam die Pflegetante eine unbezahlte Stelle als Lehrschwester im Krankenhaus bei freier Station. Meine Mutter ging weiter tagsüber zum Nähen. Sie brachte abends Eßwaren und alte Kleidung mit, so daß wir bei der geringen Arbeitslosenunterstützung meistens satt wurden und anzuziehen hatten. Ich erinnere allerdings noch deutlich, daß mein Bruder und ich unreifes, angebissenes Obst von der Straße sammelten, abwuschen und aßen, weil wir so hungrig waren.

Ich versorgte den Haushalt, so gut es ging. Ich war seit 1929 in der höheren Schule. Meine Eltern hatten mich in der einzigen Schule mit Koedukation, die es in Hamburg gab, angemeldet. Das Schulgeld wurde mir wegen unserer schwierigen finanziellen Verhältnisse erlassen. Ich hatte einen Schulweg von einer Stunde. Meine jüngste Schwester – 1931 zwei Jahre alt – kam zu einer Tante. Ich kochte, wenn ich aus der Schule kam, für meine Geschwister und mich.

Zu dieser Zeit freundeten meine Eltern sich auch mit einem Mitbewohner unseres Hauses an. Vati Demmler, wie wir ihn nannten, war Musiklehrer. Bei ihm bekamen wir drei Großen kostenlos Musikunterricht. Wir hatten vor der Arbeitslosigkeit unseres Vaters alle schon Unterricht gehabt und spielten im Schulorchester. Jetzt musizierten wir viel, Quartett oder Quintett. Das half uns allen – besonders aber den Erwachsenen –, die politisch für uns schwierige Zeit zu vergessen. Inzwischen war Hitler an die Macht gekommen. Meine Eltern hatten viele jüdische Freunde. Einige übernachteten von Zeit zu Zeit auf unserem Boden, bis es eine Möglichkeit zum Auswandern gab. Auch Vati Demmler und eine dritte Familie in unserem Wohnhaus standen politisch den Sozialdemokraten oder den Kommunisten nahe. Noch als ich erwachsen war, hörte ich im Traum gelegentlich die schweren Schritte, die eine Hausdurchsuchung ankündigten.

1935 nach der mittleren Reife bekamen meine Eltern Bescheid, daß für mich kein Schulgeld mehr bezahlt werden könne, da ein Studium später aus finanziellen Gründen wohl doch nicht in Frage käme. Mein Schulleiter erzählte mir, das Kollegium wolle sich aber für eine Fortsetzung meiner Schulzeit einsetzen, doch sollte ich vielleicht in den BDM eintreten. Im Familienrat wurde darüber gesprochen, und ich ging im Jahre 1935 in den BDM. Nach kurzer Zeit wurde ich Mitglied in dem Hamburger BDM-Orchester. Wir spielten weitgehend Barockmusik, so daß der »Dienst« viel Freude machte. Ende 1937 bekam mein Vater endlich wieder Arbeit bei einer Firma im Hafen, die elektrische Geräte für Schiffe herstellte.

Ich hatte inzwischen Abitur gemacht. Ein Biologiestudium, mein Traum, kam aus finanziellen Gründen nicht in Frage. Beim pädagogischen Studium brauchte man damals nur Einschreibgebühren zu bezahlen. Meine Eltern meinten, das müsse wohl zu schaffen sein. Im dritten und vierten Semester bekam ich auch ein Stipendium von zweihundert Mark pro Semester. Außerdem versuchte ich, an soviel Vorlesungen und Übungen wie möglich teilzunehmen, in einem Semester hatte ich sogar achtundvierzig Wochenstunden. Ich konnte auch Nachhilfestunden geben, für die ich zwei Mark bekam.

Trotzdem war es für die ganze Familie eine große Belastung. Mein Vater bekam etwa fünfundfünfzig Mark in der Woche ausbezahlt. Wir verbrauchten meistens fünf Mark pro Tag für unseren Sechspersonenhaushalt. Da blieb nach Miete und Strom kaum etwas übrig. 1940 machte ich dann Examen und konnte meine Eltern endlich unterstützen.

Die Wohnungen meiner Kinderzeit, alle drei nach heutigem Maßstab recht beengt, sind gewiß nur der kleinste Teil meines Elternhauses. Das Wichtigste ist wohl das Zusammenleben meiner Eltern mit uns vier Kindern gewesen und die vielen Anregungen, die sie sich auf so vielen Gebieten holten und die sie an uns Kinder weitergaben.

Bruno Moravetz wurde am 11. September 1921 in Kronstadt/Siebenbürgen (Rumänien) geboren. Nach dem Abitur 1940 leistete er von 1941 bis 1945 Kriegsdienst. Anschließend war er Forsthilfsarbeiter im Allgäu, Tellerwäscher im US-Soldatenheim, freier Mitarbeiter für einen Buchverlag, danach Sportredakteur des ›Allgäuers‹. Ab 1963 war er Sportredakteur beim ZDF und hatte die Chefredaktion für ›Ski 1982‹ und ›Sarajewo 1984‹. Er ist Herausgeber folgender Bücher: ›Das Große Buch der Berge‹ und ›Das Große Buch vom Ski‹. Seit 1984 arbeitet er als freier Journalist und Schriftsteller.

BRUNO MORAVETZ
Die Berge ringsum und die Schwarze Kirche ...

Über jedem Haus, in dem wir wohnten, waren die Berge. Die Stadt der Jugend liegt in einem Tal. Nach Norden hin öffnet es sich zu einem Becken, besiedelt seit acht Jahrhunderten von Bauern. Nach Süden, Osten und Westen klettern die Berge empor, die Südkarpaten, mit Gipfeln, die bis zu zweitausendfünfhundert Meter hoch ansteigen. In diesem äußersten Winkel des Karpatenbogens, jenes Gebirgszuges, der wie ein verzerrtes Fragezeichen den Südosten Europas topographisch bestimmt, Bollwerk war gegen anstürmende Heere aus Asien, durch die Jahrhunderte hindurch, in diesem Bogenknick liegt meine Stadt: Kronstadt im Burzenland, dem äußersten Teil Siebenbürgens.

Einst soll, will die Sage wissen, der König seine Krone auf einem Baumstumpf abgelegt haben, dort, wo danach die Stadt gegründet wurde. In jenem an die Berge stoßenden Tal, am Rande des gewaltigen Gebirgswaldes, der von Gemse und Bär, Reh und Hirsch und mancherlei anderem Getier behaust war, erstand die Stadt der Jugend. Die wichtige Straße aus dem Orient führte vorbei, über den Karpatenpaß, weiter nach Nordwesten, in das Herz Europas. Viele Schätze lagerten auf den schweren Gefährten, Teppiche und Seide und Stoffe für Fürsten und hochstehende Menschen in den Städten des Kontinents. Mancher Bürger der Stadt wurde wohlhabend mit dem Handel; mancher türkische und persische Teppich blieb in der Stadt, manch wertvolles Stück ist heutzutage noch zu besichtigen im großen gotischen Dom, der Schwarzen Kirche.

Die Stadt brannte gegen Ende des siebzehnten Jahrhunderts nieder. Der Dom, sein Gestein, aus dem er dreihundert Jahre zuvor errichtet worden war, wurde vom Qualm und dem Aschenflug geschwärzt. Die Schwarze Kirche steht heute noch in der Stadt.

Die Berge ringsum und diese Schwarze Kirche; das eherne Standbild davor, mit dem ausgestreckten Finger auf die Hohe Schule deutend, vor dem Dom; das neue Gymnasium, unweit, nach dem siebenbürgischen Reformator Johannes Honterus benannt, der es im sechzehnten Jahrhundert gründete – es war das Umfeld der elterlichen Wohnungen in der alten Stadt.

In den Jahren nach dem ersten der großen Weltkriege, als Mutter und Vater zueinander gefunden hatten, junge, arme, fleißige Menschen in einer schweren Zeit, wurde ich geboren. In einer Kellerwohnung, halb unter der schmalen Gasse liegend, in einem vornehmen Haus mit guten Menschen darin. Der Schuster-Großvater war der Hauswirt, und Jahre später noch, als die Familie um einen weiteren Buben angewachsen war und einige Häuser daneben in eine etwas größere Wohnung gezogen war, sprach er uns spielende Buben stets an, wenn er uns sah: »Grüßt die Eltern«, schloß er Fragen an nach unserem Tun, obwohl er die Mutter oder den Vater nahezu täglich traf, in der Nachbarschaft.

Der Vater war schwer verwundet gewesen, als Freiwilliger im Krieg, in den er mit siebzehn Jahren gezogen war. Doch war er ein zäher, ausdauernder Mann, der sich nichts anmerken ließ, wenn er von den Schmerzen heimgesucht wurde, die die Wunden hinterlassen hatten. Er hatte Mutter kennengelernt, als sie beide in derselben Firma arbeiteten: Vater hatte als Eisenhändler eine Lehre gemacht, wurde nach dem Krieg wieder angestellt, arbeitete sich empor als Verkäufer. Mutter mußte die Buben versorgen, das Heim. Sie konnten keine großen Sprünge machen, aber sie waren voller Freude am Leben, an der Arbeit.

Im Keller des Hauses war die Waschküche. Einen ganzen Tag, jede Woche, war Waschtag. Da dampfte es durch das Haus, nicht nur an dem Tag, an dem unsere Mutter die Wäsche rubbelte, kochte, auswrang, mit ihren schmalen Händen an triefnassen Leintüchern alle

Kraft aufwenden mußte, um die Nässe herauszubekommen. Auch an den Tagen, die von den anderen Hausparteien als Waschtag genutzt wurden, dampfte es durch das Haus. Und dennoch – in unserer Wohnung roch es nie nach Feuchtigkeit des Wäschedampfes, nie nach Küche. Stets waren die beiden Zimmer blitzsauber, war der Parkettboden glänzend gerieben, war aufgeräumt.

Wie sie das machte, die Mutter, klein, zierlich fast, ist mir heute noch ein Rätsel. Morgens, im ersten Grauen des aufziehenden Tages, heizte sie schon den Waschkessel ein, oft machte das der Vater. In der Küche wurde das Frühstück bereitet, für den Vater, für die Buben. Pünktlich wurden wir auf den Schulweg geschickt, kaum einmal trafen wir zu spät ein.

Die Eltern waren gläubige Christen. Der Vater war vor der Heirat mit der evangelischen Mutter vom katholischen Glauben konvertiert. Er wurde das, was man einen guten evangelischen Christen nennen kann, kein bigotter Kirchenläufer, aber ein nahezu regelmäßiger Kirchgänger, mit Mutter zusammen, mit uns Buben, die wir die Eltern an hohen Festtagen zum Hauptgottesdienst begleiteten. Regelmäßig wurden wir zum Kindergottesdienst geschickt, es war schon von der Schule her eine gewisse Pflicht. Denn die deutschsprachigen Einrichtungen der Erziehung und Bildung, von den Kindergärten bis zu den Gymnasien und Lehrerseminaren, wurden von der evangelischen Landeskirche Siebenbürgens getragen. Es waren Anstalten mit hohem Anspruch, mit überragenden Erzieherpersönlichkeiten, die große Anforderungen an die Leistungsbereitschaft stellten.

Erst in späteren Jahren, in der Erinnerung, in der Nachbetrachtung wird einem wohl bewußt, was Schule sein kann. Nicht nur, um Grundwissen zu erwerben, muß eine Schule besucht werden. Mancher Lehrer vermag mit seinem Vorbild mehr zu geben als Algebra einzutrichtern oder chemische Formeln, Latein zu vermitteln oder Fremdsprachen, Französisch und – wie bei uns – Rumänisch. Denn die Staatssprache mußte an den Schulen der Landeskirche unterrichtet werden, seitdem Siebenbürgen nach dem Ende des Ersten Weltkrieges Rumänien zugeteilt worden war. Zuvor war dieses Land »hinter den Wäldern«, das auch heute noch als »Transsylvanien« bezeichnet wird, der Königsboden der kaiserlichen und königlichen Habsburger Monarchie.

Auch manchem älteren Gymnasiallehrer fiel es schwer, nach Ungarisch nunmehr Rumänisch lernen zu müssen; der eine oder andere verzweifelte schier, wenn die Abiturklassen in der Reifeprüfung, dem Bakkalaureat, nicht von ihnen selbst befragt werden konnten. Rumänische Gymnasial- und Universitätsprofessoren nahmen die abschließenden Prüfungen vor, erschwerten die Beendigung der Gymnasialzeit, ließen den Abschluß der Schulzeit zu einer Bedrückung werden, nicht nur für die Prüfungskandidaten.

Wie zitterten an solchen Tagen die Eltern um die Kinder! Morgens, als der erste Tag der Abschlußprüfung angebrochen war, versuchten die Eltern, den etwas wortkargen Sohn aufzumuntern. Doch die Stunden waren voller Bangen um das endlich doch noch erfolgreiche Bestehen. Der Anteil der Familie am Schulleben war schon aus der besonderen Gegebenheit des Lebens in einer immer fremder werdenden Umwelt bedeutend. Die Schule und die Kirche, das gesamte kulturelle Leben der Siebenbürger in der Stadt, waren eng miteinander verbunden. An den Sonntagen waren die Gottesdienste stets gut besucht, nicht nur in der großen Schwarzen Kirche, dem Gotteshaus des Stadtpfarrers, auch in den alten Kirchen der Vororte dieser Stadt scharten sich die Menschen um ihre Pfarrer. Auf dem Martinsberg und in Bartholomä oder in der Blumenau – der Sonntag, kirchliche Feste, Taufen, Trauungen und gar die Konfirmation waren Feste der Kronstädter evangelischen Bekenntnisses nach der Confessio Augustana. Es war stets auch ein wortloses Bekenntnis zur Abkunft, zur Geschichte der Stadt und ihrer Familien.

Einst waren die ersten, zu Beginn des zwölften Jahrhunderts, vom Niederrhein, von der Mosel, aus Flandern gekommen. Sie zogen mit schweren Ackerwagen quer durch Europa, aus dem Nordwesten in den äußersten Südosten dieses Erdteils. Tausende von Familien, Mann und Weib, jung und alt, verließen mit Hab und Gut, mit Saatkorn und Getier ihre Heimat, um dem Angebot eines ungarischen Königs zu folgen, ein Land »hinter den Wäldern« zu besiedeln, es zu roden, fruchtbar zu machen, mit Leben zu erfüllen, einen Wall aus Menschen zu bilden gegen Einfälle asiatischer Eroberer.

Ob da schon einer darunter war, von dem auch unsere Familie stammte? Der Vater, die Mutter wußten es nicht. Die Menschen, die dort im fernen Südosten ein blühendes Gemeinwesen geschaffen hatten, es verteidigten mit ganzem Herzen, sich opferten, um Türken und Tataren und andere heranstürmende Völkerschaften abzuwehren – was nicht immer gelang –, diese Menschen öffneten sich aber auch jenen, die zu ihnen kamen, ihre Hilfe erbaten, sie erhielten. Da waren unter Maria Theresia und ihrem liberalen Sohn Josef dem Zweiten die Landler gekommen, Protestanten gewordene Tiroler, Salzburger. Sie siedelten, arbeiteten, blieben, gingen auf in dem Stamm der Siebenbürger. Böhmen kamen als Soldaten mit irgendeinem Heeresteil der Monarchie – mancher blieb.

So weiß unsere Familie, daß da einer war aus dem Böhmischen, daß da ein anderer war, dessen Ureltern aus dem Tiroler Ötztal in den Südosten gezogen waren, des Glaubens wegen. Sie wurden zu Siebenbürgern, sie wurden zu Kronstädtern.

Bruno Moravetz (links) mit Eltern Ludwig und Else Eleonore und Bruder Robert Wilhelm.

Die Berge über unserer Stadt bestimmten auf eigene Weise das Leben. So manchen Sonntag wanderte die Familie hinaus ins Gebirge: Schuler und Hohenstein, Butschetsch und auch der etwas schwierigere Königstein waren die Ziele der Ausflüge. Vater und Mutter, oft auch die Großmütter, Onkel, Tanten, Cousins und Cousinen – wir alle verbrachten so manchen Sonntag auf Bergwanderungen. Da wurde gesungen und gelacht, es wurde Feuer gemacht, das mitgebrachte Fleisch gebraten, Wasser aus dem Bergbach getrunken, die Erwachsenen nahmen auch schon das eine oder andere Mal einen kräftigen Schluck aus der im Rucksack mitgeschleppten Bierflasche (zuvor allerdings war sie, zwischen Steinen sorgsam gesichert, im Bergbach gekühlt worden).

Die Kinder lernten die Achtung vor der Natur, vor der Schöpfung. Blumen und Getier wurden zu Wichtigkeiten am Wegesrand. Aber auch dort draußen im Hochtal oder auf dem Berg ist vor jeder Mahlzeit gebetet worden: »...und segne, was Du uns bescheret hast!«

Abends dann, wenn mit dem dampfenden Vorortbähnchen die Stadt wieder erreicht war, die nägelbeschlagenen Schuhe auf dem Bürgersteig klickten und klackten, immer schwerer wurden an den Füßen, dankten wir für einen erfüllten Tag. Die Großmutter hatte danach einige Tage zu tun, ihre Blasen zu pflegen, weil sie unbedingt die neuen Schuhe zur Wanderung anziehen mußte ...

Familie, Verwandtschaft, Sippe und Nachbarschaft waren die Grundlage des Gemeinwesens in stetig fremder werdender Umwelt; denn die Stadt wuchs, Industrien ließen sich an ihren Rändern nieder, die alten Betriebe im Stadtkern wurden eingeklemmt, bedrängt. Wir Kinder hatten Ehrfurcht vor den Eltern, den Großeltern. Wenn eine der beiden Großmütter Geburtstag hatte, versammelte sich die ganze Familie. Besonders schön war es, wenn am letzten Schultag stets der Festtag der einen der beiden Großmütter gefeiert wurde. Es war Sommer über dem Land, im Garten blühten überreich Blumen und davor, auf der kleinen Wiese, heute undenkbar auf manch gepflegtem Rasen, schmorte das Holzfleisch, saftige Schweinekoteletts, auf dem Kohlenrost. Daneben stand die Großmutter und drehte auf einem großen Rundholz den Baumstritzel zu seiner zuckerbraun glänzenden Vollendung.

Es war alljährlich das gleiche Bild, die gleiche Folge dieses Tages: Buben und Mädchen kamen von der Schuljahres-Schlußfeier, die Zeugnisse mehr oder weniger versteckt haltend, wonach zunächst eine heftige Diskussion entstand; Gespräche gingen hin und her zwischen den Eltern der Sprößlinge, über Noten, bessere oder schlechtere. Wenn dem einen oder anderen Elternteil für eine Weile auch die gute Laune verdorben zu sein schien, so legte sich die gelinde Mißstimmung doch bald. Die Zeugnisse, womöglich eine Nachprüfung vor dem herbstlichen Schulbeginn – und damit verpfuschte Sommerferien, wegen des Lernenmüssens – waren bald vergessen. Es wurde gegessen und getrunken, der Baumstritzel am Nachmittag aufgeteilt und gelobt. Die Welt war schön und hell und klar, für Stunden waren Sorgen und Plagen der Eltern um das tägliche Brot vergessen.

Und wenn dann gegen Abend das Geschirr abgewaschen werden mußte, wurden auch die Mädchen und Buben vom Umhertollen zwischen den Obstbäumen herangeholt; mit einigem Murren zwar, aber schließlich doch pflichtgemäß wurde Geschirr abgetrocknet, hinübergetragen in das Speisezimmer zum Einräumen. Derweil saßen die Väter, Onkel, erwachsenen Cousins noch hinter dem Haus, erzählten, planten, tranken auf das Wohl der Großmutter, der Familie.

Der Abschied von der Stadt der Jugend, von den Bergen der ersten nahezu zwei Jahrzehnte des Lebens ist auf Raten, gewissermaßen, erfolgt. Da waren die Jahre des Zweiten Weltkrieges, in den der Vater seine beiden Söhne entlassen mußte. Der Jüngere kehrte nicht mehr heim, irgendwo in einem sibirischen Bergwerk soll er zuletzt gesehen worden sein. Der Vater, Jahrzehnte später allein, weil die Mutter allzu früh in den ersten Nachkriegsjahren gestorben war, hoffte noch bis zum letzten Atemzug auf eine Wiederkehr.

Die Stadt der Kindheit, die geliebten Berge der Jugend wiederzusehen, Jahrzehnte später, bereitete Wehmut, Schmerz. Da steht auch heute noch das Geburtshaus, mit fremden Menschen darin, bröckelnd der Putz, kaum gepflegt der einstmals vom Schuster-Großvater so liebevoll gehegte Garten. Da steht auch noch das Schutzhaus auf dem Schuler, hoch über der Stadt in den Bergen, das die Eltern bis in die ersten Kriegsjahre geführt hatten: fremde Menschen auch darin, etwas heruntergekommen, gemütlich zwar wie einst die Wirtsstube, doch alles so anders, verändert, unheimlich. Da steht noch die Schule, das Gymnasium; da sind noch die Häuser in der Nachbarschaft. Doch die Freunde sind weit verstreut in aller Welt, einige sind im Krieg geblieben, verstorben. Die Überlebenden kommen alle paar Jahre zusammen, aus Amerika und Australien, aus Mitteleuropa, zu einem besinnlich-heiteren Wochenende im fränkischen Weinland.

Da steht noch, in der Stadt der Kindheit und Jugend, der am weitesten im Südosten Europas erbaute gotische Dom, die Schwarze Kirche. An der vor sechs Jahrhunderten geweihten Kirche bröckelt der Stein, im alten Holz bohrt die Zeit. Ein Bild von ihr hängt in der Wohnung von heute. Eine Sammlung vor einigen Jahren hat wenigstens etwas an Hilfe zur Erhaltung gebracht. Über der Stadt, über den Häusern, in denen Kindheit und Jugend erlebt wurden, stehen die Berge. Die Zinne, gleich hinter der alten Stadtmauer aufgetürmt, ein Wächter des Einst und des Heute; gegenüber die Hohe Warte, Aussicht bietend über die in das Tal gedrängte Stadt; dahinter hinaus, nach Süden, Osten und Westen, immer noch diese Stadt umschließend, die hohen Berge: Schuler und Hohenstein, Butschetsch und Königstein ... Unten in der Stadt die Friedhöfe. Die Voreltern sind dort begraben worden, die Mutter.

Mit dieser Stadt, mit ihren Bergen, ist die Erinnerung verbunden, an die Kindheit und Jugend, an ein Leben eigener Art, an einen Teil europäischer Geschichte und Kultur – an eine Zeit, die wohl für immer vergangen sein wird.

Egon Bahr wurde am 18. März 1922 in Treffurt/Thüringen geboren. Nach dem Abitur machte er eine Ausbildung als Industriekaufmann. Von 1942 bis 1944 war er Soldat. Ab 1945 arbeitete er als Journalist. Von 1960 bis 1966 leitete er das Presse- und Informationsamt des Landes Berlin. 1967 wurde er Botschafter im Auswärtigen Amt, 1969 Staatssekretär im Bundeskanzleramt und Bevollmächtigter der Bundesregierung in Berlin. Von 1972 bis 1974 war er Bundesminister für besondere Aufgaben beim Bundeskanzler, danach Bundesminister für wirtschaftliche Zusammenarbeit. Von 1976 bis 1981 war er Bundesgeschäftsführer der SPD. Seit 1980 ist er Vorsitzender im Unterausschuß Abrüstung und Rüstungskontrolle.

EGON BAHR
Das geheimnisvolle »es« – das Leben

Wenn man meinen Vater gefragt hätte, dann hätte er sich selbst wohl als »gut-bürgerlich« bezeichnet. Als Lehrer hatte er noch zwei Semester Medizin angehängt und sich den Schwererziehbaren gewidmet. Das hieß damals Hilfsschule. Heute nennt man das wohl eine Sonderschule.

Er war ein Pädagoge aus Leidenschaft mit ungewöhnlichem Talent. Ich habe davon profitiert, weil ich, wenn er mich am späten Nachmittag zum Stenographieunterricht mitnahm, den er – auch im Interesse eines kleinen Nebenverdienstes – bei der Reichswehr gab, nur vom Zuhören (und Zusehen) Stenographie lernte. Ich habe Steno spielend gelernt und beherrschte sie von Sexta an. Seither schreibe ich sie, ohne nachzudenken, wie andere, ohne nachdenken zu müssen, die gelernte Langschrift benutzen. Die ungeheuren Vorteile, die das bot, in der Schule, beim Kommiß, ganz sicher als Journalist und, wenn möglich, noch mehr in der Politik, würden zu einem Hymnus auf die Stenographie führen. Aber es handelt sich nur um eine Abschweifung zu der Feststellung: es ging uns gut.

So fühlten wir uns jedenfalls. Zumal wir viele sahen, denen es nicht so gut ging. Ich spreche von der Erinnerung an die Jahre 1928 bis 1936, also die Jahre vom sechsten bis zum vierzehnten Lebensjahr, wo man sich dieser Dinge bewußt wird.

Wir wohnten in Torgau, das die Elbe bekanntlich aus Dresden und Meißen bezieht, und haben mit Augenzwinkern bedauert, daß irgendein Kurfürst beschlossen hat, nach Dresden zu ziehen, weil sonst Torgau die Chance gehabt hätte, kursächsische Metropole zu werden. Aber es wurde ohnedies geschichtsträchtig.

Ich habe mir manchmal, besonders im Vorfeld des Luther-Jahres, den Spaß gemacht, vor allem bei Pastoren die evangelische Allgemeinbildung zu überprüfen, und fast immer den Mangel an Kenntnis festgestellt, daß Luther die erste evangelische Kirche in Torgau geweiht hat, übrigens nicht die riesige Marienkirche, die damals annähernd die Hälfte aller Einwohner der Stadt aufnehmen konnte, sondern die Schloßkirche. Es wußten auch nur wenige, daß Katharina von Bora, die Luther aus einem nahe gelegenen Kloster in einem leeren Weinfaß entführt hatte, in der Marienkirche in Torgau begraben liegt – oder daß dort das erste evangelische Liederbuch unter Melanchthons Mitwirkung zustande kam und Johann Walter einen Kirchenchor gründete, der bis zum Tod seines letzten Leiters, Adalbert Möhring, meines hochverehrten Musiklehrers und eines begabten Komponisten, Ende der fünfziger Jahre existierte. Jeden Sonntag sangen wir einen Introitus und eine Motette. Zu den Feiertagen bereiteten wir ein musikalisches Programm vor, zuweilen ein Orchester, und es brauchte jeweils ein dreiviertel Jahr, bis wir mit großem Orchester Haydns ›Schöpfung‹ oder Beethovens ›Missa solemnis‹ aufführen konnten, aus der ich noch ganze Sopran-Passagen auswendig kann.

An zwei Nachmittagen der Woche übten wir regelmäßig mit Begeisterung. Dort verdiente ich auch das erste Geld, das war sehr viel, wenn man mit fünfzig Pfennig Taschengeld pro Woche zu rechnen hatte. Das Chorgeld steigerte sich für die Oberstufe bis auf siebenundzwanzig Mark fünfzig. Als ich das erste Mal diese Summe empfing, hatte ich fast ein schlechtes Gewissen, weil das Singen zuviel Spaß machte, als daß man dafür noch Geld annehmen sollte.

Zur Geschichte gehört natürlich auch die Schlacht bei Torgau, die der Alte Fritz eigentlich schon verloren hatte, bis sie ihm Ziethen gewann, als er »aus dem Busch« kam. Daß sich die Festung Torgau hielt, noch nachdem Napoleon weiter westlich die Völkerschlacht bei Leipzig verloren hatte, hatte später das Ergebnis, daß die Festungswerke – mit einigen für Indianerspiele geeigneten Ausnahmen – einem Grüngürtel Platz machten, rings um die Stadt, noch immer Glacis genannt, mit schönem Baumbestand, Fußwegen und einem Reitweg.

Wenn im Herbst die Jagden stattfanden und einige Schwadronen des Reiterregiments 10 bei vollem Galopp die Erde dröhnen ließen, durften wir schon mal die Pferde der Herrenreiter oder der Damen, die sich nach dem Halali in ihre Kutschen begaben, durch das Glacis in die Ställe reiten. Das zählte gewiß nicht zu den kleinen Freuden.

Im Jahre 1945 schließlich reichten sich die Amerikaner und die Russen in Torgau die Hand. Buchstäblich. Nicht für lange, wie man weiß.

Zweimal im Jahr war Jahrmarkt. Dort interessierten natürlich nicht die Verkaufsstände für Hausrat oder Textilien, sondern die Schaubuden und Karussells. Großzügig wie meine Eltern waren, habe ich für den Jahrmarkt jeweils fünfzig Pfennig zusätzlich bekommen. Die mußten sehr genau eingeteilt werden. Zuckerwatte, türkischer Honig, mit einem Hobel von einem dicken rechteckigen Block abgeschabt, Eis und das Kettenkarussell kosteten nur je fünf Pfennig, der Eintritt in die Schaubuden zehn Pfennig. Aber eine Thüringische Rostbratwurst fünfundvierzig Pfennig. Da ich diese, braun und knusprig, schon damals gern mochte, ergab sich eine schwierige Entscheidungssituation. Beim Herumschlendern (was Schaulustige sind, lernte ich damals) löste sich das Problem, weil ich eine Bude fand, in der eine solche knusprige, braune Wurst für zehn Pfennig angeboten wurde. Als ich abends zu Hause von meinem Erfolg berichtete, war meine Mutter entsetzt: »Der Junge hat eine Pferdewurst gegessen.« Ich überprüfte das – in der Tat, dort waren Roßbratwürste und nicht Rostbratwürste angepriesen. Aber der Unterschied dieses einen Buchstabens hat mich auch später nicht gestört.

Da wir gerade bei den Finanzen sind ... Auch eine große Tüte Waffelbruch oder Erdnüsse oder Kuchenkanten beim Bäcker oder eine beachtliche Portion Sauerkohl im Kolonialwarenladen bekam man für fünf Pfennig. Als ich etwas größer geworden war, stellte sich der Leichtsinn ein. Natürlich mußte man, nicht nur durch Karl May angeregt, kosten, wie die Friedenspfeife schmeckt, die Vater uns für das Indianerspiel (er hatte eine überlange Pfeife mit kleinem Kopf) zur Verfügung gestellt hatte. Da wir uns nicht trauten, ein Päckchen Tabak zu kaufen, erstanden wir Zigaretten, entweder »Schwarz-Weiß« oder vorzugsweise »Lloyd«, vier Stück zu zehn Pfennig, weil dort Flottenbilder beilagen, die wir leidenschaftlich sammelten.

Sie, die Bilder von alten Schiffen, waren übrigens auch gute Tauschobjekte gegen Murmeln, wobei die verschiedenen Arten von Glaskugeln ihren besonderen Wert hatten, der nur von den Stahl-Buckern übertroffen wurde. Die meisten Leute rauchten Zigaretten zu dreieindrittel Pfennig, nur mein Onkel, bei dem meine Großmutter einen

Zug zum Leichtsinn feststellte, rauchte R 6 von Reemtsma zu vier Pfennig das Stück. Aber der hatte sogar ein Auto, einen DKW-Reichsklasse, mit Zweitaktmotor. Aber zu diesem Ausflug in die mondäne Welt kommen wir später.

Wir konnten uns etwas leisten, was schon daraus hervorging, daß wir zu den ersten gehörten, die sich einen Eisschrank zulegten. Wenn immer es heiß war im Sommer (und in meiner Erinnerung waren die Sommer immer heiß), bimmelte der Eismann mit einer großen Glokke, Vater spurtete die drei Treppen hinunter mit einem Eimer und holte für zehn oder zwanzig Pfennig Eis, das der Verkäufer mit einer Schuhahle vom großen Block trennte. Es wurde in Sackleinwand eingeschlagen, um möglichst wenig zu verlieren, oben zerkleinert in Stücke, die möglichst in den Eisbehälter paßten. Das Eis hielt in der Regel einen Tag, das Wasser lief unten in einen Behälter und überschwemmte die Küche, wenn man das Leeren vergaß.

Wir hatten vier Zimmer und eine drei mal drei Meter große Veranda neben der Küche, wo im Sommer gegessen wurde; ein sogenanntes Herrenzimmer mit dem Schreibtisch meines Vaters, ledernen Clubsesseln und seinen Büchern; ein Eßzimmer; das Schlafzimmer der Eltern und mein Zimmer; eine Kammer und ein Bad, dessen Ofen der Vater am Sonnabend heizte. Das war der Badetag. Im Kachelofen im Eßzimmer konnte man im Winter Bratäpfel machen. Wir heizten mit Braunkohlebriketts. Der Wintervorrat wurde im Herbst in den Keller gekippt, und es war eine richtig miese Arbeit, die Briketts zu stapeln, damit sie weniger Platz wegnahmen. Die zerbrochenen wurden zuerst verfeuert. Am Wochenende wurden die Kohleeimer hochgetragen mit dem Bedarf für die ganze Woche. Außer an Feiertagen wurde nur in der Küche und im Eßzimmer geheizt. Im Eßzimmer schraubte Vater den Ofen abends noch einmal auf, wickelte zwei Briketts in Zeitungspapier, legte sie auf die Glut und schraubte wieder zu. Meistens klappte es. Das Zimmer blieb »überschlagen«, und am Morgen war noch so viel Glut, daß Mutter das Anzünden mit Papier und Kleinholz erspart wurde.

Zum Frühstück gab es Kaffee, Brot, Butter und Marmelade, am Sonntag ein Ei. Dazu vier Brote mit Wurst oder Käse für die Schule. Dort habe ich zuweilen ein Wurstbrot gegen ein Marmeladebrot getauscht.

Es ging uns gut, denn wir verreisten zweimal im Jahr, meist in der dritten, selten in der zweiten, nie in der ersten und vierten Klasse; in den Sommerferien meist zu Vaters Mutter in Schlesien oder zu einer Tante in Ostpreußen, in Elbing, von wo es noch zwei Stunden mit dem Dampfer über das Frische Haff bis nach Kahlberg an der Ostsee waren. In Ostpreußen lernte ich, daß es Menschen gibt, die schon zum Frühstück mehrere Sorten Wurst und Käse verspeisten. Und bei

Egon Bahr mit »Mutter Labi« im Jahre 1945.

der schlesischen Großmutter staunte ich, wie kühl die Butter war, die
sie im Steintopf im Keller aufbewahrte, und daß sie im Sommer immer Milch, Buttermilch und Kaffee bereithielt, aber aus Steinguttöpf-
chen und nicht aus Porzellantassen trank. Ich durfte übrigens barfuß
einkaufen gehen. Blaubeeren im nahen Wald aßen wir nur noch,
wenn es uns gerade schmeckte; denn oben im Haus wohnte ein ar-
beitsloser Bergmann. Er fing Kreuzottern für den Apotheker und
bekam fünfzig Pfennig das Stück. Seine Frau »ging in die Blaubeeren«
und verkaufte sie für fünfzehn Pfennig das Pfund. Die Kinder trugen
Brötchen aus. Ich glaube nicht, daß sie schon einmal eine Banane oder
eine Apfelsine gegessen hatten. Aber solches Luxusobst gab es auch
bei uns nicht oft.

Diese Großmutter hat uns einmal besucht in Torgau. Vater und ich fuhren ihr entgegen, mit dem Rad, an die zwanzig Kilometer bis zu einem Eisenbahnknotenpunkt, an dem sie umsteigen mußte. Als Proviant hatten wir kalte Kartoffelpuffer mit. Wenn ich nachrechne, muß die Großmutter damals etwa sechzig Jahre alt gewesen sein. Ich sehe sie noch heute vor mir, wie sie fassungslos die Hände über ihrem Bauch kreuzte und immer wieder staunte – sie hatte es sich nicht vorstellen können, daß es eine so große Ebene gibt. So weites, flaches Land. Bis zu diesem Tage war sie nie aus Schlesiens Bergen herausgekommen. Ich habe erstmals als Soldat den Rhein gesehen und nach dem Krieg die Alpen. Die heutige Reiselust, gar ins Ausland, war unvorstellbar.

Und zu Weihnachten, genauer nach dem Chor am ersten Feiertag, fuhren wir regelmäßig nach Berlin, wo die andere Großmutter wohnte und ihre sieben Kinder nebst angeheirateten und Freundinnen versammelte, letztere natürlich nur zum Essen. Jeder brachte mindestens zwei Braten mit, die auf dem Balkon aufgehangen wurden, an einer Stange. Großmutters Geruchssinn entschied, ob es an diesem Tage Gans oder Ente oder Hasen gab. (Kaninchen aß »man« nicht; das war der Hasenbraten für die armen Leute.) Huhn hingegen war teurer als Schwein oder Kalb.

Berlin, das war die große mondäne Welt, eigentlich ein Rausch. Ich durfte mit in die Scala und sollte einen berühmten Clown, Grock, bewundern, den ich kaum verstand und nicht komisch fand. In Berlin lief man fast überhaupt nicht; man fuhr Straßenbahn oder Autobus, immer auf dem Oberdeck, oder gar in Onkels Auto. Ein weiterer Onkel besaß ein weiteres Auto, einen schwarzen Adler Triumph Junior. Das alles grenzte ans Unsolide, jedenfalls für jemanden aus Torgau. Und an einem Winternachmittag stand ich am Wittenbergplatz und sah, wie sich die Scheinwerfer der vorübergleitenden Autos im nassen Asphalt spiegelten. Da nahm ich mir vor, einmal im eigenen Auto am KaDeWe entlang zu fahren.

Wer konnte wissen, ob das klappen würde, denn die Eltern sprachen von den Problemen und Schwierigkeiten »des Lebens« wie von einem geheimnisvollen Mysterium. Gar nicht so einfach sei es, viel schwerer als man meine. Schicksalsschläge halte es bereit, gegen die man sich schwer wehren könne; es zu bestehen, erfordere mehr, als alle Schulweisheit sich träumen lasse. Es – das Leben.

Was da so am Auge vorbeizog, war gewiß auch das Leben. Aber es mußte mehr dahinter stehen, als man wahrnahm. Ich fing an zu zweifeln, ob ich das je können würde, im Leben zu bestehen, wie zum Beispiel jener Schalterbeamte an der Post, der offenbar alles Wichtige an Vorschriften wußte, die richtigen Briefmarken verkaufte, sich nicht verrechnete, die richtigen Formulare an der richtigen Stelle ausfüllte. Der hatte seine Stellung im Leben gefunden und füllte sie aus.

Das müßte schwer genug sein. Vielleicht sollte ich mich um so einen Beruf bemühen und meine Hoffnungen aufgeben, einmal Musik zu studieren.

Es könnte sein, daß der Leser den Eindruck gewinnt, ich hätte mich zu sehr mit Essen und Zahlen aufgehalten, aber ich bitte um Verständnis, wenn diese Eindrücke so hervortreten im Vergleich zu den Lebensumständen im Jahre 1984, jedenfalls in unserem Land. Ich habe mir das Heute weder vorstellen können noch erträumt. Daß die Wirklichkeit heute die Träume von damals überholt hat, konnte uns weder wachsende Ansprüche noch wachsende Sorgen ersparen – wie beherrscht man am Ende, was man zu produzieren gelernt hat.

Die wiedergegebenen Erinnerungen mögen idyllisch klingen. Sie sind wahr. Wahr ist aber auch, daß mein Vater 1933, als Hitler an die Macht kam, sagte: »Das ist der Krieg.« Aber als die Jahre vergingen, gab ich mich der Vorstellung hin, daß man bei Befürchtungen des alten Herrn vorsichtig sein müsse. Es gab gar keinen Krieg, sondern es ging sichtbar aufwärts mit Deutschland. Die Arbeitslosen verschwanden, wir waren wieder wer. Die Wehrmacht wurde aufgebaut, das Rheinland besetzt, bei den Olympischen Spielen verbeugten sich die Männer des Westens vor dem Führer und Reichskanzler des deutschen Volkes, und Österreich kehrte heim ins Reich; aber ich hatte mich in meiner Erinnerung auf die Zeit bis 1936 begrenzen wollen. Und von da an dauerte es ja noch drei Jahre, bis ich feststellte, daß mein Vater recht gehabt hatte. Der stinknormale Alltag behauptete sein Recht, sehr lange, trotz oder neben der Politik, bevor er von dieser bestimmt, unterjocht und am Schluß gefressen wurde.

Man war nicht Nazi bei uns. Dazu hätte es nicht der jüdischen Großmutter bedurft oder des antisemitischen Gifts, das die Idylle zerfraß, die keine war, oder des Onkels, den ich am Abend mit meinem Vater im Dunkeln am Anhalter Bahnhof traf, zu kurzem Aufenthalt aus dem KZ entlassen, auf dem Weg nach Schanghai mit kahlgeschorenem Kopf und ohne die Goldzähne, die ich immer so an ihm bewundert hatte. Die Liebe zur Familie und der Stolz auf das Land, mit dem es so sichtbar aufwärts ging, hatten es schwer miteinander. Das war noch lange, bevor ich das Gedicht von Erich Kästner kennenlernte: »Wenn wir den Krieg gewonnen hätten.« Ein Gedicht mit doppeltem Boden.

Iring Fetscher wurde am 4. März 1922 in Marbach geboren. Nach dem Wehrdienst von 1940 bis 1945 studierte er Philosophie, Deutsch und Französisch in Tübingen und Paris. Er war als Lehrbeauftragter an den Universitäten Tübingen und Stuttgart tätig. Seit 1963 ist er ordentlicher Professor an der Universität Frankfurt. Er lehrt außerdem an den Universitäten Tel Aviv und Nijmegen und an der New School for Social Research New York. Er veröffentlichte zahlreiche Bücher, u. a.: ›Modelle der Friedenssicherung‹, ›Herrschaft und Emanzipation‹, ›Überlebensbedingungen der Menschheit‹.

Iring Fetscher
Ein Elternhaus in dunkler Zeit

Wo steht mein Elternhaus? Wie viele Kinder von Beamten, Angestellten, Lehrern, Offizieren vermochte ich diese Frage nie leicht zu beantworten. Zu oft zogen wir um, wenn auch nur einmal von Stadt zu Stadt.

Noch vor Vollendung meines ersten Lebensjahres – also ohne daß ich die leiseste Erinnerung daran hätte – »reiste« ich von Marbach am Neckar nach Dresden. Geboren wurde ich im Haus meiner Großmutter, aufgewachsen bin ich in der sächsischen Hauptstadt. An der dortigen Technischen Hochschule fand mein Vater als junger Mediziner eine Assistentenstelle im Hygienischen Institut. Dort wurde er Privatdozent und »außerordentlicher« Professor, bis ihn die Nazis 1933 absetzten. Erst nachdem sich mein Vater als praktischer Arzt niedergelassen hatte und wir wußten, daß an eine Auswanderung mit der auf fünf Personen angewachsenen Familie nicht mehr zu denken war, gingen meine Eltern daran, eine dauerhafte Bleibe zu suchen. Ab

1937 wohnten wir in einem eigenen Haus. Mein Vater meinte in bitterem Scherz, er sei eigentlich eher als andere berechtigt, auf ein Schild die damals beliebte Inschrift zu setzen: »Daß ich hier baue, danke ich dem Führer.« In diesem Haus bin ich nur noch drei Jahre geblieben, dann wurde ich Soldat und habe es lediglich im Urlaub wiedergesehen. Dennoch fällt mir das kleine Haus in Dresden-Zschertnitz ein, wenn ich nach meinem »Elternhaus« gefragt werde.

Seit ich allein durch die Straßen der Stadt streifen durfte, liebte ich Dresden: die Gegend um die Frauenkirche mit ihren engen Gassen und den vielen Antiquitätenläden und Buchhandlungen, den festlichen Zwinger, das Theater, den Großen Garten, der im Herbst so verführerisch und eigentümlich nach moderndem Laub roch und durch den mich der Weg zur Schule führte, Pillnitz und Moritzburg, die Schlösser in der näheren Umgebung, und den sandigen »Heller«, der mir nur durch die anstrengenden »Geländespiele« der Hitlerjugend später verleidet wurde. In der Stadt fühlte ich mich daheim, vollends, als ich ein Motorrad geschenkt bekam und die Großstadt auf diese Weise zusammenschrumpfte.

Als wir unser eigenes Haus bezogen, war ich schon fünfzehn Jahre alt und fühlte mich beinahe »erwachsen«. Statt im Garten zu spielen, unternahm ich ausgedehnte Morgenläufe (heute würde man das Jogging nennen), zu denen meine Mutter manchmal auch den fünf Jahre jüngeren Bruder Gernot »abkommandierte«.

Die beiden letzten Wohnungen sind mir vermutlich deshalb gut in Erinnerung, weil sie einen besonderen Reiz für die kindliche Abenteuerlust hatten. Um 1932 zogen wir nach Dresden-Blasewitz in eine Drei- oder Vierfamilienvilla auf der Schubertstraße. Heute ist das Grundstück völlig leer; die Trümmer wurden weggeräumt, und bis jetzt hat niemand ein neues Gebäude darauf errichtet. Im ersten Stock, den wir bewohnten, mußte zuvor ein haitischer Honorarkonsul gehaust haben, denn vor dem Balkon hing das haitische Wappen in Blech und eine große Fahnenstange. Auf beides waren wir Kinder sehr stolz. Ob die Fahnenstange 1933 zum Hissen einer »zeitgemäßen« Flagge benützt wurde, weiß ich nicht mehr. Der Konformitätszwang war ziemlich groß. Wenn es geschehen sein sollte, hat es uns ebensowenig genützt wie dem Geheimrat Mencke-Glückert, der im Erdgeschoß wohnte und zugleich mit meinem Vater das »amtliche Entlassungsschreiben« bekam.

Der größte Reiz der Wohnung in der Schubertstraße ging von dem Nachbargarten aus, der zu einem neugotischen Gebäude gehörte, das allgemein »das weiße Schloß« genannt wurde. Wenn man sich durch eine Lücke in unserem Gartenzaun hindurchzwängte, gelangte man in einen riesigen, völlig verwilderten Park. Nicht weit entfernt von uns stand eine Art Jagdhütte, in der wir höchst interessante Entdekkungen machten. Nach und nach schleppten wir alle möglichen Raritäten in unsere Zimmer und wußten deren Herkunft ebenso geschickt zu tarnen wie das Recht auf Aufbewahrung gegen mütterliche Einwände zu verteidigen. Ich erinnere mich noch gut daran, daß ich über meinem Schreibtisch eine schwarzweißrote Fahne aufgehängt hatte, die mit einem ausgestopften Habicht geschmückt war. Der Habicht vertrat vermutlich die Stelle eines fehlenden Adlers.

Da die Wohnung in der Schubertstraße teurer war und mein Vater nach seiner Entlassung von der Hochschule anfangs als Arzt nur wenig verdiente, mußten wir 1935 unser Domizil wechseln und in die Innenstadt ziehen. Die Wohnung lag im zweiten Stock einer Mietskaserne und hatte einem Gewerkschaftssekretär gehört, der durch die Enteignung und Auflösung der Gewerkschaften arbeitslos geworden war. Am besten gefiel mir an der neuen Wohnung ein Balkon, der zur ziemlich belebten Christianstraße hinausging. Eines Tages veranstaltete ich dort – zusammen mit meinem Schulfreund, einem begabten Chemiker, der im Krieg gefallen ist – ein aufregendes Experiment. Wir zündeten eine selbstgebastelte Nebelkerze und konstatierten freudig eine – leider rasch vorübergehende – Verwirrung des Verkehrs. Dabei gingen wir straffrei aus, vermutlich weil niemand auf die Idee kam, der Nebel könne von zwei Schülern absichtlich erzeugt worden sein.

Weniger gut gelang uns der Versuch mit einer gleichfalls selbstgebastelten Brandbombe (man sieht, der Chemieunterricht war schon stark am Rüstungsboom orientiert). Als die Brandbombe nicht gleich zünden wollte, nahm mein Freund ein Streichholz und hatte damit nur allzu großen Erfolg. Er zog sich eine unangenehme Verbrennung zu, die ich mit Haushaltsöl nicht gerade fachmännisch behandelte. Zum Glück war meines Vaters Praxis nicht weit.

Das Haus in Zschertnitz steht noch heute. Es wurde während der schweren Luftangriffe auf Dresden ziemlich lädiert. Ein Dutzend Brandbomben durchlöcherte das Dach. Die Fenster wurden von der Druckwelle eingedrückt, aber sonst blieb alles stehen. Wie viele Dresdner glaubte auch ich, daß die Engländer, die bekanntlich diese schöne Stadt besonders liebten, ebensowenig wie die Amerikaner Bomben auf sie werfen würden. Als 1944 hier und da – an der Peripherie der Stadt – Splitterbomben fielen, galt das allgemein als Versehen oder Versuch der Zerstörung spezieller Industrieanlagen. An eine systematische Flächenbombardierung der Wohnviertel wollte niemand glauben.

Im Dachgeschoß des Hauses hatte ich ein richtiges »Junggesellenzimmer«, das ich nach eigenem Geschmack einrichten durfte. Aber die Familie saß auch gern – sonntags zum Frühstück – im sonnigen Eßzimmer zusammen oder abends vor dem Kamin. Da es noch kein

Fernsehen gab und der Rundfunk keine große Rolle spielte (allenfalls hörten wir Ludwig Manfred Lommel und seinen imaginären »Sender Rungsendorf«), wurde viel vorgelesen oder auch erzählt. Mein Vater berichtete manchmal Amüsantes aus seiner Praxis (allerdings nie mit Namensnennung), ich vermutlich sprach eher über Pferde, die eine Weile mein Hauptinteresse bildeten. Später las ich philosophische Bücher, die ich in der Bibliothek meiner Eltern fand, und solche, die ich mir in billigen Antiquariaten kaufte. Nacheinander schlugen mich Schopenhauer, Nietzsche und schließlich – unvermeidlich wohl – Spengler in ihren Bann. Mein Vater nahm das gelassen hin. Beim Militär faszinierte mich dann Spinozas Ethik. Merkwürdigerweise las ich zugleich Moltke und Seeckt, weil ich deren »glasklaren Stil« schätzte und selbst womöglich Generalstabsoffizier werden wollte. Zuweilen zog mich mein Vater wegen meines Berufszieles auf: »Du willst dich also mit der systematischen Tötung von Menschen beschäftigen, während ich mich um das Gegenteil bemühe, das Bewahren und Verlängern von Leben?« fragte er manchmal, und ich behauptete natürlich, daß das eine »oberflächliche, zivilistische Vorstellung« vom Offiziersberuf sei, die ich nicht akzeptieren könne.

An Weihnachten gab es immer einen großen Christbaum – zumal ja meine erst 1933 geborene Schwester gebieterisch dieses Ritual verlangte. Außer der Weihnachtsgeschichte, die gewöhnlich mein Vater oder meine Mutter vorlas, liebte es meine Mutter, Bindings Geschichte vom »Peitschchen« vorzulesen, die eigentlich eine lehrreiche Legende von der Notwendigkeit der Solidarität (unter Geschwistern) ist. Noch jetzt fällt mir zu Weihnachten immer wieder die kleine Erzählung ein. Sie spielt in Flandern, das uns Kindern auch durch Timmermans, den flämischen Dichter, vertraut war.

Nicht weit von unserem Haus entfernt lag ein großes unbebautes Feld. Wir Kinder fanden das herrlich, aber später ging dort eine Flakbatterie in Stellung und machte die nähere Umgebung »bombenanfälliger«. An einem der letzten Kriegstage »schenkte« der Fahrer eines einsamen deutschen Panzers sein Gefährt meinem Bruder, der es zum Glück nicht in Gang setzen konnte, aber als jugendlicher »Panzerbesitzer« sehr stolz war.

Der Garten, 1937 vor allem zur Augenweide gedacht, wurde während der Kriegsjahre zum wichtigen Lebensmittellieferanten. Außer Salat, Tomaten, Radieschen, Monatserdbeeren und Kirschen lieferte er zuletzt auch – in bescheidener Menge freilich – Kartoffeln. Ein Stall mit Hühnern und Kaninchen kam hinzu, und die Arbeit der Hausfrau und meines Vaters wuchs entsprechend an.

Das alleinstehende Haus hatte im übrigen den großen Vorzug, daß es meinen Eltern das Abhören ausländischer Rundfunksender gestattete, ohne daß sie mit der Denunziation durch mithörende Nachbarn

Iring Fetscher (Mitte) mit seinen Geschwistern Antje und Gernot.

rechnen mußten. Auch gab es keinen Hauswart mehr, der sie – wie in der Innenstadt – hätte beaufsichtigen und reglementieren können. Gerade jene kleinen, untergeordneten Amtswalter der Nazis waren ja oft am lästigsten.

Die Absetzung meines Vaters und die relative gesellschaftliche Isolierung meiner Eltern (die freilich eine ganze Reihe guter Freunde behielten) führten die Familie vermutlich enger zusammen, als es sonst der Fall gewesen wäre. Innerhalb der Familie wenigstens – das galt allerdings keineswegs für alle Familien – herrschte völliges Vertrauen. Nur zuweilen fürchtete meine Mutter, daß mein Bruder oder ich unbedacht Reden in der Schule wiederholen könnten, die wir daheim gehört hatten. Natürlich bedachte namentlich mein Vater die Nazis und ihre »Heldentaten« nicht gerade mit Schmeichelworten.

Später – nachdem die Kriegführung in die Hände des »Führers« übergegangen war und sich die Niederlagen häuften – sprach er von Hitler als dem »Gröfaz« (dem »größten Feldherrn aller Zeiten«), eine Bezeichnung, die meine Geschwister natürlich nicht in der Schule verwenden durften.

Wie man erst in der Ferne die Heimat richtig zu schätzen lernt, so ging es mir auch mit dem Elternhaus. Erst nachdem ich – achtzehnjährig – Soldat geworden war und aus der Ferne nach Hause schrieb, begann ich, die vertraute Atmosphäre, die schönen Bücher, die Bilder und die Musik zu vermissen, die mich zusammen mit Eltern und Geschwistern daheim umgeben hatten. Als ich unlängst die Briefe wieder las, die mir mein Vater während der letzten Kriegsjahre ins Feld geschickt hatte, erinnerte ich mich, wie lebendig er mir das Leben daheim – in Haus und Garten – vergegenwärtigt hatte und wie eng ich in all diesen Jahren dem Elternhaus verbunden blieb. Ich weiß heute, daß mein Vater genau das beabsichtigte und daß er auf diese Weise meinen Überlebenswillen, meine Vorsicht, meinen Wunsch, heil heimzukehren, unterstützen wollte. Anfangs – so mußte er wohl aus meinen Briefen entnehmen – war mir der »Heldenruhm« wichtiger gewesen als das Überleben. Da konnte die Erinnerung an das Elternhaus, die Geschwister und die Eltern ein heilsames Gegengewicht bilden.

Was mein Elternhaus für mich bedeutete, kann ich deshalb am besten durch ein paar Stellen aus Briefen meines Vaters veranschaulichen:

»10. 9. 1944. Lieber Iring. Ein Sonntag geht wieder zu Ende. Wie viele Sonntage werde ich Dir noch schreiben? Vielleicht haben wir Dich bald einen Sonntag bei uns. Ich habe zwar keinen realen Grund für diese Hoffnung, aber ich finde es schön, an so etwas zu glauben. Köstlich, wie hier die Furcht der Spießbürger steigt. Viele möchten gern Gift im Hause haben, ›für alle Fälle‹. Ich frage gewöhnlich darauf: ›Warum wollen Sie sich denn selbst die Mühe machen?‹ Ich bleibe auf jeden Fall Optimist. Neues gibt es nicht viel. Gernots seltsame Flaklaufbahn: Entlassen am 9. 9., wieder eingekleidet, und zwar für mittlere Flak am 11. 9., ab 17. 9. im Wehrertüchtigungslager bis 8. 10. Solange keine Schule. Die Oberklassen sollen überhaupt geschlossen werden. Die Jungens werden es einmal sehr schwer haben, wenn es ans Studieren geht. Gernot beginnt, sich etwas für Lyrik zu interessieren. Gestern habe ich länger mit ihm darüber gesprochen und verschiedenes erläutert. Seit 1. 9. habe ich kein Benzin mehr. Ich schreib' Dir, was mir eben einfällt. Ich merke den Ausfall und die Mehrbelastung doch einigermaßen. Antje [meine Schwester, d. A.] hat auf dem Sportfest 197 Punkte erobert und sich damit für die ›Siegernadel‹ qualifiziert. Sie ist sehr stolz darauf. Mit Gernot und Antje mußte ich heute das ›Aufschreibespiel‹ – Du weißt: Länder, Städte, Flüsse, Berge – mit bestimmten Anfangsbuchstaben spielen als Ersatz für Mutter, die bei Frau Gehrigs Geburtstag war … Das Wetter ist immer noch strahlend schön, aber die Abende beginnen, erheblich kühler zu werden. Das Obst reift und – die Entscheidungen …«

Der Brief enthält für ein Schreiben, das womöglich von der Zensur gelesen wurde, mehr als gewöhnlich, aber gegen Kriegsende durfte man schon etwas offener schreiben.

Die letzten Briefe, die ich von meinem Vater erhielt, schilderten die Zerstörungen durch die Luftangriffe auf Dresden im Februar 1945. Auf einer engbekritzelten Karte las ich: »18. Februar. Lieber Iring, Dresden hatte einige Tage des Grauens. Wir leben aber alle und sind gesund. Unser Haus ist arg zerzaust. Zunächst konnte man nur im Keller wohnen. Wir haben tüchtig gearbeitet und schon einige Räume so weit mit Pappe vernagelt usw., daß sich wieder hausen läßt. Die Praxis und die ganze Innenstadt ist vernichtet. Ich konnte noch nicht bis dahin vordringen; der Schutt liegt zu hoch. Gernot hat sich vorzüglich gehalten und mit unser Haus gerettet. Götz, Misbach, Eisner, Lickint, Gasch sind völlig ausgebombt [Namen der Nachbarn, d. A.]. Ich selbst habe vierundzwanzig Stunden pausenlos gearbeitet und dann mit Pausen etwa achthundert Verletzte und mehrere hundert Rauchgeschädigte versorgt. Dr. Rupprecht ist tot. Hesse lebt, von Frau Hahn fehlt jede Spur. Mutter ist nervlich ziemlich fertig. Wir werden uns aber schon wieder einrichten und aufbauen. Irgendein Weg findet sich immer. Herzlichste Grüße von uns allen, Dein Vater.«

Mein Vater, den die Nazis als »wehrunwürdig« eingestuft hatten, war schon bald nach Kriegsbeginn zum Leiter einer »Luftschutzrettungsstelle« bestimmt worden und mußte später auch die Ausbildung von Sanitätshelfern für den Luftschutz übernehmen. Das erklärt das Paradox, daß der von den Nazis Verfemte zu den Hauptverantwortlichen für die Versorgung der Opfer des Angriffs auf Dresden gehörte.

Am 22. 2. 1945 schrieb er mir: »Ich sitzte derzeit im Befehlsbunker der Luftschutzleitung, vertretungsweise für Generalarzt Kluge, um einen ausgiebigen Nachtdienst zu schieben (vierundzwanzig Stunden). Die Aufgabe ist, die anfallenden Dinge zu erledigen, z.B. die Frage der Desinfektionsstelle für die Leichenbergungskommandos, Abtransport von Kranken und Verletzten, Personalfragen usw. Es ist keine besonders anstrengende Tätigkeit. Der Bunker hat überdies elektrisches Licht. Ein Liegesofa ist auch da, wenn auch nicht sehr bequem, und waschen kann ich mich hier besser als zu Hause. Wir müssen nämlich Wasser dazu weit herholen. Zum Waschen nehmen wir es aus den Teichen dicht unterhalb der Zschertnitzhöhen. Das Leben beginnt, sich wieder etwas einzurichten. Praxis ruht allerdings gänzlich. Die paar Fälle, die ich besuche oder sonstwie versorgen kann, zählen nicht. Nächste Woche will ich aber versuchen, etwas zu arbeiten, sofern ich irgendwo einen Raum dafür finde, denn unser Haus ist dafür viel zu ramponiert. Vielleicht kommt aber auch sonst noch etwas dazwischen, denn augenblicklich haben wir alle das Gefühl völliger Unsicherheit. Man lebt in den Tag hinein und tut das Nötigste. Alarm gibt es täglich. Kein Wunder bei der Nähe der Front. In den nächsten Tagen soll es auch wieder elektrisches Licht geben ... Von der Stadt kannst Du Dir keinen Begriff machen. Von Gaschs (einem Nachbarhaus) an, die ausgebrannt sind, gibt es auf dem Weg zur Befehlsstelle (Albertinum, dicht neben der Carola-Brücke) kein einziges Haus, das nicht völlig zerstört wäre.

Das Lazarett Zschertnitz wurde von einer Luftmine getroffen. Auf die flüchtenden Personen schossen auch noch Tiefflieger. Von Frau Hahn und Heidi Hesse fehlt jede Spur. Dr. Rupprecht ist, nach einem Bericht, tot. Ich gestehe, daß ich um ihn aufrichtig traure. Einige Schritte enfernt von der Befehlsstelle stehen die Trümmer der Frauenkirche. Die Kuppel ist eingestürzt. Ein Mauerrest mit einem Teil eines der großen Bogenfenster ragt gespenstisch auf. Vermutlich wird man diesen Rest sprengen müssen. Das neue Rathaus ist völlig ausgebrannt. Unversehrt weist der Silen auf dem Esel zur Treppe nach dem Ratskeller.«

»Die Nacht ist ruhig vergangen, wenn auch von Schlaf nicht allzu viel die Rede war. Ich trinke gerade den echt militärischen Morgenkaffee, das heißt, heiß und geschmacklos. Gewaschen und frisch rasiert bin ich auch, also soweit mitteleuropäisch. Die Arbeit beginnt, wieder leicht anzulaufen, allerdings bin ich persönlich ein anderes Tempo gewöhnt. Mir kommt es hier eher nach ›Beschäftigung‹ vor ...«

»25. 2. Bei uns richtet sich das Leben langsam wieder ein, ohne Wasser, ohne Licht einigermaßen schwierig, aber es geht. Morgens, bevor ich mich wasche, ziehe ich mit zwei Gießkannen los, Teichwasser holen. Abends wird bei Gärtner Neubert Kochwasser geholt. Bei einem Kerzenstummel sitzt man da und geht, um diesen zu sparen, zeitig ins Bett. Im Eßzimmer schläft Mutter, Antje und Gernot. Ich wieder oben in meinem alten Zimmer. Mutter findet es zu kalt. Antjes und Gernots Zimmer sind jetzt ein Raum. Die Zwischenwand brach zusammen, und wir haben die Leichtwand vollends herausgebrochen.

Die Bettnische in Deinem Zimmer öffnet sich ins Freie. Das große Zimmer hatte herausgebrochene Fensterrahmen, die wir notdürftig wieder einnagelten und mit Pappe verschlossen. Die Koffer von Nachbarn sind darin aufgestapelt. Unsere Hühner haben sich um drei von Petzoldts vermehrt. Sie legen schon wieder ordentlich – unser Glück! Nur das Futter mangelt recht sehr. Das fast völlig abgedeckte Dach schreit nach Hilfe. Ich soll zwei Mann bekommen, die die Ziegel provisorisch hängen. Eine Besserung der Lage wäre es immerhin. Nun gute Nacht, mein Sohn. Hoffentlich schläfst Du nicht mangelhafter als ich hier im Bunker . . .«

In seinem letzten Brief vom 31. März – danach gab es keine Postverbindung mehr – schreibt mein Vater gegen Ende: »Die Bomber sind wieder im Abflug. Einige Jäger sind noch in der Gegend. Ich werde also bald losziehen und meinen Praxis-Marsch antreten. So tut man immer noch so, als ob Frieden (!) wäre, und weiß doch nicht, was die nächsten Tage bringen werden. Ich denke, es wird noch manche Überraschung geben. Mutter regt sich darüber auf, daß ich mich nicht aus der Fassung bringen lassen will. Ich meine aber, es ist gut, festzuhalten an seinem Haus, Beruf usw. und die äußeren Ereignisse von sich abzuhalten. Ich wollte, Du könntest auch so handeln und es gingen all' die Wochen gut an Dir vorüber. Wir denken mit Sorgen an Dich. Wirst Du ein ruhiges Ostern feiern können? Ich fürchte nein, so sehr ich es Dir wünschte! Sei herzlich gegrüßt . . .«

Etwas mehr als einen Monat später wurde mein Vater von einer SS-Streife erschossen, als er – zusammen mit anderen Nazigegnern – auf dem Weg zum sowjetischen Kommandanten war, um ihm die Zusammenarbeit der Antifaschisten anzubieten und so der Stadt Leiden zu ersparen. Ich erfuhr erst viele Monate später davon, nachdem ich aus britischer Kriegsgefangenschaft entlassen worden war.

Auch wenn meine Mutter und meine Geschwister noch ein paar Jahre in Dresden blieben, hatte das schöne Haus in der Rungestraße schon damals aufgehört, mein Elternhaus zu sein. Es wurde – nach dem Wegzug meiner Mutter – amtlich »sequestriert« und wird von einem Staatsanwalt bewohnt. Mit mir hat es nichts mehr zu tun.

Joachim Steffen wurde am 19. September 1922 in Kiel geboren. Nach dem Abitur studierte er Philosophie, Psychologie und Soziologie in Kiel. Nach dem Kriegsdienst wurde er zunächst Assistent an der Universität in Kiel, dann arbeitete er als Journalist in Flensburg und Kiel. 1966 wurde er Berufspolitiker und war von 1968 bis 1977 Mitglied des Parteivorstands der SPD, aus der er 1978 austrat. Er veröffentlichte u. a.: ›Strukturelle Revolution‹, ›Krisenmanagement oder Politik‹, ›Kuddl Schnööfs achtersinnige Gedankens un Meinungens von die sozeale Revolutschon un annere wichtige Sachens‹. 1979 erhielt er den Deutschen Kleinkunstpreis. Er starb am 27. September 1987 in Kiel.

JOACHIM STEFFEN
... und Großmutter konnte hexen

Meine Erinnerungen sind eine Diaserie mit Tonfetzen. Starre Bilder, Gesprächsteile. Aufgenommen wurden sie auf dem Lande, dem Geburtsort meiner Mutter, und in meiner Heimatstadt Kiel. Im Milieu der »lütten Lüd«, der kleinen Leute.

Im Dorf zählten Vater und Mutter als »unteres Beamtenehepaar« zur Oberschicht. Das hatte Sticheleien zur Folge. Und ich, der erste Oberschüler der Sippe, war ein völliger Sonderfall. Mein Onkel Johann, Besitzer einer Schafherde von etwa zweihundertfünfzig Stück – gedient im 1. Garde-Infanterie-Regiment, sein Soldatenbild, eingeklebt in eine große, vorgedruckte Urkunde »Zur Erinnerung an meine Dienstzeit«, hing in der guten Stube, die nur bei besonderen Anlässen, Hochzeit, Beerdigung, Taufe, Konfirmation benutzt wurde – sagte grinsend: »Dat du'n letinschen Kopp büs, heff ick furts sehn. Un denn hars du ook noch Hänn as'n Schriever. As ick dat dien Modder sä, wör se ganz ut de Tüt!« Dabei bog sich seine gekrümmte

Indianernase, von der Mitte an durch einen Faustschlag nach links abgetrieben, mit ihrer Spitze zum Mundwinkel.

Auf dem Lande war Großmutter die wichtigste Person. »Uns Modder«, sagten die sechs Kinder, die früher Tod und Krieg ihr von achtzehn Geburten gelassen hatten. »Uns Modder« war eine freundliche, aber uneingeschränkte Autorität. In ihrer Anwesenheit schwieg sogar der ständige, giftige Zank unter den Geschwistern.

Für mich war Großmutter ein warmes, strahlendes Licht. Es spendete Geborgenheit, Zuneigung, Weisheit. Ihr Vater war Dorfschullehrer. Meinen Kopf zwischen ihren Knien – ihre blaue, weißgestreifte Schürze roch nach Erde, Hühnern und Stall –, strich sie mein Haar und erzählte. Das war die Zeit zwischen Abendbrot und »Kinnerbedtied«. In ihrem unvergessenen Singsang murmelte sie Geschichten. Auf plattdeutsch. Hochdeutsch sprach sie nie, es sei denn, sie zitierte aus der Bibel. Ich vernahm Sagen, Märchen, Geschichten aus ihrem Leben und aus dem »unserer Herrscherhäuser«. Den Gotha, den Adelsalmanach, kannte sie auswendig. Dorfschullehrer – oh, du min leev Chott –, die waren damals so arm, daß ihr Vater Harken schnitzte und verkaufte. Als Kinder gingen sie nach der Ernte mit der Hungerharke über die Felder und sammelten so die Ähren, die durchwühlten Kartoffelfurchen wurden nachgebuddelt.

Für mich stand fest, daß in den Hüttener Bergen kleine, schwarze Leute mit ihrem Silber wohnten, daß es dort einen Hauskobold gab, den man vielleicht einmal in der Dachluke sitzen sehen konnte, und in einem tiefen Brunnen Frauen mit goldenen oder grünen Haaren hausten. Denn Großmutter hatte es gesagt. »Vun de dore Bismahk«, Schmied und Kanzler des Kaiserreiches, hielt ich ebenfalls rein gar nichts. Denn Großmutter war Anhänger der Augustusburger. Und dieses edle Haus hatte »de dore Bismahk«, der Preuße, »anscheeten«, mitsamt allen aufrechten Schleswig-Holsteinern.

Allerdings hörte ich von Mutter und Onkel Johann, daß Großmutter vor dem großen Krieg das Kaiserhaus stützte. Im Wirtshaus – Großvater war Gastwirt und Viehhändler, bevor er in der Nachkriegszeit pleite machte – baten die Bauern sie immer um eine Empfehlung. »Elschen, sech uns, woken wi wähln schüllt!« Sie, die als Frau kein Wahlrecht besaß, verkündete dann ihre bleibende Generallinie: »Mahkt ju, so wiet links as möchlich, abers . . . kaisertru!«

Sie war eine angesehene Frau. Daran änderte ihr wirtschaftlich-sozialer Absturz nichts. Meine Onkel und Tanten ließ man ihn spüren. Sie wurden zu bestimmten »Visiten« nicht mehr eingeladen. Das führte jedesmal zu bitteren Diskussionen und Kommentaren. Großmutter als Respektsperson wurde eingeladen. Hielten ihr die Kinder vor, sie dürfe nicht hingehen, sie könne sich doch nicht »revanchieren« – bei den »Visiten« herrschte ein ruinöser sozialer Prestigekampf, der buchstäblich Haus und Hof kosten konnte –, sagte Großmutter: »Revanchieren? Ik bruk mi nich revanchieren!« Dabei drückte sie ihr Doppelkinn an den faltigen Hals, und ihr Kopf zitterte leise. Dann gab es nichts mehr zu sagen.

Großmutters Ansehen beruhte einmal darauf, daß sie ein guter Mensch, fleißig, tüchtig und nicht zuletzt, sittsam war (auch wir Kinder wußten über die außerehelichen und ehebrecherischen Beziehungen im Dorf Bescheid). Wesentlicher war aber wohl das Ansehen als gute Hexe. Sie konnte die Gürtelrose besprechen, verhextes Vieh lösen, die Bibel auspendeln, und sie hatte »das Gesicht«.

Es war allgemein bekannt, daß sie genau gewußt hatte, wann jeder ihrer vier kriegsgefallenen Söhne starb. Sie war dann fast zusammengebrochen oder in der Nacht aufgefahren, hatte ihren Mann und die noch im Hause lebenden Kinder in der Gaststube versammelt, Kerzen angezündet und gesagt: »Jüss, vör'n halv Stünn, is jüms Broder, uns Söhn Klaudius, doot blehm!« Sie weinte, zitierte aus der Bibel und betete vor. Dann tröstet sie ihren Mann. Die später eintreffenden Benachrichtigungen sollen ihr »Gesicht« jedesmal als wahr und richtig bestätigt haben.

Ich war das einzige Kind ihrer jüngsten Tochter. Ihr hielten die Geschwister ständig vor, sie sei als Kind unglaublich verwöhnt worden. Sie habe selten auf dem Feld arbeiten, nicht melken müssen, dafür die Tanzstunde besucht und – das war der Gipfel – sei in Lederschuhen statt in »Lacktüffeln« (Holzpantoffeln mit Lacklederkappe) konfirmiert worden. Mir waren die Streitereien immer höchst peinlich. Vor allem deshalb, weil meine Mutter dann ihren Körper reckte, den Kopf in den Nacken warf und verächtlich »Pühhh« machte. Das fand ich furchtbar doof.

Großmutter nannte mich »min Söhn«. Mit Namen sprach sie mich nur an, wenn ich mächtig danebenlag. Sagte sie »Jochen Steffen«, dann war's ganz schlimm. Ich glaube, sie liebte an mir das Fragekind. Durch Fragen versuchte ich, sie in den Erzählfluß zu bringen. Ihr war das natürlich bewußt. Sie »gnickerte« – ein unterdrücktes Lachen, das ihren Körper schüttelte –, kraulte meinen Kopf und sagte: »Min Söhn, jümmers frogen. Klook schnakken is lang nie so schwor, as klook frogen. Wüss du wonehm achter komen, muß du di dor achter frogen.«

Ich war der einzige, der dabeisein durfte, wenn sie ihre gute Hexerei ausübte. Die Bewegungen, das Hin- und Hergehen, das Gemurmel, der Blick auf das kreisende Kreuz an der Kette über der zufällig aufgeschlagenen Bibelseite versetzten mich in angespannte Atemlosigkeit.

Was sagte sie den Menschen? Erinnere ich mich richtig, so gab sie verhextem Vieh Kräuter in Wasser zu saufen, empfahl Lüftung des

Stalles, Spazierenführen und Massage sowie besonderes Futter. Aber meist empfahl sie, noch den Tierarzt, für alle Fälle, zu holen. Ihr Wahrsagen? Eine Mischung aus Lebensweisheit und – sagen wir mal – Psychotherapie, abgestimmt auf die Probleme und Beschwernisse von Menschen, die sie von Jugend auf kannte.

Selbstverständlich, damals bin ich nie auf den Gedanken gekommen, Großmutter zu fragen, ob sie selber an ihre Kräfte glaube. Ich glaubte fest an sie. Und die Leute auch. Großmutter glaubte jedenfalls fest an böse Kräfte; etwa an den bösen Blick. Sie befahl mir ernst und nachdrücklich, falls ich der Frau des Bierverlegers begegne – man nannte sie Else Bier, und die Ärmste hatte engstehende, stechende Augen und zu allem Überfluß eine auffallend hellhäutige Tochter mit roten Haaren und grünen Augen, die ich wunderschön fand und mit der ich als einziger auf Kinderfesten tanzte –, sie artig zu grüßen: »Chun Dach ook, Fru Grev!«, dabei aber auf dem Rücken eine Hand zu halten, Zeige- und Mittelfinger zu einem V gespreizt, das auf die Erde wies. So ginge der böse Blick durch mich hindurch, würde in die Erde abgeleitet. Großmutter kontrollierte sorgfältig, ob ich die Fingerspreizung auch beherrsche.

Zwei ihrer Abneigungen habe ich übernommen. Die erste gilt den Produkten der pharmazeutischen Industrie. Großmutter schwor auf »Homöpettie«. Jeden Abend trichterte sie mir einige kleine, weiße Körner ein. Noch heute kann ich ihre rauhe Hand mit ausgeschwärzten Rissen über meinem zurückgerissenen Kopf sehen. Der andere Schiet, sagte sie, helfe nur den Brieftaschen derer, die ihn herstellten.

Ihre zweite Abneigung richtete sich gegen die Pfarrer. Die Nachfolge Jesu von anderen fordern, selbst aber Beamter sein und für Kindtaufen und Hochzeiten kassieren, dagegen habe sie etwas. Sie ging ebenso beharrlich nicht in die Kirche, wie sie darauf bestand »örntlich ünner de Eer to komen«, das hieß: kirchliches Begräbnis. Sie meinte, für das Leben hätten die Menschen ihren Gott, jeder den seinen. Das kirchliche Begräbnis war das Signal an Gott, daß man sich in seine Hände empfehle. Da sei die Kirche nötig, denn der Mensch sei dann tot. Lebe er, müsse er selbst mit ihm zurechtkommen.

In der Stadt war das Leben ganz anders. Nicht so schön ruhig, aber viel aufregender. Vor allem wurde bei uns in der Stadt das Essen nicht zugeteilt. Bei Großmutter konnte jeder so viel Bratkartoffeln oder Buchweizengrütze essen, wie hineinging. Aber Brot – sie schnitt vom riesigen Laib, den sie gegen den Hängebusen drückte, gleichmäßig dicke Scheiben ab, wobei sie das Brot einmal um hundertachtzig Grad umsetzte – wurde wie Schmalz, Margarine und Belag zugeteilt. Das gab es auch in der Stadt. Holte ich Schulkameraden ab, sah ich, daß das Frühstück aus Malzkaffee bestand, in einen tiefen Teller gegossen, in den altes Brot gebrochen wurde. Es wurde alt gekauft, weil es dann billiger war. Das waren Arbeitslose. Und es waren viele.

In meiner Klasse waren wir mehr als fünfzig Schüler. Nur vier, darunter ich, hatten geschmierte Brote im Schulranzen, an den ein Blech- oder Emaillebecher angeschnallt war. In der großen Pause wurde er im Keller mit angewärmter Milch gefüllt, der Quäkerspeisung.

Die Frühstücksbrote im Schulranzen waren das Symbol der Klassenscheidung in der Klasse. In den Pausen wurden wir angerempelt, wehrte man sich, verprügelt. Meine Mutter, die mich jeden Tag in einen feinen Seppelanzug – freier Tirolerstil – steckte, war bei meinem Anblick am Mittag immer verzweifelt über mein Aussehen. Das änderte sich nach etwa zwei Jahren, als ich ihr stolz melden konnte, ich hätte mich durch die Klasse geprügelt, meine Ruhe und sei mit allen gut Freund. Dabei blieb es auch, als ich 1933 auf »de hooge School« kam und eine Klassenmütze trug. In bestimmten Stadtvierteln wurden Klassenmützenträger verhauen. Mit mir machten die Angreifer einen Treff für den Nachmittag aus, fragten, wer von den Mützenträgern unter meinem Schutz stehe, und fielen über den Rest her.

Vor 1933 traf ich mich täglich mit den Arbeiterkindern. Sie konnten gut Fußball spielen und wußten, wo etwas »los sein« würde. Sogar »fix was los« war, wenn die Parteiarmeen oder Sympathisanten aufeinandertrafen.

Da gab es wirklich etwas zu sehen. Die SA wollte durch die Annenstraße marschieren. Dort herrschten die harten Kommunisten. Ihr Marsch brach in einem Hagel von Wurfgeschossen zusammen. Aus einem Parteifenster sprang ein großer Hund. Ein Getümmel von Einzelkämpfen. Sie wurden mit zusammengebundenen Fahrradketten, Totschlägern, Stahlruten, Schlagringen, gelegentlich auch Schußwaffen ausgetragen. Wenn es knallte, mußte man in einen Hausflur flüchten oder sich flach aufs Pflaster werfen, an einer Hauswand. Die Hauswand war wichtig. Sonst riskierte man, daß einem die Rippen zertrampelt wurden.

Wir wohnten bis 1935 in einem guten Wohnviertel. Mein Großvater väterlicherseits besaß dort einen kleinen Milch- und Lebensmittelladen. Mutter half mit im Geschäft. Nach Ladenschluß kamen die Kinder »hintenrum« in die Wohnung und kauften Kleinigkeiten, die sie zu besorgen hatten. Die Wassertoiletten wurden erst später eingebaut. Mein erster Berufswunsch war Kloeimermann. Aus Kistenholz baute ich mir eine Schulterschachtel, die Blechbehälter für saure Gurken waren die Kloeimer.

Danach wollte ich Polizist zu Pferde werden. Das waren noch größere Helden als Tom Mix, der damalige Westernstar. Es waren Hel-

Die Großmutter Joachim Steffens Annemaria Lucia Schwitzer – »Oma Schwitzer« – mit ihrer Familie. Rechts stehend Joachim Steffen vor seiner Mutter Else Steffen.

den zum Anfassen, wenn sie auf schnaubenden Pferden, die auf dem Pflaster rutschten und Funken schlugen, hoch über die Demonstranten ragten und ihre langen Gummiknüppel schwangen.

Mit acht oder neun Jahren wollte ich nur noch schnell groß werden, um nicht mehr als Kleinster und Jüngster lediglich aus Gnade mitgenommen zu werden. Und dann würde ich eine Bande anführen, die die Reichen plünderten und die Beute an die Armen verteilte. Nicht so eine kümmerliche Sache wie die »Rote Hilfe«, bei der ich gelegentlich den kleinen vierrädrigen Holzkarren zog und armselige Spenden, etwa ein Stück Brot, einsammeln half. Zu Hause sprach ich über solche Sachen nicht. Wir waren »ordentliche Leute«. Vater hatte Arbeit »auf einer Sparkasse«. Und Mutter prägte mir immer wieder ein, ich sei ein guter Schüler und müsse es zu etwas bringen, studieren und gar Beamter werden. »Studienrat!« sagte sie. Das war etwas wie »zur Rechten Gottes sitzen«.

Vater, ein stiller, verschlossener Mann, sah mich dabei immer ernst an. In dem Bücherschrank lagen unten, unsichtbar – hinter dem Glas standen die Halblederbände der Deutschen Buchgemeinschaft – Realienbücher für weiterführende Schulen und Prämienbücher, die er als Klassenerster der Volksschule geschenkt bekommen hatte, wie Schillers Dramen. Ein Onkel erzählte mir, daß die Lehrer Großvater gedrängt hätten, er solle seinen Sohn auf die Mittelschule oder gar aufs Realgymnasium schicken. Aber das kostete Schulgeld. Großvater habe immer geantwortet: »Ick heff dat Strohdachgümnastum besöcht. Denn lank dat vör em wull ook. He schall nich op sien Vadder raff kieken.«

Vater sprach darüber nie. Aber Mutter bestätigte es und hielt es mir vor, wenn »blaue Briefe« kamen, in denen von Flegelhaftigkeit, unverschämtem Benehmen oder demonstrativer Faulheit geschrieben stand. Sie wagte es nicht, sie Vater zu zeigen. Sie fürchtete, er werde sich vergessen. Schämen sollte ich mich und dankbar sein. »Dankbar, hörst du?« schluchzte sie und riß an meinem Ohr.

Die Realienbücher – eine Art Gesamtschulbuch – habe ich genauso verschlungen wie Schillers und Shakespeares Dramen. Besonders die Abteilung Geschichte mit Abdrucken von Historiengemälden hatte es mir angetan. Als ich auf die Oberschule kam, wußte ich die Geschichte der Griechen und Römer und die deutsche Geschichte – bis zum Spiegelsaal von Versailles mit Bismarck in Kürassieruniform dem Text entsprechend, beinahe auswendig. Und der Lehrer in der Quinta staunte, daß ich »König Leahr« kannte. »Sprich Lier«, sagte er.

Die vielzitierte »unbeschwerte Kindheit«, wenn es sie gibt, war mit der Volksschule beendet. Diese Schule bot keine Probleme, Mutter kontrollierte zwar jeden Tag meine Schularbeiten, aber die waren schnell gemacht. Ich sagte immer, ich werde einen der Pausenbrotinhaber besuchen, aber es war viel spannender, in den großen leerstehenden Wohnungen – geräumt wegen der Wirtschaftskrise – umherzustreifen, die wir mit Dietrichen öffneten, Fußball zu spielen oder Straßenschlachten anzuschauen. Oder auf der »Gummiwiese«, wo die arbeitslosen Seeleute herumlungerten, Geschichten zu hören oder einen Boxkampf um fünf Mark – mit bloßen Fäusten ausgetragen – zu begutachten.

Manchmal gab es allerdings einen Reinfall. Wenn Kundinnen im Laden berichteten, der Sohn sitze mit anderen Kindern vorm Eingang der Hauptstelle der Sparkasse und bettele Passanten um Geld an, dann war Mutter dem Nervenzusammenbruch nahe. Ich verstand das nicht. Viele Bettler gab es, viele Kinder bettelten. Was sollten sie tun? Hunger tat weh. Und meine Mutter hatte doch Tränen in den Augen gehabt, als ich ihr erzählte, daß Spielkameraden im Winter keine Strümpfe hatten. Sie hatte mir alte lange, selbstgestrickte Wollstrümpfe mitgegeben. Ich mußte diese Strümpfe tragen und konnte sie nicht leiden. Mutter strahlte, als ich ihr von der Freude der Beschenkten berichtete. Sie brach aber beinahe zusammen, wenn ich ohne Strümpfe nach Hause kam. Ich hatte sie verschenkt.

Außerdem gab es in unserem »guten Wohnviertel« nur drei gleichaltrige Kinder, und zwei von ihnen fand ich doof. Die älteren Ehepaare und ihre erwachsenen Kinder – Ingenieure, die noch Arbeit hatten,

Geschäftsleute, von der Pleite verschont – waren sehr freundlich und beschäftigten sich mit mir. Vor der Schule brachte ich ihnen morgens Milch und Brötchen. Da gab es gelegentlich einen Groschen, das war viel Geld, und sie winkten mich herein, wenn sie Kuchen gebacken hatten, schenkten mir eine Tasse Kakao und genossen mein auch in der Schule anerkanntes Erzähltalent. Mir machte es Spaß, aber am wichtigsten waren mir die Bücherschränke. Die Bücher mit dem Untertitel ›Für unsere heranwachsende Jugend‹ mit vaterländisch-patriotischem Inhalt von ›Sigismund Rüstig‹ bis Gerstäcker – Karl May war, leider, sehr selten – hatten es mir angetan.

Diese Nachbarn waren für mich sehr reich. Die Wohnungen hatten fünf bis sieben Zimmer. Die Tante Dringenberg, eine Anthroposophin, eine liebevolle Frau, die kränkelnd im Sessel saß und so würdevoll Märchen und Geschichten erzählte, hatte einen großen Flügel. Bechstein stand in zerkratztem Gold auf mattem, schwarzem Lack. Das war schon alles sehr beeindruckend, auch ein wenig bedrückend. Die großen, wuchtigen, dunklen Möbel, Palmen im Zimmer, lange, schwere Portieren am Fenster. So etwas hatten wir nicht. Und es roch in diesen Wohnungen ganz anders ... Ein wenig staubig, herb. Die Wohnungen der Armen rochen unangenehm sauer. Aber diese Eindrücke verblaßten, als Harro mich einlud. Bei dieser Gelegenheit hörte ich zum erstenmal das Wort Migräne und betrat eine Villa. Er war ein schmaler, blasser Junge mit einem leidenschaftlichen Interesse für sein Terrarium. Ich wurde von einem Mädchen in Schwarz mit weißem Häubchen und Schürzchen erst gemustert und dann eingelassen. Harro nahm mich an der Hand und zog mich in eine riesige, helle Zimmerflucht. Ich war verstört und empfand ängstliche Unsicherheit, als seine Mutter kam. Sie war blond, blaß, ihr Mund geschminkt. Eigentlich unerhört, bei uns sagte man, nur schlechte Mütter schminken sich.

Sie stand gegen das Licht der hellen Fenster, erschien mir wie in Licht aufgelöst. Ich machte meinen »Diener«, wie Mutter mir eingeschärft hatte, und ärgerte mich über meine Blödheit. Sie gab mir die Hand, faßte mich leicht unter das Kinn. Lächelte mich an und dankte mir, daß ich ihrem Harro in den Pausen Beistand leiste. Harro wurde rot vor Ärger und sagte, viel wichtiger sei es gewesen, daß ich ihm das Boxen und Nahkampfkniffe beigebracht habe.

Boxen hatte ich heimlich in einem Arbeitersportverein gelernt. Als Mutter dahinterkam, gab es ein Riesentheater. Ich mußte feierlich versprechen, sofort den »Proletenverein« zu verlassen und nicht mehr zu boxen. Später, als Boxen an der Schule gelehrt wurde, ich Schulmeister war – die Meisterschaft wurde nur einmal durchgeführt, weil das unzureichende Training und die mangelnde Fitneß zu schweren Verletzungen führten –, war Mutter stolz. Boxen war jetzt eine gute

Sache, denn angeblich hatte »der Führer« selbst es zum Schulsport erhoben.

Harro hatte zwei Zimmer und ein eigenes Bad mit WC. Das war gewaltig. Ich wurde im Holzzuber in der Waschküche des Hauses gebadet. Harro krümmte sich vor Lachen, als mir angesichts des Luxus entfuhr: »Ach, du liebe Scheiße!« Nein, seine Mutter sei eigentlich nicht schwer krank, sie litte allerdings an Migräne. Er erklärte mir das Wort. Ich begriff, es war der Kopfschmerz der Vornehmen.

Das Ende meiner Jugend war 1933. Dies lag nicht an Hitlers Machtergreifung, sondern daran, daß ich aufs Realgymnasium kam. Eine ganz fremde Welt. Es hieß nicht mehr Rechnen, sondern Mathematik. Deutsch löste sich auf in Grammatik mit sonderbaren lateinischen Worten. Französisch mußte ich lernen und wieder Grammatik. Ein Lehrer forderte ein »ordentliches, gesellschaftliches Benehmen«. Das war komplizierter als einfaches Artigsein. Mutter stand eines Tages in der Küche – dort machte ich meine Schularbeiten –, begann bitterlich zu weinen und sage: »Oh Chott, mien Jung, nu kann ick di nich mehr hölpen!«

Das war mir längst klar. In der neuen Welt konnten Vater und Mutter mir nicht helfen. Sie kannten sie nicht. Ich mußte mich selbst zurechtfinden. Die alten Freunde traf ich nur noch beim Fußballspielen. Als ich in einen Verein eintrat, war es ein »bürgerlicher«, keiner von »ihren«. Sie nahmen es nicht krumm. Ich war aus ihrer Welt ausgetreten. Aber ich griff in ihre Welt zurück. Genauer: in die Bücher ihrer Väter. Mit etwa vierzehn Jahren hatte ich in Vaters Schreibtisch das Kommunistische Manifest gefunden, es mehrfach gelesen. Es gab also etwas ganz anderes an Weltanschauung, als man uns eintrichterte, dieses andere wurzelte im Proletariat.

Also fragte ich die alten Freunde nach Büchern ihrer Väter. So las ich Traven, Panait Istrati, Hugo, Heinrich Mann und lernte »Klassenbewußte« kennen, die sich mir vorsichtig, langsam öffneten. Die Freunde lachten über mich. Sie lasen nicht die Bücher ihrer Väter.

Hans Blickensdörfer wurde am 21. Februar 1923 in Pforzheim geboren. 1941 machte er Abitur und wurde dann Soldat. Nach dem Krieg wurde er Journalist und begann 1948 als Volontär bei der Zeitschrift ›Sportwelt‹. 1967 wurde er Chefreporter für Sport bei der ›Stuttgarter Zeitung‹ und war außerdem Mitarbeiter bei französischen Zeitungen und bei Radio Luxemburg. Seit 1982 ist er freier Schriftsteller. Er veröffentlichte zahlreiche Bücher, u. a.: ›Die Baskenmütze‹, ›Bonjour Marianne‹, ›Pallmann‹, ›Weht der Wind von Westen‹.

HANS BLICKENSDÖRFER
»Nicht auffallen!« hieß die Parole

Mein Elternhaus ist im Krieg zerbombt worden, wie fast die ganze Stadt Pforzheim, aber das alte Gymnasium unten an der Enz steht noch. Als ich kürzlich in der Stadtbibliothek aus meinen Büchern las, habe ich ihm einen jener heimlichen Besuche abgestattet, bei denen man Verschollenes erkennt und sich nicht zu erkennen gibt, weil man auf blanke Verständnislosigkeit stieße. Schulen halten keine Nestwärme bereit für den, der nach fast fünfzig Jahren zurückkommt.

Und Schüler verändern sich, weil sie allemal Produkte ihrer Zeit sind. Viel lauter, sorgloser und bunter, als wir es waren, sind sie mir vorgekommen, und es waren fünfzig Prozent Mädchen dabei. Der Traum von der gemischten Klasse, den Spoerl für unsere Generation mit der Feuerzangenbowle träumte, ist ihnen als Realität serviert worden, aber sie finden das so normal, wie ihre Lehrer die klassenüblichen Poussagen finden und ihr Bedürfnis, in der Zehn-Uhr-Pause die Zigarette dem Butterbrot vorzuziehen.

Wir wurden auf dem Schulhof von Lehrern überwacht; sie aber gehen auf die Straße, als ob eine kleine Demo zu erledigen wäre, und es ist mir recht gewesen, weil ich gerade um diese Zeit vorbeikam und in den fast leeren Hof gehen konnte, ohne aufzufallen.

Mühelos fand ich die Fenster unseres alten Klassenzimmers im dritten Stock, und es fiel mir ein, wie wir dort eines Tages einzeln von Männern der Gestapo über die Einstellung des Studienrates Hibschenberger zum Nationalsozialismus verhört wurden. Und ich habe es hoch erfreulich gefunden, daß die Burschen und Mädchen um mich herum von ähnlichen Scheußlichkeiten verschont bleiben.

Daß sie ins Elternhaus hineinspielten, versteht sich am Rande. Aber zunächst will ich von der Zeit erzählen, die ich als die glücklichste in diesem Haus empfunden habe, von der Zeit, die mich zurückversetzt in die klirrende Kälte des Winters 1928/1929.

Ich war damals fünf Jahre alt, und in diesem Alter hat man schon genug Zeit zurückgelegt, um Geborgenheit nicht nur zu fühlen und zu fordern. Man fängt an, ihren Wert zu begreifen.

Das war um so einfacher, als die Jahrhundertkälte in die Jahre der wirtschaftlichen Depression fiel und nicht jedes Nachbarkind mit der gleichen Selbstverständlichkeit den warmen Ofen vorfand, der die Eisblumen von den Fenstern taute und Bratäpfel brutzeln ließ. Satte Behaglichkeit schuf das, und oft genug hat sie sich in das Heimweh gemischt, als das Thermometer im Rußlandfeldzug noch viel tiefer sank als auf jene dreißig Grad, die viele Erwachsene in unserem Land noch nicht erlebt hatten.

Damals ist mir mein Elternhaus, das nach dem Krieg ein Schutthaufen war, wie eine unzerstörbare Burg vorgekommen und der Vater wie ein großer Beschützer, dem mehr Macht als anderen Vätern gegeben war.

Die Arbeitslosigkeit, deren Klauen wahllos zupackten, griff vorbei an ihm. Er war Beamter. Kein hoher, aber ein mittlerer immerhin, der außer den Notverordnungen des Reichskanzlers Brüning nichts zu fürchten hatte und kein Hehl aus einer strammen deutschnationalen Gesinnung machte, die ihm schon sein Vater vererbt hatte. Sein beruflicher Ehrgeiz hatte die Grenzen, die Vater Staat der gehobenen mittleren Laufbahn setzt, aber er kannte weder Neid, noch litt er an Unzufriedenheit. Er ruhte in sich, weil er seinen Platz kannte.

Wenn er an etwas litt, dann am Versailler Vertrag – und der Politik Frankreichs. Es gab viele seiner Sorte. Den Krieg hatten sie im Westen mitgemacht und sich aus der Inflation herausgeschaufelt. Und dann spürten sie, daß sie wohl immer an den Kriegsfolgen, vor allem den Reparationen, zu beißen haben würden. Hitler hätte sich keine bessere Ausgangslage wünschen können.

Allerdings war das Frankreich-Erlebnis meines Vaters anders verlaufen als bei den meisten. Nach einer schweren Verwundung und fast vierjähriger Gefangenschaft in Offizierslagern schenkte ihm eine großzügige Rotkreuzaktion eine Art von Genesungsaufenthalt in der Schweiz – und in Engelberg, am Fuße des Titlis, lernte er meine Mutter kennen. Und der Exkrieger, der in Lothringen von einem französischen Scharfschützen beim Plündern eines Mirabellenbaums erwischt worden war, griff so resolut zu, daß er diese Schweizerin mit nach Hause brachte.

So wurde ich das Produkt einer nicht vorgesehenen Mischung. Französisch konnten sie miteinander reden, weil meine Mutter in Territet-Montreux aufgewachsen war; sie sorgte auch dafür, daß ich mitreden konnte, lange bevor ich in der Schule Französisch zu lernen hatte. Bald spürte meine Mutter, daß ich die Sprache liebte, und sie unterstützte diese Liebe. Daß sie es beinahe wie eine Kupplerin tat, lag in der Natur des Unnatürlichen, da mein Vater, wenn auch kein gestörtes, so doch ein recht distanziertes Verhältnis zu Frankreich hatte.

Immerhin war er vernünftig genug, den praktischen Wert der fremden Sprache zu erkennen. Daß ich Ferien in der französischen Schweiz machte, hielt er für durchaus normal, ja, er half mir, als ich ins Gymnasium kam, sogar dabei, einen gleichaltrigen Briefpartner in Paris zu finden.

Das war 1934 recht ungewöhnlich. Hitler verordnete der deutschen Jugend in den Ferien Zeltlager, und ein deutsch-französischer Schüleraustausch war so ziemlich das krasseste Gegenteil von vormilitärischer Ausbildung. Der zuständige Ortsgruppenleiter fing an, uns mit gefährlichen Blicken zu bedenken, aber der Vater sprang, getrieben von der Mutter, die sich genug freiheitliches schweizerisches Denken bewahrt hatte, über seinen Schatten.

Was er damit anrichtete, kam einer Bewußtseinsspaltung gleich. Paris erschloß sich mir in den großen Ferien 1936, 1937 und 1938 als eine Wunderwelt, die so gewaltig zu unserem überwachten Leben in Deutschland kontrastierte, daß sie mich anzog wie ein gewaltiger Strudel, ehe sie mich wieder zurückspülte auf den Platz, der mir bestimmt war.

Die Folge war, daß ich zwischen zwei Stühlen saß. Das steigerte enorm die Nöte, die man im Alter zwischen dreizehn und sechzehn ohnehin hat, und weder Elternhaus noch Schule boten mir bei diesem Wechselspiel einen Halt, sieht man davon ab, daß die Mutter vieles begriff. Aber es war ein emotionales Verstehen, das nicht aufkommen konnte gegen die Realitäten.

Unterschwellig zunächst, aber dennoch deutlich genug, verstand ich die Unvereinbarkeit individualistischer französischer Lebensauffassung mit unseren kollektivistischen Ordnungsformen. Heute sehe

Der vierjährige Hans Blickensdörfer.

ich da durchaus Parallelen zum Westdrall vieler DDR-Bürger. Eine alles beherrschende Partei sorgte für Organisation, Drill und Spitzeltum, zu denen sich in immer spürbarerem Maße ein kriegslüsterner Militarismus gesellte.

Seltsam fand ich es, daß die Franzosen den Kopf in den Sand steckten. Sie vertrauten auf die nach den Erfahrungen des Ersten Weltkrieges konzipierte Maginotlinie, wie sie auf die alten Wickelgamaschen ihrer Soldaten vertrauten. Als Franzose hätte ich auf die Poilus, die ich in Paris sah, nicht einen Centime gewettet, aber ich konnte es keinem sagen. Wenn man in Deutschland lebte, merkte man, daß ein Krieg nahte, und wenn man nach Paris kam, staunte man, daß es niemand merkte. Man wollte es einfach nicht merken, und auch mein Vater wollte es nicht. Fuchsteufelswild konnte er werden, wenn ich darüber sprach. Erst viel später habe ich begriffen, daß es die Wut der Ohnmacht war. Auch darin glich er vielen. Er war in seinem Nationa-

lismus so gefangen, daß er selbst in der Abgesichertheit seiner vier
Wände die neuen Herren nicht kritisieren mochte. Ich weiß, daß es
Gespräche mit der Mutter gab, bei denen es offener zuging, aber auch
da weigerte sich sein bürgerliches Selbstverständnis, gegen den Strom
zu schwimmen.

Die Devise »Nicht auffallen« wurde um so wichtiger für uns, als die
schweizerische Herkunft der Mutter verdächtig genug war und auch
meine Reisen nach Frankreich aus dem Rahmen fielen. Mein Vater
versuchte, solche Abweichungen durch den Beitritt zum »Reichsko-
lonialbund« zu kompensieren, ein typischer Alibischritt, der tausend-
fach praktiziert und trotz lächerlicher Vordergründigkeit auch hono-
riert wurde. Mich hat er geärgert, weit mehr als den zum Beitragskas-
sierer avancierten Zellenwart Rudolf Blickensdörfer, den braven,
tüchtigen Beamten und Reserveoffizier. Damals ließ mich meine Begeisterung für französische Freiheit und Lebensart noch nicht begreifen, in welch geringem Spielraum sich der gehorsamsgewohnte Staatsdiener bewegte und welche Gefahr ein Aufmucken für ihn und seine
Familie bedeutet hätte.

In der Natur dieser Sache lag es, daß zu Hause die Judenverfolgung
zwar nicht gerade ignoriert, aber auch nicht besprochen wurde. Mühsam genug hatte man seinen Stammbaum zusammengebracht und
erfolgreich abgeliefert. Pech von sogenannten Nichtariern wurde unter die bedauernswerten Gegebenheiten eingereiht. Wie etwa das
Ausbleiben unseres jüdischen Arztes Dr. Roos. Anfangs machte er
noch nächtliche Hausbesuche, ehe er, wie die meisten Juden, verschwand. Er war ein guter Doktor, unzweifelhaft besser als der Arier,
der ihm folgte. Aber das Thema wurde in meinem Beisein gemieden.

Dafür kam ein anderes auf den Tisch, das nicht heruntergespielt
werden konnte. Unser Mathematiklehrer Hibschenberger, kein Jude
wohlgemerkt, war in die Schußlinie der Gestapo geraten, weil er kein
Hehl daraus machte, daß er die Nationalsozialisten verachtete. Das
fing recht demonstrativ beim »deutschen Gruß« an, den er vor jeder
Unterrichtsstunde auszubringen hatte; oft hielt er dabei lässig einen
Schlüsselbund in der Hand, die eigentlich feierlich ausgestreckt sein
sollte. Und es gipfelte in ironischen und abwertenden Bemerkungen,
die, wie die Dinge lagen, nicht in den vier Wänden des Klassenzimmers bleiben konnten; um so weniger, als der Studienrat Hibschenberger ein »scharfer Hund« und seine strengen Zensuren gefürchtet
waren.

Wer keine Leuchte in Mathematik war, und ich zählte zu den trü-
ben Funzeln, lebte in ständiger Angst vor ihm. Sehr gut erinnere ich
mich, wie mich die Sonntage bei fortschreitendem Nachmittag be-
drückten, weil wir in der ersten Stunde des Montags Mathe beim
Hibschenberger hatten. Was lag da näher, als dem ungeliebten Lehrer

Der neunjährige Hans Blickensdörfer
mit seinem Vater.

mit den quasi legitimen Mitteln, die die Partei jedem, der es wollte, in
die Hand gab, eine Falle zu stellen? Gab es nicht sogar Schüler, die
ihre Eltern verrieten? Ich glaube nicht, daß der Mann die Gefahr
ignorierte. Heute bin ich sogar der Überzeugung, daß er den aufge-
henden Nazistaat derart haßte, daß er in ihm untergehen wollte. So
kam der schulfreie Nachmittag, an dem uns die Gestapo zum Verhör
in die Schule bestellte. In wie vielen Elternhäusern darüber gesprochen wurde, weiß ich nicht. Es war bezeichnend, daß wir Schüler
untereinander nicht darüber redeten.

Ich weiß nur, daß mein Vater tobte, als ich ihm die Sache erzählte.
Zum erstenmal erlebte ich ihn in einer Aufregung, die total regie-
rungsfeindlich war. Hibschenberger war im Ersten Weltkrieg sein
Regimentskamerad gewesen, ein untadeliger Bataillonskommandeur
überdies und wohl einer der aufrechtesten Männer, die er kannte.
Mag sein, daß ihm erst bei dieser Gelegenheit richtig klar wurde, wie
wenig Zivilcourage er selbst bis dahin bewiesen hatte. Er hielt mir
einen Vortrag über miese Spitzelmethoden und beschwor mich, kein
einziges abträgliches Wort von mir zu geben.

Ich habe mich daran gehalten, obwohl die Fangfragen beim Einzel-
verhör ausgeklügelt waren. Und der gut vorbereitete Gestapo-Mann,
von dem ich wußte, daß er wegen Unterschlagungen aus einer Bijou-
teriefabrik geflogen war, war sauer, weil er meine Zensuren kannte
und einen deftigen Racheakt erwartet hatte. Genützt hat es dem Lehrer Hibschenberger freilich nichts. Es kam genug zusammen, um ihn
von der Schule ohne Umwege ins KZ zu befördern.

Ob er es überlebt hat, weiß ich nicht. Wenig später verließen wir
die Stadt, weil mein Vater nach Freiburg versetzt wurde. Sicher ist,
daß mein Vater lange an der Geschichte herumnagte, sie aber nichts-
destoweniger als Beweis für die Richtigkeit der Devise »Nicht auffal-

len« betrachtete. Es war eine selbstgemachte Bewußtseinsspaltung, aber wir konnten nie darüber reden, weil wir beide in den Krieg mußten. Ganz zum Schluß, im April 1945, ist mein Vater mit siebenundfünfzig Jahren als Hauptmann der Reserve gefallen.

Kurz zuvor war mein Elternhaus bei einem Bombenangriff auf Freiburg zerstört worden. Auch das von Pforzheim hat es erwischt. Mutter und Schwester kamen nach Kriegsende bei Freunden in Ravensburg unter, während ich in einem französischen Gefängnis saß. Die Sprache, die ich dank meiner Mutter so gut erlernt hatte, daß man mich für einen Franzosen halten konnte, war schuld daran. Ziemlich lange brauchten sie in dem Land, das ich schon lange liebte, um zu begreifen, daß der Spionageverdacht unbegründet war.

Josef Ertl wurde am 7. März 1925 in Oberschleißheim bei München geboren. Nach dem Abitur in München leistete er Reichsarbeitsdienst und Wehrdienst. Nach 1945 war er zunächst landwirtschaftlicher Arbeiter, Lehrling und Gehilfe. Anschließend studierte er Landwirtschaft an der Technischen Hochschule in München, wo er 1950 das Diplom und 1952 das Staatsexamen ablegte. Von 1952 bis 1959 war er Referent im Bayerischen Staatsministerium für Ernährung, Landwirtschaft und Forsten. Ab 1959 arbeitete er als Lehrer an der Alm- und Landwirtschaftsschule Miesbach, 1960 wurde er deren Leiter; im gleichen Jahr wurde er Oberlandwirtschaftsrat. Er ist Mitglied der FDP und war von Oktober 1969 bis März 1983 Bundesminister für Ernährung, Landwirtschaft und Forsten.

Josef Ertl
Der Bub, der Bauer und der Einödhof

Ich bin auf dem Lande aufgewachsen, in Oberschleißheim, auf der vielzitierten Schotterebene zwischen München und Freising. Der Hof meiner Eltern war ein Einödhof. Er lag fünfhundert Meter vom Ort weg und war fünfundzwanzig Hektar groß.

Ich war der jüngste auf dem Ertl-Hof, und zwar mit großem Abstand: siebzehn Jahre jünger als der älteste Bruder, sechs Jahre jünger als der zweite. Die kindliche Gemeinschaft von Gleichaltrigen habe ich also nicht erlebt. Dafür hatte ich zwei Väter: den leiblichen und meinen ältesten Bruder, der mein Kamerad und Beschützer war. Ich dankte ihm, indem ich ihm manche Dienste leistete, beispielsweise wenn es darum ging, Pferdehufe einzuschmieren, Streu in den Stall zu tragen, Heu oder Getreide einzufahren oder Mist auf dem Acker zu verteilen. Was ein Hof an Arbeit fordert, habe ich vor allem von ihm gelernt.

Mittelpunkt dieses Hofes war das Wohnhaus, einstöckig, grüne

Fensterläden, drei Dachausbauten, im Sommer reich mit Blumen geschmückt. Das Stallgebäude schloß sich an. Dann kamen die große Getreidescheune und einige kleinere Remisen. In meinen frühen Jahren hatten wir auch noch einen frei stehenden Backofen. Es war Mutters Aufgabe, alle vierzehn Tage das Brot für die gesamte Familie nebst Anhang zu backen. Später übernahm ein Bäcker im Ort die Versorgung. Ich mußte dann einmal in der Woche mit einem Handwagen zu ihm fahren und soundso viel Mehl abliefern. Dafür bekam ich dann soundso viel Laib Brote mit.

Ich mußte auch im Stall helfen. Bis 1933/1934 in einem alten, schon sehr wackligen Bau. Dann wurde ein neuer Stall gebaut, für damalige Verhältnisse eine moderne Anlage – allerdings ohne fließendes Wasser. Für die Wasserversorgung war ich zuständig. So mußte ich täglich, gleich nach der Schule, Wasser für dreißig Stück Vieh aus dem Brunnen pumpen, und das war eine ganze Menge. Auch die Kühe mußte ich ständig mit Wasser versorgen, spätestens von meinem siebenten Jahr an. Ich tat es aber gern, hauptsächlich aus zwei Gründen. Ich hatte ein enges Verhältnis zu Zahlen und nutzte daher die Gelegenheit, meine Leistungen zu berechnen. Ich addierte, subtrahierte, multiplizierte, dividierte. Das war ein gutes Training im Kopfrechnen und ist mir später oft zugute gekommen. Der andere Grund: immer wenn ich an der Pumpe im Hof stand, habe ich zu den Flugzeugen aufgeschaut, die auf dem nahen Rollfeld aufstiegen und, wie ich meinte, vor allem über unserem Hof ihre Runden drehten. Der Wunsch, Flieger zu werden, ist damals in mir entstanden. Ich bin noch heute glücklich darüber, daß es mir später tatsächlich gelang, Pilot zu werden.

Ja, die Fliegerei hatte es mir angetan. Als ich anfing, Bücher zu lesen, habe ich alles gelesen, was mit ihr zu tun hatte. Die Biographien von Richthofen, Boelcke oder Udet kenne ich heute noch fast auswendig. Mit großer Begeisterung bin ich auch zu den Flugtagen auf dem Oberwiesenfeld bei München gefahren, mit dem Fahrrad natürlich, eine Stunde hin, eine Stunde zurück. Am meisten aber hat der nahe Wehrmachtflugplatz in Oberschleißheim mein Interesse an der Fliegerei stimuliert.

Ich hatte eine sehr enge Beziehung zu den Angehörigen der dort stationierten Luftwaffeneinheit. Morgens in der Frühe, bevor ich zur Schule ging, mußte ich nämlich die Offiziers- und Unteroffiziersblöcke mit Milch beliefern. Mit einem Leiterwagen fuhr ich dann in den Ort, stellte die vollen Kannen ab, und holte sie abends leer zurück.

Zu meinen privaten Milchkunden gehörte der Werftleiter des Flugplatzes. Ihm verdanke ich meinen ersten Flug. Ich meine, ich war gerade elf geworden, da sagte er zu mir: »Wenn du Lust hast, Bub, einmal zu fliegen, da kommst am Samstag zu mir, und ich hole die ›Klemm 25‹ heraus.« Und ob ich Lust hatte! Pünktlich war ich zur Stelle, und auf zwei Fallschirmen hab' ich gesessen, damit ich rausschauen konnte. Und der Herr Werftleiter hat eine große Platzrunde gedreht, auch über den Ertl-Hof. Ich war wie berauscht und sehr stolz und fortan der Fliegerei verfallen. Als ich vierzehn wurde, habe ich mit dem Segelfliegen angefangen, sehr zum Verdruß meines Vaters, der für derartigen »Firlefanz« nichts übrig hatte. Auf dem Hof, sagte er, gäbe es genug zu tun.

Nun ja, die Arbeit bestimmte unser Leben, das Dasein der gesamten Familie einschließlich der alten Tante, einer ledigen Schwester des Vaters, eines etwa gleichaltrigen Knechtes und einer jungen Magd. Die Arbeit war vorwiegend Handarbeit. Gefüttert wurde mit der Hand, gemolken wurde mit der Hand, gebuttert mit der Hand. Das Butterfaß zu bedienen war ebenfalls eine meiner Aufgaben, spätestens vom zehnten Lebensjahr an. Während der Ernte mußte ich natürlich auch auf den Feldern mit zupacken, in der Heuzeit auf den Wiesen, die, wie ich mich erinnere, meist von Holzfällern gemäht wurden, mit der Hand natürlich, in der Frühe zwischen vier und sieben, bevor sie zur Arbeit in den Wald gingen.

Der Mutter hatte ich in der Küche zu helfen. Oft schickte sie mich einkaufen, ins Dorf zum Bäcker oder Metzger – was ich ausgesprochen gern tat, da es immer etwas zu sehen und zu hören gab und manchmal belohnt wurde. Ich verwaltete auch unsere Stallhasen. In der Zeit der großen Krise, zu Beginn der dreißiger Jahre, kamen häufig Arbeitslose auf den Hof, um einen Laib Brot oder ein paar Eier zu betteln. Bisweilen kamen sie auch nachts und stahlen mir einen meiner geliebten Stallhasen. Dann gab es Tränen.

Das Familienleben spielte sich in der Küche ab, nur sonntags wurde die Stube genutzt, im Winter sogar geheizt. In der Küche habe ich mich auch gewaschen, im Winter wenigstens, im Sommer draußen an der Pumpe. Ein Bad bekamen wir erst kurz vor dem Krieg. Natürlich kein gekacheltes Bad mit Gasofen oder Durchlauferhitzer. Aber eine Badewanne und einen neuen Waschkessel. Wasser mußten wir allerdings weiter in Eimern heranschleppen.

Im Winter haben wir erbärmlich gefroren. Die Schlafzimmer waren nicht beheizt. Auf den Federbetten glitzerten kleine Eiskristalle, und die Fenster waren dick überfroren. So mußten wir die Betten vor dem Schlafengehen aufwärmen, ich benutzte dazu einen Dachziegel, den ich in der Ofenröhre wärmte, manchmal war er so heiß, daß ich ihn einwickeln mußte. Einen Schlafanzug erhielt ich erst, als ich zum Militär kam. Ich wußte gar nicht, daß es so was gab.

Trotzdem – für damalige Verhältnisse haben wir nicht schlecht gelebt. Hunger gab's auf dem Ertl-Hof nicht, die Mutter brachte immer reichlich auf den Tisch. Am Sonntagnachmittag sogar Kaffee und Kuchen, selbstgebackenen natürlich. Dann hatten wir manchmal auch Besuch. Unsere Kartoffelkunden in München sagten sonntags gern einmal »Grüß Gott«. Es verstand sich von selbst, daß sie dann auch bewirtet wurden. Beim Kartoffelklauben halfen sie manchmal sogar mit, obwohl sie es eigentlich nicht nötig hatten. Ich erinnere mich an eine Ladeninhaberin, die ein Fotogeschäft hatte, und an den Besitzer einer Großgarage, der immer mit einem großen Auto vorfuhr.

Solche Besuche waren eine willkommene Abwechslung, wie ein Gruß aus einer anderen Welt. Bevor ich nach München zur Oberschule fuhr, dreißig Kilometer hin, dreißig Kilometer zurück, täglich mit dem Zug, hab' ich kaum über Oberschleißheim hinausblicken können. Wir waren sehr seßhaft, die Lust des Unterwegsseins hatte uns noch nicht erreicht. Die Eltern erzählten, daß sie zur Hochzeitsreise drei Tage lang mit dem Fahrrad durchs Land gestrampelt sind, von Schleißheim nach Kufstein, von dort wieder zurück. Ich war bereits zwölf Jahre, als ich zum erstenmal eine Omnibusfahrt machte. Hundert Kilometer weit, von Schleißheim nach Brannenburg. Die Fahrt hat mich derart beeindruckt, daß ich noch heute daran zurückdenke. Ein anderes Mal durfte ich zu einer Tante mitfahren, die Nonne im Kloster Neumarkt in der Oberpfalz war. Diesmal fuhren wir mit der Eisenbahn, und auf der Rückfahrt stiegen wir in einen falschen Zug und mußten dann auf der Landstraße eine Station zurückmarschieren. Eine echte Sensation. Wir haben noch lange davon gesprochen.

Da ich auch die Ferien zu Haus auf dem Hof verbrachte, hatte ich immer ein großes Problem, wenn die Ferien zu Ende waren. Denn dann kam der obligate Aufsatz: Was habe ich während der Ferien erlebt? Und ich konnte nur immer schreiben: Ich war zu Hause und habe auf dem Hof gearbeitet, Wasser geschleppt, die Kühe gefüttert, Heu eingefahren und was sonst zu meinen Aufgaben gehörte. Zum Spielen fand ich angesichts meiner zahlreichen Zuständigkeiten nur gelegentlich Zeit. Aber was heißt schon spielen? Einmal bekam ich zu Weihnachten einen Stall mit geschnitzten Tieren, ein andermal so etwas wie einen Blechomnibus. Nasser Sand war mir jedoch lieber. Da auch Sand Mangelware auf dem Hof war, baute ich meine Burgen und Berge jedoch mehr aus dem klumpigen Dreck, den die Pferdefuhrwerke hinterließen.

Von meinem vierzehnten Jahr an durfte ich während der Sommerferien meinen Onkel und Firmpaten in Großberghofen besuchen, einem fünfundzwanzig Kilometer entfernten Dorf zwischen Dachau und Aichach. Auch er war Bauer, dazu allerdings Metzger und Gastwirt, und das machte den Aufenthalt in Großberghofen ausnehmend interessant. Er brachte mir zum Beispiel bei, wie man ein Schwein schlachtet und fachgerecht ausnimmt. Er führte mich in die Kunst des Wurstmachens ein; so verstand ich schon als Fünfzehnjähriger, eine tadellose Blutwurst herzustellen. Natürlich mußte ich auch den Fleischwolf putzen, Därme auswaschen, die Stopfmaschine betätigen und was sonst an Handreichungen notwendig war. Ich durfte auch das Vieh wiegen und mich abends als Schenkkellner betätigen, beim »Schafkopfen« zuschauen oder sogar mitspielen.

Aber das alles war gar nicht so wichtig. Entscheidend war für mich, daß ich das Gefühl hatte, von meinem Onkel voll anerkannt zu werden. Das war zu Hause nicht immer der Fall. Wenn ich »zu Hause« sage, meine ich damit vor allem den Vater – und das väterliche Regiment.

Der Vater war ein Bauer durch und durch. Ein tüchtiger Bauer, zum Beispiel der erste im Dorf, der einen Heuaufzug kaufte, vierhundert Mark kostete er, damals eine Menge Geld. Er schaffte auch als erster einen Mähbinder an. Und bevor er den neuen Stall bauen ließ, fuhr er mit seinem jüdischen Viehhändler mehrfach über Land, um sich anderer Bauern Ställe anzusehen. Manchmal verstand er sogar, mit seinem Pfund zu wuchern. Der Hof hat ihn trotzdem nicht reich gemacht. Aber für ein materiell gesichertes Leben und ein paar Spargroschen hat es allemal gereicht. Der Direktverkauf von Milch und Kartoffeln zahlte sich aus, ein bißchen Geld war immer im Haus. Politisch war er fast ein Liberaler. Der sonntägliche Kirchgang galt zwar als Selbstverständlichkeit, der Pfarrer war Respektsperson. Dennoch war einer der ungeschriebenen Glaubenssätze meines Vaters, daß »die Pfaffen die Finger aus der Politik lassen« sollten. Diese Einstellung verleugnete er auch gegenüber dem Ortsgeistlichen nicht. In einem Punkt war er mit diesem allerdings hundertprozentig einig: Die Nazis – er nannte sie immer die Bazis – und ihre »tausendjährigen« Träume lehnte er aus vollem Herzen ab.

Ich bekam das auch zu spüren. Ich durfte lange Zeit nicht zum Jungvolk. Alle meine Kameraden und Mitschüler waren schon dabei – ich nicht, da der Vater es mir nicht erlaubte. Erst als der Pfarrer sagte: »Das kannst du dem Bubn nicht antun«, ging er in sich und erteilte mir widerwillig die väterliche Genehmigung. »Geh nur hin zu deinen Lump'n, zu deinen Bazis«, sagte er. »Aber die Arbeit auf dem Hof darf darunter nicht leiden.«

Die Arbeit auf dem Hof litt auch wirklich nicht darunter, sie rangierte sowieso obenan. Aber es blieb nicht aus, daß ich gelegentlich doch anderer Meinung war als er. Als Österreich »heimgeholt« wurde, begann auch ich – wie viele andere –, an die Zukunft des Großdeutschen Reiches zu glauben. Aber der Vater blieb unbeirrt. Er sagte immer: »Warte nur, das wird nicht gutgehen, eines Tages wird geschossen, und wir werden einen schrecklichen Krieg haben.« Dabei hatte er am Ersten Weltkrieg teilgenommen und war wegen »Tapferkeit vorm Feinde« mit dem EK I ausgezeichnet worden, als einfacher Gefreiter. Der Orden lag sichtbar in einer Glasvitrine in der Wohnstube.

Aber nicht nur der Größenwahn, auch der Rassismus der Nazis ging ihm gegen den Strich. Er hielt seinen jüdischen Viehhändler für einen »anständigen Kerl« und war ihm auf seine wortkarge Weise wohlgewogen. Als es diesem noch kurz vor Toresschluß – 1938 oder 1939 – gelang, das Land zu verlassen, hat der Vater traurig am Tisch gesessen und immer wieder gesagt: »Da siehst du's wieder, was das für Haderlumpen sind. Der Mann ist Soldat im Krieg gewesen und hat für uns gekämpft. Nun muß er froh sein, daß sie ihn heil davonlassen.«

In diesem Punkt war er unbeirrbar. Sein Gefühl für Recht und Gerechtigkeit war in ihm genauso stark entwickelt wie sein Wirklichkeitssinn und seine bäuerliche Nüchternheit. Aber er war sehr autoritär, und daß er auf dem Hof das letzte Wort hatte, war nicht nur für ihn selbst, sondern auch für alle Familienmitglieder, von Knecht und Magd ganz zu schweigen, eine Selbstverständlichkeit.

Er war energisch und fleißig und beherrschte sein Metier, sein Moral- und Verhaltenskodex aber war der eines selbstbewußten und in seinem Selbstbewußtsein nicht zu erschütternden bajuwarischen Bauern. Wir hatten es daher nicht immer leicht mit ihm, auch die Mutter nicht, obwohl sie noch am besten mit ihm umgehen konnte. Aber auch sie mußte mit seinem Naturell und seinen Gewohnheiten fertig werden. Sie mußte beispielsweise seinen sonntäglichen Wirtshausbesuch akzeptieren, den er pünktlich – im Festtagswichs mit Weste und Binder, die Zigarre in der Hand – um vier Uhr nachmittags begann. Normalerweise dauerte er bis zehn Uhr abends. Meist war er dann am Montag nicht gut zu sprechen.

Auch ich hatte manche Schwierigkeiten mit ihm. Meine Leselust gefiel ihm überhaupt nicht. Er schüttelte den Kopf, wenn die Milchkunden, die ich täglich zu beliefern hatte, mir gelegentlich nicht nur ein »Zehnerl«, sondern auch ein Buch schenkten, den ›Sigismund Rüstig‹ etwa, den ›Robinson Crusoe‹ oder eine Richthofen-Biographie. Da ich wußte, daß ihm meine Leselust gegen den Strich ging, begab ich mich nach dem Abendessen frühzeitig ins Bett, um zu schmökern – was nur bei Kerzenlicht möglich war und meinen Augen nicht gut bekommen ist.

Von meinem zwölften Lebensjahr an besuchte ich die Oberschule in München. Selbst das scheint ihm im Herzen nicht gepaßt zu haben. Meine Zeugnisse nahm er fast wortlos zur Kenntnis. Die schlechten Zensuren quittierte er mit brummigem Grollen, über die

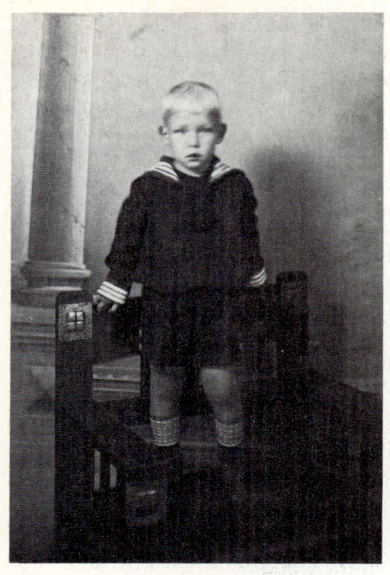 

Links: Josef Ertl im Alter von etwa drei Jahren. *Rechts:* Josef Ertl vor seinen Eltern mit Bruder Ludwig (rechts) im Jahre 1935.

guten Noten ging er schweigend hinweg. Es fiel ihm schwer, mich zu loben.

Als ich zwölf Jahre alt war, fuhr ich mit dem Vater zum Skikauf nach München. In einem Kaufhaus fand ich ein Paar Brettln, die mir zusagten. Sie kosteten – lang, lang, ist's her – zwölf Mark fünfzig einschließlich Bindung. Aber der Vater sagte: »Bub, das überlegen wir uns noch mal, vielleicht bekommen wir gebrauchte billiger.« Und wirklich brachte er am Sonntag, nach dem Frühschoppen im Wirtshaus, »ein Paar gebrauchte« mit heim; drei Mark fünfzig hatten sie gekostet. Als Ausgleich bekam ich ein paar Filzpantoffeln für die kalten Winterabende ... Filzpantoffeln konnte ich dann lange Zeit nicht leiden.

Auch meine sportlichen Ambitionen waren ihm, wenn ich so sagen darf, ein Dorn im Auge. Die Aschenbahn zu umrunden, ein kleines privates Radrennen auf der Landstraße zu veranstalten oder in die Berge zum Skilaufen zu fahren, das alles hielt er für nutzloses Tagtotschlagen. »Wir haben genug Arbeit zu Haus«, pflegte er zu sagen. »Da braucht es keine Aschenbahn. Geh in den Kuhstall, wenn du Sport treiben willst.«

Aber selbst da mußte ich mir viele kritische Worte gefallen lassen.

Er hatte immer etwas auszusetzen, ob ich beim Aufstellen der Garben half, beim Dreschen die gefüllten Säcke wegtrug oder im Kuhstall das Melken übte. Und oft genug kam es vor, daß er seiner Kritik mit einer kräftigen »Watschn« Nachdruck verlieh. Streng zu sein, hielt er offenbar für seine väterliche Pflicht, vor allem mir gegenüber, dem Jüngsten und – in seinen Augen – Schwächsten der Familie, der lieber Milch als Bier trank. Im Zorn konnte er dann auch ungerecht sein. Einmal beim Mittagessen – es gab Nudelsuppe, und ich riskierte die Bemerkung, ich möchte sie nicht – bekam ich eine solche Ohrfeige, daß ich von der Bank fiel. Außerdem mußte ich sofort den Tisch verlassen und mich für den Rest des Tages mit Nulldiät begnügen. Ich kann mich auch erinnern, daß ich als Zwölfjähriger einmal eine kräftige Tracht Prügel bekam, weil ich zu spät heimkam, erst während des Gebetläutens. Dabei war ich nur in der Nachbarschaft gewesen, dreihundert Meter weg, und hatte mit Gleichaltrigen gespielt. Ja, da war er sehr genau. Wenn ich zu meinen Jungvolkabenden ging, mußte ich mich bei ihm abmelden und pünktlich »nach Dienstschluß« wieder zu Haus sein.

Aber es war auch viel Sorge dabei. Als ich mit sechzehn mit Freunden eine Sonntagsausfahrt nach Kreuth unternahm, ist er nicht einmal ins Wirtshaus gegangen, da hat er gewartet, bis ich heil zurückkam. »Gut, daß du wieder da bist, Bepperl«, hat er gesagt. »Und beim nächsten Mal nimmst's neue Fahrrad.«

Er meinte es sicherlich gut, auch wenn er gelegentlich bärbeißig streng war. Aber er konnte nicht aus seiner Haut heraus. Die Freunde, mit denen er sonntags im Wirtshaus Karten spielte, waren nicht anders. Und ein großartiger Bauer war er schon, ein Mann ohne Bruchstelle, fleißig, sparsam, nüchtern, besitzstolz – stolz auch auf seine Familie, die seine Ecken und Kanten am stärksten zu spüren bekam.

Ich denke gern an diese Familie zurück, an ihr einfaches, hartes, bisweilen sogar rauhes Leben – am meisten an meine Mutter, die vom frühen Morgen bis zum späten Abend auf den Beinen war, immer tätig, immer sorgend, nie klagend, die kaum Zeit für sich hatte, aber immer Zeit genug fand, zwischen ihrem herrischen Mann und ihren auch nicht immer zartbesaiteten Buben zu vermitteln. Wenn wir bei aller Härte, aller Strenge doch gut miteinander auskamen, so war das nicht zuletzt ihr Verdienst.

Außerdem war sie eine gute Köchin. Karg gelebt haben wir nicht. Da gab's schon mal Fleisch in der Woche, und ihre Dampf- und Rollnudeln, die jeweils am Freitag auf den Tisch kamen, waren auch nicht zur verachten. Besonders gut pflegte sie am Samstagabend zu kochen. Da bekam der Vater seine Wellwürste mit Kartoffeln und Gemüse, wir Buben unsere Regensburger. Sonntags gab's außer Suppe und Fleisch, meist »Schweinernem«, einen süßen Grießbrei oder geriebenen Teig in Milch.

Geschlachtet haben wir selbst. Das hat zunächst der Onkel gemacht. Später habe ich, vom Onkel entsprechend angelernt, diese Aufgabe übernommen. Freimütig will ich bekennen, daß ich auch manches »schwarze Schwein« abgestochen habe, das erste zu Beginn des Krieges, als es darum ging, einen zwanzig-PS-Bulldog mit Luftbereifung zu beschaffen. Den Trecker bekamen wir auf Bezugsschein. Für die Luftbereifung mußten wir Fleisch und Fett liefern.

Aber vom guten Essen, vor allem dem guten Sonntagsessen, einmal abgesehen – wir haben auch die großen Feste des Jahres gebührend gefeiert. Allerdings bescheiden, ohne den kostspieligen Aufwand, der heute üblich geworden ist. Weihnachten gab's einen schön geschmückten Christbaum, für mich, den Benjamin der Familie, schon mal ein Spielzeug, in der Hauptsache aber die ohnehin notwendigen Kleidungsstücke: Handschuhe, Wollsocken, Wäsche, Sonntagshemden, Arbeitshosen, einmal erhielt ich sogar ein Paar strapazierfähige Arbeitsstiefel – ich hab' sie mit Stolz getragen.

Zu Ostern färbte die Mutter Hunderte von Eiern ein, außerdem schnitt sie einen frischen Schinken an. Meist hatten wir auch Besuch im Hause. Unsere Münchner Kartoffelkunden kamen dann, auch der Garagenbesitzer, der die Ertl-Buben zum Dank ein wenig in der Landschaft herumfuhr. Auto zu fahren war damals noch ein Erlebnis.

Einmal im Jahr leisteten wir uns einen Abend im Zirkus Krone in München. Ebenso gehörte zur Familientradition der Besuch des Oktoberfestes. Alle Jahre wieder fuhren wir auf die Theresienwiese: der Vater, die Mutter und wir beiden jüngeren Buben. Der älteste bekam sein Geld und fuhr allein, der zweitälteste durfte sich selbständig machen, als er die Sechzehn überschritten hatte. Beim Oktoberfest zeigte sich der Vater immer sehr großzügig – soweit sein bäuerliches Naturell ihm das erlaubte. Die Mutter briet zu Hause einen Gockel. Der war billiger und schmeckte auch besser als die Hähnchen von den Bratereiständen. Brot, Käse und das fällige »Wies'nbräu« wurden dazugekauft. Als Zehnjähriger bekam ich zwei Mark »zum Fahren«, das steigerte sich im Lauf der Jahre auf fünf Mark – eine astronomische Summe. Ich erhielt sie zusätzlich zu meinen sonstigen Einnahmen. Etwa dem Eine-Mark-fünfzig-Wochenlohn für meine täglichen Milchfuhren oder dem Montagsgroschen, den mir die Milchkunden schenkten; oder dem offiziellen Taschengeld, das zunächst fünf Pfennig am Tag betrug, ehe es – ich nehme an: mit Beginn der Fahrschülerzeit – auf zehn Pfennig aufgestockt wurde.

Ich hatte allerdings auch mancherlei Ausgaben. Die Spikes für die Aschenbahn, den Tennisschläger, das Luftgewehr (das sieben Mark kostete), das alles habe ich aus eigenen Einkünften bezahlen müssen.

Und dann die Segelfliegerei, die schon deshalb kostspielig war, weil ich sechzig Kilometer Anfahrt hatte und jeweils den ganzen Sonntag unterwegs war. Als ich die nötigen Scheine beisammen hatte, bin ich allerdings nur noch zum nahen Flugplatz gefahren und habe mich mit dem Flugzeug hochschleppen lassen. Dort habe ich im letzten Kriegsjahr, nach dem Arbeitsdienst, auch meine weitere fliegerische Ausbildung erfahren. Zu dem berühmten Jagdflieger, der ich einmal werden wollte, hat es allerdings nicht mehr gereicht.

Zu dieser Zeit lebte mein Vater schon nicht mehr. Ich war gerade beim Onkel, dem Gastwirt und Metzger, zu Besuch, 1941, als ein Anruf kam, ich möchte nach Haus kommen, dem Vater ginge es schlecht. Ich bin sofort losgefahren, fünfundzwanzig Kilometer durch stockfinstere Nacht. Als ich heimkam, sah ich trotz der Verdunklung Licht hinterm Schlafzimmerfenster. Die Mutter war noch wach, sie öffnete die Haustür und sagte: »Komm schnell herein, den Vater hat's schwer getroffen.«

Ein Schlaganfall hatte ihn, einundsechzig Jahre war er alt, am Nachmittag umgeworfen, aber er war bei Bewußtsein und wußte, daß es schlecht um ihn stand. Als ich zu ihm ans Bett trat, sah er mich, den Jüngsten, der nun auch schon sechzehn Jahre alt war, lange an. Dann sagte er: »Gut, Bub, daß du da bist . . .« Und nach einer Weile: »Wo ich dich so gern mag.«

Wir haben ihn dann ins Krankenhaus gebracht, und er hat noch zehn Tage gelebt. Aber da ein Unglück selten allein kommt, erkrankte auch die Mutter am nächsten Tag. Sie hatte – woher auch immer – einen Wundstarrkrampf, und ich lieferte sie im selben Krankenhaus ab, in dem der Vater lag, noch immer bei vollem Bewußtsein. Und jedesmal, wenn ich ihn besuchte, fragte er mich: »Warum kommt denn die Mutter nicht?« Und ich konnte ihm nur die halbe Wahrheit sagen. Ich sagte, sie sei krank geworden und liege mit einem heftigen Fieber zu Hause schwer danieder. Und er stöhnte: »Da nehmt euch doch ein Taxi. Ich habe immer gespart. Es ist Geld genug da.«

Die Mutter ist dann wie durch ein Wunder genesen und wieder auf die Beine gekommen. Nicht zuletzt dank der aufopfernden Pflege der Klostertante, die ich telegraphisch herbeigebeten habe. Sie sprach auch das entscheidende Wort, als es darum ging, ein bis dahin wenig erprobtes Medikament anzuwenden oder nicht. Sie gab ihre Zustimmung und übernahm die Verantwortung für mich, den Sechzehnjährigen, und meine älteren Brüder, die beide draußen im Feld waren. Der Vater ist gestorben, ohne seine Frau, die nur wenige Zimmer weiter um ihr Leben rang, noch einmal gesehen zu haben. Mir ist das Lügen schwergefallen, aber ich konnte und durfte ihm die Wahrheit nicht sagen.

Doch diese letzten zehn Tage haben mich mit ihm versöhnt. Ich spürte mit einemmal, wie verletzlich dieser schroffe, rauhe, manchmal recht selbstherrliche bayerische Bauer war, wieviel Liebe in ihm wirksam war. Er hat diese Liebe ein ganzes Leben hinter einem Panzer von Strenge und Unzugänglichkeit verborgen, auch seiner Familie, auch mir, seinem Jüngsten, gegenüber. Es ist für mich nicht immer leicht gewesen, mich seiner väterlichen Autorität zu unterwerfen und mit seiner Art zu leben, fertig zu werden. Heute weiß ich, daß seine Unnahbarkeit auch Tarnung war. Und daß ich, trotz allem, viel von ihm gelernt und allen Grund habe, ihm dankbar zu sein. Ihm und meiner grundgütigen, verständnisvollen, immer hilfsbereiten Mutter.

Maria Schell wurde am 15. Januar 1926 in Wien geboren. Sie machte eine Schauspielausbildung in Zürich und spielte an Bühnen in der Schweiz, Österreich und Deutschland. Mit 15 Jahren erhielt sie ihre erste Filmrolle und spielte seitdem zahlreiche Hauptrollen in Kino- und Fernsehfilmen. Sie wurde u. a. mit folgenden Preisen ausgezeichnet: Bambi-Preis (1951, 1952 und 1954 bis 1957), Preis für die beste Schauspielerin der Internationalen Filmfestspiele Cannes (1954), Volpi-Preis der Biennale Venedig (1956), Filmband in Gold (1977) und Goldene Kamera (1983).

MARIA SCHELL
Wie ich das Kindermachen lernte ...

Ganz klein war Mausi. Ich hatte sie noch auf dem Arm, und sie war ganz leicht.

Der Mond stand hinter der großen Trauerbuche vor unserer Terrasse. Sie zwickte mich in den Arm. Ich sollte nach links gehen. Aufgeregt flüsterte sie: »Mami, da« und zeigte mir den Mond. Er gehörte ihr, sie hatte ihn entdeckt. Dann mußte ich wieder nach rechts hinter die glitzernden Blätter – der Mond war weg. Wieder drei Schritte links, er war da; drei Schritte rechts, er war weg. Sie schob den Mond hin und her. Es war ihr Mond.

Als ich zwölf war, fuhr ich mit meinem Rad eine sandige Straße hinunter ins Tal. Der Kirchturm, das Dorf mit seinen roten Dächern lagen in der Sommersonne. Ich ließ das Rad laufen. Plötzlich Wurzeln, Steine. Das Bild zitterte, wackelte, hüpfte.

»Nur weil du auf dem Rad sitzt, zittert es.« Ich versuchte mich zu überreden, zu trösten. Es steht ganz sicher still, das Bild mit dem

Kirchturm und den roten Dächern. Aber für mich sprang und rüttelte es.

Ich begriff – meine Welt ist die, die ich wahrnehme.

Die Seele, die sich ihre und nur ihre Welt aufbaut – wo und wann fängt sie an, ihr Leben zu bauen.

Die Alm in Kärnten, meine Welt – meine Heimat.

Es ist seltsam, daß wir vier Kinder, Maximilian, Immy, Carl und ich, mit denselben Eltern, in derselben alten Jagdhütte, mit denselben Hügeln, denselben Wäldern heranwuchsen, den gleichen Felsen, Gerüchen, Erinnerungen – daß jeder ein anderes Leben zu erzählen weiß, mit anderen Freuden und anderen Wunden.

Ich muß mich sehr früh zum Alleinsein entschlossen haben. Ich kann mich an keine Gemeinsamkeit, kein Kindertollen, keinen Austausch mit anderen erinnern. Das alles kam viel später. Aber ich war nicht einsam. Im Gegenteil. Alle waren da.

Der Tag lief ab, alles war heiter. Wir waren zusammen, wir wurden auf die Weide gelassen, wir verstreuten uns über die Wiesen. Himbeeren suchend zwischen den summenden Sträuchern, Fische im eiskalten Bach, an Forellen vorbei.

Oder man ging Heu-hupfen, drüben im Heustadel. Runter von der höchsten Latte bis tief in das ersteingefahrene Heu, fliegend den herrlichen Riß im Zwerchfell spürend, bis man unten war.

Zigaretten drehen aus Laub und Zeitungspapier unter dem großen Baum, Kartoffeln ausgraben, ins Feuer werfen, paffen, bis uns schlecht und die Kartoffeln schwarz waren. Heimtreiben mit den Kühen, die weißen Nasen vor den Eltern unter dem alten Hut.

Dabei sein, wenn Schweinchen kamen oder Kälber – Aufruhr und Herzschmerzen, wenn sie geschlachtet werden mußten.

Der erste eigene Gemüsegarten. Selber pflanzen, pflegen, ernten. Genau für jeden abgemessen zwei mal zwei Meter. Erdbeeren, erste, eigene Erdbeeren.

Der alte Kirschbaum, unsere Bäuerin in den Zweigen, nach oben schauen, auf die Kirschen warten, die sie herunterwarf. Und dazwischen erste Neugier. Hatte sie etwas an oder nicht? Drunter.

Morgens mit Mutti aus der Almhütte schleichen, durch taufeuchtes, kaltes Gras, barfuß. Die Polentaschüssel unter dem Arm, und den Kakao, der überschwappte, trotz unserer behutsamen leisen Schritte. Eintauchen in die dunkle Baumallee, ein Weg über Wurzeln und trockene Tannennadeln, bis ans Ende, wo wieder die Sonne schien.

»Pst, Papa schreibt.« Was, weshalb, wieso, das wußten wir nicht. Manchmal las er uns vor, und wir begriffen, daß es schön war. Er war allgegenwärtig und immer geheimnisvoll.

Opapa's Aschenbecher, ein Porzellanblatt mit Sprung. Der blaue Wasserkrug, in dem wir frisches Quellwasser kosten, aus der Quelle unterhalb der Hütte neben dem Zigarettenbaum. Laufen und holen. Hunger vor dem Mittagessen. Die heiße Sonne in der offenen Küchentür, der Holzboden ganz warm. Und der große Stein vor der Hütte, der heute noch wackelt und immer weiter wackeln muß. Ein hölzernes Kinderbettchen mit Gittern ringsrum, vorn zum Reinschieben. Meine Mutter lag in diesem Kinderbettchen, als ihre Eltern jung waren und der Großvater die Pferdepost hatte in Wolfsberg. Wir alle vier lagen in diesem Bettchen. Meine Kinder und ganz sicher auch die Kinder meiner Kinder.

Das ist Heimat – nur die Bäume sind uns davongewachsen, die Allee ist heute dunkel und schwer. Und Papa lebt nicht mehr.

> Über den Bäumen
> bin ich gestanden.
> Sprang über ihre
> Wipfel hinweg.
> Zwischen den Bäumen
> spielten die Kinder.
> Sah sie sich haschen
> jubelnd im Grün.
> Rund um die Bäume
> lärmen die Enkel.
> Bald an den Wurzeln
> liege ich still.

Woher nimmt ein Kind das erste Begreifen, die Ordnung, in die es hineinwächst? Woher die erste Orientierung in diesem Wunderland Leben, woher das erste Vertrauen, daß es dazugehört und wie es dazugehört?

Mein Gott, wenn wir diese Kinderlandschaft nur bestimmen könnten. Wenn wir nur genug Väter und Mütter hätten, die den Kindern die wahren Werte des Lebens zeigen könnten. Wenn es nur mehr Schulen gäbe, die junge Menschen auf den Weg zu den ungeheuren Reichtümern des Geistes und der Kunst führten!

Da liegen Jahrtausende von gestalteter Erfahrung und Erkenntnis vor uns, aber nur wenige sagen: Nimm dir die Zeit – lies die Bücher, schau dich hinein in die Malerei, hör dich hinein in die Musik. Und warte, horche auf dein eigenes Wachsen.

Freilich ist das ein Privileg – heranzuwachsen, jeden Tag in vielen Stunden etwas zu hören, zu erfahren, das man brauchen kann für die Bausteine zum eigenen Leben. Das eigentliche Grundkapital, um später einmal im eigenen Haus zu wohnen. Im inneren wie im äußeren.

Wo kann ein Junge mehr lernen übers Backen als in der Bäckerei seines Vaters? Wo der Sohn eines Arztes mehr als in dem aufopfern-

Maria Schell – »Gritli« – mit dem Bruder Carl auf dem Hof des Großvaters.

den Weg einer Praxis? Wo die Tochter eines Dichters mehr als im Haus ihres dichtenden Vaters?

Wir wußten schon als Kinder, was ein Erfolg ist. Die Freude ging durch die ganze Familie. Und der Schmerz über den Mißerfolg lähmte uns alle für Wochen.

Schon ganz klein machten wir Spiele – »Wer kann alle Stücke von Schiller aufsagen?« Daß Immy, die Jüngste, die Titel durcheinanderwarf und die ›Jungfrau von Orleans‹ zur ›Jungfrau von Örlikon‹, ›Die Braut von Messina‹ zur ›Braut des Messias‹ machte, störte uns wenig. Dank unserem Gelächter wußte sie es bald. Sie war zum Lesen verurteilt. Und die Zeit, die viele Zeit, die wir uns nahmen. Ein Frühstück konnte bis zum Mittagessen dauern. Und wie viel es zu erzählen gab! Das Zuhören wurde schwer, weil jeder so viel zu sagen hatte, dem anderen, dem er sich nahe wußte.

Die Phantasie überbordet. Wie konnte es auch anders sein bei einem Vater, der uns als Kinder bereits alle Lichter schenkte. Einfach alle Lichter schenkte. Die roten, gelben, blauen, in den Straßen, auf den Plätzen, Lichtreklamen – und vor allem die weißen.

Unser Vater – der die Straßenbahn anhalten konnte und auch machte, daß sie wieder weiterfuhr. Wir haben ihn bewundert. Er konnte alles. Er drückte auf eine Schraube an der kalten Scheibe, vorsichtig, intensiv, beschwörend, und sie stand, die Straßenbahn. Wir jubelten. Jetzt sollten wir doch weiterfahren, sagte er, die Frau da drüben, ich glaube, die muß nach Hause. Einverstanden. So drückte er wieder auf die Schraube – eine lange Prozedur. Wir waren gebannt. Schaffte er es? Er schaffte es. – Er kannte die Stationen, die Geräusche, und wir glaubten ihm. Immer. Und alles. Er rettete uns auch im dunklen Wald. Trat hervor wie der liebe Gott nach der Jagd und brachte uns nach Hause in die Wärme der Hütte.

Nachts ging er ums Haus als Geist Eierspeis. Die Fensterläden klapperten, der Wind pfiff ums Dach, aber das Gruseln ging nie ins Herz. Er war es ja, der König unserer Kindheit. – Nicht nur gut, nicht nur gütig, auch schwierig und zornig. Er konnte seine Liebe nicht gleichmäßig verteilen, war viel zu sehr in seiner Dichterwelt befangen, verteilte seine Zeit, wie er sie für sich brauchte, nicht immer für uns.

Ein Jahr lang lebte ich bei Tante Elise und dem Urgroßvater. In der Schweiz. Ich war damals vier Jahre alt. Tante Elise war ein schlankes, geliebtes, uraltes Jungfräulein, mit blonden, hochgesteckten, winzig gekräuselten Haaren. Sie hatte wunderschöne Beine und trug auf dem Busen Rüschen, die sie abends neben sich auf das Nachtkästchen legte. Für mich etwas Verbotenes, etwas für später. Aber es roch gut.

Im Großvaterstuhl saß der Urgroßvater. Ich krabbelte auf seinen Knien herum und mußte ihn kitzeln – unter dem Kinn. Dafür erschreckte er mich mit einem plötzlichen, unerwarteten Gebrüll. Dann konnte ich quietschen, und er freute sich. Zu denken, daß dieser Schweizer Urgroßvater als Bub vom Dach gefallen war, als er den lieben Heiland an Christi Himmelfahrt an einer Schnur durch den Kamin zum Himmel zog und dafür sein Leben lang hinken mußte, daß dieser Schweizer Urgroßvater noch zu Fuß nach Paris gegangen war, weil es noch keine Eisenbahn gab. Und daß meine Kinder zum Mond fliegen können, zumindest deren Kinder.

Tante Elise aß so wenig, daß ihr sechs Kartöffelchen für die ganze Woche reichten. Ihr Leben war still und mager.

Bevor sie starb, wurde sie noch zur Morphinistin. Sie war gestürzt, und ihre Wunden heilten nicht mehr. Sie hatte Schmerzen. Unerträgliche Schmerzen. Ich ließ sie erster Klasse legen, sie sollte alles haben, was sie brauchte. Ich schickte ihr einen blühenden Blumentopf. Er blühte über ihren Tod hinaus, und ich stellte ihn auf ihr Grab. Sie liebte ihr Leben lang einen Mann, der sie wiederliebte. Nur gestanden haben sie es sich erst, als sie achtundsiebzig war.

Vier war ich und der Himmel weiß, warum ich gerade von Tante Elise, dem Jungfräulein, erfuhr, wie die Kinder gemacht werden. Der Einsiedler oben bei der Waldkapelle, der hat sie unter den Steinen liegen, sagte sie. Da kann man sie holen. Ich stapfte also hinauf zu dem heiligen Mann, brachte ihm einen Riesenstrauß Wiesenblumen, zu groß für meine kleine Hand, sagte: »Gruezi« und bat um einen Bruder. Er klärte mich auf. Viel koste es zwar nicht, aber immerhin einen Batzen.

Ich stapfte zurück, trocknete eine Woche die Teller von Tante Elise und verdiente mir den Batzen, die Zehnerln, die ich brauchte. Brüder kriegt man nicht so leicht. Sie sind und bleiben teuer. Als ich das zweite Mal kam, mein Zehnerl fest geschlossen in der kleinen, weißen Hand, Blumen in der anderen, öffnete er das Fäustchen vorsichtig, das Zehnerl verschwand in seiner langen braunen Kutte, und wir gingen in die kleine Kapelle.

Ein Kopftüchlein mußte ich umbinden, den Rosenkranz um die gefalteten Hände legen und niederknien, neben ihm. Und beten.

»So, kann ich's jetzt mitnehmen?« Aber die Steine sahen so groß und kalt aus, und es schien fast undenkbar, daß all die kleinen Babys darunter lagen, Reihe um Reihe. Ob er einen Stein heben würde und mir eines davon geben?

Nein, sagte er, es ist besser, wenn ich es dir schicke, das Brüderchen.

Oh, das ist dumm, es wird schwer gehen. Ich fahre nächste Woche wieder nach Kärnten auf unsre Alm. Die wirst du nicht finden.

Doch, doch, meinte er, die finde ich schon, die Alm. Ich war nicht ganz zufrieden, aber Brüder sind etwas Besonderes, da muß man auch warten können.

Als ich in Kärnten aus dem Autobus stieg, verstand mich Mutti kaum, so breites Innerschweizerdeutsch sprach ich. »A schöna Gruass soll ich euch usrichte vo dä Frau Düggelin und ihr chämt denn äs buschi über s'isch nit tüer gsi, s'hätt nummä ä baze kostet.«

Das war's. Mutti erwartete Maximilian. Er kam – und natürlich war ich überzeugt, daß ich ihn gemacht hatte.

Ich konnte das eben. Auch ganz allein und auch ohne Einsiedler. Unterhalb der Hütte war ein Fuhrweg, in der Mitte lag ein großer Stein. Ich brauchte also nur das Tüchlein umzubinden und den Rosenkranz und zu beten, viel zu beten.

Unsere Bäuerin war schwanger. Sie bat mich um das nächstmögliche Kind. Es kam. Ich bekam Schokolade. Schnell lief die Geschichte herum. Alle schwangeren Tanten baten um Zuwachs. Jetzt erledigte

ich den Kindersegen bereits per Postkarte. Schreiben, beten, Schokolade. Als ich allerdings unserer Burgel, die ja keinen Vater dazu hatte
– vielleicht, weil sie immer so hohe Absätze trug, die auf keine Alm
paßten –, unbedingt ein Kind machen wollte, schritt Mutti ein. Zu
spät. Burgel bekam ein Kind und mußte runter von der Alm.

Darauf bekam ich ein endgültiges Verbot, Kinder zu machen. Viel
später ging es dann den normalen Weg.

Reinhard Appel wurde am 21. Februar 1927 in Königshütte/Oberschlesien geboren. Nach der mittleren Reife besuchte er die Lehrerbildungsanstalt. Von 1944 bis 1945 leistete er Reichsarbeitsdienst und Wehrdienst und geriet in russische Gefangenschaft, aus der er im September 1945 wegen Hungertyphus entlassen wurde. Er arbeitete als Journalist für die ›Stuttgarter Zeitung‹ und für die ›Süddeutsche Zeitung‹. 1973 wurde er Intendant des Deutschlandfunk in Köln und war von 1976 bis 1988 Chefredakteur beim ZDF.

REINHARD APPEL
Wir Appel-Kinder waren Keller-Kinder ...

Mein Elternhaus war eine Schule in der Mittelstraße in Berlin-Spandau. Ein typischer Zweckbau aus der Zeit vor dem Ersten Weltkrieg: brandenburgisch rote Ziegelsteine, sparsam unterbrochen von Ziersteinen, zwanzig Meter hoch, fünfzig Meter lang, vierundzwanzig Klassenzimmer und acht Sonderräume; gelegen etwa zwischen dem alten Spandauer Stadtkern mit dem Juliusturm und dem Waldrandgebiet Hakenfelde.

Mein Vater war Schulhausmeister. Er diente an zwei Schulen, die in diesem Gebäude untergebracht waren, der 7. Volksschule und der Freireligiösen Schule, die allerdings nach der »Machtergreifung« Hitlers als »marxistisch-atheistisch« aufgelöst und in die 20. Volksschule umgewandelt wurde.

In das Schulgebäude waren meine Eltern 1927, im Jahr meiner Geburt, mit meinen beiden Geschwistern und mir eingezogen, sicher mit dem Gefühl, das Große Los gewonnen zu haben. Wir kamen aus

Königshütte in Oberschlesien, das 1921 nach der im Versailler Vertrag von den Alliierten erzwungenen Volksabstimmung Polen zugesprochen worden war. Meine Eltern erzählten uns Kindern immer wieder, diese Abstimmung sei zugunsten Polens manipuliert worden. Königshütte, eine deutsche Stadtgründung, habe überwiegend für Deutschland optiert, aber man habe die Abstimmungsbezirke mit den umliegenden polnischen Dörfern zusammen so eingeteilt, daß eine polnische Mehrheit zustande kam.

Mein älterer Bruder Reinhold ist in demselben Haus geboren wie ich, aber als er zur Welt kam, war die Stadt noch deutsch. Bei meiner Geburt, also 1927, war sie dann polnisch. Meine Geburtsurkunde stammt deshalb vom Magistrat »Krolewska-Huta«, und der polnische Beamte schrieb, wie meine Mutter meinte, aus Schikane meinen zweiten Vornamen falsch, nämlich statt Reinhard Günter, wie meine Eltern mich nennen wollten, Reinhard »Ginter«. Das »i« hat sich preußisch-bürokratisch bis heute in meinem Paß erhalten.

Meine Eltern redeten, gelinde gesagt, nicht besonders freundlich über die Polen in Oberschlesien, ein Umstand, der mich später nachdenklich machte und mich bewog mitzuhelfen, den Haß zwischen Deutschen und Polen abzubauen, den kulturellen Gemeinsamkeiten beider Völker und ihrer europäischen Verantwortung nachzugehen.

Mein Großvater väterlicherseits, der in einer Kohlengrube gearbeitet hatte, übernahm als Rentner in den zwanziger Jahren die Stelle des Kastellans an der deutschen Turnhalle in Königshütte. Der deutsche Turnverein wurde somit der gesellige Mittelpunkt der Appels. Meine Eltern schwärmten noch oft von den Turnfesten und den fröhlichen Bällen in der deutschen Turnhalle beim Großvater Appel.

Nach der Abtrennung von Deutschland war man in Königshütte ganz besonders deutsch und distanzierte sich bewußt von allem Polnischen. Dennoch konnte meine Mutter, die ein Kolonialwarengeschäft leitete, und mein Vater, der zuletzt Gerichtsvollzieher war, polnisch sprechen. Ihr Ziel war aber nach der Abstimmungsniederlage: »Heim ins Reich!«

Anfang 1927 bot sich meinem Vater die Chance, eine Anstellung als Schulhausmeister in Berlin-Spandau zu bekommen. Im Dezember dann – ich war ein Säugling von zehn Monaten – reiste meine Mutter mit mir nach. Ich hätte im D-Zug so unerbittlich geschrien, daß sie das Abteil bald für sich allein gehabt habe, erzählte sie mir später.

In Berlin-Spandau, Mittelstraße 20, wohnten wir zunächst sieben Jahre lang im Keller der Schule. Dennoch war das »Kellerdasein« für mich eine wunderbare Zeit. Eine schönere Kindheit und Jugend kann ich mir nicht vorstellen. Meine Phantasie fand unerschöpflich Anregungen. Wenn das Schulgebäude von Schülern, Lehrern und endlich auch vom Rektor und den Reinemachefrauen »befreit« war, nahm ich

Besitz von »meinem Reich«. Etwa dem Lehrmittelzimmer im dritten Stock mit den ausgestopften Tieren: Adlern und Eulen, Schlangen und Fischen, mit zahlreichen Steinsorten und verschiedenen Hölzern, mit physikalischen Geräten, mit denen sich Strom erzeugen ließ, einem Schrank voller Chemikalien, Bunsenbrennern und Reagenzgläsern, die zum Herstellen von Stinkbomben reizten, und mit vielen großen Schautafeln und Landkarten von allen Erdteilen.

Mein Selbstbewußtsein wurde unermeßlich gestärkt, als ich eine Schautafel mit dem Stammbaum Goethes fand, der weitverzweigt war und irgendwo am Rande den Namen Appel enthielt.

Natürlich mußte ich meine Entdeckungsreise in die Schulräume heimlich unternehmen, denn mein Vater hatte schließlich darauf zu achten, daß kein Unbefugter behördliches Eigentum benutzte. Wenn ich ihn nachmittags auf seinem Kontrollgang begleitete, durfte ich schon mal das eine oder andere anfassen, aber er mahnte mich dann stets: »Leg das wieder so hin, wie es dagelegen hat.« Diese Mahnung beherzigte ich auch, wenn ich allein durch die Räume streifte und mir mit heimlich verschafften Zimmer- und Schrankschlüsseln eine phantastische Welt aufschloß. Ich hobelte und sägte im Werkraum, bemalte Tafeln, stöberte in Klassenheften und klimperte auf dem Klavier. In einem Klassenzimmer stand sogar eine Tretorgel, auf der man herrliche Trompeten- und Geigentöne erzeugen konnte, wie in der Kirche.

Eine besondere Attraktion aber war ein Skelett im vierten Stock in der Aula. Anfangs erfaßte mich stets ein Schauder, wenn ich vor dem in ein schwarzes Tuch gehüllten Gerippe stand, weil ich fürchtete, jeden Augenblick könnten sich die Gliedmaßen und der Kopf bewegen. Aber schließlich überwand ich meine Scheu und entdeckte den Winkel hinter dem Skelett als ein sicheres, weil für die anderen unheimliches Versteck beim Spielen mit meinen Geschwistern und Freunden.

Wir Appel-Kinder waren begehrte Spielkameraden, auch bei begüterten Freunden, weil man bei uns nach Schulschluß auf dem Hof ungestört Fußball spielen und – wenn mein Vater außer Haus war und wir an alle vorhandenen Sportgeräte herankamen – auch andere Sportarten wie zum Beispiel Kugelstoßen und Speerwerfen betreiben konnte.

Unvergeßlich sind mir auch die Momente, wenn ich allein auf das Dach der Schule kletterte. Beim Öffnen der Dachluke empfand ich ein Glücksgefühl, wohl ähnlich dem eines Bergsteigers, der den Gipfel erklommen hat. Noch heute ist mir das Geräusch gegenwärtig, das entstand, wenn der Wind das Seil um die eiserne Fahnenstange schlug. Der Blick von oben reichte weit nach Berlin und ins brandenburgische Land. Wahrscheinlich ist in solchen Augenblicken viel Fernweh in mir entstanden.

Außenstehenden muß es paradox erscheinen, daß ich, obwohl in einer Schule wohnend, eine Schule am anderen Ende der Stadt besuchte. Der Grund lag in der Religion. Als katholischer Schüler gehörte ich von 1933 bis 1937 zur katholischen Volksschule in der Mauerstraße in der Nähe der Havel, unweit vom Spandauer Rathaus.

Die Katholizität meines Elternhauses hat mich wesentlich geprägt. Aufgewachsen bin ich im Geist der Diaspora. In Oberschlesien gehörten meine Eltern zur Minderheit, weil sie Deutsche, in Berlin, weil sie Katholiken waren. Dies verursachte auch in uns Kindern Spannungen mit der Umwelt, die ich im nachhinein als einen für mich fruchtbaren Entwicklungsprozeß dankbar empfinde.

An die Weimarer Zeit kann ich mich nur noch schemenhaft erinnern. Gezittert hat die ganze Familie – es war im Jahr 1932 oder 1933 –, als bewaffnete Spartakisten durch einen Hintereingang die Schule besetzen wollten und mein Vater zwischen Verständnis und Pflichtbewußtsein schwankte, ob er sie einlassen sollte oder nicht. Die Polizei nahm ihm die Entscheidung ab und vertrieb die Gruppe.

Nachempfinden kann ich auch noch das geringschätzige Verhalten des Rektors der Freireligiösen Schule gegenüber meinem Vater; ein Schulhausmeister, der Katholik und nach seiner Überzeugung ein Zentrumswähler war, paßte ihm offensichtlich nicht.

Als Oberschlesier waren meine Eltern zwar deutschnational bis auf die Knochen, aber mit Hitler und seiner Partei, den Antichristen, hatten sie nichts im Sinn. Ein paar oberschlesische Verwandte, die auch nach Berlin gekommen waren, und die Gemeinde der St.-Marien-Kirche in Spandau bildeten den Kreis, in dem wir uns geschützt und wohl fühlten. Er gab uns Sicherheit gegenüber einer fremden Umgebung und ein Heimatgefühl.

Mein Vater ging, weil er ursprünglich Kaufmann gelernt hatte, in den »Kaufmännisch-Katholischen Verein« (KKV), mein älterer Bruder in den katholischen Bund »Neudeutschland«, in den er mich, als ich alt genug war, als »Knappe« nachzog. Meine Schwester schloß sich dem katholischen Mädchenbund »Heliand« an, und ich war selbstverständlich Ministrant, später »Oberministrant«, das heißt, ich durfte im Hochamt und bei Beerdigungen auch das Weihrauchfaß schwenken und das Kreuz tragen.

Nach meiner Erinnerung führten wir mit zunehmender Stabilisierung des Hitler-Regimes eine Art Doppelleben. Obwohl engagierte Katholiken, bewegten wir uns noch relativ lange Zeit unangefochten in Berlin. Zwar war jede öffentliche Fronleichnamsprozession auch hämischen Begleitworten von seiten einiger Passanten ausgesetzt, und nach Schulschluß und während der Pausen prügelten wir uns oft mit evangelischen Schülern der Nachbarschule, aber das verursachte zunächst keine Bedrängnis.

Das Katholik-Sein spielte sich hauptsächlich im Familienkreise, in der Kirche und unter jeweils Gleichgesinnten ab. Es war ein Leben neben dem Staat. Im Jungvolk, der Staatsjugend Hitlers, verhielt ich mich zumeist weitgehend als Pimpf wie die anderen, aber durchaus in der Erkenntnis, daß zu Hause andere Orientierungen galten.

Das Minderheitenbewußtsein schaffte trotz oder vielleicht auch wegen zunehmender Bedrängnis von außen ein gewisses Elitedenken. Wir hatten nicht nur die Vorstellung, anders zu sein, weil wir beispielsweise jeden Sonntag in die Kirche gingen, sondern wir entwikkelten daraus wohl auch ein Empfinden innerer Überlegenheit. Dieses Gefühl gab uns Kraft und Mut.

Als der katholische Bund »Neudeutschland« im Jahr 1938 offiziell aufgelöst wurde und eines Tages ein Mann von der Gestapo bei unserem Pfarrer Nawroth erschien und unser Banner aus der Kirche abholen wollte, kamen mein Freund Kloppek und ich dem Gestapomann zuvor und brachten ohne Wissen des Pfarrers das Fahnentuch in Sicherheit. Später verbrannten wir es in Alt-Buchhorst, einem Zufluchtort der Berliner katholischen Jugend.

Meine Mutter erzog uns Kinder nicht nur konsequent im katholischen Glauben, sie war selbst tief religiös und übertrug ihre Überzeugung mit einer selbstverständlichen, natürlichen Ausstrahlung auf uns. Ihr Gottvertrauen schien unerschütterlich. Daraus bezog sie in allen Lebenslagen eine Standfestigkeit, die ihr große Sicherheit und Autorität verschaffte. Ich bin zwar oft von ihr arg verprügelt worden, weil sie das für eine notwendige Erziehungsmaßnahme hielt, aber sie hat mir auch durch ihre Liebe, ihren unsagbaren Fleiß, ihre pragmatische Vernunft und durch ihr Vorbild in Konflikten viel Lebensmut und Rückgrat gegeben.

1934 etwa, als sie einmal mit mir auf den Spandauer Wochenmarkt ging. Vor einigen Marktständen, darunter auch vor dem, bei dem sie in der Regel Butter und Käse kaufte, standen Männer in SA-Uniform und hielten Schilder hoch mit der Aufschrift: »Eine deutsche Frau kauft nicht bei Juden.« Meine Mutter schob mit bestimmter Handbewegung den SA-Mann zur Seite und sagte: »Ich kaufe meine Butter, wo ich will.« Ich habe diese Szene, die sich vor vielen Menschen abspielte, nie vergessen.

Eine Mischung aus Bewunderung und Angst erfüllte mich damals, aber meine Mutter, die durchaus realitätsbezogen lebte und die ganze Familie, einschließlich meinen Vater, immer wieder zur Umsicht und Vorsicht mahnte, hatte keine Angst. Sie wußte, wenn es schwierig wurde, den Herrgott an ihrer Seite. Für die verschiedensten Situationen des Lebens hatte sie einen Heiligen im Sinn, und die Beziehung stellte sie jeweils durch Gebete her. Beten war etwas Alltägliches für sie wie Essen und Trinken. Zu nichts bin ich von ihr häufiger angehalten worden als zum Gebet. Sie konnte mir nicht in Algebra oder in

Links: Der zwölfjährige Reinhard Appel auf dem Schulhof in Berlin-Spandau. Das Foto wurde von seinem Bruder Reinhold Appel gemacht und erhielt einen Preis. *Rechts:* Die Mutter Reinhard Appels als junges Mädchen.

Englisch helfen, aber sie hatte ein untrügliches Gefühl dafür, was gut oder schlecht ist, was man darf und was man nicht darf, wie man sich gegenüber anderen Menschen, ob reich oder arm, verhält, wie weit man ihnen entgegenkommen kann und wann man nicht nachgeben darf. Von uns fünf Kindern war ich dennoch bei ihr keineswegs die Nummer eins. Eher habe ich von meinem Vater, vielleicht auch als eine Art ausgleichende Gerechtigkeit, elterliche Zuneigung erfahren. Er war ein warmherziger, manchmal sogar weichherziger Mann. In meiner Erinnerung haftet das Bild eines durchaus preußisch geprägten Beamten, der die Akten und Schreibutensilien auf seinem Tisch stets so ordnete, als erwarte er jeden Moment den Kompaniechef zum Stubenappell, und dessen Schrift so prägnant war, als wäre er ein Urkundenschreiber.

Einmal im Jahr brach er aus seinem Bürokratendasein aus und fuhr mit der ganzen Familie in der S-Bahn zu einem Beamtenkaufhaus in der Nähe vom Alex. Das war der Tag, an dem jeder von uns, der es unbedingt nötig hatte, auf Abzahlungskredit neu eingekleidet wurde – alles in Bleyle!

Für meine Mutter waren diese Reisen von Spandau nach Berlin eher eine Tortur, denn die monatlichen Ratenzahlungen für den Einkauf gingen von ihrem Haushaltsgeld ab. Für uns Kinder aber bedeutete das Unternehmen stets ein Fest, auch weil mein Vater anschließend in der Großmarkthalle vom Alex, kurz vor Schluß der Verkaufszeit, billig eine Kiste Stinkerkäse und eine Kiste Bücklinge erstand, die wir später gemeinsam in unserem Schrebergarten verzehrten.

Mein Vater war auch ein musischer Mensch, der gern in fröhlicher Runde becherte und zu fortgeschrittener Stunde mit Leidenschaft Volkslieder sang, der zu Fest- und Feiertagen seine Geige aus dem Schrank holte und ohne besondere Notenkenntnis drauflosfiedelte. Wenn er vom Krieg erzählte und von seinem Spähtruppeinsatz, für den er mit dem Eisernen Kreuz ausgezeichnet worden war, kamen ihm jedesmal die Tränen.

1914 war er bereits bis nach Hamburg gekommen, um sich anheuern zu lassen und nach Amerika zu reisen mit dem Hintergedanken, vielleicht sogar auszuwandern. Aber der Kriegsbeginn machte diese Pläne zunichte. Manchmal hatte ich den Eindruck, daß er seine nicht erfüllten Lebenshoffnungen auf mich übertragen wollte. So hat er meine Reise- und Abenteuerlust und später meinen Bildungsdrang stets gefördert. Und wenn mir etwas gelungen war, wenn ich eine gute Schulnote nach Hause brachte oder mich durch Leistung von anderen abhob, ließ er mich spüren, daß er stolz auf mich war.

Das väterliche Vertrauen und das Vorbild meiner Mutter waren für mich eine ständige Ermunterung.

1941 wurden die oberen Klassen meiner Schule, der Knabenmittelschule, aber auch anderer Spandauer Schulen wegen der beginnenden Bombenangriffe auf Berlin in ein KLV-Lager (Kinderlandverschikkungslager) nach Bistritz am Hostein in der Nähe von Mährisch-Ostrau verschickt, und zwar in ein Schloß, das Maria Theresia einst ihrem erfolgreichen General Laudon geschenkt hatte. Sein Denkmal zierte auch den Schloßpark.

Vormittags war Schule unter Leitung der Lehrer und nachmittags Spiel und Sport unter Aufsicht der HJ. Und weil ich viel Sport trieb, gern Lieder sang und für Fröhlichkeit sorgte, auch stets bereit war, bei Feierabendveranstaltungen Gedichte aufzusagen und Zaubertricks wie zum Beispiel Feuerspucken vorzuführen, wurde ich ein »Führer«, wenn auch ein kleiner.

Aber das Nebeneinander von Dienst in der Hitlerjugend und Engagement in der katholischen Kirche führte hier zwangsläufig zu Konflikten. In Spandau, wenn wir uns mittwochs und samstags am Klinke-Denkmal zum Dienst trafen – um ein Beispiel zu nennen –, war der Besuch der Sonntagsmesse für mich problemlos. Aber im KLV-Lager, als am Sonntagmorgen zum feierlichen Lagerappell befohlen wurde, kam der Konflikt. Ich bestand darauf, zur Sonntagsmesse zu gehen. Lehrer, HJ-Führer und Kameraden redeten auf mich ein. Sie wollten mich davon abhalten, aber weil ich nicht lockerließ, mußte ich schließlich zum Lagerleiter, einem Bannführer, der mir den Besuch der Messe mit dem Argument ausreden wollte, es gäbe am Ort nur tschechische Kirchen. Ich antwortete ihm, ich ginge nicht in eine tschechische Kirche, sondern in eine katholische. Schließlich durfte ich gehen.

Im Lager fand man mein Verhalten überwiegend unverständlich, und in der tschechischen Kirchengemeinde wurde ich anfangs mißtrauisch als deutscher Eindringling betrachtet, durfte aber zu meiner Freude nach einiger Zeit sogar ministrieren. Als ich meinen Eltern diese Begebenheit im Brief schilderte und meine Enttäuschung darüber ausdrückte, daß ich sonntags allein zur Kirche gehen müsse, obwohl doch unter den mehreren hundert Schülern des Lagers noch mehr Katholiken sein müßten, schrieb meine Mutter unter anderem zurück, »bete, und du bist nicht allein«.

Dabei war meine Mutter keineswegs eine Betschwester, die etwa jeden Tag in die Kirche lief. Sie ging selbst dann nicht, wenn ihr Sohn wochentags in der Frühmesse ministrierte. Sie konnte es auch nicht, denn nach mir kamen noch zwei Geschwister zur Welt; 1934 meine Schwester Rita und 1937 mein jüngster Bruder Joachim, so daß sie, bis der älteste, Reinhold, zur Wehrmacht eingezogen wurde, sieben Personen zu versorgen hatte. Wie meine Mutter das überhaupt fertigbrachte, bei einem Hausmeistergehalt des Vaters von – ich glaube – zweihundertachtzig Reichsmark, das ist mir nachträglich schleierhaft. Freilich, wir wohnten in der Schule mietfrei, und es war immer warm.

Am Rande der Stadt hatten wir zudem einen Kleingarten mit Kartoffeln, Tomaten und Gemüse, mit Obstbäumen und Beerensträuchern. Jährlich wurden über hundert Obstgläser eingeweckt. In einem Nebengewölbe unseres Kellers, in dem eigentlich der Streusand für den Schulhof im Winter gelagert werden sollte, hielt meine Mutter heimlich Hühner, die dann nach Schulschluß auf dem Schulhof frei laufen durften. Fleisch und Bohnenkaffee und Kuchen gab's nur sonntags.

Aber gehungert haben wir erst im Krieg, als Lebensmittel nur gegen Marken abgegeben wurden. Verwandte auf dem Land hatten wir nicht. Dennoch zauberte meine Mutter jeden Sonntag einen Kuchen auf den Tisch. In der Schlußphase des Krieges rührte sie ihn aus Kaffeesatz. Er schmeckte scheußlich, aber es war Kuchen auf dem Tisch, wie es die Sonntagstradition gebot.

Freilich mußte jeder von uns tätig mithelfen. Meine kleinen Geschwister sammelten Lindenblüten und Schafgarbe für Tee, und ich trug beim Bäcker Brötchen aus und konnte manchmal alte Brötchen oder Mehl zum Haushalt beisteuern. Schon vom zwölften Lebensjahr an lernte ich, Geld zu verdienen. Zunächst durch Kegelaufsetzen und als Mädchen für alles in der Kronen-Apotheke in Spandau auf der Schönwalderstraße. Dafür bekam ich wöchentlich fünf Mark, die ich ohne Abzug zu Hause ablieferte. Allerdings legten meine Eltern das Geld zurück und kauften davon Kleider und Schuhe für mich. Sogar zu einem Akkordeon und einem Fahrrad reichte es.

Mit dem Fahrrad unternahm ich 1940 in den Sommerferien eine Tour von Berlin nach Königshütte zu meinem Großvater. Meiner Mutter hatte ich gesagt, ich führe mit meinem Klassenfreund Stahn in den Spreewald, was wir ursprünglich auch vorhatten, aber da ein Dauerregen einsetzte und es auf dem nassen Boden im Zelt ungemütlich wurde, überredete ich meinen Freund, der Verwandte in Breslau hatte, mit mir weiter nach Süden zu fahren. Mein Freund blieb in Breslau, und ich kam zwei Tage später in Königshütte an. Unterwegs übernachteten wir in Pfarrhäusern, wo wir als »Gegenleistung« für die Übernachtungen am frühen Morgen ministrierten. Die Verpflegung war hervorragend.

In Königshütte, zu dieser Zeit wieder deutsch, staunte man nicht schlecht über den dreizehnjährigen Radfernfahrer. Bei der Verwandtschaft gab's ein großes Hallo. Ich wurde stolz herumgereicht, von allen Seiten verwöhnt und lebte in der deutschen Turnhalle wie Gott in Frankreich. Für die Rückfahrt schenkte mir der Großvater allerdings eine Bahnkarte, und das Fahrrad durfte ich aufgeben.

Reiseurlaub kannte man in meiner Familie nicht. Alle paar Jahre fuhr ein Elternteil zu den Verwandten nach Oberschlesien. Wir Kinder blieben während der Ferien in der Regel zu Hause und verbrachten die Zeit mit Freunden, ich meist im Havelschwimmbad, Wröhmenerstraße, dem Vereinssitz des Schwimmsportvereins Spandau 04. Ich wurde, wie man in Berlin sagt, eine Wasserratte.

Einmal durfte ich in den Sommerferien mit der Caritas nach Pommern, ein andermal mich für zwanzig Pfennig täglich an der Stadtranderholung beteiligen.

Mein sechs Jahre älterer Bruder Reinhold, mit dem ich bis zu seiner Einberufung zum Militär eine kleine Kammer mit zweistöckigem Doppelbett teilte, übte auf mich in den entscheidenen Entwicklungsjahren einen starken erzieherischen Einfluß aus. Meine ältere Schwester Traudel förderte in mir das Musische, mein Bruder das Lebensbezogen-Praktische und das Sportliche. Für das Abschlußfest der erwähnten Stadtranderholung beispielsweise trainierte er mich so geschickt, daß ich Schülerboxmeister wurde.

Er hielt mich an, außer der Pflichtlektüre für die Schule auch andere Bücher zu lesen, aufmerksam die Menschen zu beobachten und von ihnen zu lernen, mir für keine Arbeit zu schade zu sein, Risiken einzugehen, darüber nachzudenken und wie man Geld verdienen kann.

Ja, er hat mir Selbstbewußtsein, Entschluß- und Entscheidungsfreude geradezu eingeimpft, als wären wir was Besonderes. Er schien die Welt, wie sie funktioniert und wie man von unten nach oben kommt, begriffen zu haben. Er redete nicht nur darüber, er praktizierte es. Er beteiligte sich erfolgreich an Preisausschreiben für Kurzgeschichten, gewann Fotowettbewerbe, und nach der Schule schaffte er den Sprung zur Ausbildung als Berichterstatter beim Sportbildverlag Max Schirner. Das war die Weichenstellung vom Außenbezirk Spandau mitten ins Zentrum von Berlin. Und er demonstrierte mir, wie man durch schnellere Bildangebote, treffendere Bildtexte, durch Aufspüren von originellen Motiven und durch klaglose Nachtarbeit im Labor weiterkommen kann.

Mein Wunsch, Lehrer zu werden und eine Lehrerbildungsanstalt zu besuchen, ist sicher in erster Linie darauf zurückzuführen, daß ich gern mit Kindern umging und es mir eine große Genugtuung bedeutete, wenn ich ihnen etwas beibringen konnte; den entscheidenden Impuls aber, mich tatsächlich um die Aufnahme in die Lehrerbildungsanstalt zu bewerben und das Prüfungsrisiko nicht zu scheuen, den habe ich von meinem älteren Bruder bekommen.

Die Schulverwaltung Spandau lehnte jedoch nach dem Krieg, als ich aus russischer Gefangenschaft zurückgekommen war, meine Einstellung in den Schuldienst mit der (unsinnigen!) Begründung ab, Lehrerbildungsanstalten seien »Nationalpolitischen Erziehungsanstalten« (Napolas) gleichzusetzen, und deshalb könne ich trotz Lehrermangel nicht berücksichtigt werden. Aber ich bin dem damaligen Spandauer Schulrat (ehemals Rektor der Freireligiösen Schule in Spandau) nicht gram, daß er mich dadurch auf einen anderen Berufsweg zwang.

Horst Ehmke wurde am 4. Februar 1927 in Danzig geboren. Nach dem Abitur studierte er Jura und Volkswirtschaft in Göttingen; in Princeton (USA) studierte er Geschichte und Politische Wissenschaften. 1963 wurde er Professor für öffentliches Recht an der Universität Freiburg. Im Januar 1967 wurde er Staatssekretär im Bundesministerium für Justiz, von März bis Oktober 1969 war er Bundesminister für Justiz. Bis 1972 war er Chef des Bundeskanzleramtes und Bundesminister für besondere Aufgaben, danach Bundesminister für Forschung und Technologie und für das Post- und Fernmeldewesen. Er ist stellvertretender Vorsitzender der SPD-Fraktion.

HORST EHMKE
Danzig, Brotbänkengasse 39

Um mit dem Haus anzufangen – mein Elternhaus stand in der Danziger Rechtstadt, Brotbänkengasse 39. Geboren wurde ich vor der alten Stadt, an der Radaune.

Wenn man von der Brotbänkengasse durch die Kürschnergasse zum Langen Markt ging und sich dann nach rechts wandte, vorbei am Neptunsbrunnen, Artushof und am Rechtstädtischen Rathaus, die Langgasse entlang durchs Langgasser Tor, am Stockturm und Hohen Tor vorbei, dann lag vor der alten Stadtgrenze mit ihren Wällen und Gräben der Heumarkt, bekannt wegen seines Kaschubenmarkts mit vielen kleinen Kaschubenpferden. Zum Bischofsberg hin, Teil der alten Festungsanlagen, wurde der Heumarkt durch die Radaune begrenzt, an deren Ufer herrliche Kastanien standen. Der Radaune-Kanal war im vierzehnten Jahrhundert von den deutschen Ordensrittern gebaut worden. Er führte einer Reihe von Mühlen Wasser zu, bevor er »am brausenden Wasser« in die Mottlau floß.

Man brauchte vom Heumarkt nur über die Radaune-Brücke zu gehen, dann war man in der zum Bischofsberg steil ansteigenden »Sandgrube«. Unmittelbar jenseits der Brücke führte links eine Treppe zum Radaune-Ufer herunter. Im Hause Sandgrube 27a wohnten meine Eltern in einer Mietwohnung. Eine Etage für die Familie, eine Etage für die Arztpraxis meines Vaters. Auf der Rückseite des Hauses fuhr die Eisenbahn. Mehr habe ich von dem Haus, in dem ich 1927 geboren wurde, nicht in Erinnerung.

Der Gegend um »Sandgrube« und »Kaninchenberg«, »Schwarzes Meer« und »Neugarten« blieben wir auch nach unserem Umzug in die Rechtstadt eng verbunden. Nicht zuletzt durch die Patienten, die mein Vater in den ersten Jahren seiner ärztlichen Tätigkeit gewonnen hatte und die ihm auch nach unserem Umzug treu blieben. Auf halber Höhe der Sandgrube stand rechts die Liecksche Klinik, eine chirurgische Privatklinik, die mein Vater später übernahm. Für uns Kinder war die Ecke Sandgrube/Kaninchenberg wichtiger, wo die Großtanten Agnes und Martha wohnten. Oben in der Sandgrube, kurz bevor sie auf den Bischofsberg stieß, lag zur rechten Hand das Elternhaus meines Vaters, das die Bäckerei meines Großvaters beherbergte. Hier wurden nicht nur die Großeltern, Onkel und Tante, zwei Vettern und eine Cousine besucht, hier wurde auch Zwischenstation gemacht auf dem Weg zum Bischofsberg. Und zum Bischofsberg ging es oft: im Frühling zum Veilchensammeln für Mutter und Großmutter (in einer weißen Brötchentüte), im Sommer zum Verstecken- und zum Fußballspielen, im Herbst zum Drachensteigen, im Winter zum Rodeln.

Im Jahre 1930 kaufte mein Vater das Haus in der Brotbänkengasse: ein Patrizierhaus aus dem Jahre 1541, das hundert Jahre später mit einer Barockfassade versehen worden war. Es war eines der für Danzig typischen schmalen, aber tiefen Giebelhäuser: neun Meter Straßenfront, vierundfünfzig Meter tief, zunächst das alte Vorderhaus, dann ein Korridortrakt, der einen kleinen Hof freiließ, dann ein Hinterhaus in der Breite des Vorderhauses. Mein Vater ließ das Vorderhaus restaurieren und renovieren. Es wurde unter Denkmalschutz gestellt. Für meine Eltern war der Erwerb dieses Hauses und der Umzug »in die Stadt« ein großer und kühner Schritt. Meinen zwei Schwestern und mir, zwei weitere Geschwister waren gestorben, bescherte er ein wunderschönes Zuhause.

Zur alten Barocktür führten vier Stufen hinauf. Man trat in eine große fliesenbelegte Diele, die nur durch die Fenster neben der Eingangstür Licht erhielt. Ihre Wände waren zwischen dunklen Holzpaneelen mit Delfter Kacheln geschmückt, die die biblische Geschichte illustrierten. Eine Mitteltreppe führte zu einer Empore, an die sich ein großes Zimmer, das Sprechzimmer meines Vaters, anschloß. Rechts führte eine Holztreppe zur »Hängediele« hinauf, eine von der Straßenfront nur bis zur Höhe der Empore reichende niedrige Halbetage, typisch für alte Danziger Bürgerhäuser. Sie beherbergte das Herrenzimmer. Im darüberliegenden Stock gliederte sich das Haus in zwei große, durch breite Korridore des Treppenhauses verbundene Räume. Der vordere »Salon« war ein eleganter Rokokoraum mit einer gemalten Stuckdecke, einer Seidentapete und Pitchpine-Parkett. Als Prunkstück des Raumes präsentierte sich ein großer und dennoch zierlicher Meißner Ofen. Dies war das Reich meiner Mutter. Hier wurde musiziert, und hier stand der Weihnachtsbaum. Glastüren führten das Licht von der Straßenseite in den Korridor, der aber auch durch das Oberlicht des Treppenhauses erhellt wurde. In diesem Korridor stand ein wunderbarer Danziger Barockschrank.

Der hintere Raum war zum Flur hin ebenfalls mit Glastüren, zum Hof und Hinterhaus aber mit Buntfenstern versehen. Auf meinem Lieblingsfenster stand ein Patrizier mit einem Bierkrug in der erhobenen Hand, darunter der Vers »Trinken ist das Allerbest' schon vor tausend Jahr gewest«. Das Schummrige des Raumes wurde durch eine dunkle, bis zur halben Höhe des Raumes reichende Holztäfelung, der sich eine geprägte braune Ledertapete anschloß, verstärkt. Auf den Holzpaneelen stand altes Zinn. Ein Kachelofen in der Ecke konnte es mit der eleganten Meißner Konkurrenz im »Salon« in keiner Weise aufnehmen. Da in ihm aber die Bratäpfel gebacken wurden, kam ihm praktisch eine weit größere Bedeutung zu.

Der dritte Stock gliederte sich wie der zweite, war aber modern eingerichtet. Das Badezimmer zwängte sich in den Korridortrakt ein. Über diesem Stock befand sich der vordere und hintere Boden, verbunden durch eine Brücke, »Kommandobrücke« genannt. Der Vorderboden war gepflastert. Er ist mir weniger wegen der Wäsche, die dort getrocknet wurde, in Erinnerung geblieben als durch die Hasen, Gänse, Enten und Zinkeimer voller Flußkrebse oder Karpfen, die sich dort vor allem um die Weihnachtszeit als Geschenke der Patienten »vom Lande« ansammelten und von meiner Mutter im Familien- und Freundeskreis verteilt wurden.

Auf dem Flachdach des Hinterhauses ließ mein Vater einen Dachgarten bauen. Von ihm aus konnte man inmitten von Pflanzen und Blumen direkt auf die Marienkirche sehen. Vor unserer Haustür stand eine große, bis zum Dachboden reichende Linde. Sie wurde im Sommer an heißen Tagen gegossen, zu Neujahr aber – immer lag dann Schnee auf ihr – mit bunten Papierschlangen beworfen oder richtiger: geschmückt. Die Brotbänkengasse, die bei St. Marien die Jopengasse ablöst und am »Englischen Haus« vorbei zur Mottlau läuft, wird vom Brotbänkentor abgeschlossen. Mir aber öffnete das Tor den Zugang zur Mottlau, zum Fischmarkt und zur Speicherinsel.

Sie wurden mein zweites »Aktionszentrum« neben Sandgrube und Bischofsberg. Das dritte sollte später die Volksschule St. Petri auf der »Lastadie« und noch ein wenig später das in der Nähe gelegene Städtische Gymnasium am »Winterplatz« werden.

Doch nun vom Haus zu den Eltern. Mein Vater Paul war also Arzt, der erste Akademiker in einer Handwerkerfamilie. Er wurde 1893 in Danzig geboren. Sein Vater August stammte aus Suleyken in Masuren. Die üppig blühende Familiensaga wollte wissen, daß er das uneheliche Kind des Dorfschmiedes sei, und sprach der Urgroßmutter magische Qualitäten als Hebamme und Helferin bei der Aussaat und dem Pflanzen von Bäumen zu. Daher führte die Familie ihren »grünen Daumen« auf diese Urgroßmutter zurück.

Meine neun Jahre ältere Schwester Anneliese, die sich nach einem Berufsleben als Pflanzenzüchterin in ihrem Ruhestand heute der Familienforschung widmet, bestreitet diese Saga in pietätloser Weise rundherum – bis auf die Tatsache, daß unser Großvater als uneheliches Kind zur Welt gekommen war.

Er ging als junger Mann mittellos nach Berlin und lernte Bäcker: eine schwere Zeit für ihn, über die er später selten gesprochen hat. In Berlin lernte er Großmutter Maria kennen, eine geborene Otto, die in Varzin/Pommern geboren war, »unter den Augen Bismarcks«. Ihr Vater, ein Fleischermeister, starb früh. Großmutter ging nach Berlin, arbeitete in einer Bäckerei und traf dort den Großvater. Nach ihrer Heirat zogen sie nach Danzig und machten mit Hilfe eines Onkels die Bäckerei in der Sandgrube auf. Oma schmiß den Laden. Opa wurde Innungsmeister, zuständig für die Lehrlingsausbildung, und schließlich Mitbegründer der genossenschaftlich organisierten »Germania«-Brotfabrik. Er war die Gutmütigkeit selbst, Oma hielt streng die Familie und das Geschäft zusammen und neigte, nebenbei bemerkt, zur Frömmelei. Mein Vater hatte einen jüngeren Bruder, Hermann, der später die Bäckerei übernahm.

Mit Hilfe der schon erwähnten Großtanten vom Kaninchenberg konnte mein Vater das Gymnasium besuchen. Anschließend ging er ins Tübinger Stift. Großmutter Maria wünschte, daß er Theologe werde. Er wechselte aber bald – nachdem er in Tübingen als »Einjähriger« gedient hatte – zum Medizinstudium über. Zunächst studierte er in Freiburg, dann, verbunden mit Lazarettaufenthalten während des Ersten Weltkrieges, in Kiel, Greifswald und Königsberg. Er war 1914 zu den »Moabiter Veilchen« eingezogen worden und beendete den Krieg als Feldhilfsarzt bei den Königsberger Pionieren. In Berlin lernte er meine Mutter kennen und heiratete sie im zweiten Kriegsjahr.

Meine Mutter Hedwig, geborene Hafften, stammte aus Mecklenburg. Sie war 1886 in Ludwigslust geboren. Ihr Vater, Karl Hafften, war Kaufmann und hieß in Ludwigslust nur »der Herr Baron«. Angeblich hatte ein adliger Vorfahre in zweiter Ehe eine »Ausgeberin« (Wirtschafterin) geheiratet und war bürgerlich geworden. Seine Frau, Großmutter Berta, geborene Wilke, war an der mecklenburgisch-pommerschen Grenze in Damgarten geboren. Ihr Vater war Friseur. Ihr vornehmer Ehemann ließ »Berting« vor der Hochzeit eine besondere Ausbildung angedeihen. Von ihr hat meine Mutter, die auch auf eine Privatschule geschickt wurde, nicht nur strahlende blaue Augen und schöne Hände geerbt, sondern auch ihr Interesse für Kunst, Musik und Literatur. Es wurde durch häufige Besuche der damals angesehenen Schweriner Oper vertieft.

Großvater Hafften betrieb ein Ausstattungsgeschäft und war Hoflieferant. Großmutter leitete die Arbeitsstube und betreute die »gehobenen« Kunden. Haushalt und Kinder – meine Mutter war die älteste von fünf Kindern – betreute ihre ältere Schwester Mieke, von meiner Mutter zärtlich »min Muhming« genannt. Im übrigen drehte sich in Ludwigslust offenbar alles um den Großherzog, der dort seine Sommerresidenz hatte, und um die großherzoglichen Dragoner. Noch im biblischen Alter, als sie ihre Familienangehörigen schon lange durcheinanderwarf, erzählte meine Mutter mit strahlenden Augen ihre Jugendgeschichten aus Ludwigslust.

Dieser Idylle bereitete der Erste Weltkrieg ein abruptes Ende. Das Geschäft meines Großvaters überlebte die dem Krieg folgende Inflation nicht. Mit dem Wunsch meiner Mutter, Direktrice zu werden, war es aus. Sie ging als Erzieherin nach Berlin und fand neben ihrer Arbeit genügend Zeit, eifrig Museen, Theater und Vorträge zu besuchen. Als Gesellschafterin einer Nichte von Gropius kam sie später in Europa herum. Während des Krieges lernte sie in Berlin meinen Vater kennen, heiratete ihn, zog nach Danzig unter das strenge Regiment von Großmutter Maria, bekam 1918 ihr erstes Kind und wartete darauf, daß mein Vater »aus dem Felde« heimkommen würde. Was er tat. Unter kräftiger Mithilfe meiner Mutter baute er in der Sandgrube eine ärztliche Allgemeinpraxis auf.

Die Gegend um die Sandgrube herum war keine vornehme Gegend. Es wohnten durchweg einfache Leute dort wie die Familie meines Vaters, die in dieser Gegend allerdings schon zu den Wohlhabenden zählte. Der berufliche Erfolg meines Vaters beruhte neben seinen ärztlichen Qualitäten wohl auch auf seiner Fähigkeit, mit einfachen Leuten selbstverständlich umzugehen. Viele Jahre machte mein Vater alle Krankenbesuche zu Fuß. »Sandgrube« rauf und »Schwarzes Meer« runter. Erst 1925 konnte er sich ein Auto leisten – einen Ford. Später fuhren wir Kinder oft mit »Besuche machen«. Nie werde ich die an Verehrung grenzende Anhänglichkeit dieser Patienten an meinen Vater, aber auch an die »Frau Doktor« vergessen.

Als mein Vater Vertrauensarzt der Schichau-Werft wurde, war es dasselbe. Ich erinnere mich zum Beispiel, daß eines Nachts – mein Vater hatte Nachtdienst, war aber bei Freunden – ein Werftarbeiter uns Kinder aus dem Bett klingelte. Er hatte die Finger der linken Hand in einer stark blutenden Halswunde vergraben und fragte als erstes: »Jungchen, isses deep?« Es war tief. Eine Messerwunde, allerdings eine von Danziger Art: Bei Fremden konnte es in Danzig in einer Schlägerei schon mal vorkommen, daß mit dem Messer zugestochen wurde. Landsleuten aber wurde schlimmstenfalls mit dem in der flachen Hand gehaltenen Messer »eins übergezogen«. Mein telefonisch herbeigerufener Vater stoppte den Protest des Werftarbeiters, der sich die Wunde nicht nähen lassen wollte, mit einem Blick und flunkerte am nächsten Tag, der Mann habe genug Alkohol in sich gehabt, daß sowohl eine Desinfizierung der Wunde als auch eine Narkose beim Nähen überflüssig gewesen sei.

Auf der Basis der Allgemeinpraxis baute mein Vater später eine psychoanalytische Praxis auf, in engem Austausch mit Steckel und Marcinowski. Die Erweiterung der Praxis vergrößerte nicht nur den Interessen-, sondern auch den Freundes- und Bekanntenkreis meiner Eltern. Das galt noch einmal, als sich mein Vater – relativ spät in seinem beruflichen Werdegang – zum Facharzt für Chirurgie ausbilden ließ und die Lieksche Klinik übernahm. Gleichzeitig war er in der ärztlichen Berufsvereinigung und im Krankenkassenvorstand tätig. Später wurde er auch Vorsitzender der 1743 gegründeten »Naturforschenden Gesellschaft«, deren Ehrenmitglied Generalfeldmarschall von Mackensen war. Im Haus dieser Gesellschaft an der Mottlau neben dem Frauentor befand sich die Sternwarte, in die ich als Sohn des Vorsitzenden auch hinein durfte. Die Gesellschaft war über Danzig hinaus durch ihre Vortragsveranstaltungen und Sammlungen bekannt.

So setzte sich denn auch der Freundeskreis meiner Eltern zusammen: mein Vater war »zuständig« für die Medizin und die Naturwissenschaften im allgemeinen; meine Mutter »zuständig« für den weiten musischen Bereich und für das schöne Patrizierhaus, das sie zu einem den Freunden offenstehenden Haus mit einfachem, aber vorzüglichem Essen und Trinken machte. Neben Ärzten und Wissenschaftlern verkehrten auch viele Künstler bei uns, zum Beispiel der Maler Bruno Paetsch, mein Patenonkel, der Stadtbaurat und Denkmalpfleger Erich Volmar und Professor Willi Drost, Kunsthistoriker an der Technischen Hochschule in Langfuhr. Kein Wunder, daß meine ein Jahr ältere Schwester Ruth später Kunsthistorikerin wurde.

Es war ein bürgerlich-liberaler Kreis, dessen Atmosphäre zusätzlich durch die Tatsache geprägt wurde, daß mein Vater durch einen Kriegskameraden Freimaurer geworden war und Anfang der zwanzi-

Links: Die Mutter Hedwig Ehmke. *Rechts:* Der Vater Paul Ehmke.

ger Jahre in Danzig mit jüngeren Brüdern die Loge »Feste Burg im Osten« gegründet hatte.

Parteipolitisch war mein Vater weder organisiert noch aktiv. Ich weiß auch nicht sicher, was er jeweils gewählt hat, solange es noch etwas zu wählen gab. Da ich bei der Machtübernahme der Nazis erst sechs Jahre alt war, kann ich auch die »Politik« meines Vaters in Berufsvereinigung, Krankenkasse und als Vertrauensarzt der Werft nicht beurteilen. Ich weiß nur so viel, daß er als tüchtiger, verständiger Mann Ansehen genoß. Die Liberalität meines Elternhauses kann ich nur anhand meines eigenen Erfahrungsbereiches zu beurteilen suchen.

In kirchlicher Hinsicht waren wir liberale Protestanten. Die Familie ging an hohen Feiertagen zum Gottesdienst in die Marienkirche. Mit uns Kindern wurde vor dem Schlafengehen gebetet. Wir wurden auch konfirmiert. Für eine engere kirchliche Bindung ließ die Freimaurerei meines Vaters keinen Platz trotz einer mehr gefühlsmäßigen Bindung meiner Mutter an die christliche Überlieferung.

Die Erziehung von uns Kindern war so »liberal«, daß manche Freunde meinen, sie habe überhaupt nicht stattgefunden. Jedenfalls war das Interesse meiner Eltern für unsere Schularbeiten gering. Meine Eltern, vor allem mein Vater, hatten für ihre Hausaufgaben zu

Hause auch keine Hilfe gehabt. Ohrfeigen gab es selten, die Flegelei mußte schon sehr groß gewesen sein. Als mein Vater eines Tages ›Bumm's Lehrbuch der Geburtshilfe‹ vermißte, das ich als Pionier des Sexualkundeunterrichts gegen ein geringes Entgelt an Mitschüler meiner Gymnasialklasse ausgeliehen hatte, gab es nur einen strengen Verweis. Auch in den erbitterten Kleinkrieg zwischen meiner Schwester Ruth und mir wurde kaum eingegriffen.

Weit wichtiger als die Aufsicht über Schularbeiten war die Beschäftigung der Eltern, vor allem der Mutter, mit uns Kindern. Wir musizierten, meist allerdings getrennt, da meine Teilnahme die Qualität gemeinsamer Darbietungen zu beeinträchtigen pflegte. Meine Mutter, gelegentlich auch meine »große Schwester« lasen uns vor. Fritz Reuter, von meiner Mutter in Mecklenburger Platt gelesen, erfreute sich bei uns besonderer Beliebtheit. In der Familie wurde aber weder Platt noch »Missingsch«, sondern Hochdeutsch gesprochen. Abends nach dem Essen wurde oft gespielt, zum Beispiel »Mensch ärgere dich nicht«, »Halma«, oder »Idioten-Bridge« (Rommé). Fernsehen gab es noch nicht, einen Plattenspieler besaßen wir nicht, an Radiokonzerten hatten wir Kinder noch kein Interesse. Wir gingen aber häufig ins Theater und ins Konzert. Später kam der Kinobesuch hinzu, der dann allerdings heftig. Mein Vater war selten mit von der Partie, er mußte oft bis in die Nacht hinein Besuche machen, ging seinen ehrenamtlichen Aufgaben nach oder war in der »Loge«. Kam er aber, bevor wir im Bett waren, fanden lange Klönschnacks über alles mögliche statt, und wir durften auch schon mal Machandel probieren.

Im Sommer fuhren wir, wann immer wir nur konnten, an die Ostsee nach Heubude zum Baden. Wochentags mit der Straßenbahn, an den Wochenenden oft mit meinem Vater und mit dem Auto, inzwischen ein »Terraplane«, den er von einem Patienten erstanden hatte. Im Frühling und Herbst wurden Ausflüge in den Wald nach Jäschkental oder Strauchmühle unternommen, auch nach Praust oder Tiegenhof, gelegentlich zur Marienburg oder nach Elbing.

Dazu kam der Sport. Ich spielte Fußball im Verein »Preußen 04«, ging boxen und reiten. Im Winter liefen meine Schwester Ruth und ich eifrig Ski. Mangels Bergen kam nur Langlauf in Betracht. Wir fuhren mit der Straßenbahn vom Kohlenmarkt nach Langfuhr und konnten an der Endhaltestelle gleich die Skier anschnallen. Oft lag so viel Schnee, daß wir bei der Rückkehr – von der Haltestelle am Kohlenmarkt mußten wir unsere Skier nur durch die Zeughaus-Passage tragen – bis vor die Haustür in der Brotbänkengasse laufen konnten. Eislaufen auf der Eisbahn in Langfuhr war für uns eine geringere Attraktion. Hoch im Kurs stand dagegen gelegentliches Schlittschuhwandern mit meinem Vater auf der zugefrorenen Mottlau nach Krampitz.

Auch die großen Ferien verbrachten wir meistens am Strand in Heubude. Manchmal gingen wir in eine Pension auf der Frischen Nehrung. Dort konnte man im Walde Blutreizker, am Strande aber Bernstein finden. Eine »große Reise« haben unsere Eltern mit uns nur einmal gemacht, 1937 ins Allgäu.

Zur Liberalität meiner Eltern gehörte, daß wir Kinder unsere Freunde selbstverständlich nach Hause mitbringen durften. Mein wichtigster Freund war »Hotte« Zaremba. Er war das jüngste Kind einer zwölfköpfigen katholischen Arbeiterfamilie und wohnte in der Frauengasse dicht an der Marienkirche. Von der Brotbänkengasse war das nur ein Sprung durch die Pfaffengasse. Er war klein, rothaarig, sommersprossig und pfiffig. Fast alle für das Leben wesentlichen Dinge: Höhlen in den »Kabuffchen« unseres alten Hauses bauen, auf dem Fischmarkt Sprotten klauen, in den Heubuder Dünen nach Liebespaaren »luwen« und auf der Mottlau im Sommer »Kahnchen«- und im Winter »Schollchen«-Fahren (strengstens verboten!), alles das lernte ich von ihm.

Unsere große Nummer war aber die Schlüsselnummer. Hotte brachte eines Tages von wer weiß woher ein großes Schlüsselbund an. Wir kamen auf den verrückten Gedanken, damit nicht verschlossene Türen auf-, sondern offene Türen zuzuschließen. Beim Ausstattungsgeschäft gegenüber, in dem ich die ersten Seidenstrümpfe meines Lebens gekauft hatte, für meine Mutter zu Ostern, fingen wir an. Dann kam der Friseur im Nachbarhaus an die Reihe, bei dem man die ›Berliner Illustrirte‹ betrachten konnte. Dann die Kneipe ein Haus weiter, der »Dynamit-Keller«. Der Erfolg war jeweils verblüffend. So ging es wochenlang. Schließlich flogen wir auf, als wir kurz vor der Pause die Tür unserer Schule zuschließen wollten. Es gab einen Haufen Ärger. Zu Hause fiel die Strafe aber, offenbar angesichts der Originalität des Einfalls, ziemlich glimpflich aus.

Einen Nachteil hatte diese Freundschaft allerdings auch – einwandfrei Hochdeutsch habe ich seitdem nicht wieder gesprochen. Daß der schöne Danziger Wappenspruch »nec temere nec timide« – er prangte bei uns im Treppenhaus – auf Danzigsch »nec temeere nec temiede« ausgesprochen wurde mit Betonung auf der gedehnten Silbe, mochte ja noch angehen. Als aber meine Tante Erna aus Berlin, eine Schwester meiner Mutter, Hotte Zaremba eines Tages rufen hörte: »Hau'm Gissert doch mit'm Ampert voor'm Glumsert«, was in Hochdeutsch etwa heißt: »Hau dem Hund doch mit dem Ast auf den Kopf«, fühlte sie sich in den Fernen Osten versetzt.

Wie stand es mit dem Hauspersonal? Wir hatten eine kaschubische Küchenhilfe, Cäcilie, meine Mutter kochte selbst, und ein polnisches Kindermädchen, Isabella. Sie wurden, soweit ich das erlebt habe und beurteilen kann, fair behandelt. Isa – schwarzhaarig, klein und sehr hübsch – war meine erste Liebe, eine Tatsache, mit der ich häufig aufgezogen wurde. Andererseits will es mir rückblickend unglaublich erscheinen, in welch einer kleinen Kammer die beiden »Mädchen« in unserem großen Hause gewohnt haben.

Sicher, das ist ein halbes Jahrhundert her. Und dennoch: Bei aller Toleranz war die Tatsache, daß es eine deutsche, protestantische, bürgerliche Oberschicht und dementsprechend auch eine Unterschicht gab, ein Stück unseres familiären Selbstverständnisses. Die nationale Grenze, Deutsche und Polen hatten Zeit genug gehabt, um Danzig zu streiten, wurde hier nicht nur sozial, sondern auch konfessionell untermauert. So hieß bei uns die »Königliche Kapelle« im Schatten von St. Marien nicht »die katholische Kirche«, sondern schlicht »die polnische Kirche«.

Das nationale Element vor allem bewirkte auch, daß Hitler in Danzig Zustimmung gewann. Die demokratische Opposition, im Kern aus Sozialdemokraten und Zentrum bestehend, hat sich nach dem Wahlsieg der NSDAP im Mai 1933 unter den Bedingungen des Freistaates mit Bravour geschlagen. Hitlers Forderung, Danzig müsse »heim ins Reich« kommen, fand aber auch bei vielen Zustimmung, die nicht zu seinen Gefolgsleuten gehörten. Mein Vater zum Beispiel wollte mit den Nazis nichts zu tun haben, die Nazis mit ihm als bekanntem Freimaurer auch nicht. Die jüdischen Kollegen und »Brüder« aus dem Freundeskreis meines Vaters verließen Danzig, solange noch Zeit war. Obwohl meine Eltern vor uns Kindern kaum über Politik sprachen, bekam ich mit, daß in ihrem Freundeskreis diese Entwicklung mit Sorge und Bitterkeit verfolgt wurde. Andererseits war mein Vater von Herkunft und Kriegserlebnis ein »national gesinnter Mann«, wie man damals sagte. Auch er war gegen Versailles und wollte, daß Danzig zurück zum Reich kam. So war sein Urteil über Hitler gespalten.

Meine Mutter sah die Dinge einfacher. Sie hatte Hitler einmal erlebt und fand ihn »entsetzlich vulgär«. Sie wollte mit Leuten, die Freunde von uns drangsalierten, nichts zu tun haben. Das Mutterkreuz lehnte sie ab: ihre Kinder habe sie für ihren Mann bekommen. Weder sie noch mein Vater waren »in der Partei« oder einer ihrer Organisationen. Das führte meinen Eltern gegenüber gelegentlich zu Sticheleien oder auch Gehässigkeiten. Insgesamt aber bestand ihnen gegenüber eine teils kritische, teils respektvolle Distanz.

Wir Kinder waren in der »Hitlerjugend«. Meine ältere Schwester war als Mitglied der »Bündischen Jugend« in die HJ »überführt« worden. Meine jüngere Schwester war in der »Spielschar«. Ich ging mit zehn Jahren zu den »Pimpfen«, bei denen ich dann ein »Fähnlein« anführte. Konflikte brachte das zu Hause nicht. Mein Interesse galt in jenem Alter den Geländespielen und den Zeltlagern, nicht der politischen Ideologie. Und meine Eltern hielten es offensichtlich nach wie vor für falsch, mit uns Kindern über Politik zu sprechen.

In der nationalsozialistischen Propaganda in Danzig stand bis 1939 die »Heimkehr ins Reich« im Vordergrund. Mit ihr kam der Krieg. Der Kriegsausbruch – am Morgen des 1. September 1939 wurden wir durch Kanonendonner geweckt – wurde zu Hause mit gemischten Gefühlen aufgenommen. Meine Mutter war über den Ausbruch des Krieges entsetzt, egal, wer ihn gewinnen würde. Im Grunde ihres Herzens war sie wohl von Anfang an überzeugt, daß Deutschland den Krieg verlieren würde. Bei meinem Vater trat die Gewißheit erst Jahre später ein.

Ihr ging eine schlimmere Erkenntnis voraus: 1942 berichtete ein Offizier einem kleinen Kreis in unserem Hause über Judenerschießungen im Osten. Das Entsetzen meines Vaters stürzte ihn in Zweifel, welcher Kriegsausgang überhaupt wünschenswert sei. Der Vorgang führte – ich war inzwischen fünfzehn Jahre alt – zu dem ersten politischen Gespräch meines Vaters mit mir. Es hatte unter anderem zur Folge, daß ich mich anschließend in der HJ aufs Segelfliegen beschränkte. Dem folgten bald die Zeit als Flakhelfer, der Arbeitsdienst, die Wehrmacht, die sowjetische Gefangenschaft.

Unser Haus in der Brotbänkengasse wurde bei der Einnahme Danzigs durch die Rote Armee von einem Blindgänger getroffen, der beim späteren Brand der Stadt explodierte. Freunde, die aus dem Schutt wenigstens ein Erinnerungsstück retten wollten, konnten keines finden. Es war alles kaputt. Meine Mutter floh rechtzeitig aus Danzig. Mein Vater folgte im letzten Augenblick über Hela, nachdem das in seiner Klinik einquartierte Lazarett evakuiert worden war. Im mecklenburgischen Boitzenburg, wo der Bruder meiner Mutter wohnte, trafen sie sich wieder. Als auch ich dort aus sowjetischer Gefangenschaft eingetroffen war, setzten wir uns eines Nachts auf einem Elbkahn nach Westen ab. Meine Schwestern lebten bereits dort.

In den folgenden Jahren scheiterte der Versuch meines Vaters, in Hannover eine Klinik oder ein Krankenhaus zu übernehmen. Er mußte sich auf Allgemeinpraxis beschränken. Später wurde er Postarzt. Diese für ihn beruflich unbefriedigende Situation glich er durch seine wiederaufgenommene Freimaurertätigkeit aus. Zuerst in der Loge »Zum weißen Pferd« in Hannover, dann auch in der »Vereinigten Großloge von Deutschland«, deren Großmeister er wurde. Meine Mutter ertrug das Flüchtlingsschicksal mit der Kerzengeradheit, die sie ihr Leben lang gezeigt hatte. Sie war dankbar, daß wir alle noch am Leben waren.

Der Lebensabend meiner Eltern wurde von Krankheiten überschattet. Unter hohen Birken sind sie in Hannover begraben.

Erhard Eppler wurde am 9. Dezember 1926 in Ulm geboren. Nach dem Kriegsdienst von 1943 bis 1945 studierte er Englisch, Deutsch und Geschichte und promovierte 1951 in Tübingen. Er arbeitete acht Jahre im Schuldienst, bevor er 1961 die politische Laufbahn einschlug. Von 1968 bis 1974 war er Bundesminister für wirtschaftliche Zusammenarbeit, von 1976 bis 1982 war er Mitglied des baden-württembergischen Landtags, von 1973 bis 1981 Landesvorsitzender der SPD in Baden-Württemberg. Seit 1970 ist er Mitglied des Bundesvorstandes der SPD, seit 1973 Mitglied des Präsidiums. Er ist Mitglied der Synode der EKD und war von 1981 bis 1983 amtierender Präsident des Deutschen Evangelischen Kirchentages. Er veröffentlichte u. a.: ›Wege aus der Gefahr‹, ›Die tödliche Gefahr der Sicherheit‹.

ERHARD EPPLER
Freiheit hieß das Zauberwort

In meinem Elternhaus dominierten die Kinder. Wir waren sieben, und ich war Nummer vier, von oben wie von unten. Und manchmal will es mir scheinen, als sei das Kräftefeld zwischen den sieben, den vier Mädchen und drei Buben, wichtiger gewesen als das, was man Erziehung nennt.

Mag ja sein, daß schon vor meiner Geburt, als die drei Großen noch klein waren, die Eltern die Atmosphäre schufen, in die ich hineinwuchs. Aber nachher war da nicht so viel zu spüren von jener bewußten und vielleicht auch systematischen Einwirkung der Eltern, die man Erziehung nennt. Wichtiger war, wie ich mit der älteren Schwester, den älteren Brüdern zurechtkam, wie ich mich zu drei jüngeren Schwestern benahm (gegenüber zweien wohl ziemlich schäbig, während ich mir für die jüngste die Lunge aus dem Leibe rannte, wenn Mutter mich nach einem Fencheltee in die Apotheke schickte).

Dabei waren meinem Vater seine sieben alles andere als gleichgültig. Schließlich war der groß gewachsene, dunkelhaarige Enkel armer Albbauern nicht nur ein kompetenter Naturwissenschaftler, sondern vor allem ein exzellenter Pädagoge (Mathematiklehrer) und ein gewissenhafter Schulleiter. Im Ersten Weltkrieg hatte er als Reserveoffizier eine Kompanie geführt – und zwar gut, wie mir Soldaten der Kompanie versicherten. Er hielt sehr auf Ordnung, noch mehr auf Korrektheit. Welche Tragödie, als einmal die Eltern eines dankbaren Schülers ein Eimerchen mit fünf Pfund Honig vor unsere Gartentür stellten. Ein zorniger, wütender Vater, der sich kaum fassen konnte, weil ihn da jemand wohl für bestechlich gehalten hatte. Erst als meiner Mutter der Gedanke kam, man könnte den Honig ins Altersheim tragen, legte sich der Sturm.

Ordnung mußte sein, vor allem in den Zimmern der Kinder. »Aufräumen« war wohl das Zeitwort, das ich als Kind am häufigsten zu hören bekam. Aber eben: der Vater war meist nicht da. Er war »im Amt«, womit sein Rektorat gemeint war, wo er mit zwei Fingern auf der Schreibmaschine all das erledigte, wozu man heute eine Sekretärin hat. Meist kam er erst nach Hause, wenn wir schon im Bett lagen; dann sah er nach, ob wir schon schliefen.

Und meine Mutter? Die temperamentvolle, fröhliche Pfarrtochter hat uns wohl mehr durch das erzogen, was sie nicht tat, als durch das, was sie tat. Sie ließ uns gewähren, also Fußball oder Schach spielen, streiten, basteln, gärtnern, und sie freute sich, wenn wir Spaß daran hatten. Für unsere Schulaufgaben interessierte sie sich nicht. Wenn wir einmal Hilfe brauchten, so gab es ja Geschwister. Der Vater hatte für all dies ohnehin keine Zeit.

So seltsam es klingen mag, mein Elternhaus verbindet sich für mich – trotz des ordnungsliebenden Vaters – mit dem Begriff Freiheit. Zu Hause, wenn ich heimkam von Schule oder Konfirmandenunterricht, vor allem aber vom »Dienst« im Jungvolk, zu Hause, da konnte ich tun, was ich für richtig hielt, da wurde nicht kommandiert, auch nicht in wichtigen Dingen.

Der Vater, den der Religionsunterricht im Blaubeurer Seminar gründlich von seiner Kirche entfremdet hatte, nahm es mit Respekt hin, daß sein dreizehnjähriger Sohn anders dachte, und sei es nur aus Opposition zu denen, die sich den Nazis zuliebe nicht konfirmieren ließen. Und die Mutter freute sich, wenn wir zur Kinderkirche gingen, sie schalt uns nicht, wenn wir keine Lust hatten.

Aber wenn ich von Freiheit spreche, so meine ich vor allem Freiraum, Auslauf, Spiel-Raum im ursprünglichen Sinn des Wortes. Als mein Vater 1930 Schulleiter in Schwäbisch Hall wurde, mietete er hoch über dem Kochertal ein uraltes, heruntergekommenes Haus mit einem riesigen, herrschaftlichen Garten, sicher ziemlich billig, denn er wollte, wie jeder ordentliche Schwabe, sein eigenes Häuschen bauen.

Im Haus, da huschten die Mäuse nachts über die Betten und fraßen die Brotreste vom Tisch. Aber draußen, da gab es Eichen und Kastanien, in deren Gipfeln wir uns mit Brettern unsere Häuschen einrichteten, da gab es Halden mit Kalksteinen, aus denen sich Burgen bauern ließen, alte Rondelle mit Schwertlilien und herrlich duftenden Pfingstrosen und Rosen (wissen unsere Kinder eigentlich noch, wie Rosen duften können?). Und da waren steinerne Tische und Bänke, ein riesiger, alter Nußbaum, unter dem man im Sommer essen, schlafen, Schach spielen konnte.

In diesem Garten wimmelte es von Kindern, nicht nur denen, die da wohnten. Nachbarskinder kletterten über den Gartenzaun und genossen mit uns die Freiheit der weiten Wiesen am Hang, der dichten Hecken, in denen man sich verstecken, der schattigen Winkel, in die man sich verkriechen, der Zwetschgen- und Apfelbäume, auf denen man mit wenig Kletterkunst seinen Hunger stillen konnte, an denen sich aber auch Schaukeln befestigen ließen.

Und später, als wir ins neue Haus umgezogen waren, da gab es dann einen kleineren Garten, aber gleich daneben begann »das Wäldchen«, eine glücklicherweise noch ziemlich wilde Anlage für die Kurgäste und Spaziergänger der alten Reichsstadt. Da war noch mehr Raum, sogar zum Kicken, zum Prellballspielen, für Räuber und Gendarm. Und wieder wimmelte es von Kindern. Nur der Feldschütz stand gelegentlich zwischen uns und unserem Glück. Er war einmal Polizist gewesen und mußte nun auf seine alten Tage mit seinem Wolfshund durch die städtischen Anlagen trotten und die kleinen und mittleren Sünder aufschreiben, die sich nicht an die Anweisungen hielten. Also mußte immer jemand Schmiere stehen. Der Ruf »Feldes« verwandelte die wildesten Fußballspieler in gemütlich herumstreunende Kinder, möglicherweise mit etwas verlegenen Gesichtern. Von meiner Mutter hatten wir den Trick gelernt, den guten Alten mit »Herr Stadtgärtner« anzureden, was ihn sichtlich milder stimmte, wenn er uns trotz allem überraschte.

Freiheit bestimmte auch den Umgangston. Was man heute Flachs nennt, mußte in meinem Elternhaus jedes Kind frühzeitig lernen, sonst wurde es nicht ganz ernst genommen. Wer von außen kam und nicht mithalten konnte oder wollte, galt als langweilig.

Dabei war es wohl die älteste Schwester, die Maßstäbe setzte. Ihre Schlagfertigkeit war legendär und machte auch vor dem Vater nicht halt. Als dieser eines Tages seine Tochter dabei erwischte, wie sie das schwere eichene Gartentor, die vornehme Pforte zum parkartigen Garten und zum heruntergekommenen Haus, weit offenstehen ließ – und das war eben unordentlich! –, kleidete der Vater seinen Unmut in die Frage: »Warum läßt du das Gartentor offen?« Antwort: »Damit frische Luft reinkommt!«

Erhard Eppler (der dritte von links) mit seinen Geschwistern.

Daß die Tochter sich dabei auch noch über die Vorliebe des Vaters für frische Luft lustig machte, hinderte diesen nicht daran, die Geschichte genüßlich Freunden und Bekannten zu erzählen, nicht ganz ohne Stolz auf eine Tochter, die sich so rasch nicht einschüchtern ließ. Meinen Versuchen, der großen Schwester nachzueifern, war wohl nur mäßiger Erfolg beschieden, aber in mancher Parlamentsdebatte kamen mir dreißig Jahre später diese frühen Übungen doch zustatten.

Daß mein Vater Schulleiter war, hatte einen gravierenden Nachteil: er bekam jeden Samstag die Klassenbücher vorgelegt. Und da stand mancher Eintrag, der ihn nicht freuen konnte. Meistens ließ sich die Beschwerde des Lehrers auf den simplen Nenner bringen, eines der Kinder sei wieder einmal »frech« gewesen und habe Arrest bekommen. Obwohl wir vor dem Mittagessen nach der Vorlage des Klassenbuchs einigen Respekt hatten, kann ich mich an keine häusliche Strafe erinnern, die mein Vater deshalb verhängt hätte. Wahrscheinlich wollte er – der guten Ordnung halber – seine Funktionen als Schulleiter und als Vater säuberlich auseinanderhalten.

Obwohl das Leben in meinem Elternhaus eher mittelständischen Zuschnitt hatte, wurden wir sicher nicht verwöhnt. Gehungert haben wir nur im Krieg und danach; da manchmal mehr, als gut war. Aber üppig gelebt haben wir nie. Brotaufstrich war immer das »schwäbische G'sälz«, was man ungenau mit Marmelade übersetzen kann, aber das G'sälz wurde nicht gekauft, sondern eingemacht.

Wir Kinder zupften die Träuble (Johannisbeeren), Stachelbeeren oder auch die Brombeeren im Garten, brachten sie der Mutter, die im Sommer tagelang, bis spät in die Nacht mit dem Einmachen beschäftigt war. Den Zucker für das G'sälz schoben wir in Zentnersäcken per Leiterwagen den Berg hinauf, von einem Auto war natürlich nicht die Rede, das hatten damals nur Fabrikanten und Ärzte. Einmal in meiner Kindheit fuhr mein Vater mit mir nach Freudenstadt in Urlaub, der Arzt hatte gemeint, ich sollte Luftveränderung haben. Was mir von diesen Ferien in Erinnerung blieb, war das Frühstück. Ich bekam jedesmal Milchbrötchen mit Butter und Honig, und so etwas gab es zu Hause nicht einmal an Feiertagen.

Fleisch kam selten auf den Tisch, dafür viel Kartoffeln, Dampfnudeln, manchmal auch Spätzle. Wir fanden dies ganz richtig und entbehrten nichts. Selten kam es vor, daß am Mittagstisch nur Eltern und Kinder saßen. Eine der Großmütter lebte im Haus, dann gab es, zumal wenn wieder ein Säugling im Wägelchen krähte, Hausgehilfinnen, und schließlich hatten wir viel Besuch. Meist war der Vater etwas müde und hörte sich schmunzelnd die Geschichten an, die wir aus der Schule oder dem »Dienst« mitbrachten. Geschwiegen haben beim Essen wohl mehr die Eltern als die Kinder.

Da ich von den Buben der jüngste war, hatte ich manche Hose und manche Stiefel aufzutragen, die meinen älteren Brüdern zu klein geworden waren. Dabei hatte ich Glück. Der etwas ältere Bruder hatte ein weit überdurchschnittliches Talent im Zerreißen von Jacken, Hosen und Mänteln, so daß zumindest von ihm wenig auf mich kam, allenfalls ein paar geflickte und zerbeulte Schuhe, die dann bald durch neue ersetzt werden mußten.

Höchstes Glück der Erdenkinder war das Fahrrad. Aber das gab es nicht wie heute als eines von diversen Geschenken zu Weihnachten oder zum Geburtstag, ich jedenfalls sollte mein Fahrrad selbst verdienen. Im neuen Garten teilte mir der Vater, den meine Neigung zum Gärtnern freute, ein ansehnliches Stück Land zu und schlug mir vor, dort Erdbeeren zu pflanzen. Für jedes Pfund, das ich abliefere, bekäme ich Geld, ich glaube, es waren zwanzig Pfennig. Wenn genug Geld beisammen wäre, bekäme ich das Fahrrad. Ich weiß nicht mehr, ob ich wirklich das ganze Fahrrad so verdient habe. Aber in einem Frühsommer habe ich immerhin zwei Zentner Erdbeeren säuberlich abgewogen. Und dieses G'sälz schmeckte dann noch einmal so gut.

Das Radio blieb lange ein unerreichbarer Traum. Spielte die deutsche Nationalmannschaft, die Jakob, Janes, Urban, Szepan oder Kupfer, dann stahlen wir Buben uns aus dem Haus, um bei einem Freund die Übertragung anzuhören. Wer heute nach einiger Fernseherfahrung einen Spielbericht im Radio hört, kann sich kaum vorstellen, wie stark unsere Phantasie noch war. Wir sahen fasziniert Flankenbälle fliegen, wo wir heute nur noch eine aufgeregte Stimme hören.

Ende September 1938 kaufte mein Vater ein Radio, keinen kleinen Volksempfänger, sondern einen richtigen Blaupunkt mit magischem Auge, mit dem man bequem auch London, vor allem aber Straßburg und Luxemburg hören konnte. Er wollte am Rundfunk verfolgen, ob es nun – in der Sudetenkrise – zum Kriege kommen würde. An dem Abend, als in München die vier damals Großen zusammen waren, blieb er so lange sitzen, bis er, spät in der Nacht, seiner Frau sagen konnte: »Es gibt Frieden.«

Ein knappes Jahr später klang aus dem Radio eine heisere Stimme: »Seit 5.45 Uhr wird nun zurückgeschossen.« Der Vater, damals Mitte fünfzig, aber voller Kraft, sollte nur den ersten Teil des Schießens miterleben. Er starb im April 1941 an einer Lungenentzündung, für die es heute Antibiotika gibt, genau zehn Tage nach meiner Konfirmation. Er hatte sich nach einem Waldlauf nicht umgezogen, sondern im verschwitzten Hemd Brombeeren geschnitten.

Ein guter Geist in der Familie war unser Ältester. Daß er der Liebling der Mutter und der Stolz des Vaters war, hatte gute Gründe. Wenn alles lärmte, blieb er ruhig; wo die Jüngeren sich balgten, schlichtete er; wenn die Mutter Hilfe brauchte, war er da. Er war nicht halb so schlagfertig wie seine anderthalb Jahre jüngere Schwester, aber durch seine freundliche Ausgeglichenheit erwarb er sich bei den jüngeren Geschwistern so etwas wie Autorität. Er übernahm, ganz natürlich und ohne Anmaßung, vielleicht sogar gegen seinen Willen, ein Stück Verantwortung für die Familie. Und so wurde mein Elternhaus erst ganz vaterlos, als er einrückte und 1944 im Smolensker Kessel umkam.

Man sagt, im Chaos der vierziger Jahre habe sich die Familie als erstaunlich vital und belastbar erwiesen. Das mag wohl damit zusammenhängen, daß die Familie inmitten riesiger, übermächtiger, erbarmungsloser Zwangsinstitutionen keineswegs als Zwang, sondern als Ort und Hort von Menschlichkeit, ja von Freiheit empfunden wurde. In der Familie konnte man über alles reden, streiten, auch politisch. Und daß aus der Familie heraus denunziert wurde, kam praktisch nicht vor (eher schon, daß ein Kind sich verplapperte).

Der Tod meines Vaters und das Einrücken des ältesten Bruders fielen fast zusammen; ich war damals vierzehn und wurde, wie mir vor allem meine Klassenkameraden versichern, plötzlich aus einem Lausbuben zu einem ziemlich ernsten Menschen. Viel zu früh natürlich, aber nicht ohne Grund. Ich hatte das Gefühl, für die Mutter und vor allem die drei kleineren Schwestern mit verantwortlich zu sein. Die Mutter wurde während des Krieges immer dünner – was keineswegs an ihrer Konstitution lag, sondern am Hunger. Solange sie hungrige Kinder um sich herum hatte – ab 1943 waren es nur noch drei, denn auch ich war inzwischen eingezogen worden –, aß sie noch weniger, als ihr nach den Lebensmittelkarten zustand. Aber ihr Temperament blieb ungebrochen, auch wenn sie von Schreckensnachricht zu Schreckensnachricht lebte.

Am 10. Mai 1945, zwei Tage nach der Kapitulation, pirschte ich, vom Wettbachtal kommend, durch das »Wäldchen«, in dem ich jeden größeren Baum kannte, in Richtung auf mein Elternhaus. Ich hatte den Weg von der Lüneburger Heide ins Hohenloher Land zu Fuß in achtzehn Tagen hinter mich gebracht. In den Kleiderfetzen, die ich südlich der Heide gegen die Uniform eingetauscht hatte, waren die Löcher so groß, daß sich die – ebenfalls zerrissene – Unterwäsche nicht verbergen ließ. Es war ein herrlicher Maiabend, die Linden am Rande des Wäldchens waren, wie jedes Jahr um diese Zeit, leuchtend hellgrün. Um sieben Uhr begann die Ausgangssperre; ich wollte, um nicht aufzufallen, kurz nach sieben an einer Hecke entlang zum Elternhaus schleichen. Plötzlich sah ich vor unserem Haus, auch vor denen der Nachbarn, Autos stehen. Es waren, soviel hatte ich auf meiner Fußwanderung gelernt, Trucks und Jeeps. Ich begriff: die US-Armee hatte die hübsch gelegene Siedlung für sich requiriert. Mutter und Geschwister waren nicht mehr da, denn – auch das wußte ich schon – Amerikaner lebten, anders als Franzosen und Engländer, niemals mit Deutschen unter einem Dach. Aber wo war die Familie? Wen konnte ich fragen, ehe ich wegen Verletzung der Ausgangssperre hinter Gitter kam?

Schließlich fand ich auf allerhand Schleichwegen Bekannte, die ihr Zuhause behalten hatten. Dort erfuhr ich, wo in einem Matratzenlager unter dem Dachboden die Mutter mit den kleinen Schwestern untergekommen war. Ich war das erste der älteren Geschwister, das dort mit Hallo, Lachen und Tränen begrüßt wurde.

Bald danach tauchte auch der Bruder auf, schließlich die älteste Schwester. Sie hatte noch als »Arbeitsmaid« einen Scheinwerfer bedient und war, mit einem Granatsplitter in der Hand, in Gefangenschaft geraten. Die Amerikaner waren froh, als sie das hoffnungslos stupide Mädchen los waren. Es war ihr nicht beizubringen, wie man Fragebogen ausfüllt. Sie hatte in der Rubrik: »Geboren?« ein »Ja« eingesetzt, die Frage nach den Haaren hatte sie mit »kurz« beantwortet, die nach den Augen mit »zwei«. Und so fort.

Als sie uns diese Geschichte erzählt hatte, waren die paar wackligen Stühle um den winzigen Tisch zwischen den Matratzen mein Elternhaus.

Paul Raabe wurde am 21. Februar 1927 in Oldenburg geboren. Er promovierte 1957 und habilitierte sich 1967. Von 1958 bis 1968 war er Leiter der Bibliothek des Deutschen Literaturarchivs Marbach; seit 1968 ist er Direktor der Herzog-August-Bibliothek. Ebenfalls 1968 erhielt er einen Lehrauftrag an der Universität Göttingen. Er veröffentlichte u. a.: ›Alfred Kubin – Leben, Werk, Wirkung‹, ›Die Zeitschriften und Sammlungen des späten Expressionismus‹, ›Einführung in die Bücherkunde‹, ›Die Briefe Hölderlins‹, ›Bücherlust und Lesefreuden‹, ›Die Bücher und Autoren des literarischen Expressionismus‹, ›Gottfried Benn in Hannover, 1935–1937‹.

PAUL RAABE
Kinderjahre in der Oldenburger Rankenstraße

Den »Ehnern« nannten die Oldenburger das um die Jahrhundertwende zwischen Nadorster- und Alexanderstraße bebaute Viertel im nördlichen Stadtteil der ehemaligen Großherzoglichen Residenzstadt, und die Rankenstraße, in der ich geboren bin, war eigentlich ein Weg, schmal, ungepflastert, fast nur auf einer Seite bebaut. Sie zweigte von der Ehnernstraße ab und führte nach dreißig Häusern wieder auf diese sich nordwärts windende Straße mit dem Kopfsteinpflaster und dem Fahrradstreifen aus Ziegelsteinen in der Mitte zurück.

Wir Kinder liebten unsere Straße. Mit zwölf Jahren habe ich sogar in säuberlicher Sütterlinschrift eine Chronik der Rankenstraße geschrieben und jedes Haus und alle Bewohner sorgfältig mit Hilfe des Adreßbuches, das die Großeltern besaßen, verzeichnet; leider ist sie wie fast alles, was sich auf das Elternhaus in der Rankenstraße bezog, verlorengegangen. Nur die Erinnerung an die kleinbürgerliche, friedliche und zeitweise auch etwas bedrückende Kinderzeit ist wach geblieben.

Wenn ich hin und wieder meine Mutter in Oldenburg besuche, die nun schon seit Jahren ihr eigenes, von ihren Eltern ererbtes Haus in der Ziegelhofstraße bewohnt, so zieht es mich auch in die Rankenstraße. Sie ist so eng, daß ein Auto nur knapp durchfahren kann. Die meisten Häuser sind längst modernisiert worden, sie haben nicht mehr das vertraute Aussehen, das ich aus der Kindheit im Gedächtnis bewahrt habe. Das gilt auch für das Haus Nr. 19 mit dem spitzen Giebel zur Straße, dessen Dach weit über die Vorderfront gezogen ist. »Hundehütte« nennen die Oldenburger etwas lieblos diesen Häusertypus, der für das Bauen vor dem Ersten Weltkrieg in der Stadt charakteristisch war.

Dort hatten also meine Eltern nach ihrer Heirat 1923 die Oberwohnung von Frau Varwig, einer durch ihre Beamtenpension versorgten Witwe, gemietet, die mit ihrer unverheiratet gebliebenen Tochter zusammenlebte. Diese hatte als Telefonistin beim Postamt eine damals beneidenswerte Stelle. Die Varwigs bewohnten die geräumige, mit Plüschmöbeln vollgestellte Unterwohnung, die an allen Seiten von einem gepflegten, sauberen Garten umgeben war.

Unsere Wohnung, zu der eine ziemlich steile Treppe hinaufführte, hatte fünf Zimmer, Küche und Flur. Einige Räume hatten schräge Wände, was meine Mutter wenig schätzte. Außerdem mußte sie nach und nach zwei Zimmer zur Straße möbliert vermieten, denn das Einkommen meines Vaters reichte zum täglichen Leben der vierköpfigen Familie nicht aus.

Mein Vater, der dreißig Jahre alt war, als ich 1927 im friedlichen Zenit der Weimarer Republik zur Welt kam, war Holzbildhauer. Aufgewachsen in Zeitz in der Provinz Sachsen, hatte er den Weltkrieg von 1915 bis 1918 im Westen und Osten mitgemacht und war viermal verwundet worden. Nach dem Kriege war er als Geselle bei meinem Großvater Henry Meyer, der in Oldenburg ein angesehenes Antiquitätengeschäft besaß und dazu eine große Tischlerei führte, in der Werkstatt beschäftigt. Man schätzte damals geschnitzte Möbel, Truhen und Schränke, die man antik nannte, und so hatte mein Vater als tüchtiger Handwerker Weihnachten 1922 die Tochter des Meisters geheiratet.

Er war eine ruhige, ausgeglichene Natur; fleißig, geduldig und anspruchslos; mittelgroß, mit schweren Händen und weichen braunen Augen. Das Sächseln hatte er längst verlernt; er liebte seinen Beruf und hatte sich nach der Gründung der Familie eine eigene Werkstatt eingerichtet. Er hatte »sich selbständig gemacht«, und darauf war er stolz, er hatte seinen unabhängigen Lebensbereich wie die vier oder fünf anderen Kollegen in der Stadt, die ihr Auskommen als Bildhauer suchten.

Doch die Zeiten waren für einen solchen absterbenden Beruf nicht rosig, besonders nicht in den Jahren der Weltwirtschaftskrise. Wer konnte sich noch geschnitzte Möbel oder Schalen oder Figuren leisten? Ohnehin kam der schlichte, schmucklose Bauhausstil in Mode. Doch auch in den Jahren der größten Arbeitslosigkeit gab mein Vater nicht auf, er arbeitete Jahr für Jahr von morgens bis abends, ohne einen Tag Urlaub zu nehmen oder gar einen Tag krank zu sein, auch wenn keine Kunden seine Holzarbeiten kauften.

Nur einmal mußte er vier Wochen aussetzen. Ich mag fünf Jahre alt gewesen sein. Eines Abends hielt ein Auto – was damals ohnehin ungewöhnlich war – vor unserem Haus, und humpelnd kam mein Vater die Treppe herauf. Er war, wie er es oft zu tun pflegte, über Land gefahren, um Kunden, das heißt Tischlereien zu besuchen, Aufträge zu sammeln, und dann mit dem ans Fahrrad gebundenen, später zu verarbeitenden Holz heimgefahren. Auf einer Kreuzung war er von dem Auto erfaßt und zu Boden geworfen worden, dabei hatte er sich das Schlüsselbein gebrochen. Meine Eltern empfanden das als Katastrophe, denn Krankengeld gab es für einen selbständigen Handwerker nicht.

So bald es möglich war, stand mein Vater wieder an der Hobelbank in seiner kleinen Werkstatt in einem Hinterhaus an der Jacobistraße, wo wir Kinder ihn oft besuchten. Er schnitzte Lisainen für Schränke oder sehr kunstvolle Truhen und mit Sprüchen verzierte Obstschalen, zu Weihnachten Spekulatiusformen für die Bäckereien oder schöne große Wegweiser, in die er seine Phantasie und sein Können hineinlegte. Er entwarf seine Arbeiten immer selbst, fertigte Skizzen und Risse auf Pauspapier an, manchmal ließ er sich durch die Lektüre seiner Fachzeitschrift anregen. Das Planen und Entwerfen war die Feierabendbeschäftigung meines Vaters.

Die harten Jahre um 1930 kenne ich nur aus den Erzählungen meiner Mutter. Nach 1933 ging es der Familie wirtschaftlich etwas besser. Mein Vater erhielt neue Aufträge. Er schnitzte Ehrentafeln für die Erbhofbauern, zu denen man alte Bauernfamilien heraufstilisierte, und Plaketten für die Sieger in den Sportwettkämpfen der seit 1935 entstehenden Einheiten der Wehrmacht. Dann wurde mein Vater hin und wieder mit einem Militärfahrzeug abgeholt, und als alten Soldaten wird ihn das mit Stolz erfüllt haben.

Die »Kameradschaftsabende« seines Kriegervereins, der »Jäger und Schützen«, die einmal im Monat in einer Gaststätte stattfanden, und hin und wieder sonntagmorgens das Scheibenschießen auf dem Schießstand waren die einzige Abwechslung, die sich mein Vater gönnte. Für die neuen NS-Organisationen hatte er keinen Sinn, jedenfalls ließ er sich nicht anwerben. Das obligate Führerbild gab es in der Wohnung nicht, nur ein »Volksempfänger« für fünfunddreißig Mark wurde angeschafft, und den endlosen Hitlerreden hörte er geduldig und schweigend zu.

Als in der Kristallnacht 1938 die Synagoge in der Peterstraße brannte, standen wir – mein Vater und ich – an diesem frühen Morgen an
einem der Lautsprecher, die auf dem Pferdemarkt aufgestellt worden
waren, und hörten die Parolen. An diesem Herbstmorgen führte man
die in Oldenburg lebenden jüdischen Familien durch die Stadt, darunter auch die Familie Hesse, mit der meine Großeltern befreundet
waren. Was hier geschah, konnten sie sowenig wie meine Eltern verstehen. Das kann nicht gutgehen, hieß es damals. Ein Jahr später war
Krieg.

Mein Vater wurde am 27. August 1939 nachts mit einem Gestel-
lungsbefehl aus dem Bett geholt, und ein paar Tage später nahmen wir
auf dem Hof der Schule an der Milchstraße Abschied von ihm: meine
Mutter mit dem Kinderwagen – meine Schwester, ein Nachkömm-
ling, war sechs Wochen alt –, mein älterer Bruder und ich. Die Frie-
denszeiten waren vorbei: mein Vater, zweiundvierzig Jahre alt, machte den Polenfeldzug mit, war dann in Holland, Belgien und Frankreich im Einsatz und kam 1941 nach Rußland. Ein paarmal war er
noch auf Urlaub, ein müder, wortkarger, von den Strapazen gezeich-
neter Soldat.

Im Sommer 1943 erkrankte er in Rußland schwer, schließlich wurde er ins Lazarett nach Oldenburg verlegt, wo wir ihn noch einmal
besuchen durften. Er starb an einem Vorfrühlingsmorgen des Jahres
1944. Eine Einheit Soldaten sang »Ich hatt' einen Kameraden . . .« und
schoß Salut über dem offenen Grab auf dem Gertrudenfriedhof. Mein
Elternhaus hatte sein ruhende Mitte verloren.

Die Erziehung seiner Kinder hatte mein Vater ganz seiner Frau
überlassen. Meine Mutter war drei Jahre jünger als er, Jahrgang 1900.
Sie hatte das Lyzeum besucht und in ihrer Jugend gern und viel
gezeichnet und gemalt. Mit einigen ihrer hübschen Blumenbilder und
dem Aquarell mit der eleganten schwarzen Dame auf der Bank sind
wir Kinder aufgewachsen. Meine Mutter arbeitete nach einer kaufmännischen Lehre einige Zeit in einem Kontor in Hildesheim. Sie
heiratete mit zweiundzwanzig Jahren und widmete sich ganz ihrer
Familie.

Mein Bruder Wilhelm war drei Jahre älter als ich, wir wuchsen
gemeinsam auf und hingen sehr aneinander: Unsere Interessen gingen
später auseinander: Willy liebte den Segelflugsport und begeisterte
sich für die neuen Flugzeugtypen. Er begann nach der mittleren Reife
seine Ausbildung als Vermessungsingenieur, schon 1941 wurde er
dann eingezogen. Er hat den Krieg heil überstanden, doch am letzten
Tag seines ersten Urlaubs im August 1950 ertrank er in der Nordsee.
Für meine Mutter war sein früher Tod die zweite, nie überwundene
Katastrophe ihres Lebens.

Meine Mutter hatte in den Jahren meiner Kindheit sehr mit den sie bedrängenden alltäglichen Sorgen zu kämpfen. Daß sie mitverdienen mußte, empfand sie als bedrückend und wohl auch als beschämend. Sie mußte für »fremde Leute«, wie sie sagte, Kleider nähen, und ich erinnere mich, wie sehr sie litt, als sie eines Tages sogar zwei große, schwere schwarze Pferdedecken nähen mußte und dabei weinte. Ich habe als Kind die Not nie empfunden: im Gegenteil, als Fünfjähriger wollte ich auch Schneider werden und übte mich im Nähen von Puppenkleidern, so daß meine Mutter immer wieder sagte, an Paul »sei ein Mädchen verlorengegangen«. Allerdings hatte ich ein Jahr später meinen Berufswunsch schon geändert. Nun wollte ich Bauer, dann Förster werden. Doch es sollte alles anders kommen.

Auch die Großeltern spielten in meinem Elternhaus eine bedeutende Rolle. Sie wohnten, fünfzehn Minuten entfernt, in der Ziegelhofstraße. Mein Vater frühstückte jeden Morgen bei seinen Schwiegereltern, denn seine Werkstatt befand sich sozusagen um die Ecke. Wir waren oft bei den Großeltern und fühlten uns dort zu Hause. Man konnte Bilder in den neuesten Illustrierten, der »Mappe«, die mein Großvater abonniert hatte, besehen. Er war damals schon Pensionär und hatte seine Tischlerei seinem Sohn überlassen. Er hatte übrigens als Theatertischler angefangen. Der Großherzogliche Intendant, Leo Baron von Schwerin-Krosigk, war der Patenonkel meiner Mutter.

Mein Großvater erzählte gern von Berlin und Breslau, wo er Möbelmessen besuchte. Er brachte seiner Frau dann immer etwas Besonderes mit, zum Beispiel einen hocheleganten Hut mit langer Straußenfeder in einer großen Hutschachtel, was meine sparsame Großmutter, die das Geld zusammenhalten wollte, mehr erzürnte als erfreute. Mein Großvater war ein einfallsreicher Mann: aus Heimweh zu seinem Sohn, der im August 1914 ins Feld gegangen war, reiste er eines Tages mit einem Sarg nach Frankreich, schlug sich überall durch und behauptete, er müsse eine Leiche abholen. Auf diese Weise drang er als Zivilist bis in den Schützengraben vor und fand seinen Sohn tatsächlich. Da dieser guter Dinge war, reiste er beruhigt mit seinem leeren Sarg in die Heimat zurück.

Solche Geschichten konnte mein Großvater uns Kindern stundenlang erzählen. Er war ein Mann mit Herz. Er starb 1938 mit neunundsechzig Jahren.

Meine Großmutter, eine Bauerntochter aus Leuchtenburg bei Rastede, dreizehn Kilometer nördlich von Oldenburg, war immer leidend, sie hatte kranke Füße, und die Anfertigung der orthopädischen Schuhe war ein endloses Gesprächsthema. Im übrigen litt sie unter chronischen, lang andauernden Hustenanfällen und klagte ständig über irgend etwas oder irgend jemanden. Sie war offenkundig nie zufrieden mit ihrer Lage. Sieben Jahre älter als ihr Mann, überlebte sie ihn dennoch um fünf Jahre.

Paul Raabe mit Mutter und Schwester Weihnachten 1942.

Meine Mutter erzog uns Kinder so, wie sie vor dem Ersten Weltkrieg mit ihrem Bruder am Cäcilienplatz und später in ihrem eigentlichen Elternhaus an der Ziegelhofstraße aufgewachsen war. Sie legte
auf Ordnung und Sauberkeit, auf Gehorsam und Pünklichkeit den
größten Wert. Die Schularbeiten mußten am frühen Nachmittag gemacht werden, die Schulhefte wurden Abend für Abend kontrolliert.
Meine Mutter war immer um die Gesundheit ihrer Söhne besorgt.
Mein Bruder litt in seinen Kinderjahren sehr unter Asthma und lag
dann wochenlang zu Bett. Ich litt mit ihm und fühlte mich in der Zeit
bedrückt und unglücklich.

Auch ich war ein zarter Junge, dünn und schmächtig. Deshalb hielt
meine Mutter in ihrer Sorge die körperliche Erziehung möglichst von
mir fern. Sie legte sich mit den Turnlehrern und den Jungvolkführern
an, denen sie stereotype Entschuldigungen schrieb: »Mein Sohn Paul
kann nicht zum Dienst erscheinen, da er erkältet ist«, und so weiter.

Nun legte man bekanntlich im »Dritten Reich« das allergrößte Gewicht auf körperliche Ertüchtigung. Ich habe sehr darunter gelitten,
daß ich oft auffiel oder fehlte und von den Mitschülern und vor allem
den Jungvolkkameraden sehr gehänselt wurde. Ich haßte den
»Dienst« und die oft rauhen Geländespiele. Vor allem mochte ich die
großspurige Prahlerei der Jungvolkführer nicht, die ihre Macht die
Schwächeren immer spüren ließen.

Wenngleich die Krankheiten, die Sportveranstaltungen und der

Dienst im »Jungvolk« meine Kinderzeit an der Rankenstraße überschatteten, verlebten wir doch gleichmütige, letzten Endes harmonische Zeiten bis zum Ausbruch des Zweiten Weltkrieges im September 1939. Wir spielten mit den Kindern der Nachbarschaft, in deren Familien wir uns auch zu Hause fühlten, in der Werkstatt des fleißigen Schusters Pöpken zum Beispiel oder des taubstummen Schneiderehepaares Vogelsang. Auch das Bohemeleben von Onkel Blüthgen, einem Junggesellen, der in seiner Bildhauerwerkstatt in der Rankenstraße hauste und arbeitete, erfüllte uns mit scheuer Neugier.

Im Nachbarhaus wohnte Onkel Wichmann mit Frau und erwachsener Tochter. Er unterhielt im hinteren Teil seines großen Gartens einen Ziegenstall. Diese Ziege, die wir als Kinder oft durch das Stallfenster beobachten konnten, verbreitete einen unangenehmen Gestank. Unmittelbar daneben hatten wir Kinder ein kleines Gartenstück dort, wo unser Sandkasten gestanden hatte, »urbar« gemacht, zwei winzige Beete angelegt und mit kindlichem Eifer bepflanzt. Meine Mutter sah uns durch die meckernde, stinkende Nachbarsziege gestört und regte sich oft darüber auf. Doch eines Tages war das Tier tot, und seither hieß es in der Familie mit einem Anflug von Stoizismus auch im Hinblick auf die allgemeine Entwicklung: »Es nimmt alles einmal ein Ende wie Onkel Wichmanns Ziege.«

Unser Elternhaus war also in dem Außenbezirk der Stadt noch ganz durch ländliche Gewohnheiten geprägt. Wir wuchsen in der Natur auf und liebten die Gärten, die Blumen, die Vögel. Selten fuhr über das Kopfsteinpflaster der benachbarten Ehnernstraße ein Auto; es war, ohne dies nostalgisch verklären zu wollen, eine unpolitische Kleinstadtidylle.

Besondere Kindheitseindrücke waren die sommerlichen Sonntagsausflüge. Dann fuhren wir zu viert mit dem Zug nach Sandkrug und fanden im Kistenberg wirklich den – heimlich vorher vergrabenen – Schatz, oder wir wanderten von Hude aus durch den Hasbruch, einen der Oldenburger »Urwälder«. Mein Vater, der in seiner Jugend eine Wandervogelgruppe angeführt hatte, kannte viele Lieder, und meine Mutter summte mit. Wir waren häufiger in Rastede, wo die großherzogliche Familie, an deren Schicksal die Oldenburger immer noch Anteil nahmen, ihre Sommer verlebte. Dort besuchten wir in dem benachbarten Leuchtenburg den Hof, auf dem meine Großmutter geboren war, und Onkel Fritz zeigte uns stolz Felder und Ställe.

Manchmal fuhren wir nach Bremen. Meine Eltern liebten die Böttcherstraße, die der expressionistische Bildhauer Bernhard Hoetger geschaffen hatte. Wir lauschten dann atemlos um 12 Uhr dem Glockenspiel und bestaunten die sich dabei drehenden geschnitzten Bildtafeln, die die Geschichte der Menschheit von der Edda bis zum Zeppelin darstellen.

Der Übergang von der Grundschule zur Mittelschule war Ostern 1937 ein bedeutendes Ereignis. Meine Mutter hatte, mehr wohl als mein Vater, den ehrgeizigen Wunsch, ihre Kinder eine höhere Schule besuchen zu lassen. Da das Schulgeld für das Gymnasium sehr hoch war und da beide Kinder, schon aus Gründen der Gerechtigkeit, die gleiche Ausbildung haben sollten, besuchten mein Bruder und ich die Staatliche Mittelschule, damals in dem modernen Klinkerbau an der Margaretenstraße. Zu Beginn des neuen Schuljahres kaufte meine Mutter uns beim Hutmacher die Schülermützen in den vorgeschriebenen Farben für die Quarta und die Sexta. Dieser Einkauf erfüllte sie mit großem Stolz. Das ging noch zwei Jahre so, bis die Hitlerjugend gegen diese elitäre Bürgerlichkeit agitierte und die Schülermützen abgeschafft wurden.

Den täglichen Schulweg von fünfundzwanzig Minuten habe ich bis heute nicht vergessen, auch nicht den Nachhauseweg gemeinsam mit meinem Freund Wilhelm Lehmann, dessen Eltern einen sehr gut gehenden Zeitungskiosk auf dem Pferdemarkt besaßen. Jedenfalls bewunderte ich ihn wegen seines Taschengeldes, von dem er sich oft unterwegs eine Tafel Schokolade kaufte, die er dann mit mir teilte. Wilhelm war ein Jahr älter als ich, er kam 1944 als Soldat nach Frankreich und wurde von Partisanen von einem Panzerwagen heruntergeschossen.

Der erste Klassenlehrer in der Sexta war Herr Risch, Sturmführer der SA, ein »alter Kämpfer«. Er unterrichtete uns in Deutsch und Englisch, wußte aber seinen Beruf von seiner Ideologie zu trennen: von politischer Erziehung war in seinem Unterricht nicht die Rede. Trotz meiner schlechten Leistungen im Sport liebte er mich, ich war ein guter Schüler. Meinen Lerneifer hielt er den Mitschülern immer wieder vor: »Der Paul steckt euch alle in den Sack«, war seine oft wiederholte Redensart.

Ich war elf Jahre alt, als ich eines Nachmittags auf dem Dachboden meiner Großeltern alte Bücher fand. In meinem Elternhaus standen nur einige Klassikerausgaben, zum Beispiel die Werke Schillers, die ich bereits vom ersten bis zum letzten Band durchgelesen hatte, wobei mich der »Geisterseher« und die Geschichte des Dreißigjährigen Krieges mehr fesselten als die Dramen. Bei den Großeltern also entdeckte ich in einer verstaubten Ecke ein Konversationslexikon, den Brockhaus von 1867, noch einspaltig gedruckt, fast vollständig in vielen Bänden und dazu Stöße von Zeitschriftenheften eines naturkundlichen Vereins und einige Bestimmungsbücher für Vögel und Gesteine, das Ganze offenkundig irgendein Nachlaß.

Meine Großmutter willigte ein, daß ich die Bände und Hefte nach und nach mitnehmen durfte. Ich war überglücklich, und bald stand für mich fest, daß ich Naturforscher werden wollte, entweder Ornithologe oder Geologe. Letztere Möglichkeit kam meiner Neigung zum Sammeln sehr entgegen. Ich studierte die mineralogischen und geologischen Bestimmungsbücher und ergänzte mein Wissen durch die Lektüre der einschlägigen Lexikonartikel. Ich legte mir eine Steinsammlung an, die meine Schulkameraden, die in den Ferien ins Gebirge fuhren, um manchen Stein bereicherten. Bald verfügte ich über eine in vielen Zigarrenkästen und Schachteln geordnete und sorgsam beschriftete Sammlung von Mineralien und Gesteinsarten, worüber es viel zu erzählen gäbe. Jedenfalls wurde mit dem Sammelfieber auch die Bücherliebe endgültig geweckt.

Meine Mutter förderte diese Neugier, denn bald kam ein neues Sammelgebiet hinzu: im Zeichenunterricht sollten wir einen Gegenstand abzeichnen. Ich zog aus der Kiste ein altes Buch heraus, es handelte sich um Schellers lateinisch-deutsches Wörterbuch aus dem Jahre 1756. Ich zeichnete den abgeschabten Halbpergamentband sorgfältig ab, doch ich war von dem Inhalt, den lateinischen Wörtern mit ihren deutschen Bezeichnungen so fasziniert, daß ich mir am Ende der Stunde ein Herz faßte und den Zeichenlehrer fragte, ob ich das Buch wohl behalten dürfte. Herr Terveen war wohl einigermaßen sprachlos, er sagte, er wolle sich das überlegen; nach der nächsten Zeichenstunde überließ er mir das Lexikon, das der Grundstock meiner Sprachbüchersammlung wurde und ihr umfangreichstes und ältestes zugleich geblieben ist.

Mein Vater, der ja meine kindliche Freude am Sammeln kannte, schickte Münzen aus Polen, Postkarten und Zeitungen aus Holland, Souvenirs aus Frankreich. Ich war wie elektrisiert von den verschiedenen Sprachen, insbesondere vom Holländischen, das ich sogar vom Plattdeutschen her teilweise übersetzen konnte. So entstand mein Interesse an fremden Sprachen, und ich fing an, billige Sprachführer, Miniaturwörterbücher und Kurzgrammatiken in allen möglichen Sprachen neu oder antiquarisch zu erstehen. Im Laufe der nächsten zwei bis drei Jahre hatte ich Sprachbücher in vierundzwanzig Sprachen in meiner kleinen Sammlung, für die ich selbstverständlich einen ordentlichen Katalog anfertigte. Die gründliche Erlernung einer der vielen Sprachen war bei der Vielfalt gar nicht möglich. Mich interessierten mehr die Herkunft der Wörter, der Klang der Sprachen und der sprachgeschichtliche Zusammenhang als die sprachliche Praxis.

Immerhin hatte ich mich auch mit dem Lateinischen so sehr beschäftigt, daß mir dann nach der mittleren Reife Ostern 1943 der Übergang zu einer Aufbauschule leichtfiel. Jedenfalls konnte ich aufgrund meiner Sprachkenntnisse nach zwei Monaten eine Klasse überspringen, was wiederum die Voraussetzung dafür war, daß ich schon im Herbst 1944 das Notabitur erhielt.

Doch mit diesem Weg war auch der Abschied vom Elternhaus

verbunden, denn am 15. Februar 1943 wurde ich eingezogen und kam als Luftwaffenhelfer zum Einsatz. Der erste Schulkamerad, der fiel, war fünfzehn Jahre alt . . .

So gingen die Kinder- und frühen Jugendjahre in den Kriegszeiten unter. Gewiß, meine Mutter verkörperte auch weiterhin diese häusliche Heimat. Doch der Lebenskreis kindlicher Unbefangenheit, die Gemeinschaft der Familie wurde durch den Krieg zerstört.

Mein Elternhaus – die Erinnerung, die sich mit ihm verbindet, bleibt die dankbare Rückbesinnung auf eine Kindheit, in der die Keime meines späteren Lebensganges gelegt wurden, die wissenschaftliche Neugier und der Umgang mit Büchern, die meinen beruflichen und persönlichen Lebenslauf bestimmten.

Hermann Glaser wurde am 28. August 1928 geboren. Nach dem Abitur studierte er Germanistik, Anglistik, Geschichte und Philosophie und war von 1953 bis 1964 im höheren Schuldienst. Seit 1964 ist er Leiter des Schul- und Kulturdezernats der Stadt Nürnberg. Er veröffentlichte zahlreiche Bücher, u. a.: ›Sigmund Freuds 20. Jahrhundert‹, ›Literatur des 20. Jahrhunderts in Motiven‹, ›Maschinenwelt und Alltagsleben‹, ›Im Packeis des Unbehagens‹, ›Spießer-Ideologie‹.

HERMANN GLASER
Mäander der Verborgenheiten

Viele Nächte verbringe ich in meinem Elternhaus – unzählige. Manchmal meine ich, es gäbe gar keinen anderen Spielort für meine Träume. Es sind oft Alpträume oder zumindest Träume, bei denen man mit dem Erwachen tief aufatmet: man hat sie hinter sich gebracht. Die elterliche Wohnung befand sich in einem vierstöckigen Mietshaus; gute Gegend der Großstadt N.; Bürger, die es zu etwas gebracht hatten oder auf dem Weg zur Solidität waren. Auch meine Großeltern waren hierher gezogen; hatten in der Gründerzeit das Haus gebaut (oder hatten sie es gekauft?). Das bedeutete Verschuldung auf Jahrzehnte; »Hypothek« war eine magisch-unheimliche Vokabel, die meine Kindheit bedrängte. Nach neunzig Jahren war sie immer noch nicht abgezahlt; ich erhielt sie vom Vater, dann freilich auf wenige tausend Mark zusammengeschrumpft, »vererbt«, habe sie dann gelöscht.

Dieses Haus also gehörte den Großeltern, später meinem Vater und seinen Geschwistern; ich habe es jedoch immer als ein fremdes Haus empfunden; man wohnte drinnen wie die anderen Parteien auch.

Warum nun projiziere ich so viele Träume, oft voller banaler Tagesreste, ins elterliche Domizil? Meine Psychotopographie wäre, wenn ich Zeit für genügend Couchtermine hätte, sicherlich nicht unergiebig. Was da aus bürgerlichem Unterbewußtsein nach oben befördert werden könnte, wäre seelenanalytisch wohl aufschlußreich. Aber warum will man seine Neurosen loswerden? Sie sind doch Teil des Erinnerungsschatzes, den man am besten selbst hebt. Die Truhe aufreißen, in der die Vergangenheit ruht; sie ruht ja eigentlich nicht – steigt in den Träumen, am Zensor vorbei, immer wieder nach oben.

Um es vorweg zu sagen – es gab in meinem Elternhaus keine besonderen Vorkommnisse. Traumata können eigentlich für die Träume nicht verantwortlich sein. Aber vielleicht weisen die Ritzen, die den idyllischen Grund durchziehen, auf ein brodelndes Tieferes hin.

Der Assoziationsstrom braucht nicht mächtig daherzurollen; man muß den Mäandern vieler Verborgenheiten nachspüren.

Da war ein Ofen im vierten Stock, zwei Etagen über unserer Wohnung, geplatzt kurz nach Weihnachten; offensichtlich hatte man den bereits abgeschmückten Tannenbaum verschüren wollen; die Nadeln hatten zu viel Hitze entwickelt – da war es geschehen. Wir gingen weg, hatten einen Besuch zu machen; die Fenster des unvorsichtigen Hausbewohners waren hell erleuchtet. Die Feuerwehr hatte nicht zu kommen brauchen, aber die Sache wurde jetzt wohl inspiziert; vielleicht gar von der Polizei.

Das Schreckliche hat oft eine ganz banale Ursache. Unsere Wohnung hatte eine Reihe schöner Kachelöfen. Schon naht das Verhängnis. Etwas Unvorsichtigkeit; da tut sich ein Vulkan auf. Das Elternhaus bedeutete Geborgenheit. Aber konnte nicht auch geschehen, was im vierten Stock geschah? In die Luft fliegen ... Man saß auf dem Pulverfaß. Immer drohte Unheil. Meine Mutter sagte: Da kann etwas passieren; sei vorsichtig; Schlimmes bahnt sich an; Gefahr ist im Verzug ... Mit Gründlichkeit wurden die Ängste anerzogen; nichts war so sicher, daß es nicht auch unsicher sein konnte.

Walter Benjamin hat in seinen Kindheitserinnerungen davon gesprochen, daß immer und überall ein »bucklicht Männlein« stand, das auf Verderben sann.

Das dunkle Stiegenhaus war ein Pandämonium; ich verriegele doch ganz fest die Korridortür; vergebens; sie fliegt auf, die dunkle Nacht dringt herein und mit ihr der Einbrecher. Denn dieser lauert ständig. Schließ gut zu. Mach nicht auf. In den Träumen so vieler Jahrzehnte danach gibt es noch immer die Türen, die der Sog der Bedrohung aufreißt!

Bald explodierten Bomben. Die leere Nacht, angefüllt mit dem durchdringenden Auf- und Abschwellen der Sirenen. Darauf wartete man stündlich. Die Kleider lagen genau geordnet auf dem Stuhl. Damit man rasch, wie im Schlaf, sich anziehen konnte. Doch wenn die Sirene ertönte, war man hellwach. Solche Töne reißen aus dem tiefsten Schlummer.

Mein Vater, der Luftschutzdienst in einem benachbarten Schulhaus tun mußte, hatte uns im Keller einen bestimmten Platz angewiesen. Hier war die Decke als Gewölbe gemauert; also stabiler, tragfähiger, wenn die Schuttmassen auf uns herunterfielen. Er würde dann von außen nachgraben, wenn es ihn nicht selbst verschüttet hätte. Viele Abschiede. »Behüt dich Gott« – meine Mutter mit Tränen in den Augen. Dann schlossen sich die Eltern wieder glücklich in die Arme, nach der Entwarnung.

Wieder Alarm, Bombeneinschläge, die immer näher kamen. Die Mitglieder der Hausgemeinschaft: in Decken und Mäntel gehüllt, Katakombengestalten, dazwischen immer wieder einmal ein kleiner elektrischer Heizofen. Nun ging das Licht aus – die Kerzen erinnerten mich an Weihnachten, auch wenn ich vor Angst schlotterte. Singsang von Beschwörungsformeln: nur nicht weiter, nur nicht hierher, es wird schon vorüberziehen. In der Tat: ferneres Geknalle.

Oh, die ruhigen Nächte der Friedenszeit. Sich ins Federbett einschmiegen; die Wärmflasche an den Füßen; Wärmestrom, der von unten her ins kalte Linnen ausstrahlt; dieser Augenblick des Versinkens in den Schlaf, der dir ein glückliches Aufwachen verheißt. Und war man krank – der Doktor hatte die Eltern beruhigt: sie schauten aber jede Stunde ins Zimmer. Es geht schon besser; die fieberheiße Stirn wird befühlt – schon kühler; dennoch steigen aus dem Tapetenmuster wirre Gestalten hervor. Am nächsten Morgen ist die Temperatur auf siebenunddreißig Grad gesunken. Meine Mutter, die auch keine heitere Gelegenheit für ein paar Tränen ausließ, weint ein bißchen. Gott sei Dank.

Nächtliches Aufschrecken. Doch keine Fieberphantasie. Hell erleuchtet die rückwärtigen Räume der Nachbarhäuser; Schreien; zersplitterndes Glas. Möbelstücke fliegen herunter und zerschellen auf dem Pflaster. Fliegen da nicht auch Menschen herunter? Nein, hier geschah das nicht. Nur Möbel, Geschirr. Auf den langen Balkonen, die sich, jeweils von der Küche ausgehend, um die Zimmer zogen, geflüchtete Menschen; zusammengedrängt, wie wenn ein Brand sie aus dem Innern vertrieben hätte. Zusammengeknäuelt. Dann drohende braune Uniformen. Den Juden zeigte man es! Grölen. Saujuden! Man zog mich vom Fenster. Diesmal weinte mein Vater. (Vor ein paar Wochen erhielt ich Post von einer alten Schülerin meines Vaters: er habe ihr, der Verfolgten, Trost zugesprochen; Schulbücher, die ihre Mutter nicht mehr kaufen konnte, gezahlt; sie wolle gerne sein Grab aufsuchen.)

Am nächsten Mittag, nach dem Essen, schließen sich meine Eltern im Arbeitszimmer ein; beratschlagen. Was denn? Der Vater: in den Spiegel könne er eigentlich nicht mehr blicken; sich nicht mehr ansehen; er sei feig. Ach, sag nur nichts. Du bist nicht bei der Partei. Dich holen sie auch. Händeringen der Mutter. Er sagt nichts. – Sehe ich im Krieg einen der verbliebenen jüdischen Nachbarn mit dem gelben Stern, gehe ich auf die andere Straßenseite. Er wird mir doch nicht ins Haus folgen? Mich um Mitleid bitten? Was soll ich denn tun? Die Tür fest zumachen. Denn ich kann ja nicht helfen. Man sagt, wenn Luftalarm ist, müssen sie oben bleiben. Um nicht die Arier im Keller zu belästigen. Die armen Judenkinder, klagt meine Mutter.

Zimmerflucht, ein zerbrechendes Haus

Nach dem Mittagessen brach der Streit aus. Oder nach dem Abendessen. Ich kauerte mich in eine Sofaecke. Mein Vater rannte von einem Zimmer ins andere, meine Mutter folgte ihm schluchzend, jedoch beharrlich. Er schrie auf, sie schrie auf. Doch wie es gekommen, ging es auch vorüber; die Versöhnung war noch etwas vom Wetterleuchten durchzuckt. Dann schöne, beruhigende Nachgewitterzeit; Wolken am Horizont, aber abgezogen.

Meine Eltern machten sich nicht zu oft »Szenen‹; aber doch mit einer gewissen Regelmäßigkeit. Eifersucht meiner Mutter mag jeweils für die Auslösung des Konflikts gesorgt haben; oder aber mein Vater war nervlich wieder einmal fertig; die Kinder hatten ständig auf die Nerven Rücksicht zu nehmen.

Ich habe solche erwünschte Sensibilität immer so verstanden: Du ziehst dich zurück, in eine Ecke, in eine Nische, wenn durch die Zimmerflucht die schreienden Eltern fliehen. Oder gehst in die Küche, zum Dienstmädchen, das von gar nichts etwas weiß und ein Lied singt, damit man nichts vom Streit hört. Bald darauf kommt meine Mutter mit geröteten Augen, aber glücklich lächelnd und kocht Tee. Hoffentlich kommt nicht bald wieder ein Brief von einer Schülerin, die meinen Vater anhimmelt.

Wie gesagt, es gab viele Zimmer. Das vordere Eßzimmer (für festliche Gelegenheiten) und das hintere für den Alltag; das Arbeitszimmer; die beiden Schlafzimmer; eine Schlafkammer. Die war dann jahrelang mein Zimmer; zu einer Zeit, da die Wohnung mit zwei weiteren Familien belegt war. Meine Mutter sagte jeden Tag: Wenn nur wieder mehr Wohnungen gebaut würden, damit die Zwangsbe-

Ein Familienfoto aus dem Jahre 1900: Der Vater Hermann Glasers (links sitzend) mit Eltern und Geschwistern.

wirtschaftung aufgehoben werden kann; sie möchte noch einmal eine eigene Küche haben.

Als die Trümmerjahre vorüber waren, bekam sie die eigene Küche wieder. Und die Wohnung stand dann auch wieder zur Verfügung. Für zwei Leute war das schon sehr viel. Jetzt möchte ich schöner wohnen, sagte meine Mutter und richtete sich alles »chic« ein.

Welche Qual, eine solche Wohnung auflösen zu müssen. Wohin mit dem vielen Nippes? Das kann man doch nicht weggeben! Das kann man doch nicht wegwerfen! Die vielen Tische und Sessel. Verwandte und Bekannte hatten ähnlichen Geschmack. Man konnte, ohne die Pietät zu verletzen, die Gegenstände »unterbringen«.

Ich kann kaum atmen, wenn mich der Alptraum in die Gegenständlichkeit der elterlichen Wohnung treibt. Die Kleider der Toten, die noch im Schrank hängen. Die »Ausstattung« – die vielen Bettüberzüge und Tischdecken und Servietten. Und das Silber. Und das Bild über der Servante, eine Voralpenlandschaft. Die Heiterkeit des Vorfrühlings. Meine Eltern genossen den Nachsommer. Fuhren mit ihrem Volkswagen, den mein Vater bis ins zweiundachtzigste Jahr hinein steuerte, in die Berge. Die Pensionsinhaberin eine ehemalige Schülerin. Aber die Eifersucht war längst vergangen.

Von meiner Schlafkammer wollte ich sprechen. Ich war privilegiert, hatte inmitten der rigorosen Einschränkungen, wie sie Kriegs- und Nachkriegszeit mit sich brachten, immerhin ein eigenes Zimmer. Ein Bett und einen Schrank, der mit viel Überflüssigem – gerade das hatte die Bombennächte überstanden – vollgestopft war. Außerdem gab es einen Kanonenofen. Mein Vater fand immer etwas Brennbares, eventuell alte Bücher. So konnten wir den Winter 1945/1946 überstehen. Er schürte den Ofen am späten Vormittag an und ließ ihn am Nachmittag ausgehen; da hatte ich nachts noch etwas Wärme.

Im selben Raum gab er im Laufe des Tages ein paar Privatstunden. Da zog ich mich in die Küche zurück, wo meine Mutter ständig beschäftigt war, etwas Eßbares »herzustellen«. Zum Beispiel aus Buttermilch etwas Ähnliches wie Quark. Aus Futterrüben kochte man Sirup. Wenn das Gas nicht abgedreht war.

Als es Frühling wurde, rezitierte mein Vater Frühlingsgedichte. Ein Streifzug durch die deutsche Literatur. Dieser unsterbliche Quell. Dieser Brunnen sowohl erhabener Denkungsart als auch lieblicher Gefühle. Ein älterer Herr kam immer mit seinem aus dem Krieg heimgekehrten Sohn. Dann kam er nicht mehr. Der Sohn war ganz rasch an einer Lungenentzündung gestorben.

Meine Schlafkammer – ich zog mich in sie wie in einen Uterus zurück; hatte aber offensichtlich ein großes Bedürfnis, ihr zu entfliehen. Denn einer meiner konstantesten Träume besteht darin, daß ich aus dem Fenster steige und an der Fassade in den Hof klettere und jauchzend davonrenne. Sollte ich wirklich hinuntergeklettert sein? Es war der erste Stock – die Mauer griffig, mit Vorsprüngen. Was hätte ich nachts drunten tun sollen? Der Weg über den Hausgang war zudem viel bequemer. Zu dieser Zeit konnte man die Gangtür nicht richtig schließen. In den Schlaf weinte ich mich hinein. Denn ich hatte »entdeckt«, daß mein Vater sterben müsse. Irgendwann einmal, aber ich wußte – er würde. Das beschäftigte mich so tief, daß ich, wie man später sagte, unentwegt Trauerarbeit leistete. Meine Mutter hielt ich offensichtlich für gesicherter. Es kam dann ganz anders.

Als ich 1947 Abitur machte, war das ein großer Tag. Das frühere vordere Eßzimmer, nun einer der beiden verbliebenen Räume, Schlaf-, Wohn-, vor allem auch Stapelzimmer für die geretteten Möbel, wurde in der Mitte freigeräumt, so daß der große Eßtisch ausgezogen und mit einem der schönen verbliebenen Damasttischtücher bedeckt werden konnte (die meisten waren beim Hamstern weggegeben worden). Rosenthal-Geschirr und Silberbestecke wurden aufgelegt. Was es gab, weiß ich nicht. An den Nachtisch glaube ich mich zu erinnern: Bananen mit Milch. An sich unwahrscheinlich, daß man damals Bananen auftrieb; aber ich glaube nun einmal daran, daß es so war. Und eine Flasche Wein, die von meiner Großtante stammte und die Aufschrift »1912« trug. Natürlich war sie längst zu Essig geworden. Eine furchtbare Flüssigkeit, an der zu nippen uns nicht einmal die Aura des schönen Etiketts verleiten konnte.

Mein Vater stieß dann mit einem Limonadengetränk an und sagte: Es kommen schönere Zeiten! Sie kamen – er war so froh, daß er das Dritte Reich und den Krieg überstanden hatte. Er griff sich an den Leib und bemerkte eine herausstehende Verdickung unterhalb des Nabels. Da war alles Glück dahin – nun war die schlimme Krankheit da. Und man hatte auf ein bißchen Glück und Frieden gehofft. Der Weg zum Arzt war ein letzter Gang. So wird man hingerichtet. Es war aber nur ein harmloser Bruch. Doch eines Tages war es dann soweit.

Jedenfalls – die schönen Tage kamen wieder. Ziehe ich räumliche Bilanz des Davor und Danach, mit der schlimmen schönen Trümmerzeit dazwischen, so muß ich feststellen, daß mir eigentlich nie ein Stück »Raum« gehörte. Natürlich gab es ein Kinderzimmer, aber das war so, wie die Eltern erwarteten, daß die Kinder es gerne haben wollten. Sauber und ordentlich und hell und mit einem Fidusbildchen überm Bettchen. Die Kleider hingen irgendwo anders in einem Schrank; die Bücher standen sowieso woanders. Etwas Eigenes war gar nicht notwendig, denn man hatte ja alles – schau her, wie es andere Kinder haben, wie schön du es hast, sei doch dankbar! Man war sehr dankbar.

Ich hatte auch eine Eisenbahn, die nach Weihnachten wieder verpackt wurde und auf den Dachboden kam. Im Kinderzimmer gab es eine große Kommode; darin aber lag die allgemeine Bettwäsche. Im großen Schrank hatte ich dann doch zwei Regale; meine Spielsachen konzentrierte ich dort more geometrico – davor Laubholzgesägtes zum Schmuck. Eigentlich gab es für die Spielsachen eine praktische Truhe; nur stand die im hinteren Wohnzimmer, weil man dort, wo es im Winter schön warm war (das Kinderzimmer wurde selten geheizt), so schön spielen konnte. Warum sollte man eigentlich dann im Sommer ins Kinderzimmer? Was hätte ich nach dem Krieg haben sollen? Bücher fürs Studium? Mein Vater hatte drei Wandschränke voll. Ein paar Bücher schaffte ich mir dennoch an. Als ich die Bibliothek meines Vaters übernahm, waren sie dort eingereiht. Ich hatte sie aus dem Gedächtnis verloren. Darunter war Georg Brittings ›Lebenslauf eines dicken Mannes, der Hamlet hieß‹.

Auf den Augenblick warten, der kein Augen-Blick, sondern ein Moment der verschlossenen Augen ist: das Hinübergleiten in den Schlaf. Und schon führt die Traumspur zurück ins Elternhaus. Durch den dunklen Gang. Wie hätte er auch hell sein können – an beiden

Seiten lagen die Zimmer und Kammern. Im Gang war es zudem angebracht, mit dem Licht zu sparen, da genügte für die Birnen eine ganz geringe Wattstärke. Aus dem hellen Zimmer heraus und ins Klosett. Ich habe Angst. Denn durch den Gang will ich nicht gerne. Auf die Toilette muß ich aber. Also durch. Und zurück.

Das Kinderbett steht am Anfang im elterlichen Schlafzimmer. Warum kann man die Türen nicht schließen – vorne gehen die Zimmer in die Straße über. Die Wände sind aufgebrochen. Die Bettdecke droht dich zu ersticken. Der Vater ist schwer krank; man hat nichts mehr von ihm gehört. Er lebt nun irgendwo auf dem Lande. Lebt er noch? Man müßte ihn besuchen. Nein, das ist die Mutter, und die wartet auf ein Lebenszeichen vom Vater. Denn die Bomber waren wieder über N. Die Mutter ist im hinteren Zimmer und weint. Und dann kommen viele Gestalten und weinen. Nichts als Blumen, Kränze; es gibt Erbsen und Pökelzunge.

Die Silberhochzeit der Großeltern geht ins Sterben des Großvaters über. Das war einen Stock höher. Wohngrüfte. Schwere alte Sofas. Hochaufgiebelnde Schränke. Ins hintere Zimmer ging ich nie. Dort hat die Urgroßmutter gewohnt; hat das Zimmer nie mehr verlassen, weil sie, die vom Lande gekommen, in der Stadt sich so sehr fürchtete. Übrigens wurden auch kleine Kinder ständig in Läden gezerrt. Was dann? Nun, umgebracht wurden sie wohl nicht. Aber nicht nur die Urgroßmutter hatte Grund, Angst zu haben.

Ich komme heim. Von der Konfirmationsstunde. Auf den Gehsteigen Haufen von verdrecktem Schnee. Er war ganz weiß, als er vor ein paar Tagen fiel. Verdunklung. Alles ist düster, schwarz. Im Hausgang und Treppenhaus blaue Lampen. Man tastet sich hinauf. Die Tür ist offen. Im Traum. In Wirklichkeit war sie geschlossen. Ich läute. Einen Schlüssel nahm man am besten nicht mit. Der konnte einem gestohlen werden. Vor allem Kindern. Kinder wurden ständig bestohlen. Es gibt Bratkartoffeln. Der Duft von Schmalz durchzieht die Wohnung. Dieses Glück trotz Krieg; der Lichtkegel der Lampe überm Abendessenstisch.

Die dicken Decken vor dem Fenster – wie gesagt, alles mußte verdunkelt sein. Man hatte ja genügend Decken. Das dämpfte auch den Lärm. Zurückgeworfen aufs häusliche Idyll. Die Pfanne wird hereingetragen. Aber, während du dir Gabel um Gabel hineinschaufelst – heb doch etwas die Arme, sitz doch etwas grader –, während du – ich glaube an Gottvater und seinen eingeborenen Sohn – die Konfirmationsstunde leise memorierend – Gabel um Gabel goldgelber Kartoffelschnitten in den Mund schiebst – die kamen direkt von Minna, der Verwandten, die im Steigerwald eine Mühle besaß, von der erhielt man auch Butterschmalz und Speck, auch ein paar Eier in jedem Monat –, während du, das Zimmer voll knisternder Wärme, den Kartoffelberg vor dir abräumst, geschieht's – ist doch der Mutter ein Malheur passiert; sie hatte sich vorher frisiert, hat das ausgehende Haar nicht in die Haartüte gesteckt, es war irgendwie auf dem Kopf hängengeblieben, war beim Kartoffelbraten in die Pfanne gefallen; es hebt dir den Magen; du brichst alles auf die Tischdecke.

Warum ist denn alles verweht? Warum vergangen das Kinderglück aus den Goldgrundtagen? Warum nur versagte damals der Film, als du, mit dem Weihnachtsgeschenk in der Hand, einer Kinderbox, den Wald beim Sonntagsspaziergang photographieren wolltest: Auf dem Film dann nur ein schwarzer Klecks. Warum zerbricht dir das Haus, das so festgegründet schien? Die Träume, die alles aufheben. Was längst vergangen.

Friedrich Karl Fromme wurde am 10. Juni 1930 in Dresden geboren. Nach dem Abitur studierte er in Berlin und Tübingen Politische Wissenschaften, Geschichte und Öffentliches Recht. Nach dem Studium war er zunächst wissenschaftlicher Assistent an der Universität Tübingen und ging dann zum Süddeutschen Rundfunk. Heute ist er verantwortlicher Redakteur für Innenpolitik bei der ›Frankfurter Allgemeinen Zeitung‹. Er veröffentlichte u.a: ›Von der Weimarer Verfassung zum Bonner Grundgesetz‹, ›Gesetzgebung im Widerstreit‹, ›Der Parlamentarier – ein Freier Beruf?‹.

FRIEDRICH KARL FROMME
Hinter scheinbar stabilen Mauern

Mein Elternhaus hatte, im Sinne des umbauten Raums und des umfriedeten Besitztums, nicht einmal bis zu meinem fünfzehnten Geburtstag Bestand. Am 14. Februar 1945, gegen sechs Uhr in der Frühe, dürfte der im April 1984 im gesegneten Alter von einundneunzig Jahren »friedlich im Schlaf« gestorbene britische Luftmarschall Harris sein Werk am Elternhaus vollendet haben: die Flammen erloschen allmählich, und das wenige, was herausgetragen werden konnte, lag auf der Straße und mußte nun gegen frühe Plünderer und späten Funkenflug geschützt werden.

Aber das Elternhaus als prägende Einrichtung bestand weiter. Die Zerstörung des äußeren Rahmens, der nicht unerhebliche Werte zusammenfaßte, ist erst im späten Rückblick als erster Einschnitt zur Änderung der Lebensform empfunden worden. Als aus den Fenstern des Hauses im Dresdner »Schweizer Viertel« südlich vom Hauptbahnhof die Flammen schlugen, meinte die Mutter wohl, dem Augenblick eine Bemerkung schuldig zu sein. Sie sagte so etwas wie »dein Elternhaus brennt«. Das wurde für einen vorbeihuschenden Moment als übermäßig pathetisch empfunden, als eine Äußerung von Gefühlen, die durchaus unüblich war.

Es war ein Einschnitt, zweifellos, aber es war kein Ende. Der Anfang war der 10. Juni 1930, der Tag der Geburt. Es war Wirtschaftskrise; die Heimatstadt Dresden (in die die Eltern 1921 als Fremde aus dem Nordwesten Deutschlands gekommen waren) zählte in ihrem Verwaltungs-Handbuch zum 1. Juli jenes Jahres 39 120 Arbeitslosen-Unterstützte; zum 1. April 1931 waren es schon 60 959 bei einer Einwohnerzahl von 630 000. Aber auch die entschiedensten Sozialkritiker werden von einem Säugling, von einem Kleinkind nicht erwarten, daß er sich vor Mitleid mit Arbeitslosen gekrümmt hätte, und auch die schärfsten Vergangenheitsbewältiger werden einsehen müssen, daß der Zweieinhalbjährige, wenn ihm von dem Vorgang überhaupt Mitteilung gemacht worden sein sollte, an der Berufung des Führers der NSDAP zum Reichskanzler kaum etwas auszusetzen gehabt hätte und daß sein Widerstand dagegen folgenlos geblieben wäre.

Insgesamt – das hatte auch, aber nicht allein mit dem Elternhaus zu tun – war das Phänomen Nationalsozialismus für Kindheit und Jugend nur am Rande bestimmend, und zwar bis zum Ende im Jahre 1945. Die Eltern hatten wohl mit der Weimarer Republik nicht viel im Sinne, aber ihre Ansichten waren nicht das, was die heute herrschende Sozialgeschichtsmeinung den Angehörigen des Großbürgertums zuschreibt. Der Erste Weltkrieg galt nicht als durch »Dolchstoß« verloren; die Niederlage war nach nüchterner Rechnung die notwendige Folge der Übermacht, die sich wegen ungeschickter, nicht bös wollender Politik gegen Deutschland gebildet hatte.

Das Kind von damals, man hatte eher einen Sinn für die Lebensumstände der Eltern, wuchs in die Erkenntnis hinein, daß jener Erste Weltkrieg, mit dem sich, Steckrübenwinter 1917, eine Reihe wenig schöner Assoziationen verband, rundweg und ohne Vorbehalt verlorengegangen sei. Daran geknüpft wurde die Ansicht, daß Kriege überhaupt ein Unglück seien; von heroischen Erinnerungen gab es keine Spur.

Der alle Jahre wieder eintreffende Dankbrief eines Franzosen wurde dem neugierigen Sohn ohne jeden »Chauvinismus« erklärt: das war ein französischer Soldat aus dem Ersten Weltkrieg, dem das verwundete Bein zu amputieren der Vater, ein kleiner Truppenarzt im Oberleutnantsrang, aber der zuständige Fachmann, sich gegen die wilden, mit Kriegsgericht drohenden Kommandos eines Oberstabsarztes geweigert hatte. »Das Bein bleibt dran«, hatte der Oberarzt gesagt, und der Oberstabsarzt hatte schließlich mit seinem Kommando »Das Bein kommt ab« resigniert. Gehorsam, das vermittelte die –

zugegebenermaßen von den bunten Briefmarken aus fernem Land, nicht von der humanitas angeregte – Neugier, war kein »Wert an sich«.

Kaiser Wilhelm II. wurde mit Skepsis gesehen; die ihm anhängende Großsprecherei mochte man nicht. Man glaubte nicht an eine Wiederherstellung der Monarchie. Reichspräsident Ebert galt als ein »anständiger Mann«, Hindenburg, sein Nachfolger, war gewählt worden, 1932 mit dem Mißgefühl, daß der Mann eigentlich zu alt sei. Aber schließlich hatten damals auch die Sozialdemokraten diese Wahl empfohlen, in der richtigen Erkenntnis, nur so könnte verhindert werden, daß Hitler 1932 über das (mit Kompetenzen reich ausgestattete) Amt des Reichspräsidenten zur Macht komme.

Die Kindheit und frühe Jugend im Elternhaus waren trotz der Zeitläufe normal. Der Beruf des Vaters (er war Chef der Chirurgie an dem größeren und angeseheneren der beiden Dresdener Stadtkrankenhäuser) brachte es mit sich, daß die Not der frühen dreißiger Jahre vor der Tür blieb. Für den Vater mag es manche Sorgen gegeben haben; so galt es zum Beispiel, darum zu kämpfen, daß nicht die eigene Klinik betroffen war, als sich die Stadt in den Notjahren Anfang der Wirtschaftskrise entschließen mußte, eines der beiden Krankenhäuser zu schließen. Politik scheint schon damals eine Rolle gespielt zu haben, in dem Sinne, daß nicht immer sachlich entschieden wurde. Das andere Krankenhaus hatte eine Belegung nahe Null, das, an dem der Vater tätig war, noch zu gut sechzig Prozent; die Stadtverwaltung wollte, aus irgendwelchen »politischen« Gründen, das noch gut besuchte Haus schließen und das nicht mehr besuchte Krankenhaus offenhalten. Den Widersinn abzuwenden, hat offenbar einige Mühe gekostet und wohl auch etwas »Lobbyismus« gefordert, was dem Vater nicht lag.

Ein verbreiteter Irrtum ist, daß mit dem 30. Januar 1933 in Deutschland alles, und zwar für den einzelnen merkbar, ja unter seiner (Schuld aufhäufenden) Teilnahme »anders« geworden sei. Das mag in der einen oder anderen Familie aktiver Nazis so gewesen sein. Doch hatte am 30. Januar 1933 der alte Reichspräsident von Hindenburg nichts anderes getan, als den zum Reichskanzler zu ernennen, der ihm nach zweieinhalb Jahren jedenfalls eher als alle anderen in Betracht kommenden Kanzler die Aussicht auf eine parlamentarische Mehrheit bot. Völkermord, Gesinnungsdruck, Krieg – das war nicht das proklamierte Programm. »Heldenkeller« der SA konnten als eine Fortsetzung der »Saalschlachten« verstanden werden, als ein Nachhall, mit dem bald Schluß sein werde.

Die frühen Einzelbilder und Gefühlserinnerungen sind denn auch von freundlicher Art. Da war eine Mitfahrt im Automobil irgendwohin, es war ein großer, dunkelblauer Kasten, mit viel Platz, Plüschsesseln und einer geschliffenen Kristallampe an der Decke, einem Blumenstrauß am Armaturenbrett und Vorhängen an den Seitenscheiben. Die Rückfahrt fiel in den späten Abend; man wußte, es sei eigentlich »die Zeit, da ein Kind ins Bett gehört«. Die Stadt Dresden bot ihre Elb-Schauseite dar, mit den Brückenkandelabern, die ihr Licht im Fluß spiegelten. Wiewohl man nichts wußte über Barock, Elbflorenz, Balkon Europas und dergleichen, ist vielleicht in diesem Augenblick der unschuldige Stolz darauf entstanden, eine besondere Stadt zur Heimat zu haben.

Das alles hatte, die Sozialkritiker seien um Nachsicht gebeten, mit Standesdünkel nichts zu tun. Die Eltern nahmen sorglich darauf Bedacht, daß Hochmut nicht aufkam. Es war eben Bildungs-, nicht Besitzbürgertum: Bildung von einer Art, die nach den damals geltenden Regeln einen Vorstoß ins Großbürgertum erlaubte. Auf unauffällige Weise wurde vermittelt, daß man lebe nach seiner Arbeit, nicht von Ererbtem – eine Vorahnung vom folgenden Krieg und von der Nachkriegszeit kann es wohl nicht gewesen sein.

Auf äußere Dinge komme es nicht so sehr an, das war eine still und beharrlich vorgelebte Maxime. Die strenge Pflichterfüllung des Vaters, in der die Mutter (promovierte Ärztin) mit aufging, tat ein übriges. Die unbedingte Rücksicht, die auf Beruf und Arbeit des Vaters zu nehmen war, hatte ihre Rechtfertigung in der Strenge des Vaters gegen sich selbst. Der Sonnabend war ein normaler Arbeitstag; auch der Sonntagvormittag gehörte dem Krankenhaus. Eine Ansehung des Patienten nach Stand oder Geld gab es nicht. Der Vater erzählte kaum etwas von seinem Beruf; allenfalls gab es abfällige Bemerkungen, wenn wieder einmal jemand gemeint hatte, sich mit Einfluß, Stellung oder gar Geld eine Vorzugsbehandlung (außerhalb des Wahlrechts der Unterbringung im Einzelzimmer, was alle egalitären Regime, das nationalsozialistische wie das kommunistische nach 1945, für ihre hohen Funktionäre in Anspruch genommen haben) erkaufen zu können. Die Wendung, die ein solcher Patient gebraucht hatte: »Ich bezahl's ja«, blieb lange ein – negativ – geflügeltes Wort.

Daß Leistung und Lohn in einem von jedem einzelnen zu verantwortenden Verhältnis stünden, war Gegenstand einer im Vorbild wirkenden Erziehung. Das war zwar lobenswert, in einer »pluralistischen Gesellschaft« aber objektiv sicherlich verkehrt. Denn ohne Sichwichtigmachen, Sichnachvorndrängen – nach den im Elternhaus geltenden Regeln ungefähr das Schlimmste, das man tun konnte (das wirklich Schlimme lag außerhalb der Reich- und Denkweite) – geht es da kaum. Die forcierte Bescheidenheit führte paradoxerweise dazu, daß das Kind den Vater bei allem Respekt nicht ganz anerkannte. Es verkehrten die berühmten Chirurgen und prominente Ärzte anderer

Fachrichtungen der Zeit im Hause; daß der Vater zu ihnen gehörte, wurde nicht verstanden, galt als eher unwahrscheinlich.

Widerrede war nicht erwünscht. Der richtige Zeitpunkt war zu suchen und die Form zu wahren (was nicht das Übelste ist). Von einem bestimmten Alter an aber galt unbedingte Freiheit. In die Berufswahl wurde nicht hineingeredet, von vorsichtigen Warnungen abgesehen, die aber weitab lagen von Weisungen. Worte wie »Damit ist nichts zu verdienen« fielen nicht. Mit Krankheiten kam man dem Vater besser nicht; das ist in vielen Arzthäusern so. Persönlichstes auszusprechen war für seltene Ausnahmelagen bestimmt; es mag sein, daß der Vater im Beruf überanstrengt war im Eingehen auf die Sorgen anderer.

Daß es mit der Schule funktionierte, wurde erwartet (und erfüllt); hin und wieder führte eine zufällig entdeckte schlechte Note zu einem Jähzornsanfall der Mutter, der schnell vorüberging wie ein Sommergewitter und auch so erduldet wurde, in Erwartung des baldigen Weichens der Wolken.

Sparsamkeit war eine Tugend, die aufrechtzuerhalten dem Elternhaus gelang, trotz einer gewissen Aufwendigkeit der Lebensführung, die vorgegeben war. Es gab einen – damals noch nicht so genannten – »Zweitwagen« für die Mutter, es war ein Mittelklasseauto neben dem großen des Vaters. Daß bestimmte (bescheidene) Delikatessen für den Vater reserviert waren, der Familie im übrigen eine eher kleinbürgerliche Ernährung zuteil wurde, galt als selbstverständlich. Die Schulbrote von Mitschülern aus »einfachen« Kreisen waren begehrt. Eine Straßenbahnfahrt – für Kinder kostete sie bei Nutzung der Sammelkarte weniger als zehn Pfennig – galt als Luxus, der, wenn irgend angängig, zu vermeiden war.

Es gab im Hause unbefangen noch sogenannte »Dienstmädchen«, wiewohl die Nazis die Bezeichnung »Hausangestellte« einzuführen wünschten, eine Übergangsform zur »Raumpflegerin« von heute. Es gab einen Hausmann, der Zentralheizung und Garten besorgte, auch die Autos wusch und im Hause schwerere Arbeiten ausführte wie das Parkettbohnern, was er »bürsten« nannte. Die zugehörige Frau hieß in Sachsen allgemein, ohne alle grammatikalische oder emanzipative Bedenken, die »Hausmannsfrau«. Auch sie half im Haushalt. Es wurde unauffällig, aber streng und wirksam darauf gesehen, daß bei keinem der fünf Kinder das Gefühl aufkam, zur »Herrschaft« zu gehören. Das Personal arbeitete, tat also – im Gegensatz zu den Kindern – Nützliches, verdiente seinen Unterhalt selbst. Persönliche Bedienung der Kinder kam nicht in Frage. Schuhe zum Beispiel waren selbst (und täglich) zu putzen.

Dem Hausmann war überlassen, ob er es dulde, daß die Kinder ihm bei seiner Arbeit zusähen oder ob sie spielerisch mittun dürften.

Wenn ihm das lästig wurde, jagte er die Bande weg. Den Hund zum Beispiel auf frisch geharkten Kieswegen rennen zu lassen, war tadelnswert: der Ertrag einer Arbeit war damit zerstört, und der, der die Arbeit getan hatte, konnte beanspruchen, daß sie geachtet wurde.

Die »Hausmannsleute« der Jahre 1930 bis etwa 1943 (dann gingen sie, mit dem Ersparten eines langen Arbeitslebens, ins »Bürgerheim« in Dresden, immerhin zwei Zimmer, allerdings Gemeinschaftsküche), Wilhelm und Rosa Schnabel, gehören, gerade weil sie Autoritätspersonen waren, zu den freundlichen Kindheitserinnerungen. Das Bild steht vor Augen, wie sie an den Abendstunden in einem ihnen zustehenden, baumumstandenen Winkel des Gartens saßen und die (übrigens bis 1933 der SPD nahestehenden, nach 1933 gleichgeschalteten) ›Dresdner Neuesten Nachrichten‹ lasen.

Es war eine normale Kindheit in einem relativ stark bemauerten Elternhaus, trotz des Geburtsjahrs 1930, dem das Jahr 1933 bald folgte. War es Lug und Trug, Abschirmung von alldem, was »draußen« geschah? Nicht ganz. Die Eltern waren »dagegen«. Die Mutter sagte oftmals etwas, was den Vater zu diskreter Ermahnung veranlaßte; da mag das Gefühl bestimmend gewesen sein, man solle die Kinder nicht belasten, und der jüngste, der vom Jahrgang 1930, könne harmlos etwas herumreden. Das Wort »Konzertlager« ist in Erinnerung. Die Tonlage, in der es gebraucht wurde, vermittelte sogar dem Kind das Gefühl, dies sei etwas unerklärbar Böses. Man wußte, daß das Wort nichts zu tun hatte mit dem, zu dem die Eltern manchmal, festlich gewandet, zu abendlicher Stunde aufbrachen, was gewisse harmlose Freiheiten für die Kinder zur Folge hatte, etwa Lesen beim Essen.

Auch die Mahnung, ein bestimmtes Gesprächsthema nicht fortzusetzen in Anwesenheit der Kinder, ist in Erinnerung. Aber ein normales Kind will normal leben, also betrachtet es sein Leben als normal. Auch den Älteren ist nicht zu verargen, wenn sie das Leben nicht in permanenter Verzweiflung verbrachten, wenn sie Erfolge annahmen und sich guter Stunden freuten.

Es ist eine bei den gestrengen Rückblickern verbreitete Vorstellung, mit dem 30. Januar 1933 sei das Leben in Deutschland umgekippt wie ein kenterndes Schiff. Die Eltern hätten – dies als Metapher – allenthalben ihre Kinder mit einem »Heil Hitler« zu Bett geschickt. So war es nicht. Die Normalität von früher, freilich gebrochen von einer kurz währenden, bestenfalls mit »vierzehn Jahren« zu beziffernden Weimarer Republik – die, wie inzwischen die Memoirenschreiber, die damals jung waren, unbefangen vermelden, »ohne Musik war« (so der Widerstandskämpfer Fabian von Schlabrendorff) – , setzte sich fort.

Ich muß bekennen, von den frühen Judenboykotts des Jahres 1933 nichts in Erinnerung zu haben. Das »Schweizer Viertel« in Dresden – die Nationalsozialisten versuchten, das eingeführte, mangelnden Nationalstolz verratende Wort durch den gestelzten Namen »Südvorstadt« zu ersetzen – war umschlossen von einer Geschäftsstraße. Dort gab es kleine Läden für den täglichen Bedarf, einen Schuster, einen Friseur, der für die »Kinder« genügte, eine Filiale von Pfunds Molkerei: das waren keine Geschäfte, die Juden betrieben. Es waren also auch keine Schilder zu sehen: »Deutsche, kauft nicht beim Juden.« In der Innenstadt, vor den großen, teuren Läden, mag es anders gewesen sein.

Der Vater hielt seine Klinik weiter so, wie es vorher gewesen war. Das ist nachholende Erkenntnis, aber es gibt unverdächtige Quellen: zum Beispiel eine Geschichte, erzählt im Dresdner SED-Blatt ›Sächsische Zeitung‹ aus Anlaß des Todes des Vaters im Jahre 1966: Kommunisten, 1933 mit eingeklopftem Schädel von der SA ins Krankenhaus gebracht, seien dort behandelt worden wie jeder andere auch. Mehr noch, der »Chef« habe die SA, die die Kommunisten wie Strafgefangene habe bewachen wollen, hinausgewiesen: Polizei sei zu dulden, nicht irgendwelche Träger von Phantasieuniformen. Die Kommunisten seien entkommen.

»Heil Hitler« war in der Klinik ein ungebräuchlicher Gruß. Das wurde den Leuten abgewöhnt, die neu hinzukamen. In die Partei ist der Vater, wiewohl städtischer Beamter, trotz aller Pressionen nicht gegangen.

Auch die Schule, mit der sich das Elternhaus in die Erziehung zu teilen hatte, war halbwegs normal. Der Anteil der Schule war damals geringer. Es gibt keine Erinnerung, daß ein Lehrer je gesagt hätte, der Vater sei noch nicht einmal in der Partei; in hessischen Schulen der achtziger Jahre konnten da andere Erfahrungen gemacht werden.

In den ersten beiden Volksschulklassen war der Lehrer – damals für alles zuständig – ein Herr Mehlhose. Sein pädagogisches Talent wird dadurch aufs glänzendste bestätigt, daß er trotz seines Namens niemals Disziplinprobleme hatte und daß er weder laut werden noch zum Rohrstock greifen mußte – was ein Vertreter, auch der kein Nazi, sondern ein noch seminaristisch gebildeter Oberlehrer, der im braunen Kittel, seinen Anzug schonend, Unterricht gab, gelegentlich tat. Herr Mehlhose hat im Zeugnisheft, das auch dem »Bomber-Harris« zum Opfer fiel, mit seiner kleinen, adretten Lehrerschrift eine einfühlsame Beurteilung des Erstkläßlers gegeben, die wohl von der Schulbehörde wichtiger genommen wurde als die in jenen Jahrgangsstufen recht zufallshaften Noten. Einiges davon hat Fehler exakt beschrieben, die sich später schmerzlich bestätigt haben. Geändert wurde durch die frühe Diagnose nichts, aber das ist nicht die Schuld des klugen Lehrers.

Links: Friedrich Karl Fromme mit Vater und Großvater im Jahre 1943. *Rechts:* Das Elternhaus Friedrich Karl Frommes in Dresden.

In den beiden letzten der vier Volksschulklassen freilich gab es einen Nazi-Lehrer. Er trat gelegentlich in der schwarzen SS-Uniform auf, und er zog Neigungen auf sich, aus wahrscheinlich mit Faulheit zusammenhängenden Motiven. Sein Unterricht war wenig anstrengend. Das Elternhaus versuchte, vorsichtig gegenzusteuern; es gab hin und wieder einen Zornausbruch des Sohnes, was mit ungewohnter Nachsicht hingenommen wurde, wiewohl Widerspruch sonst etwas Ungewöhnliches und Ungehöriges war. Nicht gesagt wurde, der Lehrer sei ein Nazi, aber es wurde, zum Beispiel, darauf aufmerksam gemacht, daß dessen wiederkehrende Hinweise, er sei 1,75 Meter groß, doch ein wenig lächerlich seien – denn Größenwachstum sei etwas Zufälliges, und wenn darin schon ein Verdienst gesehen werden solle, seien »1,75« für einen Mann nicht allzuviel; die Mutter sei ebenso groß (der Vater konnte leider nur einen Zentimeter mehr aufweisen).

Dieser Lehrer, der auf seine Weise ein gutmeinender Mann gewesen sein mag (er hat sich bis zum äußersten darum bemüht, einen hochbegabten Mitschüler, Sohn eines Flickschneiders, gegen den Widerstand von dessen Vater auf die »höhere Schule« zu bringen), hat selbst dazu beigetragen, die emotionelle Beziehung zu ihm abzubrechen. Ein Freund in der gleichen Volksschulklasse, Sohn eines Kollegen des Vaters, Inhaber eines beachtlichen Spielsachenparks (während es da zu Hause eher karg zuging), war ein schlechter Schüler; er hat es nachher weit gebracht. Der Lehrer versuchte, die Leichtigkeit, mit der ich die Volksschule bewältigte, gegen die Schwerfälligkeit des

Freundes auszuspielen. Eine leise Empfindung regte sich, daß das ungehörig sei. Der Übergang ins Gymnasium machte der Sache ein Ende.

Abermals ist den Sozialkritikern nichts Gutes mitzuteilen. Das Gymnasium, das vom Frühjahr 1940 an besucht wurde, galt zwar als »Standesschule«; es stützte aber diesen Anspruch durch hohe Anforderungen. Für das Elternhaus war es kein selbstverständlicher »Klassenanspruch«, daß der Sohn dieses Gymnasium besuchte: wenn es nicht reichte, dann eben eine Schule minderer Ansprüche, wenn man keine Lust zum Lernen habe, sei ein Handwerk auch eine gute Sache, und wirklich wichtig sei nur, daß man seinen Lebensunterhalt auf ehrliche Weise verdiene. So war die Aufnahmeprüfung im subjektiven Erleben keine Formalität, sondern eine wirkliche Prüfung. Die Schule, in die man so gelangte, das Vitzthum'sche Gymnasium in Dresden unter seinem letzten Rektor, Dr. Johannes Kleinstück (1945 war es zu Ende), vermittelte mit Sicherheit eines nicht: eine nationalsozialistische Erziehung, zu dem leicht elitären Charakter gehörte nicht die Privilegierung sozialen Hochmuts.

Im Rückblick ließe sich aus den äußeren Lebensumständen und aus den im Adreßbuch nachzulesenden Berufsbezeichnungen der Eltern der Mitschüler eine »soziale Rangordnung« konstruieren; in erhalten gebliebenen Schülerlisten fehlt es zum Beispiel an Söhnen unterer Beamten nicht. In der Schulgegenwart spielte all das nicht die mindeste Rolle. Im Gegenteil: wer sich auf Wohnverhältnisse oder Automobilbestand berufen hätte, wäre allgemeiner Verachtung anheimgefallen; übrigens kam niemand auf solche Ideen. Es war üblich – wahrscheinlich eine jener bürokratischen »Regeln«, wie sie sich auch damals jenseits allen Sinnes erhielten –, daß der Klassenlehrer zu Beginn eines jeden Schuljahres die Personalien der Schüler neu aufnahm, den Beruf des »Herrn Vaters« eingeschlossen. Niemand hörte hin, niemand wäre auf die Idee gekommen, Unterschiede auch nur erkennen zu wollen. Es war eine erste Stunde im Schuljahr, die erfreulicherweise arbeitsfrei blieb.

Das Schulgeld – zwanzig Mark im Monat – wurde in der Klasse in bar kassiert. Selbst bei strengen Leibesstrafen wüßte ich nicht zu sagen, wer außer mir Schulgeld bezahlte und wer freigestellt war – auch diese Viertelstunden waren nichts anderes als erfreuliche, Nebendingen zu widmende Befreiungen vom Unterricht. Auch ein etwaiger Führerrang im Jungvolk spielte keine Rolle. Wenn jemand »in Uniform« zum Unterricht kam, so geschah das nur deshalb, weil der Dienst sich in kurzer Frist an den Unterricht anschloß, nicht aus fehlgehender Wichtigtuerei. Die Lehrer machten sich in der Regel ein Vergnügen daraus, so uniformierte Schüler in den Sumpf ihres Nichtwissens zu tunken.

Es gab – weithin vergessen über der heutigen DDR-Wirklichkeit – eine nationalsozialistische »Jugendweihe«. Sie war als Parallele und zur späteren Verdrängung der Konfirmation gedacht, wie bei gleicher Bezeichnung heute in der DDR. Aber das wurde nicht ernst genommen. Die von der NS-Partei ausgegebenen Handreichungen für die Jugendweihe wurden als Spaß aufgefaßt. Die Parallelen zur Konfirmation waren allzu offensichtlich. Da gab es den Ratschlag, dem Jugendgeweihten einen ersten Hausschlüssel oder auch einen Anzug mit »langen Hosen« zu geben, ersehnten Ersatz für die unkleidsamen kurzen Hosen, mit an Strumpfhaltern hängenden langen Strümpfen. Die NS-Jugendweihe vollzog sich denn auch ohne familäre Beteiligung; es war ein Tag des Jungvolkdienstes, lästig wie jeder andere auch.

In der Schule galten die vorgeschriebenen Appelle zu Wochenbeginn und zu Wochenenden mehr Goethe als Hitler. Das »Antreten« war Ausdruck einer altbürgerlichen Disziplin, nicht von NS-Gesinnung und Marschiertertum. Ein Lehrer namens Paetzold sagte schon den Dreizehnjährigen unverblümt, wo sie dem nationalsozialistischen Geschichtsbuch (das auf Ostland-Ritt gestimmt war) folgen sollten und wo nicht. Auch Paetzold ist ein Opfer von »Bomber-Harris« geworden.

Für das zähe, geduldige Widerstreben gegenüber dem NS-Geist an der Schule gibt es Belege. In dem Jahresbericht 1937/1938 der Schule sind die Aufsatzthemen bis zur Quarta herunter aufgeführt. Sie sind ganz überwiegend neutraler Natur; zwei Themen unter neunundvierzig müssen als nationalsozialistisch bezeichnet werden. Aber sie erscheinen recht lieblos gewählt: »Mein Dienst im Jungvolk«, »Mein Dienst bei der HJ«. Auch diese Themen noch erlaubten das Ausweichen in eine Schilderung von Sport und Spiel.

Der Umschlag vom kindlichen Hinnehmen der Verhältnisse, wie sie nun einmal waren, zu einer kritischen Haltung läßt sich zeitlich und kausal nicht mehr fixieren. Als der Krieg anfing, war ich noch in der Volksschule. Vielleicht war hier ein erster Wendepunkt. Eingeprägt hat sich die vorzeitige Rückkehr aus der Schule am 1. September 1939. Das wurde gegenüber der erstaunten und erkennbar unzufriedenen Mutter fröhlich begründet mit einem »Keine Schule, es ist Krieg«. Die ernsten Vorhaltungen der Mutter, daß das Ausfallen von Schulstunden in keinem Verhältnis stehe zu dem Leid, das nun über viele Menschen komme, haben bleibenden Eindruck hinterlassen; dazu gehörte auch die Ahnung, die Mutter glaube, dies könne nicht gutgehen.

Die Stimmungen mögen bei vielen Deutschen mit dem Auf und Ab des Kriegsglücks gewechselt haben; im Elternhaus blieb es bei dem »Dies kann nicht gutgehen«. Der Gedanke an das Vaterland mag auch in diesem Elternhaus zu einem mit Skepsis gefärbten Ausweichen vor der Realität des Nationalsozialismus geführt haben. Vor der Konsequenz des Verlangens nach der Niederlage mag man zurückgeschreckt sein, ohne den Sieg wirklich zu wünschen.

Noch einmal ein Blick zurück. Für das Elternhaus bedeutete wohl der 30. Juni 1934, die Tötung von Hunderten von Menschen ohne Verfahren und Urteil, den Umschlag vom Zweifel, der eine positive Wendung nicht ausschloß, zur strikten Ablehnung des NS-Systems. An die Reichskristallnacht – damals war ich acht Jahre alt – gibt es keine unmittelbaren Erinnerungen; die älteren Geschwister haben solche, und zwar in einem Sinne, daß dies damals als zutiefst bedrückend empfunden wurde. In der Gegend des Elternhauses wohnten viele wohlhabende Juden. Ihr allmähliches Verschwinden, die Umwandlung ihrer Häuser (in der Regel) in SS-Quartiere wurde von dem Heranwachsenden vermerkt. Genaues freilich wußte man nicht, aber man spürte das Unheimliche.

Eine Erinnerung ist haften geblieben. An einem schönen Sommersonntag, hoch in Kriegszeiten, ging man mit den Eltern zum nahen Hauptbahnhof. Es galt, einen Patienten des Vaters zu besuchen, einen Rittergutsbesitzer bei Riesa in Sachsen. Die Gelegenheit lockte, sich im hungrigen Industrieland Sachsen einmal wieder satt zu essen. Ein Kriegsgefangener, mit irgendeiner Arbeit beschäftigt, schaute den Jungen, weißes Hemd, schrecklich kratzende Bleyle-Hose, freundlich an, und der, von irgendeiner Art von Ungeist heimgesucht, beschwerte sich bei der Mutter, die mit spürbarem Vorwurf sagte, der Mann habe vielleicht an seinen Sohn bei sich zu Hause gedacht.

Hunger, das war im dichtbevölkerten und hochindustrialisierten Sachsen gegen Mitte des Krieges ein Stück Wirklichkeit, das »Hamstern« ein Brauch des leisen Gesetzesbruchs, an den man sich gewöhnte. Für erfolgreiches »Hamstern« wurde der Mutter irgendwann in der Mitte des Krieges ein Schmuckstück als Weihnachtsgeschenk »verliehen«; es war eine Parodie auf das staatliche Mutterkreuz, gegen das sich die Mutter, die fünf Kinder hatte, nicht wehren konnte, angelegt wurde es nie.

Einer der fünf Geschwister, es war der Älteste, war Halbjude. Er war ein Sohn der Mutter aus erster Ehe mit einem Mann, der im Ersten Weltkrieg gefallen war. Über die näheren Umstände wurde dem 1930 geborenen Jüngsten nichts gesagt. Der Bruder trug einen anderen Namen; er war vom Vater nicht adoptiert worden aus Gründen der Korrektheit; eigenes Vermögen war vorhanden. Daß der Bruder anders hieß, war kein Problem, nicht Gegenstand inneren Nachfragens, gar der Frustration über mangelndes Aufgeklärtsein – es war eben so.

Der Bruder, hochexaminiert und von einem prominenten Professor als Schüler ausersehen, scheiterte in seiner deutschen Laufbahn an den Nürnberger Gesetzen. Anfang 1939 emigrierte er in die Vereinigten Staaten. Von alldem ist mir, ich war damals noch nicht neun Jahre alt, nichts gesagt worden. Zu Weihnachten 1938 war der Bruder noch dabei, im Wochenendhaus im Erzgebirge nahe Dresden. Nichts ist in Erinnerung von der Abschiedsstimmung, die über jenem Zusammensein gelegen haben muß, wohl eine Folge der Disziplin, die Emotionen nicht erkennen, aber Bindungsgefühle dennoch wirksam sein ließ. Dann war der Bruder, der vordem – aus wiederum nur nachträglich zu erkennenden Gründen oft, für seine Jahrgangsstufe zu oft – zu Hause war, nicht mehr da.

Es ist das Privileg des Kindesalters, von solchen Veränderungen nicht Kenntnis zu nehmen, und es folgte aus den Zeitumständen, daß die Eltern die Gründe für diesen Abschied einem Kind nicht erklärten. Ein aus dem Internierungslager herausgeschmuggelter Brief des Bruders, der in den Jahren des Hochkrieges ankam, wurde ohne weitere Verwunderung aufgenommen. Der Bruder war nun eben in Amerika und damit punktum. Gab es einen Hauch von Erleichterung, daß einer »draußen« war?

Unerklärlich ist im Rückblick die Gelassenheit, in der trotz allen inneren Vorbehalten gegenüber dem NS-System, dessen Ende erwartet wurde, mit allen Konsequenzen, die das angesichts der Kriegslage haben mußte. Das Gegenwärtige zu respektieren und zugleich in das Dunkel des Kommenden zu schauen, das fertigzubringen, eben weil die Zukunft dunkel ist, das ist es wohl, was den Menschen hilft, mit dem eigentlich Unvorstellbaren weiterzuleben.

Im Februar 1945 stand die Rote Armee nicht viel mehr als hundert Kilometer vor Dresden. Der Vierzehneinhalbjährige hatte alle Woche einmal »Bahnhofsdienst«. Das harmlose Wort stand für zwölf Stunden nächtlicher Hilfe für Flüchtlinge aus dem Osten, die Dresden passierten – und von denen eine niemals festzustellende Zahl von Briten und Amerikanern mit dem »dreifachen Schlag« vom 13. und 14. Februar 1945 getötet wurde. Das Gefühl, wichtig zu sein, etwas Nützliches zu tun, aber auch in leeren Straßenbahnwagen, die von den weit draußen liegenden Flüchtlings-Notquartieren zurückkehrten, Unfug treiben zu können – all das hat den naheliegenden Gedanken daran verstellt, daß man selbst eines nicht fernen Tages sich auf den Weg machen müsse und daß doch noch die bis dahin fast heile Stadt, an der man unbewußterweise hing, zerschlagen werden könne.

Der Zeitpunkt ist nicht mehr zu bestimmen, von dem an der tägliche Heimweg von der Schule mit defaitistischen Reden im kindlichen Kameradenkreis begleitet war, die Nazis hätten den Krieg verloren. Was das bedeuten würde, ahnte man nicht, dem verweigerte man den

Zugang ins Vorstellungsvermögen. Abermals: Verdrängung als Über-
lebenshilfe der menschlichen Natur?

Die Tage gingen so dahin wie alle vorher – das Sattwerden war ein
bißchen schwieriger als sonst, aber in meinem Elternhaus spielte das
Essen seit eh und je eine geringe Rolle. Der äußere Rahmen war
geblieben wie vordem. Mit Luftangriffen rechnete man in Dresden
nicht. Die optimistische Mutter glaubte daran, der pessimistische Vater fand das leichtfertig und behielt recht. Einschneidender als alle
Luftangriffe aber war das Heranrücken der Roten Armee. Es war
nicht nur Goebbels-Propaganda, was Anlaß bot, sich davor zu fürchten. Dennoch wurde die Furcht vertagt; ein Hausaufsatz über ein
beinah quasi strafweise verhängtes Bildungsthema wirkte erschrek-
kender als die unaufhaltsam vorrückenden Sowjets.

Die Erklärung liegt wohl in der unbegrenzten Anpassungsfähigkeit
der Spezies Mensch. Die Erfahrung bleibt: man kann leben, halbwegs
unbeirrt, unter dem Druck des Vorläufigen. Die Antwort auf die
Frage, an Ältere gestellt, die weiterreichende Lebensentscheidungen
zu Ende des Krieges getroffen haben, was sie denn erwartet hätten
von ihrer Zukunft, ist bis heute ein Achselzucken – man weiß es
nicht, nicht mehr.

So gab es im August 1944, also nach dem Attentat auf Hitler, dessen
Fehlschlagen mit einem formalen »psst« bedauert wurde, noch die
Hochzeit einer Schwester. Daß die Forellen fürs Vorgericht mit »Vi-
tamin B« (Beziehungen) zu beschaffen waren, daß der Bruder der
Mutter, Superintendent in der Nähe von Hannover, wegen Luftan-
griffen erst spät in der Nacht vor der Trauung eintraf, erschien dem
Vierzehnjährigen nicht einmal besonders abenteuerlich.

Bei jener Schwester wurde, an deren Studienort Göttingen, nach
der Zerstörung Dresdens das Jahr 1945 verbracht. Zu dessen Ende
gab es die Rückkehr in ein recht verändertes »Elternhaus«. Es bestand
aus einer Wohnung von drei Zimmern (sämtlich höher als breit und
lang, wie auf die Schmalseite gestellte Streichholzschachteln) in der
Klinik des Vaters. Es war einst eine Oberarzt-Wohnung gewesen, als
die noch »im Hause« jederzeit rufbereit zu sein hatten, dann eine
Assistentenwohnung. Die Betonung des Privatlebens, eine Neuerung,
die für niemanden wirklichen Gewinn gebracht hat, fing lange vor
1945 und schon vor 1933 auch bei den Ärzten an; man kam freilich
auch rechtzeitig an die jeweiligen Positionen. Der Vater war mit
neunundzwanzig habilitiert, mit vierunddreißig außerordentlicher
Professor, mit neununddreißig Chef einer großen Klinik.

Irgendeine Klage über den Verlust der weitläufigen Wohnverhältnisse, des hart erarbeiteten Eigentums, war nicht zu vernehmen. So
wurde Schmerz darüber auch von den Kindern nicht empfunden.
Man wühlte gelegentlich, unter einigen Gefahren, als Plünderer zu

gelten oder von solchen angegriffen zu werden, in den Trümmern, entdeckte auch dieses oder jenes Unverbrennbare. Bald aber verbot der Staat den Eigentümern das Betreten ihrer Ruinen. Wenn der Vater je eine Äußerung des Bedauerns tat, galt es nicht materiellen Einbußen (in der Sowjetzone waren 1945, zu allem Überfluß, sämtliche Spar- und Girokonten gelöscht worden), sondern dem Verlust der umfassenden fachwissenschaftlichen Bibliothek und vor allem der Vorarbeiten für eine wissenschaftliche Bilanz der Lebensarbeit, was nicht wiederherzustellen war. Fast schien alles, bis auf die paar Äußerlichkeiten, so geblieben zu sein wie es war. Man wußte, daß die staatliche Ordnung, in der man lebte, und das nun zur kleinen Wohnung (ohne Innentoilette) geschrumpfte »Elternhaus«, im Widerstreit zueinander standen; man hielt sich an das Näherliegende.

Daß sich mit dem Niederbrennen des Elternhauses schließlich doch mehr verändert hat als ein »soziales Umfeld« im Sinne eines den Nachfahren von eigener Arbeit allenfalls unabhängig machenden Wohlstandes, ergab sich aus dem Gemenge von weltpolitischen Veränderungen und einer Neuordnung der sozialen Verhältnisse – auch im Westen. Zu der Zeit, da das geschah, bemerkte ich das nicht. Die Veränderung und das Bleibende, beides sind Erkenntnisse aus später Rückschau. Es gibt Elternhäuser, die trotz allem nicht vergehen mit den Mauern, die sie umschlossen haben.

Ignaz Kiechle wurde am 23. Februar 1930 in Reinharts im Allgäu geboren. Nach der Berufsschule machte er die Landwirtschafts-Gehilfenprüfung, war selbständiger Landwirt und landwirtschaftlicher Lehrmeister. Von 1976 bis 1983 war er Vorsitzender der Landesvereinigung der Bayerischen Milchwirtschaft in München. 1973 bis 1983 war er Geschäftsführender Gesellschafter eines Fachverlags in Kempten. Von 1982 bis 1983 war er stellvertretender Fraktionsvorsitzender der CSU in Bonn. Seit März 1983 ist er Bundesminister für Ernährung, Landwirtschaft und Forsten.

IGNAZ KIECHLE
»Wir sind die Kiechles und nicht wer anderes«

Meine früheste Erinnerung an mein Elternhaus gehört auch zu den schönsten. Die Abende nach der Stallarbeit, daheim in der Stube, verliefen meist sehr ruhig. Da bedeutete es eine riesengroße Abwechslung, wenn ein Besuch auf dem Programm stand. Für mich kam eine Fahrt nach Durach, einem fünf Kilometer entfernten Dorf, einer halben Weltreise gleich – mit drei Jahren scheinen Entfernungen sowieso immer unendlich zu sein.

Mit Pferd und Wagen brachen wir auf. Ich durfte neben dem Vater auf dem Kutschbock sitzen, meine Schwestern und die Mutter hinter uns. Verwandtschaftspflege wurde groß geschrieben, man traf sich an allen Kirchenfesten, an Namens- und Geburtstagen. In Durach mußte ich eine Maß Bier holen und den Wirt extra darauf hinweisen, daß er ja gut einschenken solle, wie's der Opa gesagt hat. Diesem Großvater verdanke ich meinen ungewöhnlichen Vornamen, man wollte ihm damit »die Ehr' antun«.

Als er 1936 starb, stand ich tief beeindruckt am Grab seiner ehrfurchtgebietenden Persönlichkeit; denn mein Großvater war als Ökonomierat ein Mann, auf den jeder hörte. Was er sagte, hatte Hand und Fuß.

Für mich begann im selben Jahr der »Ernst des Lebens«, die Schule. Wir Anfänger von der ersten bis zur vierten Klasse waren in einem einzigen Raum untergebracht und lernten unter den Fittichen der Klosterschwestern Jordana und Theomara. Mein Verhältnis zu Schwester Jordana war von Anfang an gespannt, weil sie nach meiner Meinung ihre »Tatzen« nicht immer gerecht verteilte. In der zweiten Klasse passierte dann etwas, an das ich heute noch mit Schmunzeln zurückdenke. Mitten auf dem Schulhof verkündete ich lautstark, daß mein Vater und meine Mutter mit mir übers Wochenende in Berlin gewesen seien. Der Bewunderung meiner Mitschüler war ich gewiß, leider bekam die Schwester das zu hören und zweifelte stark daran. Sie griff nach meiner Schiefertafel und schrieb folgendes darauf: »Sehr geehrter Herr Kiechle, Ihr Sohn Ignaz hat in der Schule behauptet, daß er mit Ihnen übers Wochenende in Berlin war. Stimmt das? Hochachtungsvoll Schwester Jordana.«

Mir rutschte das Herz in die Hose. Was war zu tun? Ich überlegte kurz, packte die Tafel und Griffel, putzte das verräterische Berlin aus und fügte gekonnt Schongau ein. Dort sind wir nämlich hingefahren. Der Vater schüttelte nur den Kopf über die seltsame Anfrage der Schwester und bestätigte ihre Frage. Kaum befand sich die Tafel wieder in meinen Händen, folgte das gleiche Ritual, und Berlin ersetzte Schongau.

Schwester Jordana konnte es kaum fassen, mußte aber die Waffen strecken; geglaubt hat sie mir wohl nie ganz, aber es blieb ihr ein Rätsel.

Meine Schulsituation änderte sich von Grund auf, als ich in die fünfte Klasse kam. Ein neuer Lehrer zog ein und lehrte uns mit sehr eindrucksvollen Mitteln die deutsche Sprache in Wort und Schrift. Seine Methoden wären heute sicherlich noch umstrittener als damals, aber sie wirkten. Noch immer beherrsche ich sämtliche Regeln der Rechtschreibung, wie sie uns Lehrer Rochus Huber, der uns übrigens nur in der dritten Person anredete, eingebleut hat. Eine seiner Lieblingsübungen war das Buchstabieren von Hauptwörtern. Das lief etwa so ab: »Wie schreibt er das Wort ›Sack‹? Großes S, Selbstlaut a, ck – weil man nach den Selbstlauten a, e, i, o, u und nach den Umlauten ä, ö, ü ein ck oder tz macht!« Wehe, wir antworteten nicht wie aus der Pistole geschossen, dann hieß es für uns: »Üben – üben – üben!«

Ich hätte gerne das Gymnasium besucht und studiert, aber leider ging das aus familiären Gründen nicht. Als ältestes Kind und einziger Sohn war ich der Hoferbe und mußte schon früh mit der Stallarbeit beginnen. Von meinem zehnten Lebensjahr an stand ich jeden Morgen zusammen mit den Eltern auf, versorgte das Vieh, molk zwei Kühe und half bei den übrigen Arbeiten. Abends wiederholte sich der der gleiche Vorgang.

Nein, wir wurden nicht verwöhnt. Mein Vater, ein sehr strenger, aber gerechter Mann, kannte kein Pardon – meine Schwestern und ich mußten jeden Tag den anderthalb Kilometer langen Schulweg bei Regen, Schnee oder Sonne zu Fuß gehen. Die Kiechles nahmen auch die Kirche ernst. Es war undenkbar, daß wir am Sonntag nicht die nachmittägliche Andacht besucht hätten. Um neun Uhr vormittags ministrierte ich im »Amt«, der Hauptmesse am Sonntagvormittag. Für meine Mutter, eine sehr fromme und religiöse Frau, war es eine Selbstverständlichkeit, in der Weihnachtszeit jeden Morgen in die Rorate zu gehen und täglich den Rosenkranz zu beten. Das Mittagsgebet und der Morgengruß gehörten zu einem neuen Tag dazu. Wurde ein frischer Laib Brot aufgeschnitten, machte die Mutter zuerst mit der Hand oder dem Messer das Kreuzzeichen darüber. Gleich neben der Eingangstüre hing ein großer Weihwasserkessel, über dem der geweihte Palmboschen vom Ostersonntag her steckte. Er mußte aus neun verschiedenen Pflanzen und Kräutern gebunden werden, sonst hatte er keine Wirkung.

Mein Vater legte großen Wert auf alte Sitten und Gebräuche und beschäftigte sich viel mit der Geschichte seiner Heimat. Von ihm erbte ich die Liebe zum Lesen, eine Liebe, die mir neue Welten eröffnete und die ich immer behalten habe.

Dann kam der Krieg, eine unglückselige, leidvolle Zeit. Ich erinnere mich genau an den Tag im Jahr 1938, als Österreich besetzt wurde. Mit Mutter und Vater saß ich vor dem Radio und hörte alles mit. Der Vater erklärte mir, was geschehen war. Noch heute klingen mir seine Worte im Ohr: »Das gibt einen Krieg.« Und wirklich, ein Jahr später war es soweit. Von nun an stand der Krieg im Mittelpunkt unserer Gespräche. Trotz der Anfangssiege und der großen Begeisterung in weiten Teilen des Volkes blieb mein Vater bei der Behauptung, daß das nicht gutgehen könne. Als die Sowjetunion in die große Schlacht eingetreten war, meinte er: »Nun blüht dem Russen der Weizen.«

Wie viele andere auch versammelten wir uns abends um das Radio und versuchten, einen Feindsender hereinzubekommen. Der Erkennungston der Engländer ist mir noch im Gedächtnis. Wegen einer Verstümmelung der rechten Hand wurde mein Vater nicht eingezogen, und so konnten wir den Hof fast wie in normalen Zeiten weiterbewirtschaften. Kurz nach Beginn des Krieges kam ein polnischer Gefangener zu uns, mit dem ich mich recht gut verstand. Automatisch wurde ich zur Hitler-Jugend eingezogen wie alle Buben in meinem Alter. Doch nahm ich höchstens drei- oder viermal an den Appellen teil. Mein Vater stand dem Naziregime von Anfang an mit einem gesunden Mißtrauen gegenüber und versuchte, uns Kinder, so gut es ging, da rauszuhalten. Meine Schwestern waren noch zu klein, um irgendwo eingegliedert zu werden, und für mich schrieb der Vater Entschuldigungen an den Ortsgruppenleiter oder HJ-Führer. Er lehnte es auch ab, eine HJ-Uniform zu kaufen. Ich bewunderte ihn, weil er eine gerade Linie verfolgte und sich offen dazu bekannte.

Den Krieg spürten wir in Reinharts wenig, Bombenangriffe wurden über unser Gebiet nicht geflogen. Nur einmal hätte es mich fast erwischt: Ende 1943 war ich gerade auf dem Feld mit unserem einzigen Pferd, als ich von einem feindlichen Jagdflieger beschossen wurde. Er traf nicht, aber das Pferd ging durch, lief nach Hause und versetzte die Daheimgebliebenen in Angst und Schrecken, zumal auch zwei Bomben gefallen waren. Die beiden Bombenlöcher kann man heute noch sehen.

Dieses Erlebnis blieb meine einzige direkte Berührung mit dem Krieg. Wir erhielten zwar Lebensmittelkarten, aber Hunger litten wir keinen. Wir versorgten uns weitgehend selber, bauten Getreide an, buken Brot, rührten Butter, fabrizierten Kernseife. Und wenn es auch verboten war, schlachteten wir hin und wieder ein Schwein »schwarz«. Beinahe wäre uns das einmal zum Verhängnis geworden. Gerade als wir beim Zerlegen waren, klopften zwei Soldaten an die Türe des Kellers und suchten Unterschlupf vor einem drohenden Fliegeralarm. Die Schrecksekunde dauerte ziemlich lang, aber mein Vater verstand die beiden Besucher davon zu überzeugen, daß es für sie besser wäre, den Keller der Nachbarn aufzusuchen, da unserer ziemlich baufällig sei. Es gelang ihm wirklich, die unerwünschten Gäste loszuwerden.

Die Bewirtschaftung des Hofes erfolgte vollständig von Hand, achtzehn bis zwanzig Kühe mußten ständig versorgt werden. Die Wiesen mähten wir mit der Sense, einer Einspänner-Mähmaschine und dem Traktor. Am anstrengendsten war für uns die Zeit der Heuernte im Sommer, bei der alle von früh bis spät in die Nacht hinein mithalfen. Zog ein Gewitter auf oder drohte es zu regnen, verdoppelten wir die Kräfte, luden die letzten Büschel auf, und ab ging's im flotten Trab in die schützende Tenne.

Trotz der schweren und langen Arbeitszeit wurde viel gelacht und gewitzelt. Mein Vater schonte mich bei keiner Arbeit, und ich tat sie auch gerne. Einzig in der Küche mußte ich nicht helfen, da regierten meine Mutter und die älteste Schwester mit eiserner Hand.

Bei den gemeinsamen Mahlzeiten, die wir in der Küche einnahmen, hatte jedes Familienmitglied seinen Stammplatz. Meiner war neben dem Vater an der Stirnseite. Nach dem Tischgebet, das stehend unter dem Kreuz gebetet wurde, begannen wir zu essen. Bis zu Beginn des

Die Familie Kiechle: Vroni, Mutter Martha, Klara, Ignaz, Maria und Vater Georg.

Krieges wurde aus einer großen Schüssel gelöffelt; später, als wir Fremdarbeiter zugeteilt bekamen, teilte die Mutter Teller aus. Meine Mutter brachte vor allem Mehlspeisen auf den Tisch. Zur Hauptmahlzeit gab es immer zwei Sorten von Spätzle, einmal mit Käse und einmal mit Kraut. Kartoffeln gehörten ebenso zu den Grundnahrungsmitteln. Fleisch erhielten wir nur an Festtagen und am Sonntag. Das Essen war sehr einfach, aber ausreichend, wir mußten nie Hunger leiden. Als ausgezeichnete Köchin gelang es meiner Mutter, einen abwechslungsreichen Küchenplan für uns aufzustellen.

Mein Vater nahm mich oft mit aufs Feld zum Zäunen. Hier erklärte er mir manches, beantwortete meine Fragen und gab mir mit seinen Antworten einige Lebensweisheiten mit auf den Weg. Eine davon ist mir zum Leitmotiv geworden: »Bub, wenn du meinst, du weißt etwas, weißt du schon nichts mehr. Man muß immer lernen.« Dieser Satz hat sich mir tief eingeprägt, und ich werde ihn nie vergessen.

Mein Vater erzog mich und meine drei Schwestern sehr streng. Unsere Einwände, daß die Nachbarskinder dies und das tun dürften, was bei uns verboten war, fertigte er kurz ab: »Wir sind die Kiechles und nicht wer anderes.« Niemals hätten wir gewagt, ihm zu widersprechen oder seine Anweisungen nicht zu befolgen. Trotzdem mochten wir ihn, da er bei all seiner Strenge immer gerecht war und zuerst alle Seiten genau anhörte, bevor er sein Urteil fällte.

Von ihm lernte ich, eine eigene Linie zu haben und diese konsequent zu vertreten. Er lehrte mich auch, den eigenen Grund und Boden zu lieben und zu schätzen. Seine Leitsätze habe ich noch im Ohr: »Grund und Boden muß man kaufen, wenn man ihn bekommt, nicht wenn man ihn braucht«, und: »Wenn jemand verkaufen muß, ist es genauso, als ob er wertloses Zeug verkauft.«

Genau wie meine Mutter war auch mein Vater überzeugter Katholik und lebte danach. Einmal nahm er mich an der Hand und führte mich zu unserem großen Hauskreuz. Er erzählte mir, daß bei der feierlichen Einweihung um die Jahrhundertwende sein Vater ihm eine kräftige Ohrfeige gegeben und auf seine verdutzte Frage nach dem Grund geantwortet habe: »Damit du dich immer daran erinnerst, daß im Kreuz nicht nur Heil, sondern auch viel Leid steckt.«

Was immer meine Eltern taten, der Herrgott war dabei; uns Kindern lebten sie ein Stück Frömmigkeit und Glauben vor, das wir alle angenommen und behalten haben.

In große Aufregung versetzte mich der gelegentliche Besuch der Großmutter, die zu Fuß von Durach nach Reinharts gegangen kam. Ich freute mich auf sie, weil sie uns vom Bäcker stets frische Brezeln mitbrachte. Außerdem stand sie bei mir in hohem Ansehen, da ihre Lebensweisheit großen Eindruck auf mich machte. Sie sagte zum Beispiel: »Bub, das mußt du dir merken, wenn du einmal heiratest – die Frau sollte g'richtet sein, den Mann kann man noch richten.«

Der Zusammenhalt zwischen den Nachbarn war gut. Man war auf gegenseitige Hilfe angewiesen. Aus diesem Grund pflegten die Eltern ein freundschaftliches Verhältnis, das aber nicht zu eng sein durfte, denn »große Feste gehen schnell zu Ende«. Mein Vater meinte damit, daß eine zu persönliche Bindung an die Nachbarn das genaue Gegenteil zur Folge hätte. Mit seiner Einstellung, die auch von meiner Mutter voll getragen wurde, kamen sie gut zurecht.

Unser Lebensrhythmus wurde von den Jahreszeiten und den großen Kirchenfesten bestimmt. Im Frühjahr, wenn das Vieh zum erstenmal auf die Weide ausgetrieben wurde, gab die Mutter mir morgens einen Stecken und schickte mich zum Hüten aufs Feld. Oft war es so kalt, daß ich von einer Kuhpflatter zur anderen hüpfte, um meine klammen Füße aufzuwärmen. Schuhe hatten wir höchstens zwei Paar, und die mußten aufgespart werden, sie wurden in der Schule und zum Gottesdienst getragen.

Eine Kleiderfrage gab es praktisch nicht. Meine Mutter besaß zwei bis drei Kleider, der Vater drei Anzüge, einen Werktags-, einen Sonntags- und einen schwarzen Anzug. Mehr brauchte man nicht. Meine Schwestern trugen der Reihe nach ein Gewand auf. Ich hatte es in dieser Hinsicht etwas besser, weil ich der einzige Bub war und man mir ab und zu eine neue Hose oder ein Hemd zugestand. Häufig mußte ich aber veränderte alte Kleidungsstücke vom Vater auftragen.

Mit meinen Schwestern verstand ich mich gut. Da jeder von uns sein eigenes Aufgabengebiet betreuen mußte, blieb uns auch gar keine Zeit zum Streiten. An den langen Winterabenden versammelte sich die ganze Familie in der Küche, dem einzigen Raum, der rund um die Uhr geheizt wurde. Wir lasen, redeten, stickten oder spielten Schach. Mein Vater brachte mir die Grundzüge dieses Spiels bei, und ich war fasziniert von seiner unendlichen Vielfältigkeit.

Oft überfiel uns im Winter eine grimmige Schafskälte, Temperaturen bis zu minus fünfundzwanzig Grad C waren dann nicht selten. Die Möbel im Schlafzimmer waren mit einer dünnen Eisschicht überzogen, und wir konnten nicht einmal mehr aus den Fenstern schauen, weil sie mit Eisblumen bedeckt oder bis oben hin zugeweht waren. Um im Bett nicht zu frieren, nahmen wir Wärmflaschen mit. Am Morgen beeilte ich mich, so schnell wie möglich in die warme Küche zu gelangen, wo ich mich auf das »Wasserschiffchen« setzte. Wir heizten wie in allen anderen Bauernhäusern auch mit einem Holz-Kohle-Herd, bei dem sich neben der Herdplatte eine Versenkung befand, in die heißes Wasser eingefüllt war und die man einfach »Schiffchen« nannte.

Wenn die Arbeit auf dem Feld ruhte, besuchten wir oft unsere Verwandten in der Umgebung. Mein Vater erstand als einer der ersten im Dorf 1936 ein Auto, und ich fühlte mich stolz wie ein Schneekönig, wenn ich bei ihm mitfahren durfte. Wir gehörten damals zu den fortschrittlichsten Bauern überhaupt.

Kurz nach Beendigung des Krieges, 1946, wurde mein Vater Gründungsmitglied der CSU. Von der NSDAP nicht vorbelastet, identifizierte er sich mit der christlichen Partei und rief zusammen mit einigen seiner besten Freunde, alles hochangesehene Männer des Dorfes, die neue Partei in unserer Stube ins Leben. Es dauerte nicht lange, und er wurde zum Bürgermeister der Gemeinde St. Mang gewählt. Für mich bedeutete das sehr viel, denn auch ich gewann dadurch engen Kontakt zur Kommunalpolitik. Da ich gerne mit anderen Menschen zu tun hatte, wurde ich Mitglied in der Landjugend wie fast alle jungen Burschen und Mädchen in unserem Dorf. Bald wählten sie mich zum Vorsitzenden, und ich hatte Gelegenheit, meine ersten politischen Erfahrungen zu sammeln. Meine Neugier und meinen Wissensdurst stillten Bücher, die ich auslieh, oder Vorträge, die in der näheren Umgebung gehalten wurden.

Die Wahl meines Vaters zum BBV-Vorsitzenden veränderte mein Leben entscheidend. Durch diesen Posten bekam er Kontakt zum Kommandanten der amerikanischen Besatzungsmacht. Dieser war einige Male bei uns daheim zu Gast, und ich konnte mich mit ihm unterhalten. Er war es dann auch, der mich zu einem Besuch in die Vereinigten Staaten von Amerika einlud. Anfangs stieß ich mit meinem Wunsch auf wenig Gegenliebe bei den Eltern. Beide wollten von dieser Idee nichts wissen. Wer sollte in der Zeit meiner Abwesenheit den Hof umtreiben, ich wurde ja nötig gebraucht. Schon sah ich meinen schönen Plan zerrinnen. Da half mir unser alter Hausarzt. Er überredete meinen Vater dazu, mir die Einwilligung zu geben. Solch eine Chance würde mir nur einmal in meinem Leben gegeben, und einer Jugend, die durch den Krieg so viel an Freiheit verloren hätte, dürfte man den Weg in die Zukunft nicht verbauen. Nach einigen Beratungen zwischen den Eltern und mir erhielt ich die Erlaubnis. Für damalige Verhältnisse war es schier unfaßbar, daß ein junger Mensch so weit weg in ein fernes Land fuhr.

Der heißersehnte Abfahrtstag rückte näher, und endlich war es soweit. Mein Vater gab mir gute Ratschläge mit auf den Weg, die Mutter besprizte mich mit Weihwasser und wischte sich die Tränen aus dem Gesicht, bevor ich den Zug nach Bremerhaven bestieg und von dort aus mit einem Schiff, der »Henry Gibbins«, nach New York fuhr. Ohne auch nur ein einziges Wort Englisch zu sprechen oder zu verstehen, landete ich in den USA. Mein erster Eindruck war überwältigend: die Freiheitsstatue, diese Wolkenkratzer, einfach unvorstellbar. Eine neue Welt tat sich mir auf, und ich sammelte alle Eindrücke, die sich mir boten. Als erstes besorgte ich mir ein Wörterbuch und als zweites die Adresse einer katholischen Kirche, der St. Patrick's Cathedral. Gleich zu Anfang geriet ich in einen lateinisch gehaltenen Gottesdienst, dessen vertrauten Klängen ich mühelos folgen konnte. Sie waren mir von meiner Ministrantenzeit her geläufig.

Nach einigen Startschwierigkeiten arbeitete ich auf verschiedenen Farmen, lernte dabei, mich in der fremden Sprache zu unterhalten, wurde sogar zum Campsprecher der dortigen Landjugend gewählt, hielt Ansprachen in Englisch und knüpfte so viele Kontakte wie nur möglich. Mit meinen Eltern zu Hause stand ich in einem regen Briefverkehr, es gab viel zu berichten. Sie schrieben mir, wie sich das Leben im zerbombten Deutschland langsam normalisierte, wie es mit dem Hof und der Viehhaltung stand.

Immer wieder wurde ich von Amerikanern gefragt, was ich von ihren Soldaten hielt. Zuerst hielt ich mich zurück, beim zehntenmal platzte mir der Kragen, und ich antwortete, daß wir sie als Befreier begrüßt hätten, aber daß sie eben eine Besatzungsmacht seien und wir unsere Eigenständigkeit zurückgewinnen wollten. Wer liebt schon Besatzungsarmeen, fragte ich meine Gesprächspartner.

Viel zu schnell vergingen für mich die sechs Monate, und da ich dieses Land mit seinen unbegrenzten Möglichkeiten lieben gelernt hatte, fuhr ich noch mit dem Greyhound-Bus vier Wochen lang kreuz und quer durch die Staaten. Dann siegte mein Pflichtbewußtsein über meine Abenteuerlust, und ich kehrte mit der »General Patch« wohlbehalten nach Deutschland zurück. Zunächst fühlte ich mich hier richtig eingeengt, aber nach einigen Wochen sprühte ich nur so von Ideen. Dem elterlichen Hof sind sie, nehme ich an, gut bekommen.

Gleichzeitig stärkte sich in mir der Wunsch, mich politisch zu betätigen, an unserem neuen Staat mitzuarbeiten und mitzugestalten. Meine Eltern haben mich durch ihr Vorbild und die Erziehung, die ich von ihnen erhielt, zu einem mündigen Staatsbürger gemacht und in mir das Gefühl für eine echte Demokratie und Freiheit eines Volkes geweckt.

Helmut Kohl wurde am 3. April 1930 in Ludwigshafen geboren. Nach dem Abitur studierte er Geschichte, Rechts-, Staats- und Sozialwissenschaften in Frankfurt und Heidelberg. Er war wissenschaftlicher Mitarbeiter der Universität Heidelberg und promovierte 1958 zum Dr. phil. 1959 wurde er Vorsitzender des CDU-Kreisverbandes Ludwigshafen, von 1966 bis 1973 war er Landesvorsitzender der CDU Rheinland-Pfalz. 1966 wurde er Mitglied des CDU-Bundesvorstandes, 1969 stellvertretender Bundesvorsitzender, 1973 Bundesvorsitzender der CDU. Von 1969 bis 1976 war er Ministerpräsident des Landes Rheinland-Pfalz, 1976 bis 1982 Vorsitzender der CDU-Bundestagsfraktion. Seit 1982 ist er Bundeskanzler.

Helmut Kohl
Katholisch, liberal, patriotisch

Der Großvater mütterlicherseits, Josef Schnur, der kurz vor meiner Geburt starb, stammte aus einer Lehrerdynastie und war Volksschullehrer. Er kam aus dem Hunsrück, lernte in der Präparandenanstalt Speyer und übte seinen Beruf zunächst in Trier, dann in Ludwigshafen aus. Hier heiratete er, hier gründete er eine Familie, hier wurde er seßhaft.

Das Haus, das er 1890/1891 baute und das später mein Elternhaus wurde, lag damals am Stadtrand. Der Großvater hatte es sichtlich auf Zuwachs berechnet. Es verfügt über sieben Zimmer, drei unten, vier oben, dazu Küche und Keller, einige kleinere Nebenräume und einen voluminösen Speicher. Das Haus steht in einem großen Garten, in dem der Großvater Bienen, Hühner und anderes nützliches Getier hielt. Er baute auch Kartoffeln, Gemüse und Küchenkräuter an und pflegte mit Hingabe seine vierzig Obstbäume, die er fast alle selbst okuliert hatte.

Mein Großvater liebte die Musik. Er spielte die Orgel und dirigierte lange Jahre den Kirchenchor. Er scheint überhaupt eine Respektperson gewesen zu sein, Inbegriff eines Lehrers: gewissenhaft, ernst, fleißig, fromm. Und Haupt einer Vierkinderfamilie.

Mein Vater Hans Kohl stammte aus einer bäuerlichen Dreizehnkinderfamilie, die im Unterfränkischen ansässig war. In Greussenheim bei Würzburg hat er die Schule besucht, einige Jahre nach Adam Stegerwald, dem bedeutenden katholischen Sozialpolitiker der Weimarer Republik. Vater diente in einem bayerischen Regiment in Landau/Pfalz, sammelte im Ersten Weltkrieg ausgiebig Fronterfahrung und überlebte den Krieg als Oberleutnant. Nach dem Krieg ging er in die bayerische Finanzverwaltung. Als Finanzsekretär kam er 1930 nach Ludwigshafen, der Heimat seiner Frau Cäcilie, die er als das zweite der Schnur-Kinder 1921 geheiratet hatte.

Die Ehe war mit drei Kindern gesegnet. Den Anfang machte 1922 meine Schwester Hildegard. Ihr folgte vier Jahre später mein Bruder Walter. 1930 wurde ich als das jüngste der Kinder geboren – zu einer Zeit, da die Familie des Finanzbeamten Hans Kohl längst im Haus des Großvaters heimisch geworden war.

In dessen Haus fanden wir ausreichend Raum und Bewegungsmöglichkeiten. Sein weitläufiger Garten grenzte damals noch an freies Feld. Der finanzielle Rahmen war wesentlich knapper und enger. Das väterliche Gehalt schuf eine ausreichende materielle Basis – mehr aber auch nicht. Wir hatten keine Sorge um das tägliche Brot, es reichte auch zum Sonntagsbraten, aber wir lebten gezwungenermaßen sparsam und bescheiden, immer in dem Bewußtsein, daß Geld nicht auf der Straße liegt, sondern hart erarbeitet werden muß.

Ein typischer kleiner Beamtenhaushalt also wie Millionen andere. Was man hatte, war – verhältnismäßig – sicher, das Gesetz des Maßhaltens, des Einschränkens, des Verzichtens war aber immer gegenwärtig. Es regulierte den Alltag von morgens bis abends. Mutter ging zum Markt, wenn die Händler ihre Stände bereits abbauten; denn die Schlußpreise lagen immer etwas niedriger. Und sie hatte ein schlechtes Gewissen, wenn sie sich bei einem Stadtgang eine Tasse Kaffee leistete. Fleisch stand normalerweise nur zweimal die Woche auf dem Programm. »Werktags« gab es Mehl- oder Eierspeisen, freitags den obligaten Fisch, meist Schellfisch (den ich heute noch gern esse), am Samstag ein Eintopfgericht.

Extrawürste wurden für niemand gebraten; jeder hatte sich an das zu halten, was auf den Tisch kam. Mutter war eine ausgezeichnete Köchin, und der Garten lieferte so viel an frischen Gemüsen, Kräutern und Salaten, an Rhabarber, Beeren und Obst, daß wir bei aller Genügsamkeit zumindest im Sommer das Gefühl hegten, ein lukullisches Dasein zu führen.

Der Garten diente auch, wie schon zu Großvaters Zeiten, der Tierhaltung. Hühner und Puten gehörten gewissermaßen zum Haushalt, ebenso Kaninchen, deren Versorgung mir frühzeitig anvertraut wurde. Das verlangte von mir täglich die Suche nach Futter. Ich war auch ein passionierter Kaninchenzüchter. Es kam vor, daß ich zwanzig oder dreißig Kilometer mit dem Rad fuhr, um eine Häsin einem besonders prämierten Rammler zuzuführen. Auch in der Seidenraupenzucht habe ich mich versucht, angelockt von den zwanzig Mark, die ein Kilo Kokons damals brachte.

Vater ließ sich sein Bier ins Haus holen, und auch das nur am Samstagabend, um den bevorstehenden Feiertag zu begrüßen. Für öffentliche Festivitäten war wenig Geld da, die wenigen Theater- oder Konzertbesuche waren die Ausnahme. Ein Radioapparat kam erst in der zweiten Hälfte der dreißiger Jahre ins Haus, ein sogenannter Volksempfänger, ein billiges Serienprodukt, das fünfunddreißig Mark kostete.

Der Vater fuhr mit dem Fahrrad ins Amt, die Hosen geklammert, damit sie nicht in die Kette gerieten. Nur bei Schnee und Eis leistete er sich eine Straßenbahnkarte. Von einem Auto hätte er nicht einmal zu träumen gewagt. Den Urlaub verbrachte er zu Hause, meist im Garten arbeitend. Allenfalls fuhren wir einmal zu unseren bäuerlichen Verwandten in Unterfranken. Aber auch dort hieß es dann »zufassen und mithelfen« – ein Gebot, das auch für uns Kinder galt. Ich habe 1945, als ich – einigermaßen ausgehungert – in Unterfranken ein landwirtschaftliches Praktikum absolvierte, davon profitiert.

Auch die häuslichen Feste in meinem Elternhaus waren dem Gesetz des Maßhaltens unterworfen. Zwar bekam ich schon zu meinem fünften Geburtstag ein Fahrrad geschenkt, aber da handelte es sich um einen Gelegenheitskauf, es war gebraucht und kostete nur acht Mark; mein Vater hielt jede Art körperlicher Betätigung für sinnvoll und gesund. Das nächste größere Geschenk erhielt ich zur Kommunion – eine Uhr, die natürlich nicht getragen, sondern sorgfältig aufgehoben, gleichsam »für später« geschont wurde. Was sonst auf den Gabentisch kam, sei es zum Geburtstag, sei es zu Weihnachten, waren meist »praktische Sachen«, die ohnehin gekauft werden mußten: Pullover, Hemden, Socken. Einmal, zu Weihnachten, erhielt ich allerdings eine komplette mittelalterliche Burganlage. Sie wurde dann Jahr um Jahr ergänzt; mal um einen Planwagen, mal um eine Gruppe gepanzerter Ritter, mal um ein paar Armbrustschützen.

An meinen Geburtstagen hatten wir immer ein volles Haus. Alle meine Spielkameraden stellten sich dann pünktlich ein, und ich hatte viele Freunde, schon weil der große Garten und das angrenzende »freie Feld« zu ausgelassenen und lautstarken Streichen lockten. Und Mutter, die meine Geburtstagsgäste, wie das geltende Ritual es vor-

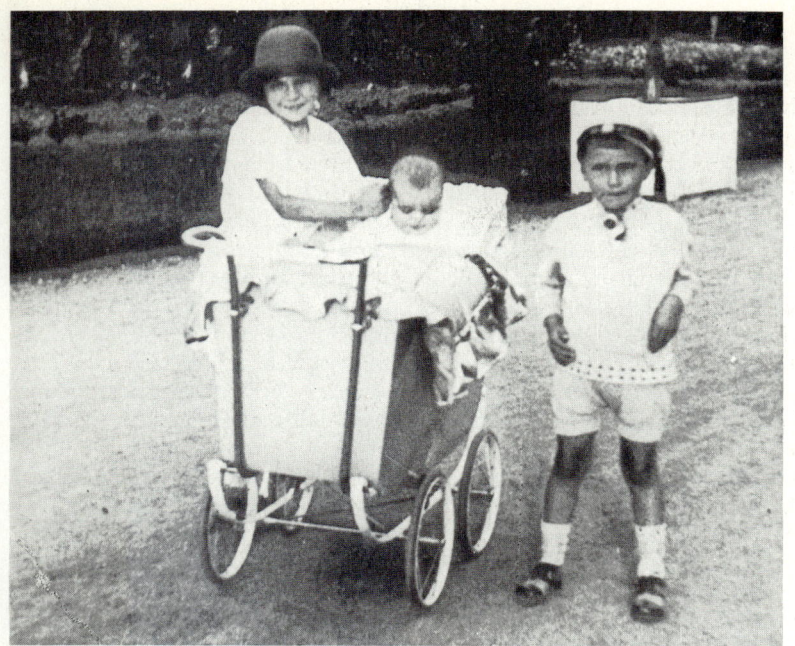

Helmut Kohl (im Kinderwagen) mit Schwester Hildegard und Bruder Walter im Jahre 1931.

sah, mit Unmengen von selbstgebackenem Kuchen und heißem Kakao versorgte, kannte sie fast alle. Die meisten allerdings nur mit ihren Spitznamen. Später, als sie erwachsen waren, kombinierte sie diese Spitznamen mit der Anrede »Herr ...«. Es kamen abenteuerliche Bezeichnungen dabei heraus.

Am feierlichsten wurde natürlich, wie überall, das Weihnachtsfest begangen. Die Vorbereitungen begannen schon Wochen vorher und erzeugten jene merkwürdige Unruhe und Geschäftigkeit, die vor allem uns Kinder in Spannung und Vorfreude versetzte. Noch heute erinnere ich mich der Abende, an denen das unerläßliche Festgebäck entstand: Spekulatius, Spritzgebackenes, Zimtwaffeln. Das ganze Haus duftete nach Mandeln und Vanillezucker, nach Zitronat und zerlassener Butter, und schon der frische, noch nicht abgebackene Teig schmeckte köstlich. Außer Karamelpudding ist er es vor allem gewesen, der meine Neigung zu Süßspeisen geweckt hat.

Meine Erinnerung an die Weihnachtsabende in meinem Elternhaus ist frisch und lebendig. Sie begannen regelmäßig mit dem Besuch der Christmette. Wir haben sie auch während des Krieges nie versäumt.

Zu Hause las Vater oder Mutter dann die Weihnachtsgeschichte aus der Bibel vor, und wir Kinder hörten mit gespannter Aufmerksamkeit zu, obwohl wir sie auswendig kannten. Dann sangen wir, von meiner Schwester am Klavier begleitet, die schönen, alten Weihnachtslieder; Bilder, wie sie in Millionen Familien vermutlich entstanden.

Die Festtage selbst gehörten dem »guten Leben«, natürlich innerhalb der Grenzen, die Herkunft, Tradition und Einkommen zogen. Höhepunkt des festtäglichen Mahls war die delikat gefüllte, schön gebräunte Weihnachtsgans, gelegentlich auch ein Puter: eine Tatsache, an die ich mich nicht zuletzt deshalb erinnere, weil ich schon in meinen frühen Jahren kein Freund von Geflügel war und weil es vorkam, daß mir – ausnahmsweise und nur, »weil Weihnachten war« – eine Extrawurst in Gestalt einer Rindsroulade gebraten wurde. Den Abschluß bildete eine Zitronenspeise oder ein Karamelpudding, auf den sich Mutter besonders gut verstand. Ich habe seinen Geschmack noch heute auf der Zunge.

Aber alle diese Erinnerungen beziehen sich mehr oder minder auf meine frühe, sehr frühe Jugend. Aber diese endete über Nacht.

Ich war neun Jahre, als der Krieg ausbrach, und von da an war vieles anders. Mein Vater wurde, obwohl er die Fünfzig bereits erreicht hatte, als erfahrener Frontoffizier des Ersten Weltkrieges noch einmal eingezogen und erst 1944 wieder entlassen. Mutter wurde nun also für uns Kinder die Bezugsperson. Sie stellte sich dieser Aufgabe, ohne zu murren, ohne zu klagen, mit all der Arbeitskraft, die sie aufzubringen vermochte. Sie sorgte für das große Haus, sie bestellte mit uns den Garten, der nun, mehr noch als früher, zum täglichen Brot beisteuern mußte. Sie hielt Ordnung, sie nähte, flickte, stopfte, kurzum: Sie versuchte, mit den veränderten Bedingungen fertig zu werden. Und es gelang ihr – ich bewundere sie noch heute dafür.

Aber auch für mich sah die Welt nun anders aus. Gewiß, die Schule ging weiter, Arbeiten wurden geschrieben, Zeugnisse und Versetzungen schufen Unruhe, gelegentlich auch Ungemach, die Freunde kamen zum Spielen, die Abende gehörten wie zuvor den Büchern; aber ich spürte doch den bisher nicht gekannten Ernst des Lebens. Schon am ersten Kriegstag begegnete ich Bauern vom vielgerühmten Westwall, die aus dem bedrohten Frontgebiet evakuiert waren und nun mitsamt der spärlichen Habe, die sie mitführen durften, zu irgendwelchen Sammelstellen fuhren. Und bereits als Zwölfjähriger gehörte ich einem Schülerlöschtrupp an, der nach den vielen Luftangriffen, die Ludwigshafen erdulden und erleiden mußte, die Feuer in der Stadt bekämpfte, mit primitivem Gerät, aber großem Elan und jugendlicher Verwegenheit; unerfahren, aber risikobereit.

Aber wir löschten nicht nur Feuer, wir holten nicht nur Möbel aus brennenden Wohnungen, wir erlebten auch die tiefe Verstörtheit der

Menschen, die es getroffen hatte, wir halfen, Tote aus den Trümmern zu bergen. Dazu kam die ständige Sorge um den Vater, später auch um den Bruder, der 1943 einberufen wurde und Ende 1944 in Westfalen fiel, gerade achtzehn Jahre alt. Noch einmal: Der Krieg beendete meine bis dahin kaum getrübte Kindheit abrupt und gnadenlos. Der Alltag veränderte sich, er wurde dunkler, schmerzlicher, beklemmender.

1945 wurde ich, knapp fünfzehnjährig, mit meinen Mitschülern in ein sogenanntes Wehrertüchtigungslager nach Berchtesgaden verfrachtet, wo uns dann unter souveräner Verachtung des schulischen Unterrichtes die Grundbegriffe militärischer Ordnung und Disziplin vermittelt wurden.

Aber auch in diesen düsteren Jahren – denen dann das harte Überlebenstraining in der schweren Hungerzeit des Nachkriegs folgte – blieb mein Elternhaus intakt. Die Orientierung ging keinen Augenblick verloren. Und diese war auf andere Werte ausgerichtet als die, die damals gültig waren und die mit einem Ausschließlichkeitsanspruch sondergleichen verkündet wurden.

Mein Elternhaus war, wenn ich es in einem Satz sagen darf, katholisch, aber gleichzeitig liberal – und gemäßigt national, ohne je der Gefahr zu unterliegen, in nationalistisches Fahrwasser zu geraten.

Beide Elternteile nahmen ihren Glauben, ihre Religion ernst, auch die Praktizierung der Religion. Die katholische Kirche war für sie die schützende und gleichzeitig schöpferische Mitte, die Gottvertrauen und Lebenstüchtigkeit, Gelassenheit und Beharrlichkeit vermittelte. Vor allem für meine Mutter war ihr Glaube Mittelpunkt ihres Daseins. Sie kannte sich nicht nur in der Bibel aus, sondern auch im Leben der Heiligen, die sie je nach Bedarf und Zuständigkeit anrief; sie ging regelmäßig beichten und übte die vorgeschriebenen Riten sorgfältig und gewissenhaft aus. Aber sie tat es ohne Anmaßung, mit schlichter Selbstverständlichkeit, ohne sich deshalb besser zu dünken als diejenigen, die es nicht taten.

Dem entsprach ihre religiöse Toleranz. Sie respektierte den Protestantismus in all seinen Färbungen und Ausprägungen. Im Rundfunk bevorzugte sie die evangelischen Gottesdienste, weil sie der Meinung war, daß in ihnen gründlicher, tiefer und besser gepredigt würde. Auch für meinen Vater war Toleranz gegenüber anderen Bekenntnissen eine Pflicht, die keinerlei Erklärung und keiner besonderen Legitimation bedurfte. Ihre evangelische Schwiegertochter haben meine Eltern vom ersten Tag an herzlich aufgenommen.

Daß man national war, verstand sich ebenfalls von selbst. Das zu Hause herrschende Nationalgefühl war jedoch frei von missionarischen oder gar sektiererischen Elementen. Die Eltern fühlten sich dem Vaterland, in das sie hineingeboren waren, verbunden, sie identifizierten sich mit seinen Interessen, ohne die »der anderen« zu leugnen, sie hatten die Daten der deutschen Geschichte im Kopf, sie waren stolz auf die kulturellen Leistungen ihres Volkes, sie liebten ihre Heimat, deren Bräuche, deren Traditionen, deren Sprache, und sie gebrauchten das Wort Vaterland ganz selbstverständlich. Ihre Wertskala war eindeutig christlich bestimmt.

Der Nazismus konnte deshalb keinen Eingang in mein Elternhaus finden. Dort gab es keinen Nährboden für totalitäre Ideologien. Mein Vater trat 1933 sogar aus dem »Stahlhelm« aus, dem deutschnationalen Bund der Frontsoldaten, in dem er sich bis dahin auch als engagierter Zentrumswähler wohl gefühlt hatte, obwohl er seinem beruflichen Fortkommen damit sicher geschadet hat. Er sah mit Hitlers Machtergreifung einen zweiten Weltkrieg kommen, und er fürchtete ihn. Und er verabscheute die Verbrechen, die in dem Zeichen des Rassismus und einer mißverstandenen Deutschtümelei im Namen Deutschlands verübt wurden. Deutlich erinnere ich mich noch, wie er einmal, während eines Urlaubs, einen Bericht über seine Erlebnisse »draußen« mit dem Satz beschloß: »Gnade uns Gott, wenn wir das einmal büßen müssen ...« Damit hat er sicherlich die Meinung von Millionen ausgesprochen. Das Elternhaus hat mir auch seine Liberalität vermacht: die Fähigkeit, den Standpunkt anderer, auch den von Gegnern, zu verstehen, sich selbst kritisch zu sehen und aus Fehlern zu lernen; das Vermögen, auf andere zuzugehen, die Offenheit für Ideen, die Bereitschaft zum Gespräch.

Noch etwas war in meinem Elternhaus zu lernen: die Bereitschaft, zuzufassen, seine Pflicht ohne große Worte zu erfüllen. Wie so vieles für meine Eltern natürlich und selbstverständlich war, was heute problematisiert, psychologisiert und im Übermaß analysiert wird, so auch dies: Man war für den anderen da, man stand zu seinen Freunden, man half einander, der Mutter in der Küche, dem Vater im Garten, man hatte seine Aufgaben, und man stellte sich ihnen, man erledigte sie.

Meine Eltern haben mir vorgelebt, wie sich Pflichtbewußtsein und Fröhlichkeit des Herzens vereinbaren lassen, wie der Einsatz für andere das eigene Leben reicher macht. Und dafür bin ich meinen Eltern dankbar.

Mildred Scheel wurde am 31. Dezember 1932 in Köln geboren. Nach dem Abitur studierte sie Medizin in Regensburg, Innsbruck und München, promovierte und wurde Fachärztin für Röntgenologie und Strahlenheilkunde. 1964 heiratete sie den späteren Bundespräsidenten Walter Scheel. 1974 gründete sie die Deutsche Krebshilfe. Sie starb am 13. Mai 1985 in Köln.

MILDRED SCHEEL
Das Arztkind im Röntgenlabor

Wenn ich heute in ruhigen Stunden mein Leben Revue passieren lasse, stelle ich erstaunt fest, wie viele persönliche Einstellungen und Verhaltensweisen, die mir heute selbstverständlich erscheinen, auf Eindrücke und Anregungen zurückzuführen sind, die ich in überaus prägender Weise in meinem Elternhaus empfangen habe. Diese Suche nach den eigenen Wurzeln verbindet sich in diesen Augenblicken der Erinnerung unversehens mit einem Gefühl von Dankbarkeit und Stärke, wie es nur dann entsteht, wenn trotz vielfältiger späterer Einflüsse ein Großteil der überlieferten elterlichen Werte bruchlos in die eigene Identität eingeflossen ist.

Als das wohl wesentlichste Ergebnis dieser Prägung durch mein Elternhaus erscheint mir heute jenes pragmatische Pflichtbewußtsein, das mein bisheriges Leben in so entscheidender Weise bestimmte und mir aus der überaus glücklichen Symbiose amerikanisch-liberaler Ostküstenmentalität mütterlicherseits und deutschem aufgeklärtem Konservatismus meines Vaters zu resultieren scheint.

In meinem Leben habe ich oft erfahren, wie sehr der Zufall Weichen stellt. Gleiches muß für meine Eltern gegolten haben. Denn die Umstände, unter denen sie sich kennenlernten, waren zu unwahrscheinlich, als daß sie voraussehbar gewesen wären. Mein Vater, Dr. med. Hans-Hubert Wirtz, entstammte einer alteingesessenen Brauereifamilie der Dürener Region und arbeitete damals als junger Assistenzarzt in Hamburg. Meine Mutter Elsi, geborene Braun, hingegen war in New York als Tochter eines Weinimporteurs, der Deutschland verlassen hatte und es an der amerikanischen Ostküste innerhalb einer Generation zu Ansehen und Wohlstand gebracht hatte, zur Welt gekommen.

Trotz dieses in Erfüllung gegangenen amerikanischen Traums bestand mein Großvater mütterlicherseits darauf, daß seine Tochter eine solide deutsche Ausbildung erhielt. Also schickte er sie mit vierzehn Jahren in Wilhelmshöhe bei Kassel auf ein Internat, auf dem sie anläßlich eines Internatsfestes meinen Vater als Tischherrn kennenlernte. Die Verbindung, die sich daraus ergab, verlief so nachhaltig, daß sie auch fortbestand, als meine Mutter im Alter von siebzehn Jahren nach Beendigung ihrer Ausbildung vorübergehend nach New York zurückkehrte und hier für ein großes amerikanisches Kaufhaus die Entschlußkraft und Einfühlungsvermögen verlangende Position einer Einkäuferin für Modellkleider übernahm.

Mein Vater hatte in der Zwischenzeit in Deutschland seine Facharztausbildung für Röntgenologie und Strahlenheilkunde abgeschlossen und in der Kölner Innenstadt an einer der großen Ringstraßen seine Praxis errichtet. Damit hatte er eine solide, gutbürgerliche Existenzgrundlage geschaffen, die es ihm ermöglichte, eine Familie zu gründen. Der Hochzeit stand damit nichts mehr im Wege.

Diese nüchterne Gradlinigkeit, mit der meine Eltern unter Berücksichtigung rational festgelegter Prioritäten ihre Ausbildung erfolgreich abschlossen, um anschließend auf dieser sicheren Basis ihr gemeinsames Leben aufzubauen, mochte in erster Linie dem vorherrschenden Lebensgefühl jener Zeit entspringen. Für mich jedoch besaß diese verantwortungsbewußte, rationalistisch-pragmatische Grundeinstellung, die sich durch das gesamte spätere Leben meiner Eltern zog, von vornherein einen starken programmatischen Charakter, den ich bereits als Kind übernahm und heute bei meinem eigenen Handeln in vielfältiger Form wiederfinde. Er entspringt der häufig gemachten Erfahrung, daß nur solche Lebensziele auf Dauer erreichbar und erfolgreich sind, die in harter Arbeit – und oft nur Schritt um Schritt – angesteuert und organisatorisch bewältigt werden.

Diese in meinem Elternhaus vorherrschende nüchterne und praxisbezogene Grundtendenz bedeutet jedoch keineswegs, daß vorhandene geistige Freiräume eingeschränkt worden seien oder daß eine kritische Auseinandersetzung mit der in den dreißiger Jahren erfolgenden politischen und kulturellen Einengung nicht stattgefunden hätte. Dafür sorgte schon das amerikanisch-liberal geprägte Temperament meiner Mutter, der ideologische Engstirnigkeit, nationalistische Einseitigkeit und geistiger Provinzialismus, wie sie ab 1933 in Deutschland von Jahr zu Jahr mehr um sich griffen, zuwider waren. So war sie es, die in mir den Anstoß zu einer Denkweise gab, die auf Grenzüberschreitung abzielte. Und die mir durch ihr so ganz amerikanisches unkompliziertes Selbstbewußtsein Leitlinien zog, die mein späteres Frauenbild nachhaltig beeinflußten.

Waren diese mütterlichen Impulse so überaus wichtig zur Findung meiner eigenen Identität, so war es – ganz der damaligen Zeit entsprechend – mein Vater, der mit seiner Arbeit und seinem Lebensstil nach innen und außen hin das Bild meines Elternhauses fixierte. Seine überragende Persönlichkeit war es, die unauslöschlich ein erstes ethisches Wertesystem in mir festlegte und mir für mein späteres Leben die Relation von Leben und Tod, Krankheit und Gesundheit, Glück und Unglück ins Bewußtsein einprägte.

Ausschlaggebend für diesen starken väterlichen Einfluß, dem sich mit zunehmendem Alter eine entsprechend starke Bindung hinzugesellte, waren die häufigen Besuche in seiner Praxis, zu denen er mich seit meinem vierten Lebensjahr immer wieder einlud. Dabei leitete ihn vor allem der Wunsch, mich um sich zu haben.

Noch heute sehe ich diese Ausflüge in ein für mich noch völlig unbekanntes Reich lebhaft vor mir. In einem Buick verließen wir unser Haus im Kölner Marienburg, das von einem Garten umgeben war, und fuhren zum Habsburgerring, nahe der Kölner Oper. Wir traten durch einen breiten Eingang, der von kleinen Geschäften flankiert war, und gingen in die erste Etage, wo sich seine Praxis befand.

Was mich stets aufs neue beeindruckte, war die große Zahl der Patienten, die sich bei jedem meiner Besuche im Wartezimmer meines Vaters eingefunden hatten: etwa sechzig bis achtzig Männer, Frauen und Kinder, die ihn höflich und mit Respekt begrüßten.

Das Sprechzimmer, das ich ab und zu betreten durfte, war sehr groß und zweckmäßig eingerichtet. Hinter einem mächtigen Schreibtisch saß mein Vater. Ein großer, breitschultriger Mann mit dunklem Haar, einer Brille, selbstbewußt und mit der natürlichen Gabe, seinen Patienten jene Sicherheit zu vermitteln, die Vertrauen erzeugt und ein offenes Gespräch zwischen Arzt und Ratsuchendem erst ermöglicht.

Mit großer Souveränität herrschte er über die mir damals noch unverständlichen – allein schon wegen ihrer Größe imponierenden – Apparate und Instrumente, organisierte die Arbeit seiner fünfzehn Mitarbeiter, die die Praxis tagtäglich in einen Ort emsiger Geschäftigkeit verwandelten, und wandte sich mit einer Mischung aus Energie

Mildred Scheel (vorn) als Siebenjährige mit Eltern und Schwester.

und menschlicher Wärme seinen Patienten zu, die mir bis heute als Inbegriff und Grundlage ärztlichen Handelns erscheint.

Ich fühlte mich zutiefst von dieser Atmosphäre angezogen, von der so unterschiedliche Eindrücke wie menschliche Hoffnung und ärztliche Nüchternheit ausgingen, die mir aber dennoch in unvergeßlicher Weise vor Augen führte, was es bedeutete, Kranken zu helfen.

Daß mein Vater dies vermochte, stand für mich als Kind im Vorschulalter unumstößlich fest. Dafür bewunderte und liebte ich ihn. Gerade dieses Geheimnis jedoch, gesund machen zu können, weckte in mir den immer stärker werdenden Wunsch, es ihm eines Tages gleichzutun.

Diesen Stunden in meines Vaters Praxis verdanke ich für mein späteres Leben unendlich viel. Beinahe beiläufig erfuhr ich hier, wie man als Arzt mit Kranken sprechen mußte, wie man auf ihre Sorgen und Nöte einging, was sie von ihrem Arzt erwarteten, wie man tröstete und anordnete. So wie andere Kinder im Kindergarten Lieder und Spiele lernten, prägte sich mir von klein auf der Umgang mit kranken Menschen ein. Dabei wäre es mir niemals in den Sinn gekommen, in der Krankheit etwas anderes zu sehen als einen selbstverständlichen Aspekt des menschlichen Lebens. Angst vor ihr im eigentlichen Sinne habe ich deshalb auch nie empfunden, auch davor nicht, ins Krankenhaus eingeliefert und dort behandelt zu werden, wie es mit fünf Jahren notwendig wurde, als ich an Scharlach erkrankte und mit einer Lähmung beider Arme vier Wochen lang in einer Kölner Klinik zubringen mußte.

Wie weit diese tiefe Vertrautheit mit Krankheit und menschlichem Leid von Kindheit an ging, zeigt mir heute die Erinnerung, daß selbst der Gedanke an den Tod zu jener Zeit in mir keinen sonderlichen Schrecken hervorrief. Erstmals konfrontiert wurde ich mit ihm als Neunjährige. Köln wurde damals beinahe Tag und Nacht von britischen und amerikanischen Flugzeugen bombardiert. Noch heute ist mir jenes bis ins Mark dringende, quälend jaulende Geräusch stürzender Bomben Sekunden vor dem Aufschlag in lebhafter Erinnerung, das mir jedesmal eine Gänsehaut über den Rücken laufen ließ. Tote lagen nach solchen Bombenangriffen überall zwischen den Ruinen, zerfetzte Leiber, erschlagen von Trümmern berstender Mauern und vom Luftdruck zerrissen. Sie wurden unter den Steinen hervorgezerrt und auf Karren gehoben. Wut überkam mich in solchen Augenblicken und Trauer. Merkwürdigerweise verspürte ich jedoch keine Angst. Weder vor dem Tod noch vor dem Sterben, obwohl beides doch in jenen Tagen zum Alltag vieler deutscher Städte gehörte.

So sehr mich auch die Dimension ärztlicher Arbeit, der Umgang mit Patienten und die ersten nachhaltigen Begegnungen mit Leiden und Tod in Hinsicht auf mein späteres berufliches Leben vorbestimmten und formten – daneben gab es doch auch die Welt meiner wohlbehüteten Kindheit, in der Schule und in der Privatheit meines Elternhauses, die dominierende Rollen spielten.

Wie alle Kinder meines Alters war ich mit sechs Jahren auf einer Grundschule in Bayenthal eingeschult worden. Ich hatte die vierte Klasse übersprungen und besuchte nun – gerade neun Jahre alt geworden – das Kölner Lyceum. Von Anfang an mochte ich den Englischunterricht besonders gern. Was zum einen daran lag, daß ich meine Englischlehrerin sehr schätzte, aber natürlich auch damit zusammenhing, daß meine Mutter Amerikanerin war. Da der Schwerpunkt des Lyceums auf naturwissenschaftlichem Gebiet lag, kam ich sehr früh mit den Fächern Biologie und Chemie in Berührung. Neben Englisch und Turnen avancierten sie schnell zu meiner Lieblingsbeschäftigung. Mathematik und vor allem Latein hingegen waren nicht gerade meine Stärke. Hier kam es daher auch schnell zu Meinungsverschiedenheiten mit meinem Vater, der es sich nicht nehmen ließ, besonders die Lateinkenntnisse seiner Tochter selbst zu überprüfen. Antwortete ich beim Abfragen der unregelmäßigen lateinischen Verben nicht wie aus der Pistole geschossen, konnte er sehr ungnädig werden.

Doch kennzeichnete gerade diese Seite seines Wesens seinen Charakter. Mit väterlicher Strenge wachte er darüber, daß seine Kinder die ihnen gestellten Aufgaben mit Sorgfalt erledigten. Hierfür fühlte er sich ganz persönlich verantwortlich. Ein Wesenszug, der sein gesamtes ärztliches und privates Leben wie ein roter Faden durchzog.

Der Wunsch meiner Eltern, mir Klavierunterricht erteilen zu lassen, stieß bei mir auf wenig Begeisterung. Zwar wußte ich, daß es damals zum guten Ton gehörte, ein Instrument zu beherrschen. Dennoch fühlte ich mich hierzu nicht berufen. Trotzdem gelang es mir, ein Menuett einzuüben, das ich geradezu brillant wiederzugeben in der Lage war. Doch darin erschöpfte sich auch schon mein künstlerisches Talent. Anfangs ahnten meine Eltern von diesen höchst zögernden Fortschritten ihrer Tochter im Reich der Etüden nichts. Sonntag morgens, elf Uhr, wurde ich ans Klavier gerufen und mußte vorspielen. Solange sich meine Eltern damit zufriedengaben, immer nur das gleiche Menuett zu hören, ging alles gut. Erst als mein Vater eines Sonntags etwas ungehalten fragte, ob ich denn nichts anderes spielen könne, kam mein gespanntes Verhältnis zum Klavier ans Tageslicht. Zu oft hatte ich den Klavierunterricht nach eigenem Ermessen ausfallen lassen. Und damit war diese musische Episode meiner Jugendzeit abrupt beendet.

Unvergleichlich lieber war es mir da, meinen Vater jeden Mittwochnachmittag auf den gepflegten und großzügig angelegten Kölner Golfplatz zu begleiten, um ihm als Caddy zur Verfügung zu stehen. Ich liebte die weiten Spaziergänge zwischen den Schlägen über das herrliche Grün. Und ich genoß es vor allem, auch während der Freizeit mit meinem Vater zusammenzusein.

Trotz dieser engen Anteilnahme am Leben meines Vaters verbrachte ich natürlich die meiste Zeit meiner Kindheit zusammen mit meiner Mutter in unserem einstöckigen Haus in Marienburg. Ich hing sehr an diesem Anwesen, das aus sieben Zimmern und einem etwa zwölfhundert Quadratmeter großen Grundstück mit alten Bäumen bestand. Denn hier fühlte ich mich sicher und geborgen und von meiner Mutter umsorgt. Diese Fürsorge empfand ich doppelt stark, weil meine sieben Jahre ältere Schwester Lilian in Holland ein Internat besuchte und nur während der Ferien nach Köln kam.

Das ganz persönliche Reich meiner Kindheit – mein Kinderzimmer – maß sechzehn Quadratmeter. Es war ohne Geheimnisse, übersichtlich und vor allem praktisch eingerichtet wie alles bei uns zu Hause. Ein weißer Schrank, ein separates Waschbecken, ein großer Einbauschrank für die Wäsche. Daneben ein Platz für meine Lieblingsbücher – Grimms Märchen, für die Kinderzeit die Häschenschule, Heidi und Tausendundeine Nacht. Etwas abseits befand sich eine große Anzahl von Spielen, mit denen sich meine Mutter und ich in freien Stunden unterhielten. Hatte sie einmal keine Zeit, quälte ich unsere Haushälterin so lange, bis sie nachgab und auf meine Wünsche einging. Häufig mußte sie dabei die Verletzte mimen, deren imaginäre Brandwunden und andere Mißlichkeiten ich mit Mehl und einer Reihe von Salben behandelte, die mir mein Vater überlassen hatte.

Bei aller Freiheit, die ich hatte, gab es doch ein festes organisatorisches Gerüst, nach dem das Leben in unserem Haus ablief. Während ich das Frühstück vorwiegend mit meiner Mutter einnahm, war es eine eherne Regel, daß sich die ganze Familie zum Mittagessen und Abendbrot in unserem Eßzimmer einfand. Bei diesen Gelegenheiten besprachen wir die Ereignisse des Tages, so daß stets jedes Familienmitglied über das andere Bescheid wußte.

Dieser permanente Informations- und Gedankenaustausch verkörperte für mich stets unsere Zusammengehörigkeit. Und noch heute lege ich in meiner eigenen Familie großen Wert darauf, daß sich an diesen Hauptmahlzeiten – wann immer möglich – alle Familienmitglieder beteiligen.

Auch die Abende in unserem Marienburger Domizil gehörten meist der Familie. Mein Vater hörte gern klassische Musik und las oft bis spät in die Nacht, mit Vorliebe medizinische Fachliteratur. Wie damals üblich, beschäftigte sich meine Mutter in diesen Stunden zwischen Tag und Nacht mit Näharbeiten oder unterhielt sich mit meinem Vater. Die Vertrautheit, die von diesen Augenblicken des Zusammenseins ausstrahlte und die mir aus meinen Kindertagen bis heute lebhaft im Gedächtnis geblieben ist, wurde nach 1939 jäh von den Schrecken des Krieges überlagert. Zuerst noch unmerklich, dann jedoch immer einschneidender begann sich der gewohnte Tagesablauf zu ändern. Immer häufiger mußte nun der Schulunterricht unterbrochen werden, wenn feindliche Bombengeschwader im Anflug auf Köln waren. Bald gehörte das schrille Heulen der Alarmsirenen zum

Alltag, und klassenweise eilten wir durch die Gänge unserer Schule zum Luftschutzkeller. Die bis dahin unumstößliche Sicherheit unseres Hauses wurde fragwürdig in einer Zeit, in der es keinerlei Sicherheit mehr gab.

Der Krieg forderte in der Verwandtschaft seine ersten Opfer. Menschen, die man kannte, waren plötzlich ausgelöscht. Ein Vetter geriet in Gefangenschaft. Die Angst begann umzugehen. Keiner wußte mehr genau, wie der nächste Tag aussehen würde. Das Essen wurde knapper. Licht und Wasser fielen immer öfter aus. Und 1941 wurde erstmals unmittelbar in unserer Nachbarschaft ein großes Wohnhaus durch Luftminen dem Boden gleichgemacht. Die Hilflosigkeit, die ich in diesen Jahren bei meinen Eltern feststellte, packte auch mich, obwohl ich heute weiß, daß ich damals das ganze Ausmaß des Krieges nicht überschauen konnte.

Als der Schrecken der Bombenteppiche zunahm und die Praxis meines Vaters mehrfach zerstört wurde, entschloß sich mein Vater, zusammen mit der gesamten Familie zu seiner Schwester nach Amberg zu ziehen. Dieser Entschluß rettete uns allen möglicherweise das Leben. Köln versank in Schutt und Asche. Anfang 1945 wurde unser Wohnhaus in Marienburg zerstört. All das blieb uns in Amberg erspart. Hier waren die Kriegseinwirkungen geringer. Auch die Versorgung war weitaus besser.

Der Krieg war zu Ende. Die Amerikaner kamen. Flüchtlingstrecks ergossen sich vom Osten her nach Bayern. Schulen und Turnhallen wurden zu provisorischen Krankenhäusern. Mein Vater wurde leitender Arzt bei der amerikanischen UNRRA, deren Aufgabe darin bestand, Flüchtlinge medizinisch zu versorgen. Ich war damals vierzehn Jahre alt und konnte mich zur Krankenpflege melden. Intensiv und hautnah wie niemals zuvor erlebte ich nun, was menschliches Leid zusammengedrängt auf wenigen Quadratmetern bedeutete. Vormittags ging ich ins Amberger Mädchengymnasium. Nachmittags half ich Kranken. Fieber, Durchfall, eiternde Wunden und Hoffnungslosigkeit wurden zu meinem Alltag. Und zum erstenmal erlebte ich unmittelbar, wie ein Mensch starb. Ganze sechs Jahre war das Mädchen alt. Es litt an einer Lungenentzündung, und ohne Antibiotika hatte es keine Chance zu überleben. Unter den Händen der Ärzte starb das Kind, und wieder überfiel mich jene verzweifelte, hilflose Wut, wie ich sie fünf Jahre zuvor zwischen den Trümmergebirgen Kölns empfunden hatte, als man zerfetzte Menschen fortkarrte.

Auch diese Zeit meiner Jugend, in der für ein behütetes Elternhaus, wie ich es aus Köln kannte, kein Platz mehr war, hat mich zutiefst geprägt. Ich erlebte aus unmittelbarer Nähe den Kampf meiner Eltern ums Überleben. Und der Mut, mit dem sie sich den schier unmenschlichen Aufgaben des Wiederaufbaus stellten, verwurzelte in mir die wichtigste Erkenntnis der Menschen jener Zeit: Wo ein Wille ist, ist ein Weg, auch wenn er noch so unüberwindlich und unbegehbar scheint. Bis heute gehört dieses Axiom der Kriegsgeneration zum ehernen Bestandteil meiner Lebensgestaltung. Wer will, der kann.

Auch diese Jahre gingen vorüber. Und das Leben normalisierte sich. Mein Vater wurde Direktor des Amberger Krankenhauses, und zum zweitenmal erlebte ich, wie unsere Familie wieder zu sich selbst fand.

Die Stärke, mit der sie in den Zeiten der Angst zusammengehalten hatte, wurde zur Wurzel meiner heutigen Überzeugung, daß der einzelne sich in erster Linie innerhalb der Familie verwirklichen kann.

Mit achtzehn ging ich aus dem Haus, um in München zu studieren, worauf mich mein Elternhaus seit frühester Jugend vorbereitet hatte: Medizin. Viel von dem Geist, der bei meinen Eltern herrschte, habe ich für mein späteres Leben übernommen. Ihm verdanke ich festumrissene Leitlinien, ohne die ich niemals das geworden wäre, was ich heute bin.

Norbert Blüm wurde am 21. Juli 1935 in Rüsselsheim geboren. Nach einer Werkzeugmacherlehre besuchte er das Abendgymnasium und machte das Abitur, studierte Philosophie, Germanistik, Geschichte und Theologie und promovierte in Philosophie. Von 1966 bis 1968 war er Redakteur bei der ›Sozialen Ordnung‹, von 1968 bis 1975 Hauptgeschäftsführer der Christlich-Demokratischen Arbeitnehmerschaft (CDA). Seit 1976 ist er Lehrbeauftragter der Fachhochschule Mainz. Seit 1969 ist er im Bundesvorstand der CDU. Von 1977 bis 1987 war er Bundesvorsitzender der Sozialausschüsse der CDA. Seit 1981 ist er stellvertretender Bundesvorsitzender der CDU; seit Oktober 1982 ist er Bundesminister für Arbeit und Sozialordnung.

Norbert Blüm
Tri-tra-trallala – dem Wolf brechen die Zähne aus

Mein Elternhaus war im Krieg häufig »auf Wanderschaft«. Der erste Platz, an den ich mich erinnere, war die Hausmeisterwohnung eines Bankhauses. Mein Vater war in diesem Haus beschäftigt. Das Schönste an diesem Gebäude war ein breites Treppengeländer, das ich verbotenerweise als Rutschbahn benutzte. Die Mutter wußte das, aber sie drückte beide Augen zu, wenn ich wieder in Aktion war, obwohl Vater ein striktes Rutschverbot erlassen hatte.

Auf meinen Vater war ich schon damals sehr stolz. Meine Bewunderung wuchs ins Unermeßliche, als er aus der brennenden Hofgarage drei vollgetankte Personenwagen und zwei Benzinfässer rettete. Das gab eine Prämie von der Bank und einen lobenden Brief vom Direktor.

Später wurde Vater Soldat. Der Abschied war tränenreich. Mutter, mein kleiner Bruder und ich saßen dann bei Fliegeralarm mutterseelenallein im Luftschutzkeller. Neben uns brummte eine riesige

Heizungsanlage mit großen Koksöfen. Ich bin oft auf Mutters Arm eingeschlafen – und einmal durch Bomben geweckt worden. Den Schrecken habe ich immer noch in den Knochen. Wie einen Film vor meinem geistigen Auge kann ich bis heute die Situation ablaufen lassen:

Der Keller war von außen taghell erleuchtet. Überall am Himmel standen »Christbäume«, so nannte man die von den Fliegern an den Himmel gehängten Lichter, die die Stadt erhellten, was offenbar der Zielgenauigkeit ihrer Bomben nutzte. Die Bombe auf unser Haus fand jedenfalls ihren Weg. Wir wurden getroffen. Das Haus brannte, die Feuerwehr löschte, aber uns im Keller hatte niemand entdeckt, und die Tür klemmte … Mir kommt die Zeit, eingeschlossen im Keller, in der Erinnerung unendlich lang vor. Aber es soll tatsächlich nur eine halbe Stunde gewesen sein.

Von da an besuchten wir einen großen öffentlichen Luftschutzbunker. Der Kinderwagen wurde schon abends gepackt – ohne das Baby, meinen Bruder. Ich fand, das Schönste im Kinderwagen war die Thermosflasche mit Kakao. So verbindet sich bei mir Fliegeralarm nicht nur mit Angst, sondern auch mit Kakao.

Aufregend waren die Treppen zum großen öffentlichen Luftschutzkeller. Denn da mußte ich den Kinderwagen an der Vorderachse packen, Mutter hinten an der Lenkstange. Wenn der Andrang groß war, konnte das zu einem lebensgefährlichen Balanceakt für meinen Bruder im Wagen werden. Aber er lebt noch …

Nach einem Jahr ohne Vater im Luftschutzbunker ging ich mit Mutter und Bruder in den Schwarzwald. Ein Onkel gewährte uns Unterschlupf. Er war der Meister im Elektrizitätswerk. Mittags mußte ich ihm das »Essen tragen«. Ein Henkelmann mit Suppe und eine Flasche mit Kaffee – das war es meistens. Vor den Riesenmaschinen im Generatorenhaus habe ich mich sehr gefürchtet.

In den ersten vier Wochen meiner Schulpflicht im Schwarzwald wurde ich jeden Mittag auf dem Nachhauseweg im Wald an einem dafür ausersehenen Baum verprügelt – das war eine Art Eingemeindung. Meiner Mutter durfte ich davon nichts erzählen. Das hätte die Verdoppelung der Prügelration zur Folge gehabt. Das jedenfalls wurde mir angedroht. Ich habe es geglaubt und still gelitten … Nach einem halben Jahr Schwarzwald lebten wir auf dem Land in Rheinhessen. Das Dorf zählte hundertachtzig Einwohner. Es wurden aufregende zwei Jahre für den Bauernbub Blüm. Mittags ging es aufs Feld. Rüben stechen, Reben schneiden, das beste war die Weinlese. Zwischendurch war ich Jäger wie im Neandertal, mit Keule und Stein. Für einen erschlagenen Hamster gab es dreißig Pfennig. Die Jagd betrieben wir als Horde. So war der Lohn, der auf jeden entfiel, gering. Aber spannend war es immer. Ins Falloch gossen wir Wasser, am anderen Eingang kam dann der Hausbesitzer heraus, falls er zu Hause war, und war verdutzt und manchmal sehr ärgerlich und angriffslustig, wenn er mit Prügel vom Leben in den Tod befördert wurde.

Meine Mutter hörte die Feindsender ab. Ich durfte es niemandem erzählen. Ich schwieg verläßlich und war stolz auf das tief in meinem Herzen verschlossene lebensgefährliche Geheimnis. Ein Onkel war schon im KZ, ein anderer ein halbwegs großer Nazi – so bunt ist unsere Verwandtschaft.

In der Dorfschule waren alle acht Jahrgänge in einer Klasse vereint. Wie es der Dorfschullehrer geschafft hat, uns alle zu beschäftigen, ist mir heute noch ein Rätsel. Er knöpfte sich immer zwei, drei Kameraden vor, meist war das schon ein ganzer Jahrgang, die anderen mußten zwischenzeitlich aus dem Lesebuch abschreiben, Gedichte auswendig lernen oder das Einmaleins im Kopf hersagen. Ich kann noch heute gut abschalten und die Welt um mich herum vergessen. In der Zwergschule habe ich es gelernt. Ich nehme an, daß der Dorfschullehrer nie etwas von Didaktik und Curricula gehört hatte. Aber er liebte uns: ein Nachfahre des guten alten Pestalozzi.

Wenn es unruhig wurde, holte unser Schulmeister seine Geige von der Wand, und wir sangen. Meine Cousine folgte nach einem Jahr aus meiner zerbombten Heimatstadt aufs Land, kam zu mir in die Klasse und konnte Ziehharmonika spielen. Sie wurde die musikalische Mitarbeiterin des Geigers. Das hob ihr Ansehen und das ihres Verwandten in der Klasse.

Wer seine Hausaufgaben besonders gut gemacht hatte, bekam vom Schulmeister eine goldene Nase (hergestellt mit gelber Kreide). Das war ein erstrebenswertes Ziel und hat meine Anstrengungen zeitweise angefeuert. Das Erfolgsgeheimnis der goldenen Nase lag aber wahrscheinlich darin, daß nach zwölf Uhr mittags auf der Dorfstraße beim Nachhausegehen für das ganze Dorf amtlich war, wer fleißig war und wer nicht.

Unsere Wohnung bestand aus zwei Zimmern. Wasser mußte auf dem Hof geholt werden. Die Toilette lag neben dem Pferdestall. Nachdem sich eine Tante nebst Tochter – der schon erwähnten Ziehharmonikaspielerin – zu uns aufs Land gerettet hatten, lebten wir zu fünft in dieser Wohnung. Nach einiger Zeit kamen noch Oma und Opa dazu. Es war sehr gemütlich.

Das Ende des Krieges erlebten wir in diesem Dorf. Auf der Hauptstraße war eine Panzersperre errichtet. Bevor die Panzerspitze das Dorf erreichte, hatte meine Mutter zusammen mit zwei anderen Frauen die Panzersperre weggeräumt und ein weißes Bettlaken in das Fenster gehängt. Das Nachbardorf hielt durch, die Panzersperre blieb stehen. Mutter konnte nicht überall sein. Dieses Dorf wurde kurz und klein geschossen.

Der zweijährige Norbert Blüm auf dem Arm seiner Mutter Margarethe.

Als der Krieg aus war, trampte ich mit meiner Mutter nach Rüsselsheim. Wir waren vollgepackt mit Lebensmitteln für die Verwandtschaft. Mein Gepäck war ein rundes Körbchen mit Küken, welche die Reise noch aufregender fanden als ich. Der Höhepunkt des Abenteuers »Heimkehr nach Rüsselsheim« war die Zugfahrt über den Rhein. Unser Reisecoupé war ein Güterwagen. Die Türen standen offen, und der Zug kroch im Schneckentempo über eine schwankende Behelfsbrücke, von der man allerdings, jedenfalls vom Zug aus, nichts sah, weil sie offenbar aus nicht viel mehr als den Gleisen bestand.

Als wir uns wieder in Rüsselsheim niedergelassen hatten, mußte ich oft zurück nach Rheinhessen, um Futterage-Nachschub zu holen. Auf diesen Transport hatte ich ein Monopol. Niemand sonst aus unserer Familie konnte diese Fahrt unternehmen. Der Rhein war Zonengrenze, und die durfte nur mit Passierschein oder von Kindern unter zwölf Jahren passiert werden. Dieses Privileg war meines. So fehlte ich in regelmäßigen Abständen einen Tag in der Schule, weil ich auf Freßfahrt war. Dreißig Pfund Kartoffeln im Rucksack auf dem Buckel, rechts und links eine Milchkanne in der Hand, kehrte ich abends zurück. Milch war ein Grundnahrungsmittel und Butter, die wir daraus machten, eine Leckerei.

Einmal mußte ich die Nacht im Zug verbringen. Auf der Bahnstrecke war eine Mine entdeckt worden. Der Zug mußte warten, bis die Mine weggeräumt war.

Anfangs des Sommers ging's nach Finthen oder Gonsenheim oder Mombach, um Kirschen zu holen. In dieser Zeit waren die Schulen nur mäßig besetzt. Morgens um fünf Uhr sah die Bahnhofshalle aus wie die Sammelstelle eines Kinderkreuzzuges. Ein leerer Korb in der einen Hand, eine Tasche mit dem Mitbringsel in der anderen: das waren unsere Waffen. Ohne Tauschmittel keine Kirschen. Den Bauern lag wenig am Geld. Ich brachte meistens Seife und Zigaretten mit. Der Heimweg war ein Schmuggelweg. Wenn uns die Franzosen erwischten und einen schlechten Tag hatten, landeten die Kirschen, die wir mühsam gepflückt hatten, auf den Bahngleisen.

Mir ist ein solch schlimmes Schicksal erspart geblieben. Ich kam immer durch. Nur einmal kam ich mit leeren Händen heim. Kein Bauer hatte an meiner Seife Interesse. Meine Mutter war sehr enttäuscht.

Aber die schönste Erinnerung an meine Kindheit sind die Tri-tra-trallala-Fahrten im Bett meines Vaters.

Die Geschichte handelt von zwei Kindern, die sich im Wald verirren, vom Schutzengel bei einbrechender Dunkelheit in Pilze verwandelt werden, damit sie der Wolf nicht frißt, und bei Tagesanbruch von jenem Schutzengel in Menschengestalt zurückverwandelt werden, von ihm den Weg gewiesen bekommen und dann endlich bei der verzweifelten Mutter an die Tür klopfen. Das Happy-End ist eine glücklich vereinte Familie.

Das alles muß im Bett gespielt werden. Es beginnt mit einem Tri-tra-trallala-Wir-gehen-in-den-Wald-Lied mit dazugehörigen Wanderbewegungen im Liegen. Die Dunkelheit der Nacht entsteht durch Schlüpfen unter die Decke, und der Wolf, der so gerne Kinder frißt, läßt sich mit einer Hand spielen. Der Daumen ist der Unterkiefer, die übrigen Finger sind der obere Teil des Gebisses. Der Wolf beißt nach vielem Reden vor Gier in den ersten Pilz, aber o Graus, das ist ein wurmstichiger Schwappelpilz, pfui. Dann kommt der andere Pilz dran, das aber ist ein Steinpilz, und dem bösen Wolf brechen die Zähne aus, verdientermaßen.

Das Tri-tra-trallala-Lied habe ich meinen Kindern vererbt. Ich hoffe, daß sie es an ihre Kinder weitergeben, damit es in der Familie bleibt.

Tri-tra-trallala – wir sind wieder zu Hause. So geht das Spiel aus. Ein wunderschönes Spiel.

Anke Fuchs wurde am 5. Juli 1937 in Hamburg geboren. Nach dem Abitur studierte sie Jura in Hamburg und Innsbruck. Von 1964 bis 1976 war sie gewerkschaftlich tätig. Seit 1977 ist sie beamtete Staatssekretärin, ab 1980 Mitglied des Bundestages in der SPD-Fraktion und parlamentarische Staatssekretärin beim Bundesminister für Arbeit und Soziales. 1982 war sie Bundesministerin für Jugend, Gesundheit und Soziales, 1983 stellvertretende Fraktionsvorsitzende. Seit 1979 ist sie Mitglied des Parteivorstands und seit 1987 Bundesgeschäftsführerin der SPD.

ANKE FUCHS
Das »Kastell« in Blankenese

Mein Elternhaus, das ist die Rissener Landstraße Nr. 17 in Hamburg-Blankenese. Wir zogen in dieses Haus im Jahre 1939; damals war ich zwei Jahre alt. Ich habe – mit Unterbrechungen – dort bis zu meiner Heirat 1964 gewohnt. Wir, das waren mein Vater, meine Mutter, meine Brüder Jan (geboren 1935) und Knut (geboren 1944) sowie Adele, die treue Seele, unsere langjährige Perle.

Eine Vielzahl von Erinnerungen wird wach. Garten, Wald, Elbe. Spielen mit vielen Freunden, Erdbeeressen im Garten. Spargelschälende Mutter auf der Terrasse. Kaninchen und Gänse, die gefüttert, geliebt und verzehrt wurden. Später Hund Bingo und Katze. Zu Weihnachten selbstgebackene Hefestuten. Osterfrühstückstisch – überhaupt lange Familienmahlzeiten. Gespräche, vorlesender Vater, Spaziergänge zum Elbufer. Krieg, Bomben, Nächte im Keller. Bullerofen im Wohnzimmer. Aber der Reihe nach: Krieg, Nachkriegszeit, Schule und Studium. Zum Einzug in das Haus dichtete mein Vater:

So kommt nun, Ihr Freunde,
das Haus ist gerichtet.
Wir bitten, zu weihn
das vollendete Werk.
Es ist nicht groß, das Kastell,
doch sind wir die Eigner;
dies ist es, was stolz uns und glücklich
in windigen Zeitläufen macht.

Das »Kastell« war ein ganz normales Einfamilienhaus. Im Parterre
waren ein Wohn- und ein Eßzimmer, in dem wir Kinder gemeinsam
die Schularbeiten am Eßtisch machten, und eine Küche mit Terrasse
zum Garten. Oben lagen die Schlafzimmer. Ich schlief mit meinen
beiden Brüdern in dem Kinderzimmer, das dritte Schlafzimmer, neben dem meiner Eltern, war das Mädchenzimmer. In der Rissener
Landstraße standen damals erst wenige Häuser. Blankenese war noch
ein stiller Vorort von Hamburg und hatte seinen Charakter als ehe-
maliges Fischerdorf mit kleinstädtischer Idylle gewahrt. Wir hatten
einen großen Garten, Wald in der Nähe und konnten noch in der
Elbe baden. Nur selten fuhren wir in die Stadt, nach Hamburg, für
kleinere Einkäufe gingen wir »ins Dorf«, das heißt: nach Blankenese.
Mein Vater hatte die Volksschule besucht und war dann Schlosser
geworden. Seinem Lehrer war er aufgefallen. Vater zeigte uns stolz
sein Aufsatzheft, sein Lehrer hatte ihm für einen Aufsatz einmal sogar
fünf Reichsmark geschenkt. Er wurde gefördert und machte neben
seiner Lehre in der Fabrik sein Abitur. Der sozialdemokratische
Hamburger Senat hatte diese Arbeiter-Abiturienten-Kurse eingeführt. Nach seinem Abitur studierte mein Vater Jura und machte
nach vier Universitätsjahren seinen Dr. jur., zwei Jahre später seinen
juristischen Assessor. Viele seiner Freunde stammten aus diesen Ar-
beiter-Abiturienten-Kursen. Er war als Assessor beim Arbeitsamt tätig, wurde aber 1933 von den Nazis entlassen, arbeitete danach als
Rechtsanwalt, und als ihm 1940 auch dieses verboten wurde, war er
als kaufmännischer Angestellter in einer Firma tätig.
Meine Mutter, Grete Nevermann, geb. Faden, war vor ihrer Ehe
mit meinem Vater Verkäuferin im Konsum. Sie hatte es zur Verkaufs-
leiterin gebracht. Sie mußte damals, 1930, wegen der Heirat ihren
Beruf aufgeben; sie wäre später gerne in den Beruf zurückgegangen,
wurde aber statt dessen eine vielseitig interessierte Hausfrau, die immer guter Laune war, voller Schwung und mit großem Organisa-
tionstalent ausgestattet.
Mein Großvater Nevermann, den ich leider nicht mehr erlebte, war
ungelernter Arbeiter in der Elbschloßbrauerei, hatte weiße Haare und
einen Spitzbart à la August Bebel. Er war Sozialdemokrat und Ge-

werkschafter wie mein Großvater Faden mütterlicherseits. Dieser war ein Bilderbuchgroßvater, der für seine Enkelkinder viel Zeit hatte. Er war Maler- und Tischlermeister, bastelte für uns Spielzeug, lehrte uns das Skatspielen und war oft mit meinem Bruder Jan im Schrebergarten.

Meine Eltern wuchsen beide in Klein-Flottbek auf und haben sich in der Arbeiterjugend, der späteren Sozialistischen Arbeiterjugend (SAJ), kennengelernt. Mein Vater hat uns viel aus seiner Zeit als Jugendbündler erzählt. Er trug damals einen Schillerkragen; meine Mutter »Schnecken«, zu Kränzen aufgesteckte Zöpfe. Sie waren gegen die damalige Gesellschaft und wollten sie mit politischer Arbeit verändern. In der Weimarer Zeit waren die Sozialdemokraten verschrien als vaterlandslose Gesellen. Meine Eltern fühlten sich nicht als vaterlandslose Gesellen, aber sie kannten Not, Armut, Chancenungleichheit, und sie engagierten sich, um diese Verhältnisse zu ändern.

Meine Eltern waren auch keine gottlosen Gesellen oder gar Antichristen, sie waren allerdings aus der Kirche ausgetreten, weil von der Kanzel gegen die Sozialdemokraten gepredigt wurde, statt das Wort Gottes zu verkünden.

Meine Eltern führten eine harmonische Ehe. Es gab kein Patriarchat, eher ein Matriarchat, sie machten alles gemeinsam, dank gleicher sozialer Herkunft und Gesinnung eng verbunden. Die Nazizeit war für sie deprimierend, bedrohlich, beängstigend. Viele Freunde verließen Deutschland oder waren einfach weg, andere verloren ihre Arbeit, wieder andere paßten sich enttäuschend schnell an, um mit ihren jungen Familien überleben zu können. Der meinem Vater eigene Optimismus, seine kritische Urteilskraft und sein Humor blieben erhalten, aber der Humor war in dieser Zeit oft sarkastisch und hintergründig. Ich erinnere mich an ein schönes Spielzeugauto, das mein Bruder Jan zu Weihnachten geschenkt bekam mit einer Adolf-Hitler-Figur am Steuer. Ein kräftiger Fußtritt meines Vaters zerstörte schnell das Spielzeug.

Auch in der Schule war vieles nationalsozialistisch. Ich erinnere mich mit Schrecken an die Flaggenparaden auf dem Schulhof, die wir stehend und mit erhobenem Grußarm überstehen mußten. Ich hatte auch eine – von mir sehr geliebte – Lehrerin, die eine stramme Nationalsozialistin war. Wenn mein Vater etwas von den »Nazis« sagte, korrigierte ich ihn: »Es heißt Nationalsozialisten.« Wie meine Eltern mir später erzählten, wurden sie in meiner Gegenwart vorsichtig.

Vom Rückzug des Vaters aus dem öffentlichen Leben, von seiner Zwangsentlassung in die Familie, in das Privatleben und die Innerlichkeit – mein Vater las zu dieser Zeit viel Rilke – profitierten wir Kinder. Unsere Eltern hatten Zeit für uns. Das ausgiebige abendliche

Singen im Bett wurde erst beendet, wenn meine Mutter rief: »Paul, die Kinder müssen schlafen.«

Wir haben viel gespielt und mit Vater Blödsinn getrieben. Er war eine Bücherratte, hat uns Gedichte beigebracht, natürlich vor allem Gedichte von Freiheitskämpfern und Sozialisten. Er war es auch, der mir als Kind ›Onkel Toms Hütte‹ vorlas. Wir mußten uns auf nur einen beheizten Raum beschränken, weil es keinen Koks für die Zentralheizung gab.

In den Krieg mußte mein Vater nicht; er war »unabkömmlich« gestellt. Nach dem Attentat auf Hitler am 20. Juli 1944 wurde er aber von der Gestapo verhaftet und war mehrere Wochen in Alt-Fuhlsbüttel im Gefängnis.

Die letzten Kriegsjahre blieben in mir haften: Angst in Bombennächten, in denen wir mit viel Kleidung ins Bett gingen, um bei einem Angriff schnell in den Keller gehen zu können. Ein Kellerraum war »Luftschutzkeller«, der noch 1941 auf Staatskosten mit dicken Holzbohlen abgestützt wurde. Da wir auch einen Telefonanschluß hatten, wurde unser Haus zum »Luftschutzmeldepunkt« erklärt. Mein Bruder Knut wurde 1944 geboren und schlief während der Angriffe in einer Kartoffelkiste.

Angst kam auf, wenn Gewitter und Angriff zusammenfielen. Erschrecken kam auf, als die Schule zerstört wurde und zur gleichen Zeit die Fensterscheibe unseres Wohnzimmers kaputtging. Daß dann die Schulstunden ausfielen, fanden wir nicht so schlimm, hatten wir doch nun noch mehr Zeit zum Spielen. Freunde berichteten von der zerstörten Hamburger Innenstadt. Ein guter Freund suchte unter den Trümmern seine Familie. Der Sohn Erich von Vaters Schwester fiel im Krieg. Der Ehemann der Nichte blieb lange in Gefangenschaft.

So waren wir froh, als der Krieg zu Ende war, die Engländer einmarschierten und auf der Rissener Landstraße britische Kolonnen entlangfuhren, die auch vor unserer Tür hielten. Wir mußten für die Soldaten Kaffee kochen, unser Haus wurde nach Wertgegenständen durchsucht.

Und dann kam die Nachkriegszeit. Mein Vater wurde sofort politisch aktiv. Wir alle gingen zu den ersten sozialdemokratischen Veranstaltungen und Kundgebungen mit.

Meine Mutter war in Blankenese eine Art Ombudsmann. Sie war tätig in der SPD, in der Kommunalpolitik, später im Kommunalparlament. Sie war eine zupackende Frau und half, wo sie konnte. Ich erinnere mich an so manchen Tag, an dem bei uns zu Hause viele Menschen um Hilfe baten, zum Beispiel in ihrer Wohnungsnot. Viele Frauen kamen, die ihre Männer im Krieg verloren hatten und noch keine Rente bekamen, weil sie selbst noch erwerbsfähig waren. Das hat sich mir eingeprägt und meine sozialpolitische Einstellung früh geprägt.

Die Nachkriegszeit war natürlich durch Entbehrungen gekennzeichnet. Aber meine Mutter war groß im Organisieren. Sie wurde dabei unterstützt von unserem Kindermädchen Adele, das über ein Jahrzehnt bei uns gearbeitet hat. Gemeinsam fuhren sie ins Alte Land zu den Bauern, tauschten letzte Wertsachen gegen Lebensmittel ein oder kauften Pferdefleisch in Altona – die vierfache Menge gegen Lebensmittelmarken. Im Garten wurden Erdbeeren und Kartoffeln angepflanzt, die Kaninchen und Gänse gemästet, und unser gutes Verhältnis zu den Tieren brachte es mit sich, daß wir sie nur ungern gegessen haben. Aber das hat uns nicht mehr betrübt, denn es schien die Sonne, wir hatten den Garten, in dem wir spielen konnten, der Krieg war zu Ende, und die Schule ging auch bald wieder weiter.

Die Hamburger waren immer groß in der Fähigkeit, nach Katastrophen neu zu beginnen, und entfalteten enorme Energien, wenn es um ihre Stadt und deren Geschicke ging. Mein Vater war erster Sozialsenator, dann Bausenator, später Oppositionsführer und dann Bürgermeister. Ich finde, er hatte gute Ideen und setzte sie auch in die Tat um.

Unser Elternhaus wurde ein Haus der Begegnungen, offen für Freunde und Gleichgesinnte. Nach der Kapitulation kamen viele Sozialdemokraten in unser Haus nach Blankenese. Gespräche zur Neugründung der sozialdemokratischen Partei fanden in meinem Elternhaus statt. Weil es keine Hotelzimmer gab, wohnte Kurt Schumacher bei uns, wenn er mit Annemarie Renger, seiner Sekretärin, in Hamburg war. Es kamen auch andere führende Genossen zu uns: Egon Franke, Herbert Wehner.

Für meine Mutter und die Kinder waren die Besuche von Kurt Schumacher sehr freudige Ereignisse, denn er brachte für uns Essen aus seinen Care-Paketen mit, die er zusätzlich zu den Lebensmittelmarken erhielt.

Spätabends, wenn man aus den Versammlungen nach Hause kam, wurde weiter diskutiert. Aber in Gegenwart von uns Kindern sprach Kurt Schumacher nie über sein Leben im Konzentrationslager, damit wir, wie er sagte, den Glauben an die Menschheit nicht verlören.

Es kamen auch Wilhelm Pieck, der Mitbegründer der Sozialistischen Einheitspartei und spätere Präsident der DDR, und Otto Grotewohl, der Vorsitzende der SPD in der sowjetischen Zone, zu uns. Sie wollten meinen Vater und seine Freunde überreden, eine einheitliche Sozialistische Partei in Deutschland zu gründen. Sie hatten keinen Erfolg. Ich aber erinnere mich an diese Besuche; mir prägten sich die großen schwarzen Limousinen ein, mit denen die Herren vorfuhren.

Für mich war es selbstverständlich, daß ich zur Oberschule ging

Die Geschwister Jan und Anke Nevermann im Juli 1942.

und das Abitur machte. Ich bin gerne zur Schule gegangen. Es gab auch nie eine Diskussion darüber, daß Mädchen vielleicht nicht eine so gute Ausbildung haben sollten.

Hamburg, das war für uns aber auch ein großes kulturelles Angebot, das ich mit meinem Bruder oder meiner Mutter nach Kräften nutzte. Meine erste Oper war ›Hänsel und Gretel‹ von Humperdinck. Sehr bald hörte ich dann ›Elektra‹, ›Ariadne auf Naxos‹ und viele moderne Opern; der Beginn mit Richard Strauss war aber etwas mühsam. Als junges Mädchen bin ich mit der ganzen Klasse in die Oper gegangen, und wir schwärmten für Peter Anders, Martha Mödl, Clara Ebers und viele andere. Hamburg war bald große Theaterstadt. Gustaf Gründgens spielte den Mephisto, Will Quadflieg den Faust. Wir himmelten ihn an – einschließlich unserer Deutschlehrerin – und begeisterten uns an seinem Hamlet, Macbeth, Lear und Peer Gynt. Wir sahen Werner Krauss als Hauptmann von Köpenick und viele mehr. Wir waren in den Sinfoniekonzerten mit Schmidt-Isserstedt.

Nach dem Krieg war unser Elternhaus geprägt durch die politischen Tätigkeiten meiner Eltern. Sie haben uns einbezogen in ihre Tätigkeit, mein Vater in Hamburg, meine Mutter in Blankenese, oft ging es um ganz praktische Dinge wie Plakate kleben. Unsere Garage war in Zeiten der Wahlkämpfe Arbeitsstätte.

Mein Vater ist immer gerne nach Hause gekommen. Er erholte sich im Garten und diskutierte mit uns und hatte immer ein offenes Ohr für unsere Probleme. Er bereitete seine Reden häufig mit der Familie am Eßtisch vor. Er las uns Teile seiner Rede vor und grub – oft zu unserem Unwillen – wieder Gedichte aus, mit denen er seine Reden gern begann oder endete.

Seine beste Zeit hatte er wohl als Oppositionsführer im Hamburger Parlament in den Jahren 1953 bis 1957. Ich bin oft in der Bürgerschaft gewesen, habe von der Zuschauertribüne aus seinen Reden zugehört. Und ich habe ihn noch während meines Studiums oft im Rathaus besucht, mich mit ihm zum Mittagessen verabredet und habe ihn angefrotzelt, denn wie für jeden Politiker war es auch für meinen Vater wichtig, in der Zeitung zu stehen. Und wenn am Frühstückstisch schon etwas über ihn zu lesen war, sagte ich: »Der Tag ist gerettet, Papi steht in der Zeitung.«

In dieses Elternhaus blieb ich auch eingebunden, als ich mit dem Studium in Hamburg begann. Ich studierte in Hamburg, wohnte natürlich zu Hause und kam sogar zum Mittagessen heim. Schon vor dem Abitur war mir klar, daß ich Jura studieren wollte, um Richterin zu werden. Die juristische Ausbildung habe ich erfolgreich beendet: Richterin bin ich allerdings nicht geworden. Ich war zunächst Gewerkschaftssekretärin. Meine sozialpolitische Tätigkeit bei der Gewerkschaft war der erste Schritt zur Politikerin.

Mein Elternhaus und meine Kindheit habe ich sehr bewußt erlebt. Meine Eltern haben mich sehr geprägt. Mein Bruder Jan und ich schlossen uns früh den »Falken«, dann den Jungsozialisten an. Schon in den fünfziger Jahren bin ich zu Jugendtreffen im Ausland gewesen.

In England, Norwegen, Finnland, Österreich und Belgien, meist während der Schulferien.

Meine Eltern haben ihre Vergangenheit in unser Leben miteingebracht. Beide haben sie aus glücklicher Kindheit berichtet. Für beide war es aber auch selbstverständlich, daß man die Zeit nicht verplempert, sondern etwas tut. Und so war es eigentlich auch für die drei Kinder selbstverständlich, daß man in relativ kurzer Zeit seine Ausbildung beendete, um dann auf eigenen Beinen stehen zu können. Pflichtbewußtsein und Verantwortung gehörte zu dem, was die Eltern uns vorgelebt haben.

Für meine politische Tätigkeit war wichtig, wie sehr meine Eltern den Hamburger »Geist«, die Verbindung von Gemeinnützigkeit und Liberalität, von sozialem Engagement und Eigenständigkeit, auch auf uns übertragen haben. Ich bin durch die Begegnung mit führenden Politikern seit meiner Kindheit von vornherein unbefangen in meinem Verhältnis zu den sogenannten »Großkopfeten« gewesen.

Als ich meinen Mann kennenlernte, wurde er einbezogen in unsere Familie. Mein Vater war zwar aus dem Elternhaus ausgezogen trotz jahrzehntelanger glücklicher Ehe, aber das »zu Hause« blieb uns. Meine Mutter war nun der Mittelpunkt, für mich, meine Brüder und die Dazugeheirateten. Ihre Liebe, Fürsorge und Organisationskraft galt uns allen, und mein Mann war sofort mitten drin in dieser offenen, lauten, diskussionsfreudigen Atmosphäre.

So war unsere Antwort, als die Bürger aufgefordert wurden, Notvorräte zu sammeln: Das brauchen wir nicht, wir fahren zur Mutti. Wir alle und die Enkelkinder dazu waren oft in Blankenese an der leider lauter werdenden Rissener Landstraße. Das Elternhaus war nun nicht mehr idyllisch umgeben von Feldern, sondern zunehmend umbaut von Bauherrenmodellwohnhäusern, aber wir liebten das Heim, den Garten. Die Rissener Landstraße blieb unser Mittelpunkt, bis meine Mutter im Jahre 1973 starb. Danach wurde das Haus verkauft. Heute steht dort ein Wohnblock.

Aber eines ist geblieben: Meine Brüder und ich fühlen uns zusammengehörig. Wir helfen uns gegenseitig, haben einen guten freundschaftlichen Kontakt, und wenn wir uns treffen, dann schütteln die Angeheirateten und die Kinder oft den Kopf über soviel typisch Nevermannsches.

Zeugen unseres Jahrhunderts

Inge Deutschkron: Ich trug den gelben Stern

dtv Zeitgeschichte

Christian Graf von Krockow: Die Reise nach Pommern
Bericht aus einem verschwiegenen Land

dtv Zeitgeschichte

In jenen Jahren

Aufzeichnungen, Dokumente und Berichte aus der Zeit nach 1945

Demokratie von außen
Amerikanische
Militärregierung in
Nürnberg 1945-1949
Herausgegeben von
Dieter Rossmeissl
dtv 2958

Frauen in der
Nachkriegszeit
1945-1963
Herausgegeben von
Klaus-Jörg Ruhl
dtv 2952

Hans Graf von
Lehndorff:
Ostpreußisches
Tagebuch
Aufzeichnungen eines
Arztes 1945-1947
dtv 2923

Dietrich Güstrow:
In jenen Jahren
Aufzeichnungen
eines »befreiten«
Deutschen
dtv 10401

Mein Kopfgeld
Die Währungsreform
– Rückblicke nach
vier Jahrzehnten
Herausgegeben von
Heinz Friedrich
dtv 10901

Sybille Meyer/
Eva Schulze:
Wie wir das alles
geschafft haben
Alleinstehende
Frauen berichten
über ihr
Leben nach 1945
dtv 10902

Niemands Land
Kindheitserinnerungen
an die Jahre 1945-1949
Herausgegeben von
Heinrich Böll
und
Jürgen Starbatty
dtv 10787

Neubeginn und
Restauration
Dokumente zur
Vorgeschichte der
Bundesrepublik
Deutschland
1945-1949
Herausgegeben von
Klaus-Jörg Ruhl
dtv 2932

>Vater werden ist nicht schwer,
Vater sein dagegen sehr.«

Wilhelm Busch hat schon vor über hundert Jahren auf den Punkt gebracht, daß Vater-Sein mehr impliziert als die Rolle des Erzeugers oder allenfalls Ernährers eines Kindes. Wassilios E. Fthenakis unterzieht die gesamte in- und ausländische Vater-Forschung einer systematischen und kritischen Analyse. Der Leser erfährt wissenschaftlich höchst Fundiertes zur Psychologie der Vater-Kind-Beziehung: zur väterlichen Rolle während der Schwangerschaft und der Geburt, zum väterlichen Einfluß auf die Entwicklung des Kindes und zu den konstituierenden Fak-

toren der Bindung zwischen Vater und Kind, die im Vergleich zur Mutter-Kind-Bindung viel zu lange vernachlässigt wurde. Mit Blick auf die heutige Industriegesellschaft, in der bereits zwanzig Prozent der Kinder ohne ihren Vater aufwachsen, widmet sich der Autor im zweiten Band der Vater-Rolle in modernen Familienstrukturen – dem Vater nichtehelicher Kinder, dem nicht-sorgeberechtigten Vater, dem alleinerziehenden Vater und dem Vater in Stieffamilien. Er regt damit dazu an, auch über die zentralen familienpolitischen Fragen nachzudenken.
dtv 15046 / 2 Bände